CHRISTIANITY
AN INTRODUCTION

앨리스터 맥그래스 지음
황을호 · 전의우 옮김

한 권으로 읽는
기독교

생명의말씀사

CHRISTIANITY: An Introduction, Third Edition
by Alister E. McGrath

Copyright ⓒ2015 by John Wiley & Sons, Ltd.

All rights reserved.
Authorised translation from the English language edition published by John Wiley & Sons Limited.
Responsibility for the accuracy of the translation rests solely with Word of Life Press
and is not the responsibility of John Wiley & Sons Limited.
No part of this book may be reproduced in any form
without the written permission of the original copyright holder, John Wiley & Sons Limited.

Korean Translation Copyright ⓒ 2017 by Word of Life Press, Seoul, Korea.

Translated and used by permission of John Wiley & Sons Limited.
through arrangement of rMaeng2, Seoul, Republic of Korea.

이 한국어판의 저작권은 알맹2 에이전시를 통하여
John Wiley & Sons Limited와 독점 계약한 생명의말씀사에 있습니다.
신저작권법에 의하여 한국 내에서 보호받는 저작물이므로 무단 전재와 무단 복제를 금합니다.

한 권으로 읽는
기독교

ⓒ 생명의말씀사 2009, 2017

2009년 12월 30일 1판 1쇄 발행
2014년 7월 25일   5쇄 발행
2017년 10월 27일 2판 1쇄 발행
2025년 7월 16일   4쇄 발행

펴낸이 | 김창영
펴낸곳 | 생명의말씀사

등록 | 1962. 1. 10. No.300-1962-1
주소 | 서울시 종로구 경희궁1길 6(03176)
전화 | 02)738-6555(본사) · 02)3159-7979(영업)
팩스 | 02)739-3824(본사) · 080-022-8585(영업)

기획편집 | 태현주, 이은정
디자인 | 조현진, 김혜진
인쇄 | 예원프린팅
제본 | 보경문화사

ISBN 978-89-04-03162-7 (03230)

저작권자의 허락없이 이 책의 일부 또는 전체를
무단 복제, 전재, 발췌하면 저작권법에 의해 처벌을 받습니다.

한 권으로 읽는
기독교
**CHRISTIANITY
AN INTRODUCTION**

한국어판 서문

이렇게 한국어판 서문을 쓰게 되어 얼마나 기쁜지 모릅니다. 이 책은 기독교의 역사와 의식(儀式)과 사상에 대한 기본적인 소개서로서, 기독교가 지난 2,000년의 역사를 거치며 어떻게 발전했는지를 탐구하고 최근에 아프리카와 아시아의 많은 지역에서 어떻게 성장했는지를 살펴봅니다. 성경의 역사와 구조뿐 아니라 몇 가지 중요한 사상도 세밀하고 꼼꼼하게 살펴봅니다. 가톨릭, 개신교, 정교회 등 주요 교회들의 기원과 사상도 명료하게 설명합니다. 기독교 신앙 고백의 기본적인 사상을 분명하고도 확실하게 제시하며, 기독교 내에서 신앙 고백의 해석을 두고 벌어진 몇몇 논쟁들도 고찰합니다. 마지막으로 이 책은 기독교의 주요 절기들을 소개하며, 각각의 절기가 기념하고 기리는 사건과 사상도 함께 설명합니다.

이 책이 한국의 독자들에게 유익하길 바랍니다. 독자들이 쉽게 읽으면서 기독교에 대한 정보를 얻도록 돕는 데 초점을 두고 이 책을 썼습니다. 많은 독자들이 이 책을 통해 기독교를 더 깊이 이해할 수 있길 바랍니다. 기독교에 대해 거의 모르거나 전혀 모르는 사람들도 있을 것입니다. 그런 분들이 이 책을 기독교의 사상과 주제를 접하는 입문서로 활용하면 좋겠습니다. 그 분들에게 이 책이 좋은 도움이 되었으면 합니다. 제게 이 책을 쓰는 일은 큰 영광이었습니다. 거기에 더하여 한국어로 번역된 것을 더더욱 영광으로 생각합니다.

앨리스터 맥그래스
Alister McGrath
옥스퍼드 대학교에서

저자 서문

　기독교 연구는 누구에게든 매력적이고 고무적이며 지적 영적으로 충분한 보상이 있는 일이다. 이 책의 목적은 기독교 연구의 토대를 놓아 세계 제일의 종교에 대해 더 많은 것을 발견하는 문을 여는 데 있다. 이 책이 독자들의 흥미를 자극하여 기독교를 더욱더 자세히 탐구하게 하기를 바란다.
　현대 세계나 그 등장 과정을 알려면 기독교 신앙에 대해 알아야 한다. 지금도 기독교는 세계에서 가장 큰 종교이며, 세계의 기독교 인구는 통계 기준에 따라 다르지만 25억에서 17억 5천만 명에 이른다. 현대 세계를 이해하려면, 왜 기독교가 지금도 미국에서 중요한 위치에 있으며, 중국에서는 지속적으로 성장하는지를 아는 것이 중요하다.

이 책은 하나의 신념 체계와 사회적 실체로 이해되는 기독교에 대한 입문 수준의 개론을 제시한다. 말 그대로 개론인 것은, 독자들이 기독교의 역사와 실제 및 신념에 대해 거의 또는 전혀 모른다고 전제하고 이 책을 썼기 때문이다. 그래서 필자는 이 책에 사용된 언어와 스타일을 가능한 한 쉽게 하려고 애썼다.

앨리스터 맥그래스
Alister McGrath
옥스퍼드 대학교에서

목차

한국어판 서문　04
저자 서문　06
화보 목록　14
들어가는 글　기독교는 무엇을 믿으며 왜 믿는가?　18

제1장　나사렛 예수와 기독교의 기원　23

기독교에서 나사렛 예수의 중요성 | 나사렛 예수를 알 수 있는 근거 자료 | 나사렛 예수와 유대 배경 | 복음서와 나사렛 예수 | 나사렛 예수의 탄생 | 나사렛 예수의 초기 사역 | 나사렛 예수의 가르침 : 천국 비유 | 나사렛 예수의 십자가 죽음 | 나사렛 예수의 부활 | 사건과 그 의미 : 예수님의 역사에 대한 해석 | 예수님의 의미에 대한 신약의 이해　메시아 · 주 · 하나님의 아들 | 나사렛 예수와 여성 | 나사렛 예수에 대한 유대교 밖의 반응

제2장 기독교와 성경   65

구약 성경 | 구약의 주요 주제들 창조 · 아브라함 : 부르심과 언약 · 출애굽과 율법 수여 · 왕정 수립 · 제사장 · 예언 · 포로기와 회복 | 신약 성경 복음서 · 서신서 · 신약의 정경 결정 | 구약과 신약의 관계에 대한 기독교의 이해 | 성경의 번역 | 성경과 전승

제3장 기독교 신조와 신앙   105

신조의 출현 | **신앙이란 무엇인가?** 신앙과 이성 · 하나님의 존재는 입증 가능한가? | **기독교의 하나님 이해** 하나님에 대한 유비 · 아버지 하나님 · 인격적인 하나님 · 전능자 하나님 · 영이신 하나님 · 삼위일체 교리 · 창조주 하나님 | **기독교의 인간 이해** 인간과 하나님의 형상 · 인간, 타락, 죄 | **나사렛 예수** 나사렛 예수의 정체성에 대한 초기 기독교의 접근 · 아리우스 논쟁과 성육신 · 성육신 : 칼케돈의 정의 · 하나님과 인간 사이의 중보자 나사렛 예수 · 기독교의 나사렛 예수 이해에 대한 이슬람교의 비판 | **기독교의 구원 이해** 신약의 구원 이해 · 승리자 그리스도 : 죄와 죽음에 대한 승리 · 지옥의 정벌자 그리스도 : 회복으로서의 대속 · 구속자 그리스도 : 배상으로서의 대속 · 완전한 제물로서의 그리스도의 죽음 · 사랑하는 분이신 그리스도 : 대속과 사랑의 불꽃 · 구원과 그리스도의 삼중직 | **은혜** 5세기 펠라기우스 논쟁 · 16세기 종교개혁 논쟁 | **교회** 교회의 통일성 · 교회의 거룩성 · 교회의 보편성 · 교회의 사도성 | **성례** 성례란 무엇인가? · 성례의 기능 · 세례에 대한 논쟁 · 성찬에 관한 논쟁 | **그리스도인의 소망** 신약과 그리스도인의 소망 · 부활한 몸의 본성 · 매장인가, 화장인가? | **결론**

제4장 간추린 기독교 역사   223

초기 기독교, 100-500년경 사도 시대 · 초기 기독교와 로마 제국 · 초기 기독교 예배와 조직 · 여성과 초기 기독교 · 콘스탄티누스 황제의 회심 · 도시들과 수도원 운동의 대두 · 로마 제국의 몰락 | 중세와 르네상스, 500-1500년경 켈트 기독교의 발전 · 수도원과 대성당 학교의 출현 · 1054년 동서 교회의 대분열 · 십자군 · 스페인과 중동 · 학문적 신학 : 스콜라주의의 대두 · 중세의 종교 권력과 세속 권력 · 대중 신앙 : 성인 숭배 · 오스만 제국의 발흥 : 1453년 콘스탄티노플의 몰락 · 서구 문화의 재탄생 : 르네상스 | **경쟁하는 종교개혁의 비전들, 1500-1650년경** 기독교의 확장 : 포르투갈과 스페인의 탐사 항해 · 루터파의 종교개혁 · 칼빈주의의 종교개혁 · 급진 종교개혁 : 재세례파 · 가톨릭 종교개혁 · 영국의 종교개혁 · 트리엔트 공의회 · 예수회 · 종교 전쟁 · 영국과 미국의 청교도 운동 · 개신교 마음의 신앙 : 경건주의 · 미국의 개신교와 대각성 | **근대 시대, 1650-1914년경** 유럽에서의 종교에 대한 무관심의 증가 · 계몽주의 : 합리주의의 등장 · 기독교와 미국 독립 혁명 · 미국의 교회와 국가 : 분리의 장벽 · 프랑스 혁명과 비기독교화 · 정교회의 재기 : 그리스 독립 전쟁 · 기독교의 확장 : 선교의 시대 · 가톨릭의 변화 · 제1차 바티칸 공의회 · 교황 무오성 · 신학적 수정주의 : 모더니즘의 도전 · 빅토리아 시대의 신앙 위기 · 오순절 운동 : 미국에서 시작된 세계적 신앙 | **20세기, 1914년-현재** 1915년 아르메니아 대학살 · 1917년 러시아 혁명 · 미국 : 근본주의 논쟁 · 1930년대 독일 교회의 위기 · 1960년대 후기 기독교 유럽의 출현 · 제2차 바티칸 공의회 · 기독교와 미국 민권 운동 · 갱신된 신앙 : 요한네스 파울루스 2세와 소련의 붕괴 · 교회의 기득권에 대한 도전 · 페미니즘과 해방신학 · 서구를 넘어간 기독교 : 신앙의 세계화 | **결론**

제5장 기독교 교파들 현대 기독교의 여러 형태들   357

가톨릭 | 동방정교회 | 개신교 성공회 · 침례교 · 루터교 · 감리교 · 장로교 및 그 밖의 개혁교회 · 오순절파 · 복음주의 | 에큐메니컬 운동과 세계 교회 협의회 | 미국 개신교 교파주의의 쇠퇴 | 결론

제6장 신앙 생활 실제 삶으로서의 기독교   391

신앙 생활 탐구로 들어가는 문 | 기독교 공동체 : 교회 생활 기독교 결혼식 · 기독교 장례식 · 아홉 가지 말씀과 캐럴 예배 | 기독교 예배 기도 · 찬양 · 성경 봉독 · 설교 · 신앙 고백 : 신조 암송 | 성례 세례 · 성찬 | 교회력과 절기 강림절 · 성탄절 · 현현절 · 사순절 · 성주간 · 부활절 · 승천일 · 오순절 · 삼위일체 주일 | 수도원의 하루 | 순례와 그리스도인의 삶 | 결론

제7장 기독교와 문화   443

기독교와 문화 : 전반적 고찰 | 기독교의 상징 : 십자가 | 기독교 미술 | 성상 | 교회 건축 | 스테인드글라스 | 기독교 음악 | 기독교와 문학 | 기독교와 자연과학 | 결론

맺는 글 심층 연구를 위한 지침   490
심층 연구를 위한 추천 도서   494

화보 목록

화보 1.1   피렌체파 화가이자 수도자였던 프라 안젤리코의 '그리스도의 탄생.'
화보 1.2   이탈리아 르네상스를 대표하는 예술가 레오나르도 다 빈치의 '수태고지.'
화보 1.3   도메니코 기를란다요의 '갈릴리 호숫가에서 베드로와 안드레를 부르시는 나사렛 예수.'
화보 1.4   예수님의 갈릴리 사역의 행적.
화보 1.5   완벽한 원근법을 구사한 르네상스 시대 화가 피에로 델라 프란체스카의 '그리스도의 부활.'
화보 2.1   이스라엘의 출애굽과 가나안 정복의 경로.
화보 2.2   고대 세계 7대 불가사의 중 하나인 바벨론의 공중 정원.
화보 2.3   8세기경 제작된 정교한 채색 필사본 '린디스판 복음서'에 수록되어 있는 마가복음의 세밀화.
화보 2.4   1611년에 출간된 킹제임스 성경의 표지.
화보 3.1   중세 러시아의 수사(修士) 화가 안드레이 루블료프의 성상화 '삼위일체'.
화보 3.2   영국의 시인이자 화가인 윌리엄 블레이크의 수채화 '옛적부터 항상 계신 이.'
화보 3.3   르네상스 시대에 회화, 조각, 건축에서 뛰어난 업적을 남긴 미켈란젤로의 프레스코화 '아담의 창조.'
화보 3.4   바실리 페로프가 그린 도스토예프스키의 초상.

화보 3.5	16세기의 위대한 플랑드르파 화가 가운데 한 사람인 대 피터르 브뤼헐의 대표작 '바벨탑.'
화보 3.6	비잔틴 건축의 정수를 보여주는 하기아 소피아 대성당의 모자이크 벽화.
화보 3.7	유대 전쟁에서 승리한 기념으로 세운 티투스 개선문에 새겨져 있는 부조.
화보 3.8	터키 이스탄불 코라 교회의 프레스코화 '예수 그리스도의 지옥 정벌.'
화보 4.1	이탈리아 바로크 시대의 위대한 조각가, 건축가, 화가이자 극작가인 잔 로렌초 베르니니의 '콘스탄티누스 1세의 기마상.'
화보 4.2	6세기에 누르시아의 베네딕투스가 세운 몬테카시노 수도원의 안뜰.
화보 4.3	아일랜드 라우스 주 모나스터보이스의 수도원 유적에 남아 있는 9–10세기경 켈트 십자가.
화보 4.4	플랑드르 출신 화가 요스 반 헨트가 그린 중세 기독교의 대표적 신학자 토마스 아퀴나스.
화보 4.5	플랑드르 출신 화가 퀜틴 마시스가 그린 인문학자 로테르담의 에라스무스.
화보 4.6	작센 선거후의 궁선 화가로 활약했던 루카스 크라나흐가 그린 1529년경의 마르틴 루터.
화보 4.7	16세기의 가장 중요한 프로테스탄트 종교개혁가이자 신학자이며 교회 행정가이기도 했던 존 칼빈의 초상화.

화보 4.8	16세기 초상화의 거장 한스 홀바인이 그린 영국 국왕 헨리 8세.
화보 4.9	야코피노 델 콘테가 그린 이그나시오 데 로욜라.
화보 4.10	1919년 3월, 한 집회에 참석한 볼셰비키 수장 블라디미르 레닌.
화보 4.11	1963년 링컨 기념관 계단에서 연설하는 마틴 루터 킹 목사.
화보 6.1	16세기 베네치아파 화가 파올로 베르네세의 '가나의 혼인 잔치.'
화보 6.2	이탈리아 초기 바로크 양식 화가 귀도 레니의 '세례받으시는 그리스도.'
화보 6.3	후기 르네상스 시기의 베네치아파 화가인 야코포 바사노의 '최후의 만찬.'
화보 6.4	영국 빅토리아 시대를 대표하는 화가 포드 매독스 브라운의 '베드로의 발을 씻기시는 예수.'
화보 6.5	예루살렘, 로마와 더불어 중세 유럽 3대 순례지 중 하나인 산티아고 데 콤포스텔라의 대성당.
화보 7.1	15-16세기 피렌체의 주요 교회에 종교화를 그리고 시스티나 예배당 장식에도 참여한 산드로 보티첼리의 '수도실의 아우구스티누스.'
화보 7.2	도미니쿠스회 소속 수도사였던 피렌체파 화가 프라 안젤리코의 '나를 만지지 말라'(Noli Me Tangere).
화보 7.3	네덜란드의 화가 형제인 후베르트 반 에이크, 얀 반 에이크의 다폭 패널화 '헨트의 제단화'.

화보 7.4 초기 르네상스 시대의 화가 산드로 보티첼리의 '신비한 탄생.'
화보 7.5 마티아스 그뤼네발트의 '이젠하임의 제단화.'
화보 7.6 15세기의 비잔틴-크레타 성상 화가 앙겔로스 아코탄토스의 '카르디오티사의 성모.'
화보 7.7 프랑스 고딕 성당 중 가장 웅장한 샤르트르 노트르담 대성당.
화보 7.8 페르디난트 호들러의 '제네바 생피에르 대성당에서의 기도.'
화보 7.9 스트라스부르 노트르담 대성당의 화려한 장미창.

들어가는 글
기독교는 무엇을 믿으며 왜 믿는가?

AD 60년경, 로마 당국은 로마 심장부에서 급속히 세를 불려 가는 새로운 비밀 집단이 있음을 알게 되었다. 이 집단에 대해서는 전혀 아는 바가 없었지만, 크레스투스(Chrestus) 또는 크리스투스(Christus)라는 미스터리 인물이 모든 문제의 발단으로 보였다. 그는 로마 제국의 변방 출신 인물이었다. 그는 누구인가? 이 새로운 종교는 도대체 어떤 것인가? 이들은 걱정할 만한 대상인가? 아니면 무시해도 전혀 문제되지 않는 무리인가?

이내 이 새 종교가 심각한 문제를 일으킬 소지가 있음이 분명해졌다. 64년 네로(Nero) 황제 때 로마를 휩쓴 대화재의 책임이 이 새로운 종교 집단에게 덮어씌워졌다. 누구도 이들을 좋아하지 않았다. 로마 당국은 화재와 그 후유증에 제대로 대처하지 못한 실정에 대한 책임을 피하려고 이들을 희생양으로 삼았다. 로마 역사가 타키투스(Tacitus, 56경-117경)는 50여 년 후 이 사건을 자세히 기록했다. 그는 이 새로운 종교 집단을 '그리스도인들'(the Christians), 즉 디베료(Tiberius) 황제 때 본디오 빌라도(Pontius Pilate)에 의해 처형된 크리스투스라는 사람의 이름을 딴 집단으로 규정했다. 이 '유해한 미신'은 로마까지 침투해 많은 추종자를 얻었다. 타키투스는 '그리스도인'이라는 단어를 모욕하는 말 내지는 욕설로 이해한 것이 분명하다.

이 운동에 대한 로마의 공식 기록들이 혼선을 빚고 있지만, 분명한 것은 크리스투스라는 인물을 중심으로 한다는 것이다. 로마는 이 운동을 항구적인 것으로 보기보다 작은 소란 정도로 여겼다. 최악의 경우라 해도, 이것은 황제 숭배에 대한 위협 정도로 보았다. 그러나 300년이 지나자, 이 새로운 종교는 로마 제국의 공식 종교가 되었다.

이 새 종교는 어떤 것인가? 무엇을 가르치는가? 어디서 온 것인가? 그토록 매력을 가진 이유는 무엇인가? 어떻게 해서 몇 세기만에 그토록 큰 영향력을 갖게 되었는가? 로마에서 성공을 거둔 후에는 어떻게 되었는가? 개인의 삶과 인류의 역사에 어떤 영향을 끼쳤는가? 이 책에서는 이런 질문에 대한 답을 제시할 것이다.

그러면 어디서부터 시작해야 할까? 기독교 연구는 어디에서 시작하는 것이 가장 유익할까? 기독교 신앙을 살피는 것일까? 교회의 역사를 탐구하는 것일까? 기독교 미술을 조사하는 것일까? 이 모든 것이 일어난 역사적 사건에서 시작하는 것이 보편적이다. 나사렛 예수에 대해 모르면 기독교 신앙에 대해 생각하거나 논의하는 것이 불가능한데, 이는 그를 중심으로 기독교 신앙의 모든 면들이 펼쳐지기 때문이다. 그러므로 먼저 예수님과 그의 중요성을 살피는 일부터 시작하려고 한다.

한 권으로 읽는
기독교
CHRISTIANITY
AN INTRODUCTION

제1장

나사렛 예수와 기독교의 기원

기독교는 나사렛 예수(Jesus of Nazareth)라는 역사적 인물에 뿌리를 두며, 그는 종종 '예수 그리스도'라고 불리기도 한다. 기독교는 나사렛 예수에게서 비롯된 가르침이므로 창시자의 정체성과 역사와 분리될 수 있는 사상이 아니다. 예를 들어, 마르크스주의는 근본적으로 카를 마르크스(Karl Marx, 1818-1883)의 저서들에 기반한 사상 체계이다. 그러나 마르크스 자신은 마르크스주의의 일부가 아니다. 그러나 기독교는 초기 단계부터 예수님의 정체성이 기독교 선언의 일부가 되었다. 그러므로 기독교 신앙은 단순히 나사렛 예수의 신앙을 받아들이거나 차용하는 것이 아니라 나사렛 예수를 믿는 것이다.

기독교에서 나사렛 예수의 중요성

앞서 말했듯이 나사렛 예수라는 인물은 기독교의 중심이다. 기독교는 독립적이고 자족적인 일단의 사상이 아니다. 오히려 나사렛 예수의 삶과 죽음, 그리고 부활로 제기된 질문들에 대한 지속적인 반응이다.

예수님의 역사적 배경과 정체성을 이해할 수 있는 기독교 전통을 탐구하기 전에, 먼저 기독교 안에서 예수님이 차지하는 위치를 살펴보아야 한다. 먼저 그리스도인들이 신앙의 중심인물인 예수님을 지칭하는 방법에 대해 살펴보겠다. 이미 앞에서 '나사렛 예수'라고 소개했다. 그러면 '예수 그리스도'라는 이름은 무엇을 의미하는가? 이 후자의 이름을 더 자세히 살펴보도록 하자.

'예수 그리스도'라는 이름은 이스라엘 백성들의 역사와 열망에 깊이 뿌리내려 있다. '예수'(히브리어로 Yeshua)는 문자적으로 '하나님이 구원하신다.', 더 정확하게는 '이스라엘의 하나님이 구원하신다.'라는 의미이다. '그리스도'는 직함으로, '예수 그리스도'는 '그리스도이신 예수'라는 의미로 이해할 수 있다. '기름붓다.'라는 뜻의 헬라어 동사(chrio)의 파생어인 '그리스도'는 히브리어 '메시아'의 동치어(同値語)로, 어떤 특별한 목적을 위해 하나님께 선택되거나 양육된 사람을 가리킨다. 앞으로 살펴보겠지만, 나사렛 예수는 이스라엘의 소망과 기대의 완성과 성취라는 그리스도인의 신념을 담고 있다.

초기 그리스도인 대부분이 유대인이었으므로, 기독교와 이스라엘의 관계는 중요한 의미가 있다. 그렇다면 이들의 옛 종교와 새 신앙의 관계는 어떤 것일까? 그러나 문제는 점점 덜 중요하게 되었다. 한 세대가 지나기도 전에 기독교 교회는 '이방인들', 즉 유대인이 아닌 사람들에 의해 지배되었고, 그들에게는 '메시아'라는 말이 별 의미가 없었다. 그 결과 신약 성경에서도 '그리스도'라는 말이 나사렛 예수를 대신하는 말로 사용되기 시작했다.

이런 습관은 오늘날에도 지속되고 있다. 현대 기독교에서 '예수'라는 말은 친숙하고 편안하게 여겨져 개인 기도와 경건 시간에 사용되는 반면에, '그리스도'라는 말은 좀 더 공식적인 것으로 여겨져 공적 예배에 사용된다.

이미 살펴본 것처럼, 기독교는 역사적 종교이며, 나사렛 예수를 중심으로 하는 특정 사건들에 대한 반응에서 비롯되었다. 그래서 기독교 신학은 사색과 숙고 과정에서 사건들로 돌아가지 않을 수 없다. 그러나 예수님의 중요성은 역사적 의미보다 훨씬 크다. 그리스도인들에게 예수님은 단순히 신앙의 창시자나 기독교의 기원에 불과한 분이 아니다. 그는 하나님을 알려주고 구원을 가능케 하며 믿음의 결과인 하나님과 함께 하는 새로운 삶의 본을 보여 준다. 이것을 좀 더 체계적으로 제시하면 다음과 같다.

1. 예수님은 하나님이 어떤 분인지를 말씀하고 보여주신다.
2. 예수님은 하나님과의 새로운 관계를 가능하게 하신다.
3. 예수님은 하나님 중심의 삶을 사심으로 신앙 생활의 모델이 되셨다.

이제 이 개념을 간략하게 살펴보자. 그리고 후에 더 상세히 살필 것이다.

첫째, 기독교는 나사렛 예수가 하나님의 뜻과 얼굴을 계시하신다고 주장한다. 신약 성경은 보이지 않는 하나님이 예수님을 통해 알려지거나 볼 수 있다는 개념을 제시한다. 예수님은 단순히 하나님은 어떤 분이며 혹은 우리에게 무엇을 기대하시는지를 보여주시는 분이 아니다. 오히려 예수님은 우리가 하나님을 볼 수 있게 하신다. 이 점은 신약에서 거듭 언급되고 있다. 예를 들어, "나를 본 자는 아버지를 보았거늘"(요 14:9)과 같은 말씀이 여기에 해당된다. 하나님 아버지는 아들 안에서 말하고 행동하는 것으로 이해된다. 하나님이 예수님 안에서, 예수님을 통하여, 그리고 예수님에 의하여 계시되는 것이다. 그래서 예수님을 보는 것은 아버지를 보는 것이다.

이 점은 성육신 교리, 즉 하나님이 나사렛 예수를 통해 시공간의 세계로 들어오셨다는 기독교의 독특한 사상으로 발전되었다. 성육신 교리는 예수님이 '하나님께 들어가는 창'을 여신다는 독특한 기독교 사상의 기초를 제공한다. 이것은 또한 특히 정교회와 관련되는 것이기는 하나 예배와 개인 경건의 시간에 성상을 사용하는 관습의 바탕이 된다. 성육신 교리는 예수님이 하나님이 어떤 분이신가를 '체현함'을 확언한다.

둘째, 기독교는 예수님을 구원의 기초로 이해한다. 신약 성경에서 예수님을 지칭하는 데 사용되는 더 중요한 칭호는 '구주'이다. 예수님은 "구주……곧 그리스도 주"(눅 2:11)이시다. 신약에 의하면 예수님은 "자기 백성을 그들의 죄에서 구원할 자"(마 1:21)이시다. 그의 이름에만 구원이 있으며(행 4:12), "구원의 창시자"이시다(히 2:10). 초기 그리스도인들은 물고기를 신앙의 상징 중 하나로 삼았다. 이는 제자들이 어부였다는 사실을 반영한 것일 수도 있다. 그러나 그것이 그 상징을 사용한 주된 이유는 아니다. '물고기'를 뜻하는 헬라어 철자(I-CH-TH-U-S)는 그리스도인의 신조 슬로건인 '예수 그리스도, 하나님의 아들, 구주'라는 말의 첫 글자들이다.

셋째, 기독교는 예수님을 구속받은 삶의 모습을 보여주시는 분으로 이해한다. 나사렛 예수는 하나님이 어떤 분이신지, 어떤 것을 원하시는지를 보여주신다. 그는 또한 삶의 모델이시다. 윤리적으로 자기를 부인하고 자기를 내어주는 사랑의 삶을 실천하셨다. 이러한 삶은 영적으로 중요하여 그리스도인들은 나사렛 예수가 사용하신 '주기도문'을 사용하는데, 이는 예수님의 기도 방식을 그대로 따른 것이다. 이것은 예수님의 도덕적 본이 기독교 윤리의 규범으로 여겨지는 것과 마찬가지이다.

나사렛 예수를 알 수 있는 근거 자료

기독교는 역사상의 종교로, 특정한 사건들, 특히 나사렛 예수의 역사에 대한 반응으로 생겨났다. 나사렛 예수가 역사적인 인물이라는 사실은 두 가지 근본적인 질문을 제기하는데, 이것은 기독교 사색의 핵심이다. 첫째, 나사렛 예수의 이야기가 그의 역사적 맥락, 즉 1세기 유대교와 어떻게 부합하는가? 둘째, 예수님에 대한 지식과 그 의미에 대한 근거 문서는 무엇인가?

이 질문에 대해 이 장에서 살펴볼 것이다.

기독교는 유대교의 개혁 운동에서 시작되었고, 성장해 가면서 정체성이 명확해져 1세기 로마 제국 세계에서 분명한 형태를 갖기 시작했다. '그리스도인'이라는 말이 나사렛 예수 자신에게서 유래했다는 역사적 근거는 없다. 신약의 서신서들이 분명히 밝히듯이 초기 그리스도인들은 서로 '제자들' 혹은 '성도들'이라 부르는 경향이 있었다. 그러나 다른 사람들은 이 새로운 운동을 다른 이름으로 불렀다. 신약은 교회 외부 사람들이 나사렛 예수의 추종자들을 지칭할 때 '그리스도인들'(헬라어로 Christianoi)이라는 말을 처음 사용했다고 말한다. "제자들이 안디옥에서 비로소 그리스도인이라 일컬음을 받게 되었더라"(행 11:26). 이 말은 제자들이 선택한 것이 아니라 다른 사람들이 부여한 것이다. 그런데 그 말이 유행하게 된 것이다.

그러나 '그리스도인'이라는 말을 사용했다고 해서 새로운 종교 운동이 통일성 있고 잘 조직화되었음을 시사한다고 생각해서는 안 된다. 앞으로 보겠지만, 기독교의 초기 역사는 잘 정돈된 권위 구조와 세심하게 공식화된 신념 없이 아주 다양했음을 시사한다. 이러한 것은 기독교 역사의 1세기에 구체화되기 시작하여, 기독교가 로마 제국의 공적 종교가 되기 시작한 4세기에 점차 중요해졌다.

전통적으로 나사렛 예수의 탄생을 기독교 시대가 시작된 때로 여긴다. 그의 죽음은 30-33년경으로 보고 있다. 그러나 신약 성경 외의 자료를 통해서는 나사렛 예수에 대해 알려진 것이 거의 없다. 신약 성경은 예수님에 대해 뚜렷이 다른 두 부류의 정보원, 즉 사복음서와 서신서들을 제공한다. 정확하게 일치하지는 않지만, 복음서들과 당시 최고의 로마 역사가들이 쓴 고전적 전기들, 예를 들어 121년에 쓰여진 수에토니우스(Suetonius)의 『황제들의 생애』(Lives of the Caesars)에는 분명히 유사점이 있다.

복음서에는 역사적 기억과 나사렛 예수의 정체성과 중요성을 반영하는 신학적 사상이 섞여 있다. 사복음서는 각기 독특한 정체성과 관심사를 보인다. 예를 들어, 마태복음의 관심은 유대인 독자들에게 예수님의 의미를 심어 주는 데 있는 반면, 누가복음의 관심은 헬라어를 사용하는 공동체에게 그의 중요성을 설명하는 데 있다. 예수님의 정체성을 확립하는 것은 그의 말씀과 행적을 기록하는 것 못지않게 중요했다. 복음서 저자들은 나사렛 예수를 지도 위에 표기하여 그와 인류, 역사 및 하나님과의 관계를 이해하고 평가할 수 있도록 했다. 그리하여 그들은 다음 세 가지 주제에 초점을 맞춘다.

1. 예수님의 가르침, 특히 하나님 나라의 비유. 예수님의 가르침은 신자들이 진정한 그리스도인의 삶을 살도록 돕는 데 중요했다. 이것은 기독교 제자도의 중심 주제로, 다른 사람들에 대한 겸손과 하나님에 대한 순종의 태도를 기르는 것과 관련이 있다.
2. 예수님이 하신 일, 특히 그의 치유 사역. 이것은 그의 정체성을 확립하는 일뿐 아니라 기독교 공동체의 가치관을 정립하는 데도 중요한 것으로 여겨졌다. 예를 들어, 대부분의 중세 수도원들은 그리스도의 사역을 계속하기 위한 수단으로 병원을 세웠다.
3. 예수님의 가르침과 행위를 목격했던 사람들이 한 말. 예를 들어, 누가복음은 아기 예수가 '이스라엘의 위로'라고 했던 시므온의 선언은 물론, 예수님은 죄가 없다는 로마 백부장의 주장을 기록한다. 이것은 예수님의 정체성에 대한 대중의 인식을 보여준다.

'서신서들'(헬라어로 *epistole*, 복수형은 *epistolai*)로 불리기도 하는 신약의 편지들은 개인과 교회에 보내진 것으로, 종종 행위와 믿음 문제에 초점이 맞추어져 있다. 이 편지들은 나사렛 예수의 의의에 대한 기독교 공동체의 이해를 파악하는 데 도움이 된다. 예수님의 태도를 본받는 일, 예를 들면 다른 사람을 자신보다 낮게 여기는 일(빌 2장)의 중요성을 강조하기 위해 예수님의 본이 사용된다. 편지에는 예수님의 가르침이 직접 언급되어 있지 않지만, 특정 행위는 분명히 그러한 가르침들, 즉 겸손이나 고난을 받아들이는 것 등에 기초하고 있음이 분명하다.

또한 편지들은 특정 행위들, 예를 들면 그리스도의 죽음과 부활을 기억하고 기념하기 위해 떡과 포도주를 나누는 만찬 행위를 반복하는 것의 중요성도 강조한다. 세례와 성찬이라는 성례는 이미 신약 성경에 분명히 나타나 있으며, 예수님 자신의 사역에까지 거슬러 올라간다.

그러나 더 중요한 것은, 초기 기독교 공동체의 특징이 되었던 나사렛 예수의 정체성과 의의에 대한 이해를 서신서들이 보여준다는 것이다. 이런 이해와 관련하여 가장 중요한 주제들은 다음과 같다.

1. 나사렛 예수는 볼 수 없는 하나님을 볼 수 있고 알 수 있게 하는 수단으로 이해되었다. 예수님은 "보이지 아니하는 하나님의 형상(헬라어로 eikon)"(골 1:15) 혹은 "본체의 형상(헬라어로 charakter)"(히 1:3)이다.
2. 예수님은 구원을 가능하게 하시는 분이며, 그의 삶은 구속받은 인간의 특징이 되는 주제를 반영한다. '구주'(헬라어로 soter)라는 말의 용법은 이 점에서 매우 중요하다.
3. 나사렛 예수의 부활이라는 기독교의 핵심적 신앙은 그의 죄 없음에 대한 증거요, 신적 정체성의 확증이며, 신자들의 소망에 대한 근거이다. 신자들은 신앙을 통해 그리스도와 연합되고, 현재 그의 고난에 동참하며, 동시에 그의 부활의 소망에 동참하는 것으로 이해한다.

이런 주제들은 신자들의 삶과 생각과 어떤 연관성이 있는지를 기독교 공동체가 숙고하면서 더욱 발전되었다. 다음 장에서 이것이 예수님에 대한 사상을 발전시켜 기독교 신앙을 형성하는 것을 살펴볼 것이다.

나사렛 예수와 유대 배경

기독교는 처음부터 자신을 유대교의 연속으로 보았다. 그리스도인들은 그들이 따르고 예배하는 하나님이 이스라엘 족장 아브라함과 이삭과 야곱이 예배하던 하나님과 동일한 하나님임을 분명히 했다. 신약은 메시아 대망이 나사렛 예수로 성취되었다고 보며, 앞에서 보았듯이 신약이 '그리스도'(히브리어 '메시아'의 헬라어역)라는 칭호를 사용한 것은 이런 믿음을 반영한다.

유대교 안에는 메시아가 새로운 다윗 왕이 되어 이스라엘 역사의 새로운 시대를 열어 줄 것이라는 전반적인 합의가 있었던 것 같다. 이스라엘은 메시아의 시대가 도래하기를 고대했으나 이것을 이해하는 방식은 각 집단마다 달랐다. 쿰란에 있던 유대인 사막 공동체는 메시아를 주로 제사장으로, 다른 사람들은 정치적으로 생각했다. 그러나 이런 차이에도 불구하고 '메시아 시대' 도래에 대한 소망은 1세기 초 유대교에 널리 퍼져 있었고, 따라서 예수님의 사역에 대한 복음서 기사 곳곳에 반영되어 있다.

기독교는 발단 첫 단계에 유대교와 병존했다. 아니면, 유대교 안에 존재했다. 그리스도인들은 아브라함, 이삭, 야곱, 모세 등 이스라엘 믿음의 영웅들이 알고 만났던 하나님은 보다 완전하고 분명하게 계시된 하나님이신 예수님과 동일한 분이라고 주장했다. 그러므로 초기 그리스도인들에게는, 기독교 신앙의 중심인물인 나사렛 예수가 유대교의 메시아 대망을 성취하셨음을 증명하는 일이 중요했다.

유대교와 기독교의 연속성은 여러 면에서 명백하다. 유대교는 특히 하나님의 뜻을 계명의 형태로 알려주는 율법(히브리어로 *Torah*)과 특정한 역사적 상황에서 하나님의 뜻을 알려준 선지자(선지서)를 강조한다. 신약의 복음서들은 나사렛 예수가 "내가 율법이나 선지자를 폐하러 온 줄로 생각하지 말라 폐하러 온 것이 아니요 완전하게 하려 함이라"(마 5:17)라고 강조하였음을 전한다.

바울도 신약 서신서에서 이와 같은 이야기로 예수님은 "율법의 마침"(롬 10:4, '마침'에 해당되는 헬라어는 '목적', '목표'라는 의미도 가진다)이라고 한다. 또한 바울은 아브라함의 신앙과 그리스도인의 신앙 사이의 연속성을 강조한다(롬 4:1-25). 히브리서는 모세와 예수님의 관계(히 3:1-6)와 그리스도인과 옛 이스라엘의 신앙 인물의 관계(히 11:1-12:2)의 연속성을 지적한다.

신약은 기독교가 유대교와 연속성이 있으며, 유대교가 가리켰던 것을 성취했음을 분명히 한다. 이것은 몇몇 중요한 결과를 낳는데, 그 중 가장 중요한 것은 다음과 같다.

첫째, 그리스도인과 유대교인은 모두 다소 동일한 책들, 즉 유대인의 '율법과 선지서와 지혜서'와 그리스도인의 '구약'의 권위가 동일하다고 여긴다. 기독교 내의 일부 급진적인 사상가들, 예를 들어 2세기의 시노페의 마르키온(Marcion) 같은 사람들은 유대교와 역사적 신학적 관계를 깨뜨려야 한다고 주장했지만, 주류 기독교 운동은 기독교 교회와 이스라엘 사이의 관계를 인정하고 소중히 여겼다. 그리스도인은 유대인이 그 자체로 완전하다고 보는 글들은 장차 완성될 어떤 것을 가리킨다고 본다. 그리스도인과 유대인은 모두 동일한 본문들을 중요하게 여기지만, 이름을 달리 사용하고 해석을 달리한다. 이 점에 대해서는 후에 성경에 관해 이야기할 때 더 다룰 것이다.

둘째, 신약 저자들은 구약 예언들이 예수 그리스도의 삶과 죽음을 통해 성취 내지는 실현되었다고 이해한다. 이렇게 함으로써 그들은 두 가지 중요한 신념, 즉 기독교는 유대교의 연속이라는 것과 기독교가 유대교를 진정으로 성취했다는 것에 주목하게 한다. 기독교가 유대인들에게 중요함을 특별히 다루는 초기 기독교 저작들인 바울의 서신서들이나 마태복음에서는 이것이 특히 중요했다. 예를 들어, 마태복음은 예수님의 생애의 사건들이 구약의 예언을 성취한다고 열두 번이나 언급한다.

기독교와 유대교 사이의 이런 연속성은 초기 기독교 역사의 여러 측면을 이해할 수 있게 해준다. 신약은 적어도 일부 초기 그리스도인들은 논쟁화되기까지는 계속 유대교 회당에서 예배를 드려 왔음을 시사한다. 바울의 서신서를 보면 이러한 논쟁 배후에 있는 문제들을 약간이나마 알 수 있다. 1세기에는 특히 중요한 두 가지 문제가 논쟁거리가 되었다.

첫째, 그리스도인 회심자들이 할례를 받아야 하는가 하는 논쟁이 있었다. 기독교와 유대교의 연속성을 주장하는 사람들은 그래야 한다고 믿었다. 그러나 그리스도인은 더 이상 유대교의 법 아래 있지 않다는 결론을 내리게 되었다. 할례나 엄격한 음식물에 관한 법이 이에 해당되었다.

둘째, 유대인이 아닌 개종자를 유대인처럼 대우해야 하는가 하는 논쟁이 있었다. 유대교와 기독교의 연속성을 강조하는 사람들은 이방 신자들도 유대인이 된 것처럼 대우해야 하며, 따라서 할례 같은 종교 규칙과 의식을 따라야 한다고 주장했다. 이런 이유로 초기 기독교의 한 집단은 남성 이방인 개종자의 할례를 요구했다.

그러나 바울을 비롯한 다수의 입장은 이와 달랐다. 그리스도인이 되는 것은 유대인의 민족적 혹은 문화적 정체성을 강화하는 것이 아니라, 새로운 삶과 사고방식을 갖게 되는 것이며, 이것은 모든 사람에게 열려 있다고 했다. 1세기 말 대부분의 그리스도인들은 기독교는 새로운 종교 운동으로, 유대교에 기원을 두지만 그들의 종교적 민족적 전통에 얽매이지 않는다고 보았다.

복음서와 나사렛 예수

나사렛 예수의 생애에 관한 일차적 자료는 신약의 사복음서, 즉 마태복음, 마가복음, 누가복음, 요한복음이다. 첫 세 복음서는 종종 '공관 복음'이라 불리며, 각기 예수님의 활동과 가르침을 요약(헬라어로 *sunopsis*)하고 있다. 그 외의 자료에서는 예수님에 대한 역사적 정보를 거의 얻을 수 없다. 이 시대의 위대한 로마 역사가들도 이 분야에 대한 자료를 거의 제공해 주지 못한다. 그러나 이것은 예수님이 초기 기독교에서 어떻게 받아들여졌는지를 이해하는 중요한 자료이다.

로마 역사가들이 이처럼 예수님께 관심이 없었던 이유는 쉽게 이해할 수 있다. 그들은 거리상 멀고 중요하지 않은 유대와 같은 로마 변방 지역에서 일어난 사건에는 거의 관심이 없었다. 그들의 역사는 로마와 로마의 운명을 결정한 주요 인물과 사건에 초점을 두었다.

예수님을 언급하는 글을 쓴 로마 역사가는 세 사람으로, 111년경 트라야누스(Trajanus) 황제에게 올린 글에서 소아시아에 급속하게 퍼져 나간 기독교를 언급한 소(小)플리니우스(Plinius), 115년경 네로(Nero) 황제가 그리스도인들을 로마 대화재의 희생양으로 삼았던 64년의 사건을 기록한 타키투스(Tacitus), 120년경 글라우디오(Claudius) 황제 통치기의 사건들을 기록한 수에토니우스(Suetonius)이다. 수에토니우스는 로마의 폭동 배후에 있는 '크레스투스'(Chrestus)라는 인물을 언급한다. '크리스투스'(Christus)는 이때까지 로마인들에게 익숙하지 않은 이름이었지만, '크레스투스'는 당시의 노예들에게 익숙한 이름이었다(헬라어 형용사 chrestos는 '유익한'이라는 의미이다).

이 세 역사가들의 간단한 언급에서 네 가지 사실을 알 수 있다.

1. 예수님은 로마 황제 디베료(Tiberius)의 통치기에 유대 총독 본디오 빌라도(Pontius Pilate)에 의해 사형 정죄를 받았다(타키투스). 빌라도는 26-36년 사이에 유대의 총독을 지냈고, 디베료는 14-37년에 통치했다. 십자가 사건이 일어난 때는 전통적으로 30-33년경이다.
2. 네로 통치 시기에 로마에는 예수 추종자들이 많았으므로 네로가 그들을 로마 대화재의 희생양으로 삼기에 적당했다. 이 추종자들은 '그리스도인'이라는 이름으로 불렸다(타키투스).

3. '크레스투스'는 유대교 내에 별난 집단을 세운 사람이었다(수에토니우스).
4. 112년에 이르자 나사렛 예수를 '신처럼' 예배하는 그리스도인들이 로마 황제 예배를 거부했다(플리니우스).

이처럼 나사렛 예수의 삶에 대한 주된 자료는 사복음서이다. 이 복음서들은 각각 특징있게 예수님의 사역을 이야기한다. 예를 들어, 마태복음은 유대 백성들에게 예수님의 중요성을 소개하면서 예수님이 이스라엘의 기대를 성취한 방식을 탐구하는 데 특별히 관심을 둔다. 마가복음은 이야기를 빠르게 전개하여 독자들이 한 사건에서 다음 사건으로 넘어갈 때 숨쉴 여유를 주지 않는다. 누가복음은 비유대인 독자들에게 예수님의 중요성을 소개하는 데 특별히 관심을 둔다. 요한복음은 보다 사색적으로 접근하며 예수님의 강림이 그를 믿는 자들에게 영원한 생명을 준다고 특별히 강조하는 특징이 있다.

복음서들은 분명히 예수님에 대한 전기적 정보를 많이 제공하지만, 현대적 의미의 전기라고는 할 수 없다. 예수님의 삶을 완전하게 설명하지 않기 때문이다. 예를 들어, 마가복음은 예수님의 삶 가운데서 몇 년을, 즉 그의 공적 사역과 십자가 죽음 및 부활로 끝나는 짧은 기간에 초점을 맞춘다. 마태와 누가는 예수님의 공적 사역 이야기를 시작하기 전에 탄생과 어린 시절 이야기를 간단하게 소개한다.

복음서들은 몇 가지 자료들을 엮어서 예수님의 정체성과 의의에 대해 개괄적으로 기술한다. 이처럼 마가복음은 전통적으로 예수님의 수제자 베드로의 것으로 간주되는 자료들을 사용한다. 나아가 복음서들은 예수님의 생애를 완전하게 기록하기보다는 그 의의를 드러내는 데 관심을 둔다. 그럼에도 불구하고 복음서들은 역사와 신학을 섞어서 예수님이 누구인지, 즉 단순히 그의 역사적 정체성이 아니라 그의 항구적인 중요성 차원에서 예수님을 이야기한다.

이제는 공관 복음에 기록된 나사렛 예수의 탄생과 초기 사역에 대해 살필 것이다. 이 기사들에 의해 제기되는 역사적, 신학적, 문화적 문제들을 상세히 살피기에는 지면이 부족하다. 그래서 기본적인 이야기들을 정리하고 일반적인 의의를 숙고할 것이다.

나사렛 예수의 탄생

마가는 예수님의 사역을 예수님이 성인으로 갈릴리에 나타나시는 장면에서 시작한다. 마태와 누가는 서로 다르지만 보완적인 기사를 제공한다. 예수님의 탄생을 다루는 마태와 누가의 기사는 기독교 미술에 큰 영향을 주었다 (그 결과 전통적인 크리스마스 카드와 캐럴이 만들어졌다). 마태의 기사는 요셉의 시각에서, 누가의 기사는 마리아의 시각에서 기록되었다. 예수님이 탄생하신 구체적인 날짜나 연대는 분명하지 않다. 흔히 비그리스도인들은 그리스도인들이 12월 25일에 예수님이 태어나셨다고 믿는다고 생각한다. 사실 그리스도인들은 성탄절 날에 예수님의 탄생을 기념하기로 선택했을 뿐이다. 12월 25일은 예수님의 탄생일이 아니라 탄생을 기념하기 위해 정한 날이다.

초기 기독교 저자들은 예수님의 탄생을 축하하는 날로 다양한 날짜를 제시했다. 예를 들면, 알렉산드리아의 클레멘스(Clemens, 150경-215경)는 5월 20일을 주장했다. 4세기에 이르러 12월 25일로 정해졌는데, 아마 이 날짜와 관련된 전통적인 로마 축제일을 이용하기 위해서였을 것이다. 그리스도인들에게 예수님의 정확한 탄생 일자는 실제로 중요하지 않다. 진정 중요한 것은 그가 인간으로 태어나 인간의 역사 속으로 들어오셨다는 사실이다.

전통적인 성탄절 이야기는 세월이 흐르면서 다소 정형화되었다. 예를 들면, 대부분의 전통적인 성탄절 이야기에는 '세 명의 동방 박사'와 예수님의 '구유 탄생' 이야기가 나온다. 신약도 동방 박사들이 예수님께 세 가지 예물을 드렸다고 말한다. 그래서 많은 사람들은 단순하게 선물이 세 가지였으니

화보 1.1 피렌체파의 대표적인 화가이자 수도자였던 프라 안젤리코의 '그리스도의 탄생.' 1439년에서 1445년 사이에 메디치 가의 후원 아래 개축한 피렌체 산마르코 수도원에 그린 프레스코화들 중 하나이다.

동방 박사도 세 명이었을 것이라고 추정했다. 이와 비슷하게, 예수님이 구유에서 태어나셨다고 하므로 예수님은 마굿간에서 태어나셨을 것이라고 추정했다.

예수님이 태어나신 곳은 베들레헴이다. 베들레헴은 유대 지역의 작은 마을로 예루살렘에서 그다지 멀지 않다. 베들레헴은 다윗 왕과 관련하여 특별한 의미가 부여된 곳으로서, 미가 선지자가 이를 특히 강조했다. 예수님이 탄생하기 800년 전 미가 선지자는 장차 이스라엘을 다스릴 통치자가 베들레헴에서 날 것이라고 했다(미 5:2). 마태복음은 이러한 기대에 대해 언급하며(미 2:5-6), 예수님의 탄생과 사역은 이스라엘의 예언과 희망의 성취의 많은 증거 중 하나라고 한다.

누가는 예수님이 비천하고 낮은 환경에 태어나셨음을 강조한다. 예를 들면, 누가는 예수님이 구유에 누이셨고(구유는 대개 동물의 먹이통으로 사용된다) 예수님을 가장 먼저 찾아온 사람들은 목자들이었다고 말한다. 이것이 핵심은 아니지만 유목 생활을 하는 목자들은 대개 유대 사회에서 사회적, 종교적으로 하층민 취급을 받았음을 기억해야 한다.

마태와 누가 모두 예수님의 어머니 마리아의 중요성을 강조한다. 후에 기독교 사상에서, 순종과 겸손을 보인 마리아는 개인적인 경배 대상이 되었다. 예를 들면, 중세 시대에 마리아는 강력한 남성 중심 기독교 정서 때문에 소외당한다고 느끼는 여성들에게 특별한 호소력이 있었다. 13세기에 작시된 '성모 애가'(Stabat Mater, '십자가 곁에 서 있는 어머니'라는 뜻의 라틴어) 찬송은 아들이 십자가에서 죽을 때 느낀 마리아의 깊은 슬픔을 묘사한다. 나중에 여러 명의 대작곡가들이 곡을 붙인 이 찬송은 중세와 그 이후의 영성에 깊은 영향을 끼쳤다. 종교개혁 시대에 마리아 경배는 자주 비판을 받았다. 기독교의 기도와 예배의 중심은 예수 그리스도라는 사실에 위협이 될 수 있기 때문이었다. 그럼에도, 대부분의 그리스도인들은 마리아를 그리스도인의 핵심적인 덕에서, 특히 하나님에 대한 순종과 신뢰의 탁월한 귀감으로 여겼다.

예수님에 관한 복음서 기사에서 요셉이 차지하는 위치도 주목해야 한다.

화보 1.2 이탈리아 르네상스를 대표하는 예술가 레오나르도 다 빈치의 '수태고지.' 천사 가브리엘이 나타나 마리아에게 잉태 사실을 알리는 장면을 담은 이 작품은 레오나르도 다 빈치의 초기작 가운데 하나로, 피렌체의 산바르톨로메오 아 몬테올리베토 교회 제단화로 그려졌다.

마리아는 '예수의 어머니'로 수없이 언급되는데도 요셉은 그 어디서도 '예수의 아버지'로 언급되지 않는다. 마태는 요셉이 다윗과 법적으로 어떤 관련이 있는지를 살핌으로써(마 1:1-17) 예수님이 다윗의 후손이라는 법적 지위를 보여준다. 그러나 요셉을 예수님의 육체적 아버지로 이해하지 않는다. 마태와 누가에게 있어, 예수님의 잉태는 하나님에 의해 이루어진 일이었다. 그렇지만 일부 기독교 저자들은 아주 중요한 마리아의 동정녀 문제는 중시하지 않았다.

나사렛 예수의 초기 사역

모든 복음서는 예수님이 유대 변방의 요단강가에서 공생애를 시작하셨다고 말한다. 예수님의 공생애 시작은 특히 회개하라는 외침으로 널리 주목받던 세례 요한의 활동과 관련이 있다. 요한의 사역은 이스라엘 역사에서 상당히 중요한 때에 이루어졌다. 당시 사람들 중에는 하나님이 이스라엘을 버리셨다고, 그래서 하나님이 과거에 보여주신 위대한 구원과 격려가 다시는 되풀이되지 않을 것이라고 생각하는 사람들이 있었을 것이다. 이스라엘은 로마의 점령 아래에 있었고, 하나님의 백성이라는 정체성을 잃은 것 같았다.

신약은 세례 요한이 당시에 엄청난 주목을 끈 이유를 이해하는 데 도움이 될 만한 주제를 두 가지 제시한다. BC 5세기에 기록된 것으로 보이는 유대교의 마지막 선지서 말라기는 하나님이 사자를 보내어 하나님이 오심을 예비하게 할 것임을 말했다(말 3:1-2). 이 일이 있기 전에 이스라엘의 믿음의 영웅 가운데 하나인 엘리야가 다시 오리라는 암시도 있었다.

세례 요한이 나타났을 때, 그는 그 옛날의 엘리야처럼 낙타털로 만든 소박한 옷을 입고 있었다. 말라기는 이스라엘 백성 전체의 회개가 필요하다고 외쳤다. 온 민족이 다시 하나님의 은혜를 입으려면 하나님의 백성 모두가 죄를 회개해야 했다. 세례 요한은 바로 이러한 회개가 필요하다고 외쳤으며, 개인의 회개 의지의 상징으로서 세례를 베풀었다(‘세례’라는 단어는 ‘씻다.’ 또는 ‘목욕하다.’라는 뜻의 헬라어에서 파생했다).

유대교의 예언자들을 아는 사람이면 누구나 이것이 암시하는 것을 깨달아 시대의 징조에 주목했을 것이다. 세례 요한이 왔다는 사실은 하나님이 오시리라는 뜻이었다. 요한도 자신보다 큰 분, 즉 자신이 그의 신발 끈도 풀 자격이 없는 분이 자기 뒤에 오신다고 선포하면서 이 점을 분명히 했다(막 1:8). 바로 그때 예수님이 나타나셨다. 이 만남에 대한 마가의 생생하고 짜릿한 기사는, 예수님의 이름을 구체적으로 언급하지는 않았지만 세례 요한이 말하는 분은 예수님이라는 사실을 분명히 한다. 그러므로 세례 요한은 예수님의 오심을 일러주는 선구자, 옛 언약과 새 언약을 연결하는 인물이었다.

예수님은 요한에게 세례를 받으신 후 40일 동안 외진 곳으로 조용히 사라지셨다. 예수님은 대개 ‘그리스도의 유혹’이라 부르는 이 기간에 앞으로 사역하실 때 만날 모든 유혹을 만나셨다. 마가는 이것을 암시만 했지만(막 1:12) 마태와 누가는 자세히 소개하면서(눅 4:1-13) 예수님이 개인적인 권력과 영광의 유혹에 어떻게 맞서셨는지를 보여주었다. 그 후 신약의 저자들은 예수님이 하나님의 뜻에 순종하셨다는 사실이 중요함을 강조한다. 부활절 직전인 사순절 기간은 그리스도인들이 그리스도의 본을 따라 이런 방법으로 자신을 점검해 보는 시간이다.

이제 예수님이 자기 백성에게 배척당하셨다는 주제에 주목해 보자. 배척에 대한 주제는 십자가 죽음에서 절정에 이른다. 예루살렘의 무리들은 예수님을 공개적으로 배척하고 로마 군병들은 그의 옷을 벗기고 십자가에 매단다. 예수님의 배척당하심은 사역 초기에도 여러 곳에서 나타난다. 특히 바리새인들과 율법 교사들(서기관들)이 예수님을 매우 적대적으로 비난했다. 신약의 저자들이 보기에, 유대 율법에 가장 깊이 헌신하고 그 율법을 가장 잘 아는 사람들이 정작 그 율법이 성취되었을 때 깨닫지 못했다는 것은 이해할 수 없는 모순이었다.

그럼에도, '배척'이라는 주제는 이보다 훨씬 더 앞으로 거슬러 올라간다. 배척을 특히 잘 보여주는 사건은 고향인 나사렛에서 예수님이 배척당하신 사건이다. 누가복음은 예수님이 안식일에 정기적으로 회당에 출석하신 경위를 들려준다. 한번은 예수님이 이사야서의 한 단락을 읽어달라는 요청을 받으셨다.

"주의 성령이 내게 임하셨으니 이는 가난한 자에게 복음을 전하게 하시려고 내게 기름을 부으시고 나를 보내사 포로된 자에게 자유를, 눈 먼 자에게 다시 보게 함을 전파하며 눌린 자를 자유롭게 하고 주의 은혜의 해를 전파하게 하려 하심이라"(눅 4:18-19).

이 말씀을 읽은 후, 예수님은 이 말씀이 성취되었다고 엄숙하게 선언하셨다. 다시 말하자면, 자신이 그 말씀의 성취라고 넌지시 암시하셨다. 회당에 모인 사람들은 신성모독에 해당할 수 있는 이 자화자찬식 자기과시에 격분했다. 그들은 예수님을 마을에서 쫓아냈다. 심지어 가까운 절벽에서 밀어뜨리려고 했다. 이러한 일이 있은 후에는 예수님이 갈릴리 호수 북서쪽에 있는 가버나움 지역에서 사역하셨다.

예수님은 제자를 소집단으로 모으셨다. 제자들은 예수님과 함께 다녔으며 나중에는 초대 교회의 핵심이 되었다. 열두 사도의 배경은 다양했으며, 대부분 농어업에 종사했다. 베드로와 안드레 형제, 야고보와 요한 형제는 어부 일을 버리고 따르라는 부름을 받았다. 나중에, 즉 예수님이 사역을 시작하신 지 1년 정도 지났을 무렵, 예수님은 열둘을 둘씩 여섯 그룹으로 보내며 하나님 나라를 전파하게 하셨다.

화보 1.3 도메니코 기를란다요의 '갈릴리 호숫가에서 베드로와 안드레를 부르시는 나사렛 예수.' 거장 미켈란젤로의 스승이기도 하였던 기를란다요가 1481년 교황 식스투스 4세의 요청으로 시스티나 예배당 측벽에 그린 프레스코화이다.

예수님의 가르치고 치유하는 사역은 갈릴리 지역을 중심으로 시작하셨다가 유대 지역으로 확대하셨다. 복음서 기사를 근거해 볼 때, 예수님은 대략 3년 가량 사역하셨다. 가르침과 치유는 그 자체로 중요하지만, 예수님이 누구신지 보여주기 때문에 더 중요했다. 이것은 나중에 세례 요한의 질문에서 분명해진다. 이 무렵, 세례 요한은 갈릴리 지역의 통치자(더 정확히 말하면 '분봉왕') 헤롯(Herod Antipas)에 의해 감옥에 갇혀 있었다. 예수님의 진정한 정체에 대해 아직 확신이 없었던 요한은 이렇게 물었다. "오실 그이가 당신이오니이까, 우리가 다른 이를 기다리오리이까?" 이 질문은 수많은 것을 암시한다. 예수님은 메시아인가? 메시아 시대가 왔는가?

예수님은 사역 중에 일어난 일을 말씀하심으로 간접적으로 대답하신다. "맹인이 보며 못 걷는 사람이 걸으며 나병환자가 깨끗함을 받으며 못 듣는 자가 들으며 죽은 자가 살아나며 가난한 자에게 복음이 전파된다 하라"(마 11:5). 바꾸어 말하면, 메시아 시대에 일어날 표적들이 그의 사역에서 분명히 일어나고 있다는 것이다. 예수님은 "당신이 메시아냐?"라고 묻는 사람들에게 직접 답하지 않으셨다. 그러나 이 말씀이 암시하는 것은, 치유의 기적은 예수님을 오랫동안 기다리던 메시아로 보는 것이 바른 이해임을 보여주는 표적이라는 것이다.

나사렛 예수의 가르침 : 천국 비유

예수님의 가르침의 핵심 주제가 '하나님 나라'(마태복음에 따르면 '천국')라는 데는 거의 모두가 동의한다. 예수님은 공생애를 시작하면서 "때가 찼고 하나님의 나라가 가까이 왔으니"(막 1:15)라고 선포하셨다. 전통적으로 '나라'(kingdom)로 번역되는 헬라어 바실레이아(basileia)는 왕이 통치하는 특정한 정치적 영역이라기보다는 '통치' 행위 자체를 말한다. 바꾸어 말하면, 바실레이아는 '나라'보다는 '왕권'(kingship)을 말한다.

'산상설교'(마 5:1-7:29에 나오는 가르침)는 대개 '하나님 나라의 윤리'를 제시한다고 본다. 하나님의 통치를 인정한다는 것은 특정 행동 패턴을 보이는 것으로, 이는 나사렛 예수의 삶과 사역에서 체현되고 그의 가르침에 메아리치고 있다. 따라서 예수님의 설교의 주제는 하나님의 왕적 통치의 도래라 할 수 있다. 이 주제는 예수님이 제자들에게 가르쳐 주신 '주기도문'에 나타나 있다.

하나님 나라에 관한 예수님의 설교는 '개시'(inauguration)라는 견지에서 가장 잘 이해된다. 아직 성취되지 않은 일련의 사건들을 일으키는 어떤 일이 일어났다. 비유들은 하나님 나라가 시작은 미약하지만 훨씬 더 크게 발전한다는 개념을 표현한다. 성장과 발전 개념을 설명해 주는 겨자씨 비유(마 13:31-32)는 특히 좋은 예이다. 포도원 비유(마 21:33-41)는 포도원 소작 농부들을 포도를 생산하는 사람들로 설명한다. 이것은 하나님 나라 사람들은 그 나라의 윤

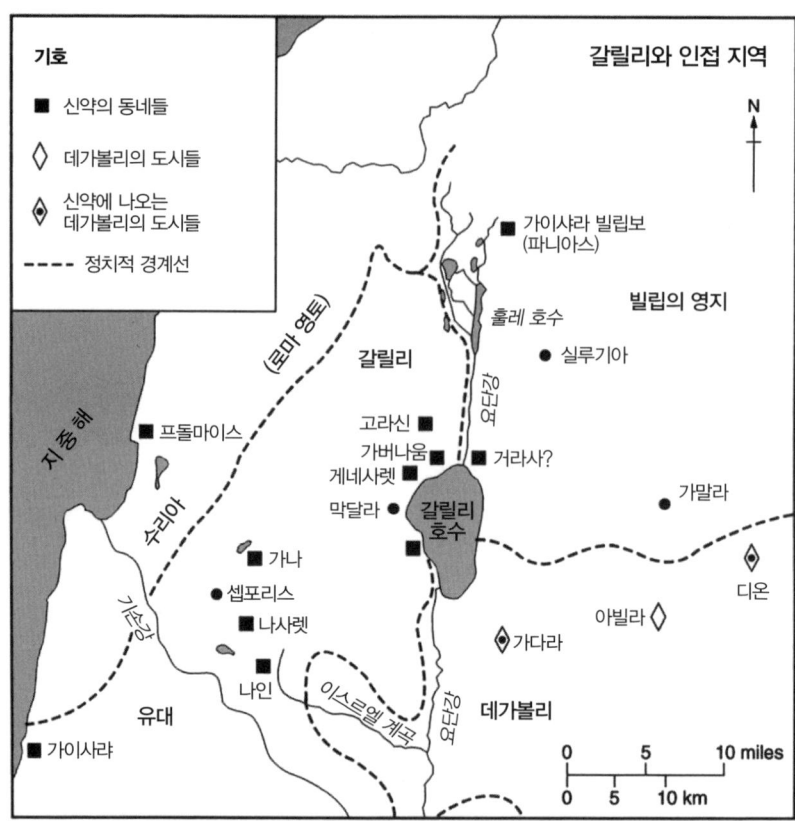

화보 1.4 예수님의 갈릴리 사역의 행적.

리를 따라야 한다는 점을 분명하게 암시한다. 하나님의 왕적 통치는 의무를 수반한다는 것이다. 하나님 나라에 관한 예수님의 가르침은 주로 '비유들'로 표현되었다. 비유는 하늘의 의미를 내포한 땅의 이야기라고 할 수 있다. '비유'는 '예화'(illustration)와 '비밀'(mystery) 혹은 '수수께끼'(riddle) 등 여러 가지 개념을 포함한다. 하나의 비유는 하나의 영적 진리를 전달한다. 그러나 그 의미가 분명하지 않을 수 있으며, 따라서 예화가 필요할 수 있다. 어떤 비유는 팔레스타인 농촌에서 일어나는 일상 생활에 대한 기민한 관찰에서 나온 것이다. 값진 진주 하나가 나머지 소유를 다 팔아 살 만한 가치가 있듯이, 하나님 나라는 모든 것을 포기하더라도 얻을 가치가 있다(마 13:45-46). 적은 양의 누룩이 많은 양의 반죽을 부풀게 하듯이, 하나님 나라는 온 세상에 영향을 미칠 수 있다(마 13:33). 목자가 잃은 양 한 마리를 찾아나서듯이, 하나님은 길 잃고 헤매는 자들을 찾으신다(눅 15:4-6).

비유가 더 복잡한 경우도 있다. 탕자의 비유(눅 15:11-32)는 자기 아버지의 집을 떠나 먼 나라에 가서 행복을 추구하기로 한 아들에 대한 이야기이다. 아버지를 떠난 삶은 탕자가 기대했던 장밋빛 삶이 아니었다. 그는 곤경에 처한다. 그리하여 탕자는 아버지의 집으로 돌아가기를 갈망하게 된다. 그렇지만 아버지가 자신을 책망할 것이며 아들로 인정하려 하지 않을 것이라고 생각한다. 이 비유가 주는 분명한 특징은 하나님의 모습을 우리에게 제공한다는 데 있다. 아버지는 아들이 자기를 알아보기도 전에 멀리서부터 돌아오는 아들을 알아본다. 그리고 달려가 그를 맞이하여 잃어버렸던 아들이 돌아온 것을 기뻐한다. 이 비유가 주는 메시지는 아버지가 아들이 돌아온 것을 크게 기뻐하듯이 하나님도 죄인들이 돌아오는 것을 기뻐하신다는 것이다.

하나님 나라에 대한 예수님의 가르침은 기독교 신앙에서 중요한 요소이다. 그러나 기독교는 예수님의 가르침이 전부가 아니다. 예수님 자신에 대한 것도 있다. 그는 누구인가? 그는 얼마나 중요한가? 신약 성경에서 예수님의 죽음과 부활은 그의 정체성과 의미를 온전히 이해하는 데 있어서 가장 중요하다. 이어서 이 주제에 대해 살펴볼 것이다.

나사렛 예수의 십자가 죽음

기독교는 창시자의 죽음에 초점을 맞추고 이 일을 가장 중요한 사상과 정서로 삼는 유일한 종교이다. 이 강조점은 후에 발전된 것이 아니라 처음부터 강조된 것이다. 십자가 죽음이 아주 중요함을 증거하는 초기의 문서 중 하나는, 바울이 55년 초에 쓴 것으로 추정되는 고린도 교회에 보낸 첫 번째 편지(고린도전서)이다. 이 편지 첫 장에서, 바울은 그리스도가 십자가에 죽으셨다는 사실을 매우 강조한다. 바울의 설교 주제는 "십자가에 못 박힌 그리스도"(고전 1:23)요, 복음 선포 뒤에 있는 능력은 "그리스도의 십자가"(고전 1:17)요, 기독교 복음의 요약은 "십자가의 도"(고전 1:18)이다.

그러나 십자가형은 로마 제국의 문화에서는 수치스러운 죽음이었다. 십자가형은 반역자, 배신자, 하층민에게만 주어졌다. 로마 제국에서 십자가형은 널리 퍼져 있던 처형 방식으로, 고전 작가들의 글에서 그 과정을 기술하는 내용을 많이 찾아볼 수 있다. 십자가형을 의미하는 라틴어는 문자적으로 '십자가에 달림'을 의미한다. 십자가형을 당하는 사람은 일반적으로 십자가에 달리기 전에 고문이나 매질을 당한 후, 실제로 어떤 자세로든 십자가에 묶이거나 못 박혔다. 이 십자가형은 로마 제국의 영토 내에서 일어난 반란, 예를 들어 스페인 북부 칸타브리아인의 반란이나 유대인의 반란을 진압하기 위해 무자비하게 사용되었다. BC 71년에 로마 제국은 스파르타쿠스(Spartacus) 반란에 가담한 노예 6,000명을 십자가에 처형했는데, 이것이 가장 유명한 십자가형일 것이다. 그 십자가들은 이탈리아에서 가장 혼잡한 상업 루트인 아피아 가도를 따라 세워졌다.

요세푸스(Josephus)는 70년에 예루살렘이 로마군에 함락될 때, 포위된 예루살렘을 탈출하려던 유대인 다수가 십자가형을 당했다고 기록했다. 그의 기록은 읽기만 해도 섬뜩하다. 로마의 법적 기록자 입장에서 보면, 악명 높은 범죄자들은 죄를 범한 그 자리에서 십자가형을 당하게 하여 '다른 사람들이 그런 죄를 저지르지 못하도록' 해야 했다. 이런 이유에서, 로마 황제 퀸틸리아누스(Quintilianus)는 경고 효과를 극대화하기 위해 가장 번화한 거리에서 범죄자들을 십자가형에 처했다(바로잡자면, 이 일과 관련된 인물은 수사학자이자 변론가인 마르쿠스 파비우스 퀸틸리아누스이다 – 편집자 주).

십자가형은 최악의 범죄자들을 위한 형벌이었으므로, 예수님이 십자가형에 처해졌다는 것은 그가 최악의 범죄자임을 암시했다. 유대인들에게 나무에 달린 자는 누구나 하나님의 저주를 받은 자였다(신 21:23). 그래서 오랫동안 기다려 온 메시아가 예수님이라는 그리스도인들의 주장은 절대로 권장할 만한 것이 아니었다. 실제로, 어떤 사해 사본은 십자가형이 큰 배역 혐의를 받은 유대인의 처형 방식이라고 시사한다.

신약은 나사렛 예수의 십자가형에 대해 두 가지로 진술하는데, 이것은 그의 정체성과 의미를 이해하는 데 필수적이다. 첫째, 십자가형은 실제로 일어났다. 구체적으로, 본디오 빌라도가 유대 총독이었을 때였다. 둘째, 예수님의 십자가 처형을 올바로 이해해야 한다. 이것은 수치나 죄악, 하나님의 거부를 나타내는 것이 아니라, 죄의 용서와 새로운 소망의 시작이다.

십자가형을 더 설명하기 전에, 이 사건에 대한 복음서의 기본 구조를 살펴볼 필요가 있다. 십자가형의 배경은 예수님이 나귀를 타고 예루살렘에 승리의 입성을 하심으로 중요한 구약의 메시아 예언(슥 9:9)을 성취하신 사건이다. 예수님은 왕으로 예루살렘에 입성하셨다. 그리스도인들은 종려 주일에 이 일을 기념한다. 그러나 예수님의 생애에서 이 마지막 주는 논쟁이 격화되어, 배신과 체포, 처형으로 절정에 이른다. 누가는 예수님과 제자들이 '다락방'에 모여 유월절을 지킨 이야기를 한다(눅 22:14-23).

유대인의 유월절은 출애굽과 이스라엘 백성의 확립을 기념하는 절기이다. 유월절 직전에 잡아서 먹는 유월절 양은 이러한 하나님의 놀라운 구속 행위를 상징한다. 따라서 예수님의 최후의 만찬과 십자가 죽음이 유월절에 일어났다는 사실은 그 의미가 매우 크다.

공관 복음은 최후의 만찬이 유월절 식사였으며 예수님이 새로운 형태의 식사를 시작하셨다고 분명하게 말한다. 유대인들은 어린 양을 먹음으로써 하나님이 자신들을 애굽(이집트)에서 구원하신 일을 기념했으나, 그리스도인들은 이제부터 떡을 먹고 포도주를 마심으로써 하나님이 자신들을 죄에서 구원하신 일을 기념했다.

요한복음은 유월절 어린 양을 잡던 바로 그 시간에 예수님이 십자가에 달리셨다고 말함으로써 예수님이 세상 죄를 위해 죽으신 진정한 유월절 어린 양이라고 시사한다. 이에 비춰 보면 "보라 세상 죄를 지고 가는 하나님의 어린 양이로다"(요 1:29)라는 세례 요한의 말의 의미를 완전하게 이해할 수 있다. 이것이 말하는 것은 그리스도의 죽음이 우리의 죄를 제거했으며, 우리에게서 죄책과 죄의 얼룩을 씻어 냈다는 것이다.

최후의 만찬과 십자가 죽음이 유월절과 일치한다는 사실은 출애굽과 그리스도의 죽음이 밀접한 관련이 있음을 분명하게 보여준다. 이 두 가지는 모두 자신의 백성을 억압에서 건지시는 하나님의 구원 행위이다. 그러나 모세는 이스라엘을 애굽의 노예라는 특정 상태에서 이끌어 냈지만, 그리스도는 그의 백성을 죄와 사망에 의한 보편적 결박에서 구해 내셨다. 출애굽과 십자가 사이에는 비슷한 점이 있지만 다른 점도 있다. 가장 중요한 차이는 신약이 말하듯이 그리스도가 이루신 구속은 보편적이라는 데 있다. 신약에서 그리스도가 하신 일은 인종이나 역사나 지리적 배경과 상관없이 그를 믿는 모든 자에게 영향을 미친다.

1498년 미켈란젤로(Michelangelo di Lodovico Buonarroti Simoni)가 그린 그림으로 유명한 '최후의 만찬'(Last Supper)은 기독교 예배 가운데 기념한다는 면에서 그리스도인들에게 특히 중요하다(바로잡자면, 1498년에 완성된 '최후의 만찬'은 레오나르도 다 빈치의 작품이다 – 편집자 주). 예수님이 나를 기념하여 이 의식을 계속 행하라고 제자들에게 분명하게 명령하셨다는 사실에 주목하라. 보통 '성찬'(Holy Communion), '주의 만찬'(Lord's Supper), '성만찬'(eucharist), '미사'(mass) 등으로 불리는 의식에서 예수님을 기념하는 도구로 떡과 포도주를 사용하는 것은 바로 여기서 기원했다. 여기에 대해서는 나중에 좀 더 자세히 살펴볼 것이다.

최후의 만찬 후에 가룟 유다가 은 30에 예수님을 유대 당국자들에게 팔아넘겼다(마 27:1-10).

예수님은 신학적인 심문을 받으신 후 로마 당국자들에게 넘겨졌다. 예수님은 AD 26-36년에 유대 지역의 로마 총독이었던 본디오 빌라도에게 넘겨졌다. 빌라도는 형식적인 벌을 내리는 데서 끝내려고 했으나 군중은 예수님을 십자가에 못 박으라고 요구했다. 빌라도는 이 모든 일에 대해 손을 씻은 후 예수님을 채찍질하고 십자가에 달도록 내주었다. 그러자 로마 군병들은 예수님을 모욕하면서 왕복을 입히고 가시관을 씌웠다.

로마의 채찍질은 악명 높았다. 죄수들은 채찍에 맞아 십자가에 달리기도 전에 죽기도 했다. 유대 율법은 40대까지만 때릴 수 있었다. 이것은 자비의 표시로 39대로 감해졌다. 그러나 로마법에는 죄수에게 가하는 체벌에 대한 제한이 없었다. 채찍은 일반적으로 여러 가닥의 가죽 줄을 엮어서 끝에는 작은 금속 조각이나 깨진 뼛조각을 달았다. 이 때문에 채찍에 맞은 사람은 살갗이 찢어졌고 견디지 못해 죽는 경우도 많았다.

예수님은 채찍에 맞고 심히 약해져 십자가를 지고 걸으실 수 없었다. 그래서 구레네 시몬이 예수님 대신 십자가를 강제로 지고가야 했다. 마침내, 이들은 처형 장소인 골고다에 이르렀다(마 27:32-43). 이곳을 '갈보리'라고도 하는데, 갈보리는 라틴어 칼바리아(Calvaria)에서 온 말로 '해골'이라는 뜻이다. 그러므로 '골고다'의 문자적 의미는 해골이다. 예수님이 십자가에 달리실 때, 그의 죽는 모습을 지켜보던 사람들은 조롱했다. 로마 군병들은 그의 옷을 놓고 제비를 뽑았다. 그 후에 예수님의 시신은 십자가에서 끌어내려져 빌린 무덤에 장사된다(마 27:55-61). 그러나 신약에 따르면 이야기는 여기서 끝나지 않는다.

나사렛 예수의 부활

복음서는 이제 전통적으로 '부활'이라는 일련의 사건을 들려준다. 부활은 '빈 무덤'이라는 역사적 사건과 이 사건의 의미에 대한 특정 해석을 가리키는 말이다. 빈 무덤이 발견된 사실 자체가 부활은 아니다. 시신을 도둑맞았다는 다른 해석이 가능하기 때문이다. '부활'의 개념은 발견된 빈 무덤을 특별하게 해석하는 것이다. 복음서의 부활 기사에는 세 가지 주된 요소가 있다.

1. 금요일 오후에 예수님의 시신을 안치해 두었던 무덤이 일요일 아침에 보니 비어 있었다. 빈 무덤을 발견한 사람들은 겁에 질렸다. 예수님의 가까운 친구 중 많은 사람들은 예수님의 무덤이 비었다는 소식을 진지하게 받아들이지 않았다.
2. 제자들은 예수님을 직접 만났으며, 예수님이 살아 있는 인간으로 나타나셨다고 보고했다.
3. 제자들은 예수님을 과거의 선생이 아니라 살아 계신 주님으로 전하기 시작했다.

'빈 무덤'의 전승은 여기서 아주 중요하다(마 28:1-10; 막 16:1-8; 눅 24:1-11; 요 20:1-10). 이 이야기는 복음서마다 다른 각도에서 작은 세부 사항을 다양하게 진술하는데, 이것은 목격자들이 증언할 때 나타나는 특징이다. 흥미롭게도, 사복음서 모두 빈 무덤을 발견한 주인공은 여자들이라고 말한다. 사복음서 기자 모두가 분명하고 세밀하게 말하는 유일한 부활절 사건에서 여자들이 예수님의 무덤에 갔다는 것이다. 마가복음은 여자 증인의 이름(막달라 마리아, 야고보의 어머니 마리아, 살로메)을 세 번이나 언급하지만(막 15:40, 47, 16:1), 흥미롭게도 그 시간에 주변에 있었던 남자 제자들의 이름은 전혀 언급하지 않는다.

화보 1.5 완벽한 원근법을 구사한 르네상스 시대 화가 피에로 델라 프란체스카의 '그리스도의 부활.' 20세기 영국의 천재 철학자이자 소설가인 올더스 헉슬리로부터 세계 최고의 그림이라는 극찬을 받았다.

　나사렛 예수의 부활이 제자들에게는 놀라운 일이었다. 유대 사상에서 이러한 부활은 전례가 없었다. 예수님의 부활 사건은, 죽은 자의 부활에 대한 유대인의 기대에 부합하기보다는 오히려 그 반대였다. 당시 대부분의 유대인들은 죽은 자의 부활이 말세에 일어날 것이라고 믿었다. 예를 들어, 바리새인들은 미래의 부활을 믿어 사람들은 죽은 후 자신의 행위대로 상급이나 벌을 받는다고 주장했다. 그러나 사두개파는 부활이 없다고 주장하며 인간에게 사후 존재란 없다고 했다(행 26:6-8, 바울은 이 부분에서 바리새파와 사두개파의 의견이 다른 점을 이용하였다).

　따라서 그리스도가 역사의 끝이 아니라 역사의 가운데서 부활하셨다는 기독교의 주장은 유대교 방식과 전혀 맞지 않았다. 예수님의 부활은 미래 사건으로 선포된 것이 아니라 이미 시간과 공간 속에서 목격자들 앞에서 일어난 사건으로 선포되었다.

　신약은 기독교 복음 뒤에 있는 기본 사건들을 보고하는 것 외에, 예수님의 정체와 의미를 깊이 숙고한다. 본장에서는 신약에 나오는 주요 숙고 사항을 분석하고, 더 나아가 교회가 예수님을 어떻게 이해했는지를 탐구할 것이다. 이러한 숙고와 발전의 과정은 흔히 식물의 성장 과정에 비유된다.

그러나 예수님의 의미에 대한 기독교의 이해를 탐구하려면, 먼저 사건과 의미의 중요한 차이를 살펴야 한다. 역사 속에서 일어난 사건은 어떤 면에서 그 사건 자체를 넘어서는 의미를 가진다고 할 수 있을까?

사건과 그 의미 : 예수님의 역사에 대한 해석

우리는 예수님의 의미를 생각할 때 그의 삶에서 일어난 사건들과 그 의미의 관계를 탐구해 보아야 한다. 기독교는 단지 예수님의 역사를 되뇌이는 것이 아니다. 기독교는 그 역사 속에서 일어난 사건, 특히 그의 십자가 죽음과 부활 사건에 특별하게 의미를 부여한다. 기독교 신앙은 예수님이 역사적 실존 인물이었으며 십자가에 죽으셨음을 분명히 전제한다. 그러나 단순히 예수님이 존재하셨고 십자가에 죽으셨다는 단순한 사실에 관한 것이 아니다. 예수님이 부활하시고 15년 후 기록된 것으로 보이는 바울의 글은 이 점을 분명히 하는 데 도움이 된다.

"형제들아 내가 너희에게 전한 복음을 너희에게 알게 하노니 이는 너희가 받은 것이요 또 그 가운데 선 것이라 너희가 만일 내가 전한 그 말을 굳게 지키고 헛되이 믿지 아니하였으면 그로 말미암아 구원을 받으리라 내가 받은 것을 먼저 너희에게 전하였노니 이는 성경대로 그리스도께서 우리 죄를 위하여 죽으시고 장사 지낸 바 되셨다가 성경대로 사흘 만에 다시 살아나사 게바에게 보이시고 후에 열두 제자에게와 그 후에 오백여 형제에게 일시에 보이셨나니"(고전 15:1-6).

여기서 바울은 어떤 공인된 공식, 즉 어법을 사용한다. 그리고 그것을 독자들에게 전달하고 있다. 초대 교회에서 널리 사용되던 것을 바울은 고린도 그리스도인들에게 전해 주고 있다. 이 공식은 그리스도의 죽음이라는 사건과 이 사건의 의미를 분명하게 구분한다. 그리스도가 죽은 것은 단순한 역사의 일이다. 그리고 그리스도가 우리의 죄를 위하여 죽으셨다는 것은 기독교 신앙의 핵심에 자리잡고 있는 통찰이다.

사건과 그 의미 사이에 있는 이러한 구분의 중요성을 보여주는 예가 있다. BC 49년 로마군 지휘관 율리우스 카이사르(Julius Caesar)는 한 군단을 이끌고 작은 강을 건넜다. 그 강의 이름은 루비콘으로, 로마 제국의 중요한 경계였다. 루비콘 강은 이탈리아와 이탈리아 북서쪽, 지금의 프랑스에 위치한 식민지 지역이었던 갈리아 키살피나 사이의 경계선이었다.

단순히 한 사건으로 생각한다면, 카이사르가 루비콘 강을 건넌 사건은 그다지 중요하지 않다. 루비콘 강은 별로 큰 강이 아니었고, 그 강을 건너는 데 특별한 어려움이 있었던 것도 아니다. 사람들은 이전에도 이후에도 더 넓고 깊은 강을 많이 건넜다. 이것은 하나의 단순한 사건으로서는 주목할 만하지 않았다. 루비콘 강을 건넌 것이 중요했던 것은 이런 이유 때문이 아니다. 이 사건이 역사책에 기록된 것은 엄청난 정치적 의미가 있었기 때문이다. 군대를 이끌고 국경선을 건넜다는 것은 로마에 대한 의도적인 반역 행위였다. 이것은 카이사르가 폼페이우스(Pompeius)와 로마 원로원에 선전 포고를 했다는 뜻이었다. 강을 건넌 것은 사건이었고 그 사건의 의미는 선전 포고였다.

많은 면에서 그리스도의 죽음은 카이사르가 루비콘 강을 건넌 것과 비슷하다고 할 수 있다. 사건 자체는 그 의미를 아는 사람들 외에는 누구에게도 특별해 보이지 않는다. 동시대의 기록을 보면, 그 시대에 십자가에서 죽은 사람은 수없이 많다. 십자가에 달려 죽은 사람은 예수님 한 명만이 아니었다. 실제로 복음서의 십자가 기사도 그 날 예수님과 함께 두 명의 강도가 십자가에 달렸다고 분명히 말한다. 하나의 사건으로서, 예수님의 십자가 죽음은 별로 중요하지도 않고 주목할 만한 가치도 없어 보인다. 십자가 죽음은 로마가 제국 전역에서 복종을 강요하기 위해 잔인하고 억압적인 수단을 사용했다는 하나의 증언이다.

그러나 신약은 나사렛 예수의 십자가 죽음이라는 외적인 사건 배후에 그 사건의 의미가 있다고 분명히 밝힌다. 그래서 이 사건이 중요하다. 폼페이우스와 로마 원로원은 율리우스 카이사르가 어떻게 루비콘 강을 건넜느냐에는 별로 관심이 없었다. 카이사르가 루비콘 강을 건넜다는 사실이 이들에게 의미하는 바가 더욱 중요했다. 그리고 그 의미는 너무나 분명했다. 전쟁이었다. 이와 비슷하게 바울은 예수님의 십자가 죽음에 관한 자세한 내용에는 별로 관심이 없었다. 십자가 죽음의 역사성은 전제되어 있다. 진정으로 중요한 것은 그것의 신학적 의미, 즉 구원과 용서, 죄에 대한 승리의 근거라는 것이다. 기독교가 선포하는 것은 예수님이 십자가에서 죽으셨다는 단순한 역사적 사실을 훨씬 능가한다. 그 사건이 인류에게 의미하는 것, 즉 예수님이 죄인 중 하나로 취급되었으며 그리하여 죄인들이 용서받게 되었다는 것이다.

지금까지 우리는 '사건'과 '의미'의 차이에 초점을 맞추었다. 이러한 구별이 중요함을 이해했다면, 이제 더 나아가 예수님에 대한 신약의 해석을 살펴볼 수 있다.

예수님의 의미에 대한 신약의 이해

나사렛 예수는 누구인가? 예수님의 의미는 무엇인가? 이러한 질문을 살펴보는 가장 쉬운 방법은 신약, 특히 복음서에서 예수님을 지칭하는 말들을 살펴보는 것이다. 이 말들은 종종 신약의 '기독론적 칭호들'이라고 한다. 이 용어는 예수님이 말씀하고 행하신 것, 사람들에게 미치신 영향을 숙고한 결과임을 반드시 알아야 한다. 이제 이 칭호들 가운데 세 가지, '메시아', '주', '하나님의 아들'을 살펴볼 것이다. 이 칭호들은 교회의 신조들에 포함되어 있다. 예수님의 정체성에 대한 기독교의 이해와 관련된 이 칭호들의 의미를 생각해 보자.

메시아

현대 서구 세계의 독자들은 '그리스도'가 예수님의 성(姓)이라고 생각할 뿐 '그리스도이신 예수'(Jesus the Christ), 즉 '메시아이신 예수'(Jesus the Messiah)라는 표현에서 볼 수 있듯이 하나의 칭호라는 사실은 잘 알지 못한다. '메시아'라는 히브리어는 '기름부음을 받은 자', 즉 하나님에 의해 뽑혀서 특별한 능력과 기능이 있는 사람이라는 표시로 의식을 통해 기름부음을 받은 사람을 의미한다. 이스라엘의 위대한 왕들을 '여호와의 기름부음을 받은 자'라고 한다(삼상 24:6). 시간이 흐르면서, 이 용어는 점차적으로 다윗의 후손으로서 이스라엘이 다윗의 통치 때 누렸던 황금 시대를 회복할 해방자 내지는 구원자를 가리키게 되었다.

예수님이 사역하시던 시기에 팔레스타인은 로마의 통치를 받고 있었다. 로마 점령군에 대한 강한 반감은 당시에 팽배해 있던 민족주의적 감정에 기름을 끼얹었고, 이 때문에 메시아 도래에 대한 전통적 기대가 새로운 힘을 얻게 된 것 같다. 많은 유대인들에게 메시아는 이스라엘에서 로마인들을 몰아내고 다윗의 계보를 회복할 해방자였다.

예수님은 사역 중에 '메시아' 칭호를 받아들일 준비가 되어 있지 않으셨던 것 같다. 예를 들어, 베드로가 "주는 그리스도시니이다"라고 하며 예수님을 메시아라고 인정했을 때 예수님은 즉시 이것에 대해 침묵하라고 말씀하셨다(마 8:29-30). 이 '메시아 비밀'(messianic secret)의 완전한 의미가 무엇인지는 분명하지 않다. 왜 마가는 많은 사람들이 분명히 예수님을 메시아로 보았는데도 예수님은 자신이 메시아임을 분명하게 인정하지 않으셨다는 점을 강조했을까?

그 대답은 마가복음 뒷부분에서, 마가가 예수님이 메시아임을 분명히 인정하신 유일한 순간을 이야기하는 장면에서 찾을 수 있다. 예수님은 죄수로 빌라도 앞에 섰을 때, 자신이 메시아임을 시인하셨다(막 14:61-62). 폭력이나 정치적인 행동이 불가능할 때, 예수님은 자신의 정체를 밝히신다. 그는 참으로 하나님 백성의 해방자였다. 그러나 정치적 의미의 해방자는 아니었다. '메시아'라는 칭호와 관련된 오해들 때문에, 특히 열심당(셀롯당)의 오해 때문에, 예수님은 자신의 사역에서 메시아적 측면을 가볍게 다루신 것 같다.

주

두 번째 중요한 칭호는 '주'(Lord, 헬라어로 kurios)이다. 신약에서 이 단어는 두 가지 중요한 의미로 사용된다. 첫째는 특히 누군가를 부를 때 존경을 표시하는 정중한 칭호로 사용된다. 마르다는 예수님을 '주'라고 부를 때(요 11:21), 반드시 그런 것은 아닐 수도 있지만, 합당한 존경심을 갖고 대했을 것이다. 그러나 이 단어는 다른 의미로도 사용된다.

바울은 '예수는 주'라는 고백(롬 10:9; 고전 12:3)을 복음의 핵심에 해당하는 말로 여겼다. 그리스도인들은 '주의 이름을 부르는 자'이다(롬 10:13; 고전 1:2). 그러나 이것은 무엇을 암시하는가? 1세기 팔레스타인 사람들은 '주'(헬라어로 kyrios, 아람어로 mare)라는 단어를 정중하거나 경의를 표하는 칭호로 사용하였을 뿐 아니라, 신적 존재나 최소한 인간을 능가하는 존재를 가리키는 데 사용하는 경향이 있었다. 그러나 특히 중요한 점은 퀴리오스(kurios)라는 헬라어가 구약에서 하나님을 가리키는 네 글자(YHWH)의 번역에 사용되었다는 것이다. 이 글자는 보통 테트라그람마톤(tetragrammaton, '네 개의 문자'라는 의미의 헬라어)이라고 하는데, '여호와'로 기재된다.

히브리어로 기록된 구약을 헬라어로 번역할 때, 하나님의 신성한 이름을 번역하기 위해 일반적으로 퀴리오스라는 말이 사용되었다. 히브리어 성경에서 이 이름이 6,823번 사용되는데, 헬라어로 옮겨지면서 그 가운데 6,156번이 퀴리오스로 번역되었다. 따라서 퀴리오스라는 헬라어는 시내산에서 자신을 계시하시고 자신의 백성과 언약을 맺으신 하나님을 직접적, 구체적으로 가리키는 공인된 용어가 되었다.

유대인들은 다른 그 누구나 그 무엇에도 이 용어를 사용하지 않았다. 그렇게 하는 것은 그 사람이나 사물이 신적 지위가 있음을 암시하는 것이었다. 역사가 요세푸스는 유대인들이 퀴리오스를 오직 하나님께만 사용했기 때문에 로마 황제를 퀴리오스라고 부르길 거부했다고 말한다.

신약의 저자들은 예수님을 부를 때 주저 없이 이 거룩한 이름을 사용했다. 오직 하나님께만 사용되었던 이름이 예수님께도 사용될 수 있는 것으로 보았던 것이다. 신약은 '여호와' 즉 '주' 또는 '주 이스라엘의 하나님'을 가리키는 구약 본문을 사용하여 의도적으로 '주 예수'를 지칭하는 데 적용하거나 번역했다. 이런 경향은 요엘서 2장 32절과 사도행전 2장 21절이 잘 보여준다. 요엘서 2장 32절은 하나님 백성의 역사에서 하나님의 영이 모든 백성에게 부어질 때가 오리라고 말한다(욜 2:28). "여호와의 크고 두려운 날이 이르기 전에 누구든지 여호와의 이름을 부르는 자는 구원을 얻으리니"(욜 2:32-32). 즉 누구든지 하나님의 이름을 부르는 자는 구원을 얻을 것이라는 것이다.

이 예언은 베드로가 오순절에 했던 설교에 나타난다(행 2:17-21). 베드로의 설교는 "누구든지 주의 이름을 부르는 자는 구원을 받으리라"(행 2:21)는 선언으로 끝난다. 그 다음에 이어지는 내용에 비춰 볼 때, 여기서 '주'는 하나님이 '주와 그리스도'로 삼으신(행 2:36) '나사렛 예수'를 가리킨다.

하나님의 아들

신약이 예수님께 사용한 또 다른 칭호는 '하나님의 아들'이다. 구약에서 이 용어는 천사나 초자연적 존재를 가리키는 데 가끔 사용되었다(욥 38:7; 단 3:25).

구약의 메시아 본문은 오시는 메시아를 '하나님의 아들'이라고 부른다(삼하 7:12-14; 시 2:7). 신약에 사용된 '하나님의 아들'이라는 용어는 이 용어의 배타성을 더욱 강조하여, 이 용어의 구약적 의미를 강화한 특징이 있다.

예수님이 '하나님의 아들'이라는 믿음은 부분적으로 부활에 대한 숙고의 결과이다. 바울은 로마의 그리스도인들에게 보내는 편지(로마서)를 시작하면서 "육신으로는 다윗의 혈통에서 나셨고……죽은 자들 가운데서 부활하사 능력으로 하나님의 아들로 선포되셨으니"(롬 1:3-4)라고 한다. 이 짧은 진술은 예수님을 하나님의 아들로 이해하는 두 가지 이유를 제시한다. 첫째, 육신적으로 예수님은 이스라엘의 위대한 왕, 하나님이 다윗의 뒤를 이을 한 왕이 나리라고 약속하신 다윗의 후손이셨다. 마태는 자신의 복음서를 시작하면서 비슷한 말을 한다(마 1:1). 둘째, 예수님의 부활은 하나님의 아들이라는 그의 정체성을 확립해 주었다. 부활은 '하나님의 아들'이라는 예수님의 진정한 정체에 대한 논쟁을 매듭짓는 역할을 했다.

신약은 나사렛 예수를 다른 이름으로 부르기도 한다. 예를 들어, '인자'(전통적으로 예수님의 인성과 겸손함을 강조하는 것으로 이해된다)와 '구주'(구원의 본질과 근거에 대한 기독교의 이해를 다루는 3장에서 더 자세히 살필 것이다)가 그것이다.

이 책 후반부에서 신조들을 다룰 때, 기독교 신앙의 다른 기본적인 개념들과 함께, 예수님의 정체성에 대한 고전적 접근법들을 살펴볼 것이다.

나사렛 예수와 여성

최근 서구 기독교 교회에서 이루어지고 있는 논의의 대부분은 교회에서, 특히 전문 사역에서 여자들의 위치에 집중되고 있다. 여자들도 안수를 받아도 되는가? 예수님의 사역에 대한 복음서의 기사들은 그런 논쟁에서 중요하다. 이 기사들은 여성이 예수님을 중심으로 모인 집단에서 중요함을 보여준다. 예수님은 그들을 인정하셨는데, 그것은 종종 바리새인들을 비롯한 다른 유대 종교의 전통주의자들을 실망시켰다. 여성들은 예수님의 십자가 죽음을 목격했을 뿐 아니라, 부활의 첫 번째 증인이기도 했다. 사복음서 모두가 자세히 설명하는 유일한 부활 사건은 여인들이 예수님의 무덤에 찾아간 사건이다. 그렇지만 위에서 말한 것처럼, 1세기 유대교는 여성의 증거와 신뢰성을 폄하했다.

흥미로운 것은 복음서들이 종종 남자들보다 여자들의 영적 감수성이 더 큰 것으로 그린다는 사실이다. 예를 들어, 마가는 남자 제자들은 믿음이 적지만(막 4:40, 6:52), 여자들은 예수님께 칭찬받은 것으로 묘사한다. 한 여인은 믿음 때문에(막 5:23-34), 이방 여인은 예수님께 반응한 것 때문에(막 7:24-30), 과부는 주님을 따르는 본을 보였기 때문에(막 12:41-44) 칭찬을 받았다. 나아가 예수님은 여인들을 물건이나 소유물이 아니라 인간으로 대우하셨다. 예수님은 사역 기간 내내 여인들을 인정하셨다. 당시 유대 사회에서 혈통 때문에(사마리아 여인) 혹은 생활 방식 때문에(창기들) 버림당한 자로 취급받던 여인들을 예수님은 인정하셨다.

예수님은 성적인 문제로, 예를 들어 간음 때문에 여자들이 희생양이 되는 것을 거부하셨다. 타락한 여자들 때문에 남자들이 부패했다는 족장들의 가정은 분명 그의 가르침과 태도에는 없었다. 이것은 창기들과 간음 중에 잡힌 여자들에 대한 태도에서 가장 잘 드러난다. 유대법과 가르침의 중요한 자료인 『탈무드』(Talmud)는 대개 남자인 독자들에게 "여자들과 대화를 하면 결국 행실이 나빠지므로 많이 대화하지 말라."라고 권했다. 예수님은 그런 충고를 의도적으로 무시하고 여자들과 대화를 하셨다(요한복음 4장에 나오는 사마리아 여인과의 대화가 좋은 예이다). 이와 마찬가지로, 예수님은 생리중인 여자는 '부정'하다는 전통적 견해를 부정하시고, 사람을 더럽게 하는 것은 도덕적 부정이라고 가르치셨다(막 7:1-23).

누가복음은 여자들에 대한 예수님의 태도를 이해하는 데 특히 관심을 보인다. 누가는 예수님이 오심으로 자유를 얻은 '억눌린 자들' 가운데 여자들이 속한다고 분명히 밝힌다. 또 누가는 남자와 여자 모두가 예수님의 사역에 참여했고 도움을 받았음을 강조하는 방식으로 복음서를 썼다. 다음 본문들은 이것을 특히 잘 보여준다.

눅 1:11-20, 26-38	사가랴와 마리아가 하나님의 신실하심을 기뻐함
눅 2:25-38	시므온과 안나가 아기 예수를 찬양함
눅 7:1-17	백부장과 과부
눅 13:18-21	겨자씨를 가진 남자와 누룩을 가진 여자
눅 15:4-10	잃은 양을 찾는 남자와 잃은 동전을 찾는 여자

이런 자료를 제시함으로써 누가는 남자와 여자가 하나님 앞에 나란히 선다는 것을 표현했다. 그들은 영광과 은혜에서 평등하다. 그들은 동일한 은사를 받고 동일한 책임을 가진다.

누가는 또 복음 전파에 여자들이 큰 역할을 했다는 데 주목한다. 예를 들어, 누가는 많은 여자들이 하나님 나라가 임했다는 소식을 전하는 일에 참여했음을 시사한다(눅 8:2-3). 누가는 "일곱 귀신이 나간 자 막달라인이라 하는 마리아와 헤롯의 청지기 구사의 아내 요안나와 수산나와 다른 여러 여자"라고 하며 여자들의 이름을 구체적으로 밝힌다. 여자들에게 이처럼 중요한 역할을 허용하는 일은 그 당시 남성 지배 사회인 팔레스타인에서는 이해할 수 없는 것이었다.

여자도 남자와 동등한 권리와 신분을 갖는다는 데 익숙한 현대 서구 독자들은 그 당시 이런 태도가 얼마나 기이하고 급진적이었는지 이해하기 힘들 것이다. 여성에 대한 예수님의 태도 가운데 가장 급진적인 것은 어쩌면 그들과 자유롭게 교류하며 그들을 책임 있는 인간으로 여겨 그들과 신학적 대화를 나누면서 반응을 기대하고 격려한 사실일 것이다. 그러므로 초대 교회가 여자들에게 큰 호소력이 있었던 것은 전혀 놀라운 일이 아니다.

기독교 공동체에서 여자들에게 허용된 새로운 역할과 신분 때문에도 예수님의 가르침이 여자들에게 매력적이었다는 것은 충분히 가능하다. 그리스와 로마의 많은 이교들은 남자들만 참여하게 하거나 여자들을 제한된 범위 내에서만 참여하도록 했다. 이 책 후반부에서 로마 제국 당시 여자에 대한 기독교의 태도가 어떻게 발전하는지 살펴볼 것이다.

나사렛 예수에 대한 유대교 밖의 반응

기독교의 역사적 기원은 팔레스타인 지역이지만, 헬라어를 사용하는 세계, 특히 로마 제국의 도시들로 급속하게 퍼졌다. 신약에 기술된 바와 같이, 다소 사람 바울의 선교 여행은 기독교가 유럽과 소아시아로 전파되는 데 중요한 역할을 했다. 유대인 종교 지도자였던 바울은 기독교로 개종하면서 이름을 '사울'에서 '바울'로 고쳤다. 그는 유럽을 포함하여 지중해 북동부 지역의 여러 도시들과 지역으로 선교 여행을 했다. 기독교가 유럽 본토에 교두보를 마련함에 따라, 비유대교 환경에서 기독교를 전파하는 방법에 대한 문제가 점차 중요해졌다.

기독교 초기에 유대인들, 특히 팔레스타인 지역 사람들에게 복음을 선하는 일은 나사렛 예수가 이스라엘의 소망을 성취하신 분임을 나타내는 데 초점이 맞춰졌다. 예루살렘에 있는 유대인들을 대상으로 전한 베드로의 설교(행 2장)는 이 패턴을 따른다. 베드로는 예수님이 이스라엘의 운명의 정점을 나타낸다고 주장한다. 하나님은 그를 '주와 그리스도'라고 선포하셨다. 이 말은 매우 중요한 용어로 베드로의 설교를 들은 유대인들은 그것을 이해하고 받아들였다. 그러나 구약을 모르고 또 이스라엘 역사와는 상관이 없는 그리스 사람들에게 설교할 때는 어떻게 해야 하는가?

초기 기독교 세계에 특히 중요했던 접근법은 55년경 그리스 아덴(아테네)의 유명한 언덕 아레오바고에서 한 바울의 설교에서 찾아볼 수 있다. 이때 청중에는 유대인들이 없었으므로, 바울은 유대교의 개념과 소망에 대해서는 언급하지 않았다. 대신 그는 나사렛 예수를, 아덴 사람들이 알지 못하지만 반드시 만나야 하는 한 신을 계시하신 분으로 소개했다. "너희가 알지 못하고 위하는 그것을 내가 너희에게 알게 하리라"(행 17:23). 바울은 나사렛 예수를 통해 알려진 신이 세상과 인간을 창조한 그 신이라고 선포했다. "너희 시인 중 어떤 사람들의 말과 같이 우리가 그의 소생이라"(행 17:28).

초기 기독교가 유대인 청중을 대상으로 할 때는 예수님을 이스라엘의 소망의 성취라고 했지만, 그리스인 청중을 대상으로 할 때는 기독교 신앙을 인간의 마음속 깊은 갈망과 인간 이성의 깊은 직관을 채워 주는 것으로 소개했다. 이 견해는 '말씀'(헬라어로 logos) 개념과 같은 고전적 그리스 철학의 핵심 주제를 반영하므로 쉽게 받아들여졌다. 1세기에 널리 퍼져 있던 플라톤 철학에 의하면, 말씀이란 우주의 근원적인 합리적 원리였다. 이 주제는 요한복음을 시작하는 장에 전개되어 있다. 나사렛 예수를 원래 우주를 창조하신 분, 세상을 깨우치고 구속하기 위해 세상에 오신 '말씀'으로 소개한다. "말씀이 육신이 되어 우리 가운데 거하시매 우리가 그의 영광을 보니"(요 1:14).

이것을 유대교에 있는 기독교의 역사적, 신학적 뿌리를 벗어 버리는 것으로 볼 필요는 없다. 오히려 기독교의 문화적 기원을 인정하면서, 동시에 모든 인종적, 문화적 장벽을 초월하는 기독교 신앙을 보편적으로 호소하는 한 방법으로 보아야 한다. 기독교 복음의 보편적 타당성은 기독교가 모든 인간의 문화와 공명할 수 있게 선포될 수 있음을 의미한다. 앞으로 보겠지만, 기독교를 호소하는 이 접근법은 기독교 전 역사를 통하여, 그 중에서도 선교 상황에서 엄청나게 중요하다.

  이 장에 소개된 자료는 기독교 신앙의 다른 영역들로 우리를 인도한다. 그 중 하나가 사상의 영역, 특히 나사렛 예수의 정체성과 의미에 대한 사상이다. 이에 대해서는 3장에서 살펴볼 것이다. 이 장에서 고찰한 것은 나사렛 예수가 제시되는 컨텍스트에 대한 이해와, 그의 가르침과 행위에 대한 지식, 그리고 초기 기독교 공동체에서 예수님을 이해한 방식의 출처인 성경에 대해 더 생각하게 한다. 다음 장에서는 기독교 성경에 대해 더 자세히 살펴볼 것이다.

제2장

기독교와 성경

기독교를 공부하기 시작한 사람이라면 누구나 성경이 그리스도인의 삶과 생각에서 매우 중요함을 쉽게 깨닫는다. 예배 시간에 있는 성경 낭독은 예배의 중요한 부분이며, 낭독한 성경 구절을 토대로 설교를 한다. 공부나 기도를 위한 소그룹 모임에서도 '성경 공부'(짧은 성경 본문의 의미와 관련성에 대한 숙고)가 포함되어 있다. 성경은 활동적인 많은 그리스도인들의 중요한 지적, 신앙적 양식의 일부이다.

그러면 성경이란 무엇인가? 성경은 왜 그렇게 중요한가? 이 장에서는 기독교 성경의 구조와 내용 및 그것이 그리스도인들에게 어떤 역할을 하는지 살펴볼 것이다.

'성경'이란 그리스도인들이 권위를 인정한 글들의 모음집을 가리킨다. 이 모음집은 '거룩한 글'(Sacred Scripture), '성서'(Holy Scripture)라고도 하지만 '성경'(Bible)이라는 말이 가장 널리 사용된다. 많은 현대 영어가 헬라어에서 왔듯이 '성경'에 해당하는 영단어도 헬라어에서 왔다. 성경으로 번역된 헬라어 타 비블리아(ta biblia)는 문자적으로 '책들'(books)이라는 뜻이다. 이 헬라어는 복수로, 성경이라는 이름으로 모아놓은 책들이나 글들의 모음집을 뜻한다.

그러면 어떤 종류의 책들을 모아놓은 것인가? 그리고 어떤 식으로 배열했는가? 다음 두 단원에서는 '구약 성경'과 '신약 성경'에 대해 살펴볼 것이다.

구약 성경

성경은 크게 두 부분으로 나눠지며 전통적으로 '구약'(Old Testament)과 '신약'(New Testament)이라 부른다. 39권으로 되어 있는 구약은 창세기로 시작해 말라기로 끝난다. 구약은 거의 이스라엘 언어인 히브리어로 되어 있다. 그러나 아주 짧은 부분은 고대 근동의 외교에서 널리 사용된 국제어인 아람어로 되어 있다. 구약은 문학적 유형에 따라 분류할 수 있는데, 그 가운데 가장 중요한 것은 다음과 같다.

1. 다섯 권의 율법서. 모세가 기록했다는 전통적인 믿음 때문에 '모세 오경'(Five Books of Moses)이라고도 한다. 보다 학문적인 글에서는 '오경'(Pentateuch)이라 부르기도 한다. 오경은 '다섯'을 의미하는 헬라어(*pente*)와 '두루마리 상자'를 의미하는 헬라어(*teuchos*)가 합성된 말이다. 오경은 창세기, 출애굽기, 레위기, 민수기, 신명기를 말한다. 오경은 천지 창조, 이스라엘을 부르심, 출애굽을 포함한 이스라엘의 초기 역사를 다룬다. 오경 이야기는 이스라엘 백성이 요단강을 건너 약속의 땅에 들어가려는 시점에서 끝난다. 오경의 가장 **중요한 주제**는 하나님이 모세에게 율법을 주신 것과 이것이 이스라엘의 삶에서 갖는 의미이다.
2. 역사서. 여호수아, 사사기, 룻기, 사무엘상하, 열왕기상하, 역대상하, 에스라, 느헤미야, 에스더가 역사서이다. 이 책들은 하나님의 백성이 약속의 땅 가나안에 들어갈 때부터 예루살렘 사람들이 바벨론 포로지에서 돌아올 때까지의 역사를 다룬다. 가나안 정복, 이스라엘 왕정의 확립, 다

윗 왕과 솔로몬 왕의 위대한 통치, 북이스라엘과 남유다로 분열된 이스라엘, 앗수르에 의한 이스라엘의 멸망, 유다의 패배와 바벨론 유수(幽囚), 포로 귀환과 성전 재건 등을 상세하게 다룬다. 역사서는 연대 순서로 배열되었다.

3. 선지서. 구약의 많은 부분은 성령의 감동을 받아 하나님의 뜻을 백성에게 알리려 했던 사람들의 저작이다. 구약에는 모두 열여섯 권의 선지서가 있는데, 대개 두 부분으로 나뉜다. 첫째는 네 권의 '대선지서'로 이사야, 예레미야, 에스겔, 다니엘이다. 대선지서 뒤에는 열두 권의 '소선지서'인 호세아, 요엘, 아모스, 오바댜, 요나, 미가, 나훔, 하박국, 스바냐, 학개, 스가랴, 말라기가 있다. '대'와 '소'라는 표현은 결코 선지자들의 상대적인 중요성을 판단하는 것이 아니라 책의 분량을 말한다. 선지서는 대체로 연대 순서로 배열되었다.

구약 성경에는 '지혜서'를 포함해서 다른 유형의 책들이 있다. 지혜서에는 욥기, 잠언, 전도서가 들어가는데, 참된 지혜를 찾는 방법을 다루며 지혜에 대한 실제적 예를 자주 제시한다.

이제까지 이야기한 것을 통해 볼 때, '구약'이라는 말은 기독교 저자들이 유대교에서 성스러운 것으로 간주되던 책들을 가리킬 때 사용했음이 분명하다. 그리스도인들에게 구약은 예수님이 오실 여건을 준비하는 것이었다. 이 예수님이 주요한 주제와 제도를 성취하셨다. 물론, 이 책들을 오늘날까지 유대인들도 거룩하게 여긴다. 이것은 동일한 모음집을 집단별로 다르게 부른다는 의미이다. 그래서 이 모음집을 다르게 부르자는 제안이 있었는데 아무것도 전반적인 지지를 받지 못했다. 구약을 다르게 부를 수 있는 이름은 다음과 같다.

1. **히브리 성경.** 이 이름은 이 책들이 히브리어로 쓰여졌으며 히브리 사람들에게 성스럽다는 사실을 강조한다. 그러나 구약과 신약 사이에는 본질적인 연속성이 있다고 보는 기독교의 관점을 설명해 주지 못한다. 작은 문제점으로는, 구약의 일부는 히브리어가 아닌 아람어로 쓰였다는 사실이다.

2. **첫째 약속.** 이것은 일부에서 경멸적인 의미가 있다고 주장하는 '구'(舊)라는 표현을 피한 이름이다. '구'라는 말은 '시대에 뒤떨어진' 혹은 '효력이 없는' 것을 가리킨다는 주장이 있다. 구약을 '첫째 약속'이라 하고 신약을 '둘째 약속'이라고 하는 것은 두 모음집 사이의 연속성을 강조하기 위해 일부에서 주장하는 말이다.

3. **타나크.** 타나크(TANAKH)는 그리스도인들이 '구약'이라 부르는 책들에 대한 유대교의 표준어로, '율법서'(torah), '선지서'(neviim), '성문서'(ketuvim)의 히브리어 첫 글자를 모은 것이다. 타나크는 유대교 용도로는 완벽하지만, 이스라엘과 교회의 연속성의 본질에 대한 기독교의 이해는 구체적으로 반영하지 못한다.

현재로서는 기독교 안에 '구약'이라는 전통적인 말을 대치할 수 있는 보편화된 말이 없다. 그러므로 이 책에서는 '구약'이라는 말을 사용할 것이다. 그렇지만, 독자들은 구약이라는 말이 제기하는 문제와 대안들을 생각해 봐야 한다.

기독교 안에는 정확히 어떤 책이 구약에 포함되는가에 대해 의견 차이가 있다. 의견의 불일치를 보이는 것은 흔히 '외경'(外經, Apocrypha) 혹은 '제2경전'이라 부르는 것에 대해서이다. 이 범주에는 솔로몬의 지혜서와 유디트서와 같은 것이 있다. 이 책들은 구약과 같은 시기에 쓰여졌지만 히브리어로 쓰여진 것이 아니므로 히브리 성경에 포함되지 않았다.

구약 성경 목록

성경책명	약자	성경책명	약자
창세기	창	전도서	전
출애굽기	출	아가	아
레위기	레	이사야	사
민수기	민	예레미야	렘
신명기	신	예레미야애가	애
여호수아	수	에스겔	겔
사사기	삿	다니엘	단
룻기	룻	호세아	호
사무엘상	삼상	요엘	욜
사무엘하	삼하	아모스	암
열왕기상	왕상	오바댜	옵
열왕기하	왕하	요나	욘
역대상	대상	미가	미
역대하	대하	나훔	나
에스라	스	하박국	합
느헤미야	느	스바냐	습
에스더	에	학개	학
욥기	욥	스가랴	슥
시편	시	말라기	말
잠언	잠		

프로테스탄트들은 이 '외경'들을 흥미롭고 정보를 얻을 수는 있지만 교리적으로 중요하다고 보지는 않는다. 반면에 가톨릭과 정교회에서는 성경 본문의

핵심적인 부분으로 여긴다. 이 차이는 아마 프로테스탄트 성경과 가톨릭 성경을 구성하는 방식에 가장 잘 반영되어 있을 것이다. 대부분의 프로테스탄트 성경은 외경을 전혀 포함하지 않는다. 1611년판 킹제임스 성경과 같이 외경을 포함하는 성경들은 성경의 세 번째 부분에 이 본문들을 실었다. 예루살렘 성경과 같은 가톨릭 성경은 이것을 구약 부분에 포함시킨다.

구약의 주요 주제들

구약은 아주 복합적인 책이므로 훨씬 더 자세히 연구할 가치가 있다. 구약을 더 공부할 수 있다면, 탁월한 개론서들을 사용할 것을 강력하게 권하는 바이다(책 말미에 있는 '심층 연구를 위한 추천 도서'에서 소개하였다). 다음은 구약의 주요 주제들에 대한 아주 기초적이고 간단한 소개이다.

창조

구약은 하나님이 세상을 창조하셨다는 단언으로 시작한다. 창세기의 첫 장에서 주장하는 이 근본적인 주제는 하나님이 세상에 존재하는 모든 것의 창시자라는 것이다. 창조된 것은 그 어떤 것도 하나님과 비교될 수 없다. 이 점은, 예를 들어 고대 근동의 다른 종교들이 해나 별들을 예배하는 것을 중요하게 여겼다는 것을 고려할 때 특히 중요하다. 구약에서 하나님은 창조된 모든 것보다 뛰어나신 분이시다. 유일하게 하나님의 형상대로 창조된 인간은 하나님의 창조물 가운데서 가장 귀한 것으로 선포되었다. 인간은 하나님의 창조 세계의 소유주가 아니라 청지기로서 그것을 보살필 책임을 위임받았다.

창조 기사에 이어 죄의 본질과 기원에 대한 기사가 나온다. 창세기 3장의 근본적인 사항 하나는 죄가 하나님의 뜻을 거스려 세상에 들어왔다는 것이다. 죄는 하나님과 피조물 사이의 긴밀한 관계를 파괴한다. 죄는 인간으로 하여금 하나님을 거역하고 자치권을 주장하게 한다. 이 주제는 성경 전체에 걸쳐 거듭 나온다. 예를 들어, 바벨탑 이야기(창 11:1-9)는 기본적으로 인간이 하나님의 면전에서 자신을 주장하려는 시도이다. 죄를 미워하는 하나님의 마음은 아담과 하와가 에덴 동산에서 추방된 것과 노아의 홍수 사건을 통해 잘 알 수 있다.

그러면 구약에서 창조라는 주제는 얼마나 중요한가? 20세기의 위대한 구약 학자 게르하르트 폰 라트(Gerhard von Rad, 1901-1971)는 구약에서 얻는 가장 분명한 통찰은, 구약의 하나님이 역사, 특히 이스라엘 역사의 주권자라는 것이라고 주장했다. 구약의 신앙은 일차적으로 우주와 인간 역사 안에서 행하시며 그 위에서 통치하시는 주권자 하나님에 대한 신앙이다. 폰 라트는 이스라엘의 신앙에는 창조가 포함되어 있음을 세심하게 강조하면서도, 일차적인 강조점은 하나님이 이스라엘을 애굽에서 구출하여 가나안으로 이끌어 들이시는 것에 있다고 믿었다. 창조 교리는 이차적인 교리로서, 역사에 대한 하나님의 주권을 확인하기 위한 분명한 컨텍스트를 제공한다.

아브라함 : 부르심과 언약

아브라함을 부르신 일은 이스라엘이 한 나라로 그리고 하나님의 백성이 되는 데 있어 근원적으로 중요하다. 하나님이 아브라함을 부르신 일(창 12:1-4)의 중심 주제는 하나님이 한 개인을 선택하시고, 그 후손이 가나안 땅을 소유하게 하시며 큰 나라가 되게 하셨다는 것이다. 이 약속이 성취된다는 주제는 오경 전체에서 매우 중요하다. 이것은 신약에서도, 바울에게도 중요했다. 바울은 아브라함이 하나님의 약속을 기꺼이 신뢰한 것을 기독교 신앙의 모형으로 본다.

하나님과 아브라함 및 그의 후손들 사이의 '언약' 개념이 이 지점에서 소개된다. 할례 의식은 하나님의 백성이 언약에 속했음을 나타내는 외적 표시이다. 바울에게는 아브라함에게 주신 하나님의 약속이 이 언약의 외적 표시보다 앞섰다는 것이 특히 중요했다. 바울에 의하면 이것은 약속이 표시에 선행함을 의미한다. 그 결과 이방인들(즉 민족적으로 유대인이 아닌 사람들)이 기독교로 개종할 때 할례를 받을 필요가 없는 것이다.

창세기는 하나님과 아브라함 사이의 언약이 실현되는 것을 보여주기 위해 아브라함과 그의 후손들이 번창하는 모습을 기술한다. 창세기는 아브라함의 후손들이 애굽 땅에 정착하는 기사로 끝나는데, 이를 통해 구약의 다음 주요한 주제를 위한 장을 설정한다.

출애굽과 율법 수여

출애굽 이야기는 널리 알려져 있다. 애굽에 등장한 새로운 통치자(바로)는 아브라함의 후손들을 잠재적 위협으로 여겼다. 이 바로의 정체를 람세스 2세(Ramesses II, 재위 BC 1279-1213)로 볼 수 있는 타당한 이유들이 있지만 정확하지는 않다. 그는 히브리인들의 수와 영향력을 제한하기 위해 억압책들을 사용하며 억눌렀다. 출애굽기는 하나님이 모세를 불러 이스라엘을 애굽의 노예 상태에서 해방시키는 이야기를 다룬다.

구약에서 가장 중요한 절기 가운데 하나가 이 출애굽 사건과 밀접한 관계가 있다. 유월절은 출애굽 직전에 시작되었다. 출애굽기 11장 1절-12장 30절에는 이 절기의 기원과 목적이 기술되어 있다. 이것은 애굽에 대한 하나님의 심판 행위들 보여준다. 이 절기를 지키는 규칙은 상당히 정확하게 제시되어 있는데, 각 가정은 개별적으로 혹은 집단으로 흠 없는 양이나 염소를 잡아 그 피를 문설주와 인방에 발랐다. 이것은 거기에 사는 사람이 하나님의 백성이라는 표시로, 애굽의 압제자들과 그들을 구별케 했다. 그런 다음 백성들은 고기를 먹음으로 애굽의 노예 시절을 기억했다. 먹는 음식 가운데 '쓴 나물'은 노예살이의 쓰라림을 상징했다. 출애굽시 먹었던 음식 중에서 중요한 것은 누룩을 넣지 않은 떡이다. 이 '누룩 없는 떡'은 백성들이 애굽을 떠날 준비를 할 때 서두르라는 요구를 받았던 것을 가리킨다. 누룩의 효소에 의해 반죽이 부풀어 오를 때까지 기다릴 시간이 충분하지 않았다. 이 절기의 이름을 '주의 유월절'이라고 했는데, 이는 하나님이 애굽의 장자들을 치는 벌을 내리실 때 자기 백성의 집을 '넘어가신' 사실을 가리킨다. 유월절은 이 구원의 행위를 기념하기 위해 '영원한 규례'로 매년 지켜야 했다(출 12: 43-49).

하나님과 이스라엘 사이의 언약의 주제는 출애굽기에서 더욱 발전된다. 그 중 두 가지를 특별히 주목해야 한다. 첫째, 이제 하나님을 가리키는 특정한 이름이 사용된다. 그 이름은 '주'(여호와)로 하나님을 부를 때 사용되는 네 글자(YHWH)를 번역한 말이다. 이 네 글자를 보통 테트라그람마톤(tetragrammaton, '네 개의 문자'라는 의미의 헬라어)이라고 하는데, 영역본 성경에서는 때로 '야훼'(Yahweh) 또는 '여호와'(Jehovah)로 나타내기도 한다. 일반적인 신들을 가리킬 때는 다른 히브리어들이 사용되며, '주'(여호와)라는 특정 이름은 오직 '아브라함과 이삭과 야곱의 하나님'을 가리킬 때만 사용된다. '신'을 가리키는 다른 히브리어들과는 달리 이 단어는 다른 신적 존재나 천사에게는 전혀 사용되지 않았다. 다른 히브리어 단어들은 일반적으로 '신' 혹은 '신들'를 지칭하는 일반 명사 역할을 하며, 이스라엘의 하나님이나 다른 신들(다른 민족의 이방신 등)을 가리킬 때 사용될 수 있다. 그러나 테트라그람마톤은 오직 이스라엘이 알고 예배하는 그 특정 하나님을 부르는 데만 사용된다.

둘째, 하나님의 언약 백성이 된 이스라엘에게 부과된 의무가 분명하게 드러나 있다. 이것은 일련의 구체적이고 무조건적인 명령으로 이제는 흔히 '십계명'으로 불리며, 모세가 시내산에서 받은 것이다. 이 명령들은 유대교와 기독교에서 다 같이 중요하게 여겨졌으며, 특히 이스라엘이 약속의 땅 가나안에 들어가 하나님과 그 백성 사이의 언약에 기초한 사회를 세우려 할 때 중요하게 생각되었다.

십계명

1. 나는 너를 애굽 땅, 종 되었던 집에서 인도하여 낸 네 하나님 여호와니라. 너는 나 외에는 다른 신들을 네게 두지 말라.
2. 너를 위하여 새긴 우상을 만들지 말고, 또 위로 하늘에 있는 것이나 아래로 땅에 있는 것이나 땅 아래 물 속에 있는 것의 어떤 형상도 만들지 말며, 그것들에게 절하지 말며, 그것들을 섬기지 말라. 나 네 하나님 여호와는 질투하는 하나님인즉 나를 미워하는 자의 죄를 갚되 아버지로부터 아들에게로 삼사 대까지 이르게 하거니와, 나를 사랑하고 내 계명을 지키는 자에게는 천 대까지 은혜를 베푸느니라.
3. 너는 네 하나님 여호와의 이름을 망령되게 부르지 말라. 여호와는 그의 이름을 망령되게 부르는 자를 죄 없다 하지 아니하리라.
4. 안식일을 기억하여 거룩하게 지키라. 엿새 동안은 힘써 네 모든 일을 행할 것이나, 일곱째 날은 네 하나님 여호와의 안식일인즉, 너나 네 아들이나 네 딸이나 네 남종이나 네 여종이나 네 가축이나 네 문안에 머무는 객이라도 아무 일도 하지 말라. 이는 엿새 동안에 나 여호와가 하늘과 땅과 바다와 그 가운데 모든 것을 만들고 일곱째 날에 쉬었음이라. 그러므로 나 여호와가 안식일을 복되게 하여 그 날을 거룩하게 하였느니라.
5. 네 부모를 공경하라. 그리하면 네 하나님 여호와가 네게 준 땅에서 네 생명이 길리라.
6. 살인하지 말라.
7. 간음하지 말라.
8. 도둑질하지 말라.
9. 네 이웃에 대하여 거짓 증거하지 말라.
10. 네 이웃의 집을 탐내지 말라. 네 이웃의 아내나 그의 남종이나 그의 여종이나 그의 소나 그의 나귀나 무릇 네 이웃의 소유를 탐내지 말라.

출애굽기 20장 2-17절

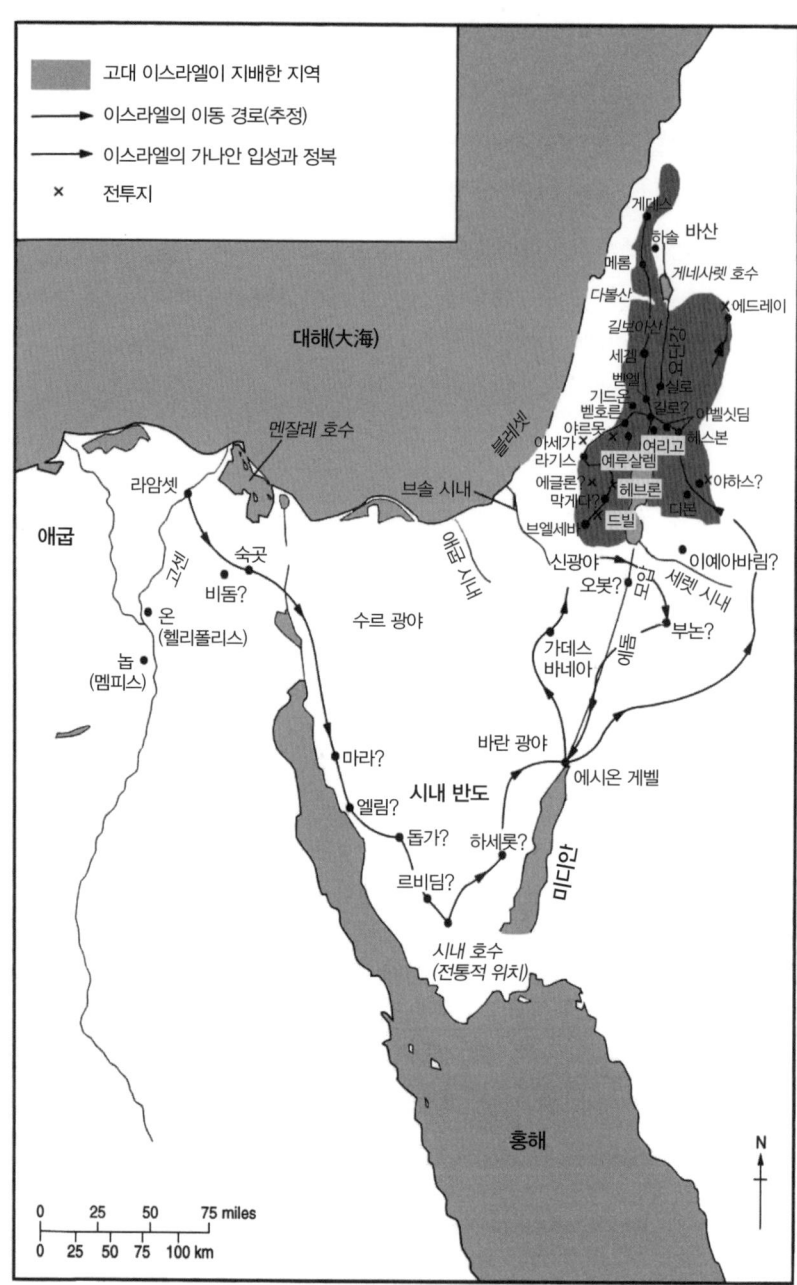

화보 2.1 이스라엘의 출애굽과 가나안 정복의 경로.

이스라엘 백성은 애굽을 떠난 후, 40년 동안 시내 광야에서 방황했다. 그런 후에 마침내 요단 강을 건너 약속의 땅 가나안으로 들어가게 된다. 가나안 땅을 차지한 것은 이스라엘이 뚜렷한 정체성을 확립했다는 의미이다. 특히, 여호와를 예배하는 것과 여호와와 이스라엘 사이의 언약에 대한 순종은 이 백성의 정체성과 행복에 가장 중요한 것으로 자리잡았다. 여호수아서는 여호와를 예배하는 일은 가나안의 토착 종교와 타협하지 않도록 하기 위한 세심한 수단이었음을 보여준다. 가나안 종교는 땅과 동물, 인간의 다산성 등 다산성이라는 주제에 깊이 경도되어 있었다. 바알과 아세라 같은 그들의 주요 신들은 그 후 몇 세기에 걸쳐 이스라엘의 역사를 다루는 기사에 정기적으로 등장한다. 이 후 얼마 동안 가나안 종교는 이스라엘 백성을 계속 미혹했고, 선지서에서 주된 책망의 주제가 되었다.

왕정 수립

이스라엘 초기에는 왕이 없었다. 가나안 정복 이후 시기에는 사사가 가나안을 다스렸다. 사사는 카리스마적 종교, 정치 지도자였다. 사사기는 이 시대에 이스라엘의 연합을 가로막은 일련의 심각한 위협들(부분적으로는 내적 분열이었고, 부분적으로는 외부 세력이었다)을 기록하면서, 기드온, 삼손, 사무엘 같은 사사들의 역할을 소개한다.

마지막 사사인 사무엘 때, 일련의 움직임이 있었고 그 결과 왕정이 수립되었다. 1대 왕은 사울로 재위 기간은 대략 BC 1020 1000년으로 추정된다. 사울의 통치는 분열과 비극으로 그려진다. 사울의 가장 강력한 내부의 적은 다윗이었다. 사울이 블레셋과의 전투에서 죽은 후, 다윗은 군사 작전을 개시했고 마침내 이스라엘을 다시 하나로 회복시켰으며 영토를 확장했다. 다윗의 통치 기간 내내, 사울 지지자들의 저항을 비롯해 반발이 지속되었다. 그러나 다윗은 끝까지 장악력을 잃지 않았다.

다윗 시대(BC 1000-961경)에 이스라엘 종교는 크게 발전했다. 다윗이 예루살렘을 정복한 후 예루살렘은 이스라엘 종교 생활의 중심이 되었고, 이 발전은 솔로몬 시대에 더욱 확고해졌다. 왕은 하나님의 아들로 여겨졌기 때문에 왕의 역할은 종교적으로도 중요했다. 새로운 하나님의 백성을 다스릴 다윗의 후계자라는 주제는 이스라엘의 메시아 대망에서 중요한 요소가 되었다. 이것은 신약에서 다윗이라는 주제가 중요한 이유를 설명해 준다. 마태와 바울과 같은 신약의 저자들에게 있어 나사렛 예수는 이스라엘의 왕 다윗의 계승자이다. 시편을 비롯해 구약의 많은 책이 왕과 성전과 예루살렘 성(시온)의 위대함을 찬양하는데, 이것은 이스라엘을 향한 하나님의 은총의 징표였다.

다윗의 뒤를 이어 솔로몬이 왕이 되었다(재위 BC 961-922). 솔로몬 시대에 여호와께 예배하는 영구적 공간으로 성전이 완공되었다. 강력한 중앙 집권 체제가 확립되었고, 주변 국가들과 폭넓은 무역 협정이 이루어졌다. 솔로몬은 수많은 아내와 후궁을 두었으며 이들이 들여온 이방 종교 때문에 분란이 생겼다. 솔로몬은 지혜로 유명했으며, 구약의 잠언 가운데 상당수가 그의 것이다.

솔로몬이 죽자 이스라엘은 안정을 잃었다. 마침내 나라는 둘로 갈라졌고, 각기 왕을 두었다. 북쪽 이스라엘 왕국은 BC 8세기에 있었던 앗수르의 침략으로 마침내 사라졌다. 예루살렘을 수도로 하는 남쪽 유다 왕국은 BC 6세기에 바벨론이 침략할 때까지 존속하다가 멸망했다. 유대인들의 희망은 점차 왕정 회복과 다윗 같은 새로운 인물의 등장에 초점이 맞추어졌다. 기독교적 시각에서 보면, 이러한 기대는 나사렛 예수의 오심과 직결될 수 있다.

제사장

이스라엘의 정체성의 중심에는 종교가 있었으므로 종교적 전통의 수호자들이 특히 중요한 역할을 했다. 제사장의 등장은 그 자체로도 중요한 주제이다. 제사장의 가장 중요한 역할 가운데 하나는 이스라엘의 제의적 정결과 관련이 있었다. 이러한 정결은 다양한 형태의 오염으로 더럽혀질 수 있었다(더럽혀지는 것을 흔히 '부정하게 된다.'라고 표현한다). 제사장은 백성을 깨끗하게 할 책임이 있었으며, 정결은 여호와를 바르게 예배하는 데 중요했다.

더 중요한 것은 제사장이 백성의 죄를 위해 드리는 제사 제도와 속죄일 의식을 지키는 책임을 맡았다는 점이다. '부정'(육적 몸의 기능에서 비롯된다)과 '죄'(윤리적 색채가 강하다)를 구분해야 했다. 죄는 이스라엘과 하나님 사이를 가로 막는 것으로 인식되었다. 구약에서 죄를 나타내는 이미지나 유비의 대부분이 분리의 의미를 띤다는 사실은 중요하다. 여호와와 이스라엘 간의 지속적인 관계를 유지하기 위해, 제사장은 죄를 사하기 위한 적절한 제사를 드릴 책임이 있었다.

이와 관련된 주제 가운데 하나가 성전이다. 제1성전 시대에 이스라엘은 종교 의식을 위해 이동용 천막, 즉 성막을 이용했다. 그러나 다윗은 예루살렘을 정복하고 수도로 정한 후, 여호와를 예배하는 항구적 처소를 건축하려는 의도를 선포했다. 이 일은 실제로 그의 뒤를 이은 솔로몬의 지도하에 이루어졌다. 성전의 화려함은 이 무렵에 기록된 구약 저작에 빈번하게 등장하는 주제이다. 그러나 이 성전은 BC 586년에 바벨론에 의해 무너졌고, 반세기 후 포로들이 귀환했을 때 재건되었다. 귀환한 포로들이 세운 제2성전은 첫 번째 성전만큼 장엄하지 못했다. 그러나 왕정 시대가 끝난 후, 성전 당국자들이 종교 문제뿐 아니라 사회 문제도 책임져야 했다는 점에서 성전의 사회적 의미는 점차 커졌다.

헤롯 때 훨씬 화려한 성전이 건축되었다. 이 성전은 그리스도가 태어나기 20여 년 전에 건축되기 시작했으나 AD 64년에야 완공되었다. 그러나 이 성전은 AD 70년, 로마가 로마에 대항하는 유대 봉기를 진압하는 중에 무너져 재건되지 못했다. 성전의 서쪽 벽은 대부분 남아 있는데, 흔히 '통곡의 벽'이라고 하며 오늘날 유대인의 중요한 기도처가 되고 있다.

예언

대개 '선지자'(prophet, 예언자)로 번역되는 히브리어 나비(nabi)의 가장 정확한 의미는 '다른 사람을 위해 말하는 사람'이나 '대리자'이다. 예언은 고대 근동에 널리 퍼져 있는 현상으로 '여호와의 선지자들'에게 국한된 것이 아니었다. 구약은 바알 선지자들을 언급하는데 이들은 가나안 신 바알을 대신해 행동하거나 말하는 카리스마가 있는 사람들이었다.

초기의 중요한 선지자로는 엘리야와 엘리사가 있으며 이들은 모두 BC 9세기에 활동했다. 그러나 가장 중요한 예언 시대는 BC 8-6세기였다. 이때 선지자들은 앗수르와 바벨론이 점차 강해지면서 일어난 엄청난 정치적 소용돌이 속에서 이스라엘을 향한 여호와의 뜻을 전했다. 예레미야와 같은 선지자들은 포로기가 올 것이라 했는데, 이는 백성이 과거에 지은 죄의 형벌이자 그들의 종교적 행위와 신앙을 새롭게 할 기회였다. 바벨론 포로기가 끝난 후, 학개와 말라기 같은 선지자들은 귀환한 포로들이 예루살렘과 성전을 재건하면서 중요해진 문제들을 다루었다.

이스라엘 선지자들은 여호와께서 이스라엘에게 지속적으로 헌신하시며 함께 계심을 확인시켜 주었다. 그러나 고전적 예언 시대가 끝나자 성령께서 더 이상 역사하지 않으시며 하나님이 멀리 계시는 것처럼 보였다. 이제 '하나님의 음성'이 들리지 않았다.

최고의 랍비들도 하나님 음성의 메아리(bath qol, 문자적으로 '음성의 딸'이라는 의미)밖에는 기대할 수 없었다. 세례 요한과 나사렛 예수에 대한 엄청난 관심은 부분적으로 이러한 상황을 반영한 것이다. 이 두 인물의 출현이 새로운 예언과 이스라엘 회복의 신호일 수 있을까? 예수님의 세례 기사(막 1:10-11)는 그가 오신 것이 하나님의 새로운 활동과 임재의 시대가 시작되었다는 표시임을 분명하게 알려준다.

포로기와 회복

구약에 기록된 가장 중요한 사건 가운데 하나는 BC 586년에 예루살렘 주민들이 바벨론에 포로로 끌려간 것이다. BC 605년, 바벨론의 느부갓네살(Nebuchadnezzar) 왕이 갈그미스에서 애굽 군대를 물리침으로써 바벨론은 그 지역에서 군사적, 정치적 주도권을 장악하게 되었다. BC 604년경, 유다는 이 지역의 다른 많은 영토와 함께 바벨론의 통치하에 들어갔다.

여호야김은 바벨론에 반기를 들었다. 그가 이와 같은 마음을 먹게 된 것은 BC 601년 바벨론에게 반격을 가한 애굽이 성공한 것을 보고 바벨론의 세력이 기울고 있다고 판단했기 때문일 것이다. 이것은 끔찍한 오판으로 유다는 바벨론 군대의 침략을 받게 되었다. 왕과 왕족, 가신 그룹은 BC 597년 초 포위한 군대에 항복했다. 그들은 수천 명의 포로와 함께 바벨론으로 끌려갔다. 항거에 실패한 이후 몇 년 뒤, 예루살렘 사람 대부분이 바벨론으로 끌려갔다. 예루살렘은 주민도 없고 성전도 버려졌다.

화보 2.2 바벨론의 공중 정원. 고대 세계 7대 불가사의 중 하나인 이 정원은 높은 계단식 건물의 각 층 테라스에 나무와 꽃을 심어 건조한 인조 공원으로, 번영기 바벨론의 건축 기술을 잘 보여준다.

이스라엘의 선지자들은 이 포로기를 첫째로, 이방 종교의 신앙과 행위에 빠진 유다에 대한 심판으로 해석했다. 둘째로, 하나님의 백성의 회복으로 이어질 민족적 회개와 갱신의 시기로 해석했다. BC 539년, 바사(페르시아) 왕 고레스(Cyrus)가 바벨론을 정복한 후에 유다 주민들의 본국 귀환이 허용되었다.

구약의 저자들은 예루살렘 주민이 수십 년간의 포로 생활 끝에 고향으로 돌아온 일을 여호와의 신실하심을 보여주며 하나님의 백성이 회개했음을 확인시켜 주는 사건으로 해석했다. 성전이 재건되고 종교 의식이 재확립되었다. 구약 포로기 이후 문서들의 주목할 만한 특징은 인종적, 종교적 순결성의 유지를 강조하고 종교 절기를 민족적 행사로 중시한다는 것이다. 예루살렘에는 왕이 없었다. 성전과 제사장들은 점차적으로 사회적인 문제를 비롯해 왕이 하는 대부분의 역할을 맡게 되었다.

이제 돌아온 포로민을 '유대인들'(Jews, 한글 개역개정에는 '유다 사람들'로 되어 있다)이라고 부르기 시작했다(스 4:23, 5:1). 이때까지는 하나님의 백성을 '이스라엘 사람들'(Israelites)이나 '유다 사람들'(Judahites)이라 불렀다. '유대인'(Jew)이라는 용어는 포로기 이후에 하나님의 백성을 가리키는 데 사용되었고, 후대 저작들은 이러한 목적에서 유대인이라는 용어를 흔히 사용하게 된다.

성경 본문 표기법

당신은 공부하거나 토의할 성경 본문을 어떻게 찾는가? 이 일을 가능한 한 쉽게 하기 위해 오랜 세월에 걸쳐 성경 본문을 찾는 간단한 방법이 개발되었다. 성경의 한 구절을 찾기 위해서는 세 가지, 즉 성경의 책 이름과 장과 절을 알아야 한다. 이것을 이해하기 위해 사도행전 27장 1절을 찾아보자. 이 절에 나오는 백부장의 이름은 무엇인가? 만일 '율리오'라는 답이 나오지 않는다면 다시 찾아보기 바란다. 이번에는 바울이 로마인에게 보내는 편지 16장 5절을 찾아보자. 아시아에서 처음으로 개종한 사람은 누구였는가? '에배네도'라는 답이 나오지 않는다면 다시 찾아보기 바란다. 위와 같은 방식은 조금 부담스러울 수 있다. '바울이 로마인에게 보내는 편지 16장 5절'처럼 모든 것을 일일이 쓰게 되면 너무 많은 지면이 필요하게 된다. 그래서 이 전체를 축약하여 '롬 16:5'로 표기한다. 표준적인 표기법으로 다음과 같이 표기한다.

1. 보통 한두 자로 성경 책 이름을 요약한다. 예를 들면, 열왕기상은 '왕상', 마태복음은 '마', 고린도전서는 '고전'으로 표기하는 식이다.
2. 그 다음에 한 칸을 띄우고 장 숫자를 표기한다.
3. 다음에는 콜론(쌍점) 부호를 넣고 이어서 절 숫자를 표기한다.

책의 저자나 신구약 어디에 속하는지는 밝힐 필요가 없다. 위에서 말한 세 가지만 있으면 된다.

한 절을 표기하는 법을 익혔으면, 이번에는 한 절 이상의 본문을 표기하는 법을 살펴보자. 이것은 아주 간단하다. '마 3:13-17'이라는 표기는 마태복음 3장 13절에서 시작해서 마태복음 13장 17절에서 끝나는 본문을 말한다. 같은 장에서 시작되고 끝나는 경우에는 시작되는 절과 끝나는 절 사이에 단순히 대시(줄표) 표시만 하면 된다. 그러나 두 장 이상에 걸쳐져 있는 본문은 장 표시를 매번 해야 한다. 예를 들면, '살전 4:13-5:11'은 데살로니가전서 4장 13절에서 데살로니가전서 5장 11절까지라는 말이다.

이제 성경 본문 표기법의 기초는 익혔으니 사소한 것 한두 가지를 살펴보자. 첫째, 성경의 어떤 책은 짧아서 한 장밖에 되지 않는 경우가 있다(오바댜, 빌레몬, 요한이서, 요한삼서, 유다서). 이때는 절만 표기한다. 즉 '몬 2'는 빌레몬서 2절을 가리킨다. 둘째, 시편의 각 시는 한 장으로 간주한다. 따라서 '시 23:1'은 시편 23편 1절을 가리킨다.

신약 성경

신약은 27권으로 되어 있으며 복음서, 서신서 등 몇 가지 범주로 나눌 수 있다. 이들의 공통 주제는 예수님의 정체성과 의미이다. 여기에는 예수님을 따른다는 것이 실제적으로, 윤리적으로 어떤 의미인지도 포함된다. 그리스도인들은 예수님이 죽은 후 거의 곧바로 그가 하신 말씀과 일을 선포했다. 불과 몇 년 만에 지중해 동쪽 연안에 교회가 세워졌다. 신약에서 가장 빨리 기록된 책은 뛰어난 그리스도인들이 이러한 교회들에게 보낸 서신 형식이었다.

신약 성경 목록

성경책명	약자	성경책명	약자
마태복음	마	디모데전서	딤전
마가복음	막	디모데후서	딤후
누가복음	눅	디도서	딛
요한복음	요	빌레몬서	몬
사도행전	행	히브리서	히
로마서	롬	야고보서	약
고린도전서	고전	베드로전서	벧전
고린도후서	고후	베드로후서	벧후
갈라디아서	갈	요한일서	요일
에베소서	엡	요한이서	요이
빌립보서	빌	요한삼서	요삼
골로새서	골	유다서	유
데살로니가전서	살전	요한계시록	계
데살로니가후서	살후		

그러나 예수님의 말씀과 하신 일은 보이지 않는 곳에서도 전파되었다. 예수님이 하신 말씀과 일이 우리가 지금 '복음서'로 아는 형태로 기록된 것은 AD 60년대 초였다. 이제 복음서를 시작으로 신약을 살펴보자.

복음서

'복음'(福音, gospel)은 '좋은 소식'(good news)이란 뜻의 고대 영어 단어(godspel)에서 온 말로, 헬라어로는 유앙겔리온(*euangelion*)에 해당한다. 복음이라는 말은 기독교에서 두 가지 의미로 사용된다. 첫째, 복음은 나사렛 예수를 중심으로 하는 사건들, 즉 세상을 위한 좋은 소식으로 통하는 사건들을 가리킨다. 복음은 일차적으로 나사렛 예수의 오심에 관한 좋은 소식으로, 이 소식이 인류에게 주는 모든 것을 포함한다.

'복음'은 나사렛 예수의 삶과 죽음과 부활에 초점을 맞춘 신약의 네 권을 가리키는 이차적이며 파생적 의미로도 사용된다. 엄격히 말해, 네 권의 복음서는 '마태가 말하는 복음'(the gospel according to Matthew), '누가가 말하는 복음'(the gospel according to Luke) 등으로 불러야 한다. 이런 명칭은 각 복음서 기자들의 문체와 접근법이 서로 다름에도 기록된 것은 동일한 '복음' 혹은 동일한 '좋은 소식'임을 분명하게 보여준다.

네 권의 복음서는 예수님에 대한 다르지만 보완적인 네 가지 묘사로서 서로 다른 각도에서 다양한 자료를 바탕으로 한 것으로 이해하는 것이 가장 좋다. 처음 세 책은 공통점이 많고 초기 기독교에 퍼져 있던 자료를 바탕으로 한 것으로 널리 인정되고 있다.

복음서 기자들은 우리의 기준으로 볼 때 전기 작가나 역사가가 아니었다. 그들의 관심사는 예수님이 하신 말씀과 일을 하나도 빠짐없이 그대로 다 기록하는 것도 아니었다. 예수님에 관한 복음서 기사들은 분명히 견실한 역사 정보를 담고 있지만, 복음서는 이 정보를 해석한다. 전기와 신학이 분리 불가능할 정도로 얽혀 있다. 초기 그리스도인들은 예수님이 메시아, 하나님의 아들, 자신들의 구원자라고 확신했다. 따라서 이러한 결론을 자신의 독자들에게, 이것을 밝혀 주는 전기적 요소와 더불어 전해야 한다고 믿었다. 그래서 복음서에는 사실과 해석이 철저하게 얽혀 있다. 예수님을 이야기하면서 그가 누구시며, 왜 그렇게 중요한지를 설명했다. 그러므로 예수님의 의미에 대한 해석이 이러한 신학적 결론의 기초가 되는 역사적 자료와 함께 나타난다.

복음서는 예수님 자신이 기록하신 것도, 그가 살아 계실 때 기록된 것도 아니다. 예수님은 대략 30-33년경에 십자가에 달리셨고, 최초의 복음서(아마도 마가복음)는 65년경에 기록되었다. 복음서의 사건들이 실제로 일어난 때와 복음서의 형태로 기록된 때 사이에 약 30년의 간격이 있다. 고전적 기준으로 볼 때, 이 간격은 상대적으로 짧다. 예를 들면, 부처와 예수님의 한 가지 공통점은 글을 남기지 않았다는 것이다. 그러나 부처의 어록집인 대장경은 그가 죽은 지 400년 가량이 지난 후에야 완성되었다. 이 기간은 예수님이 죽으신 후

화보 2.3 8세기경 제작된 정교한 채색 필사본 '린디스판 복음서'에 수록되어 있는 마가복음의 세밀화. 아일랜드 양식과 고전 양식, 비잔틴 양식이 뒤섞인 문양으로 장식된 이 책은 대표적인 켈트 미술 작품 중 하나이다.

첫 복음서가 나오기까지의 시간에 비하면 열 배가 넘는다.

마가복음이 기록되기 전에도 그리스도인들은 나사렛 예수의 중요성에 대한 자신들의 이해를 기록으로 남겼다. 신약 서신서들은 주로 49-69년에 기록된 것으로, 기독교 형성기에 예수님에 관한 해석 작업과 함께 그의 중요성을 확립해 주었다.

어떤 독자들은 이 30년의 간격 때문에 고민할 것이다. 왜 이런 것들이 즉시 기록되지 않았을까? 사람들이 예수님이 하신 말씀과 일을, 십자가와 부활 때 일어난 일을 잊어버리지 않았을까? 현대의 독자들은 기록이나 시각 형태의 정보에 너무나 익숙해 있다. 따라서 구전을 통해 정보가 전달되는 고전 세계를 이해하기 어렵다. 예수님보다 천 년이나 앞서 등장한 위대한 호메로스(Homeros)의 서사시는 이야기가 한 세대에서 다음 세대로 놀랍도록 정확하게 전해지는 방식을 보여주는 좋은 예이다. 현대 서구인들이 잃어버린 한 가지 능력이 있다면 이야기나 내러티브를 들을 때 그것을 기억했다가 다른 사람들에게 전해 주는 능력일 것이다.

신약 시대를 포함한 전통문화를 연구해 보면, 이야기를 한 세대에서 다음 세대로 전하는 것은 전근대 시대의 특징이었음을 알 수 있다. 실제로, 고대 교육이 암기를 기초로 했다는 주장을 뒷받침하는 탁월한 근거가 있다. 오늘날 대부분의 서구인은 짧은 이야기나 내러티브조차 기억하기 어려워한다. 따라서 누군가 이렇게 할 수 있었다고 믿으려 하지 않는다. 그러나 한 공동체의 역사나 그들의 정체성 이해에 중요한 내러티브들을 암기하는 것은 전통문화에서 일상적이었다.

나사렛 예수의 죽음과 최초의 복음서 기록 사이의 시기를 흔히 '구전 시대'라 한다. 이것은 예수님의 가르침뿐 아니라 그의 탄생, 삶과 죽음에 관한 기사가 한 세대에서 다음 세대로 아주 정확하게 전달된 시대를 의미한다. 이 시대에 예수님의 말씀 가운데 어떤 것과 그의 삶의 어떤 부분들, 특히 그의 죽음과 부활과 관련된 부분들을 뽑아 최초의 그리스도인들이 다음 세대 그리스도인들에게 전했을 것이다. 다른 부분은 전하지 않아서 영원히 사라졌다. 초기 그리스도인들은 예수님의 말씀과 행위와 운명에서 본질적인 부분과 그렇지 않은 부분을 찾아서, 본질적인 부분만 우리에게 전했던 것 같다.

따라서 이 구전 시대를 '체질'(sifting)의 시대라 할 수 있다. 이때 최초의 그리스도인들은 자료를 평가해서 다음 세대에 반드시 전해야 할 것을 결정했다. 이 전달 과정에서 예수님의 일부 말씀은 본래의 맥락에서 떨어져 나가기도 하고 어떤 때는 새로운 맥락을 갖게 되기도 했을 것이다. 그것은 초기 그리스도인들이 주로 초기 신앙 공동체 밖의 사람들에게 복음을 선포하고, 또 공동체 안의 사람들에게 신앙을 전하고 깊게 하기 위해 사용한 맥락 때문일 것이다.

요한복음은 보통 특징적인 문학적 특징을 강조하기 위해 '제4복음'이라고 불리는데, 세 권의 공관 복음과는 몇 가지 다른 면이 있다. AD 90년경 소아시아에서 기록된 것으로 추정되는 이 복음서는 공관 복음서에 나오는 나사렛 예수의 가르침 중 많은 부분(예를 들면, 하나님 나라 비유나 주님의 기도 등)을 포함하지 않는다. 일부 학자들은 요한복음은 예수님의 진정한 정체성과 의미를 보여주는 일곱 가지 '표적'을 중심으로 구성되었다고 말한다.

복음서라고 주장하는 다른 글들도 초대 교회에 퍼져 있었다. 이런 것들은 대체로 특정 의도를 가진 집단들에서 나온 것으로 간주된다. 예를 들어, 유다복음은 상대적으로 늦게 쓰여진 문서로, 나사렛 예수를 심각하게 잘못 이해하고 있다고 확신하는 기독교 내의 작은 분파에서 나온 것이 분명하다. 당시 그리스도인들이 권위 있는 것으로 받아들인 문서들(이 문서들에는 신약의 정경으로 받아들여지지 않은 작품들도 포함되어 있었다)의 문헌적 증거는 이 특정 집단의 주장을 지지하지 않았다. 이 집단의 구성원들은 그들 자신의 복음을 기록함으로써 이 상황을 해결하려 했던 것이다. 즉 오직 유다만 예수님을 진정으로 이해했고, 다른 제자들은 예수님을 잘못 알고 그의 의미에 대한 기사를 엉망으로 만들어 버렸다는 것이다.

유다복음은 예수님을 2, 3세기의 영지주의 교사들과 유사한 영적 구루(guru)로 그린다. 이 설명은 공관 복음에 나타나는 분과 거의 연관성이 없다. 기독교는 일종의 신비적인 종교 집단이 되었고, 여기서 나사렛 예수는 영지주의 사상을 가진 영지주의 교사로 재창조되었다. 유다복음은 2세기 중반 이후의 영지주의를, 특히 그것이 현존하는 세계관과 갖는 기생적 관계를 이해하는 데 도움이 될 수 있다. 그러나 역사적 신뢰성을 가지고 기독교의 기원이나 나사렛 예수의 정체성에 대해 말해 주는 것은 전혀 없다.

서신서

신약에는 초대 교회를 이끌었던 인물들이 개인이나 교회에 보낸 편지가 포함되어 있다. 이러한 편지들은 종종 기독교 교리와 실천의 핵심을 명확히 하고, 다른 종교 집단이나 세속의 권세자들로부터 박해받는 그리스도인들에게 용기를 주었다. 예를 들면, 기독교는 초기 몇 십 년 동안 유대인들에게 다양한 박해를 받았다. 1세기의 기독교는 수적으로 매우 약했고 그리스도인들은 지역 로마 당국의 박해를 피해 은밀하게 모일 수밖에 없었다는 사실을 기억해야 한다. 특히, 네로(Nero) 황제와 도미티아누스(Domitianus) 황제는 커져 가는 교회를 제거하려고 극심하게 박해했다. 신약의 일부 문서는 이런 상황에서 기록되었다.

신약의 서신서 대부분은 바울(옛 이름은 '사울')이 쓴 것이다. 신약에 의하면 바울은 길리기아 다소 태생 유대인으로, 처음에는 기독교에 적대적이어서 유대인이 기독교를 박해하는 데 찬성했다. 그러나 다메섹으로 가던 길에 극적인 회심을 하게 된다(행 9:1-31). 이로 인해 그는 초기 기독교 운동의 가장 중요한 옹호자 중 하나가 되었다. 그가 유대인 출신이라는 점은 그가 다룬 기독교와 유대교 사이의 관계에 관한 문제에 깊이 반영되어 있다.

일부 학자들은 신약에서 바울의 저작이라고 하는 서신들이 실제로 그가 쓴 것인지 의문을 제기한다. 에베소서와 골로새서는 바울의 초기 글들과 문체가 다르다. 일부에서는 그것을 저자가 다른 증거라고 본다. 어떤 이들은 바울의 문체가 시간이 흐르면서 변했을 수도 있다고 생각한다. 또 누군가가 바울을 대신해 기록하거나 바울이 불러 주는 것을 받아쓴 것이라고 생각하기도 한다.

바울은 유럽 남동부 선교 여행 중에 소아시아와 마게도냐(마케도니아)와 그리스 지역에 작은 기독교 모임들을 만들었다. 그는 후에 편지로 이 모임들과 계속 왕래했다. 그 편지가 모두 남아 있지는 않다. 바울은 자신이 고린도 교회에 추가적으로 몇 통의 편지를 썼다고 말하며, 라오디게아 교회에도 한 통의 편지를 썼다고 밝힌다. 여기서 '교회'라는 단어는 오해를 불러일으킬 여지가 있다. 초기의 그리스도인들은 교회 건물에서 모인 것이 아니라 소그룹으로 모였다. 그러므로 이 맥락에서는 교회를 '회중'(congregation)이나 '모임'(gathering)으로 번역하는 것이 더 나을 것이다. 바울의 초기 서신들은 교리 문제, 특히 예수님의 재림, 유대인과 이방인의 관계를 많이 다루었다. 후기 서신들은 기독교가 지중해 동부 연안에서 확고히 자리를 잡으면서 교회 질서와 구조가 점점 더 중요해졌음을 보여준다.

신약의 정경 결정

성경은 66권으로 이루어진 하나의 전집으로 구약은 39권, 신약은 27권이다. 성경 목록은 어떻게 결정되었을까? 어떤 과정을 거쳐 성경의 66권을 선택했을까? 교회사 초기에 교회는 '성경'이 실제로 가리키는 것에 대해 몇 가지 중요한 결정을 내려야 했다. 교부 시대에 결정 과정이 진행되었는데, 여기서 신약에 대한 경계선을 그었다. 일반적으로 이 과정을 '정경 결정' 과정이라 한다.

'정경'(政經, canon)이라는 전문 용어는 '자'(rule), '표준'(standard), '고정된 기준점'(fixed reference point)을 의미하는 헬라어 카논(kanon)에서 왔다. '성경의 정경'이라는 말은 교회 안에서 권위 있는 것으로 받아들여진 제한되고 확정된 저작들을 말한다. '정경적'이라는 표현은 정경 안에 속한 것으로 받아들여진 성경 저작을 가리키는 데 사용된다. 따라서 누가복음은 '정경적'이라고 할 수 있는 반면에, 도마복음은 '외경적' 다시 말해 성경의 정경 밖에 있다고 할 수 있다.

단기간 내에 순교자 유스티누스(Justinus) 같은 초기 기독교 저자들이 '구약'과 대비하여 '신약'이라는 말을 사용하면서 둘 모두 동일한 권위를 갖는다고 주장했다. 2세기 후반 이레나이우스(Irenaeus) 때에는 네 개의 정경적 복음서가 있다는 것이 일반적으로 받아들여졌고, 사복음서와 사도행전과 여러 서신서가 영감된 성경의 지위를 갖는다는 데 폭넓은 합의가 이루어져 있었다. 따라서 알렉산드리아의 클레멘스(Clemens)는 사복음서와 사도행전과 14개의 바울 서신(히브리서 포함)과 요한계시록을 인정했다. 3세기 초의 테르툴리아누스(Tertullianus)는 '율법과 선지서'와 더불어 '복음적, 사도적 저작들'도 교회 안에서 권위를 인정해야 한다고 했다.

영감된 성경으로 인정한 책의 목록과 배열 순서에 대해 점차적으로 합의가 이루어졌다. 이러한 수용 과정은 영향력 있는 주교(bishop, 감독)나 교회가 임의적이거나 독선적으로 진행하지 않았다. 숙고와 논의를 거듭하는 점진적 과정을 통해서 합의가 조금씩 도출되었다. 367년, 영향력 있는 그리스의 기독교 저자 아타나시우스(Athanasius)는 한 통의 편지를 돌렸다. 그는 이 편지에서 현재와 같은 신약의 27권을 정경으로 확인하는 합의를 요약했다. 아타나시우스는 이때 자신의 견해를 강요한 것이 아니라 교회 전체의 견해, 즉 자신의 편지를 읽는 사람들이 매우 진지하게 받아들일 견해들을 소개했다. 기독교는 언제나 **콘센수스 피델리움**(consensus fidelium, 신자들의 합의)을 강조했다. 정경의 형성은 이러한 합의를 향한 점진적 움직임을 보여주는 탁월한 예이다.

특정 저작을 '정경'으로 결정하는 데는 중요한 기준이 있었는데, 특히 다음 세 가지를 가장 중요하게 고려했다.

1. 사도적 기원이나 연관성. 특정 저작들이 1세대 사도들이나 그들의 최측근의 설교와 가르침을 토대로 했는가? 어떤 저작은, 예를 들어 베드로 서신과 바울 서신과 같은 것은 사도들의 작품이 분명했다. 히브리서 같은 다른 경우는 그렇게 간단하지 않았다. 이 기준은 2세기에 자신들이 '권위적' 계시를 가졌다고 주장하는 다양한 집단의 공격으로부터 교회를 지키는 데 매우 중요한 역할을 했다.

2. 전 지역 기독교 공동체에서 일반적으로 받아들여진 정도. 개개의 교회들은 어떤 저작의 권위를 인정할 것인가에 대한 합의를 도출해 가고 있었다. 특정 저작들에 대해서는 의견 불일치를 피할 수 없었지만, 정경 결정 과정에서 이러한 합의 과정은 투명하게 진행되었다. 4세기 초의 가이사랴의 유세비우스(Eusebius)는 2세기 저자들이 그렇게도 중요하게 여겼던 사도적 권위를 더 이상 기준으로 사용하지 않았다. 유세비우스에게 중요한 것은 어떤 책이 받아들여지고 있느냐였다. 다시 말해서, 그 책을 초기에 '정통' 교부들이 인용했는가였다. 논쟁은 사도의 저작성에서 글로벌 기독교 공동체가 받아들이는가 하는 문제로 옮겨 간 것이 분명했다.

3. 예배에 사용되는 정도. 성경의 주요 용도는 예배에서 사용하는 것이었다. 따라서 정경성을 재는 중요한 잣대 가운데 하나는 그 책이 어느 정도 전례용으로 사용되었느냐였다. 다시 말해, 초기 기독교 공동체의 예배에서 공식적으로 읽혀졌느냐 하는 것이다. 이러한 관습은 이미 신약에 나타나 있었다. "이 편지를 너희에게서 읽은 후에 라오디게아인의 교회에서도 읽게 하고 또 라오디게아로부터 오는 편지를 너희도 읽으라"(골 4:16).

신약의 정경을 결정하는 이 과정은 쉽거나 단순하지 않았다. 어떤 책은 논쟁에 휩싸이기도 했다. 서방 교회는 히브리서를 정경에 포함시키길 주저했다. 사도의 저작이라는 구체적 증거가 없었기 때문이다. 반면에 동방 교회는 요한계시록을 정경에 포함시키지 않았다. 분량이 적은 네 권의 책(베드로후서, 요한이서, 요한삼서, 유다서)은 초기의 신약 성경 목록에서 자주 빠졌다.

정경에 포함되지 않은 저작 가운데는 비록 정경으로 채택되지는 않았지만 일부 교회에서 사랑받은 책들도 있었다. 그 가운데는 클레멘스 1서와 디다케(Didache)가 있다. 클레멘스 1서는 초기 로마 주교 클레멘스(Clemens I)가 AD 96년경에 쓴 서신서이고, 디다케는 2세기의 4분의 1이 지나기 전에 기록된 도덕과 교회 의식에 관한 초기 기독교의 짧은 지침서이다.

책들의 배열도 매우 다양했다. 복음서가 정경에서 존귀한 자리를 차지하고, 그 뒤에 사도행전이 위치해야 한다는 데는 일찍이 합의했다. 동방 교회는 7개의 '공동 서신' 일명 '일반 서신'(야고보서, 베드로전서, 베드로후서, 요한일서, 요한이서, 요한삼서, 유다서)을 14개의 바울 서신(히브리서 포함) 앞에 두는 경향이 있었다. 반면에 서방 교회는 바울 서신을 사도행전 바로 뒤에 두고 그 뒤에 공동 서신을 두는 경향이 있었다.

구약과 신약의 관계에 대한 기독교의 이해

본문은 여러 가지로 해석할 수 있다. 기독교는 구약에 대한 특정 해석을 제시하는데, 이것은 유대 독자들과 학자들이 제시하는 것과는 다르다. 이것은 '구약'이라는 말 자체에 대한 이해를 포함하여 여러 가지로 반영된다. 앞부분에서 보았지만, 초기 그리스도인들은 구약의 본문들을 해석하는 신학적 틀을 표현하기 위해 이 말을 사용했다.

역사는 하나님과 이스라엘 사이의 '옛 언약'의 시대와 하나님과 모든 인류 사이의 '새 언약'의 시대로 나누어진다. '구약'과 '신약'이라는 기독교의 개념은 강한 신학적 성격을 가지고 있다. 구약의 내용은 하나님이 세상을 다루시던 시대에 관한 것이며 신약에서 그리스도가 오심으로 성취되었다는 믿음을 표현하기 때문이다.

그리스도인의 관점에서 볼 때, '구약'으로 기술된 책들은 하나님이 세상에서 행하신 일들(예수 그리스도의 강림을 준비하기 위해 행하신 일들)의 역사를 가리킨다. 그리스도인들은 신약을 구약에 선포된 것과 동일한 패턴의 하나님의 행위 및 임재의 확장으로 여긴다. 그래서 신약은 이스라엘의 하나님의 말씀과 행위에 대한 증거를 연속하고 확장한다.

이런 사고방식이 신약에 반영되어 있다. 신약의 기자들은 자신들이 구약에 기술된 구원의 역사를 계속 이어 가는 것으로 보았다. 예를 들면, 마태복음은 예수님과 모세, 복음과 율법, 교회와 이스라엘 간의 연속성을 제시한다. 바울 서신은 그리스도인들의 믿음과 아브라함의 믿음 간의 연속성에 자주 초점을 맞춘다. 히브리서는 기독교와 유대교를 한 점 한 점 비교함으로써, 유대교와 기독교 간의 연속성뿐 아니라 기독교가 구약의 주제들을 완성하는 방식을 강조한다.

그래서 나사렛 예수의 강림은 이스라엘 백성의 소망이 성취된 것으로 본다. 예수님은 율법이나 선지자를 폐하러 오신 것이 아니라 완성하러 오셨다(마 5:17). 이것은 신약이 구약을 특별히 많이 인용하는 점을 이해하는 데 도움이 된다. 신약을 보수적으로 읽을 경우, 구약의 본문을 300회 이상 구체적으로 인용했고, 2,000회 이상 구약의 본문이나 주제를 암시한 것으로 나타난다.

이처럼 구약과의 연속성을 강조함에도 불구하고, 신약은 나사렛 예수의 강림을 새로운 시작으로 이해한다. 예를 들어, 하나님의 백성이 되는 것은 이제 그 사람의 민족적 기원이 아니라 자신의 믿음에 의해 결정된다. 이제는 혈통이 종교적 정체성을 결정하지 않는다. 유대인이든 이방인이든 자신의 믿음과 성령의 내주하심을 기초로 하나님의 백성이라는 동일한 신분을 갖게 된다. 이와 비슷하게, 그리스도인은 구약의 음식물 법과 의식 법을 지키지 않아도 된다. 그리스도가 율법의 요구를 성취하셨고 모든 음식물이 깨끗하다고 선언하셨기 때문이다.

신약의 기자들은 이런 발전을 구약의 의미나 의도의 왜곡으로 보지 않고, 오히려 의도된 결과로 보았다. 바울의 서신서들은 이 주제를 발전시키는 데 있어 특히 중요하다. 예를 들어, 바울은 구약은 아브라함을 이스라엘의 한 족장일 뿐만 아니라 모든 믿는 자의 조상이라고 이해한다고 주장했다(롬 4:9-17; 갈 3:6-9). 구약의 의도를 성취하기 위해서는 의식적, 신학적, 영적 방향 전환이 필요했다. 그래서 기독교는 구약의 고유한 의미를 분별하고 수행하면서 이를 재해석하기 위한 구조들을 만들었다.

모든 그리스도인이 기독교 신앙과 유대교 사이의 이 긴밀한 관계를 좋아한 것은 아니었다. AD 144년에 출교당한 시노페의 마르키온(Marcion)은 구약은 기독교와 상관 없는 종교에 관한 것이라고 주장했다. 마르키온에 의하면, 기독교는 율법이 들어설 자리가 없는 사랑의 종교이다. 구약은 신약과는 다른 신을 말한다. 구약의 신은 세상을 창조했을 뿐, 율법 사상에 집착하여 지나치게 폭력을 사용한다. 그러나 신약의 신은 세상을 구속하고 사랑에 관심을 둔다. 마르키온은 나사렛 예수가 온 것은 구약의 신을 폐하고 은혜의 참하나님을 예배하게 하려는 것이라고 주장했다. 이것은 마니교도들의 가르침과 비슷한데, 마니교도는 기독교 작가 히포의 아우구스티누스(Augustinus, 354-430)가 젊었을 때 큰 영향을 주었다.

아우구스티누스는 마니교의 구약관이 당혹스럽고 무관하다고 반박하면서, 구약이 그리스도인들에게 주는 온전한 의미와 중요성을 이해하기 위해서는 구약을 신약에 비추어 보아야 한다고 주장했다. 아우구스티누스의 견해는 그의 유명한 말, "신약은 구약 안에 감추어져 있고, 구약은 신약 안에서 드러난다."라는 말로 명쾌하게 표현된다. 교황 그레고리우스 1세(Gregorius I)는 한 단계 더 나아가 "구약은 신약의 예언이며, 신약은 구약에 대한 최고의 주석이다."라고 했다.

기독교 신학의 다수 입장은 아우구스티누스와 그레고리우스를 따랐다. 한편으로는 구약과 신약 사이의 연속성을 강조하면서, 다른 한편으로는 차이점에 주목했다. 『가톨릭 교리문답서』(Catechism of the Catholic Church, 1992)는 구약의 '모형론적' 해석 개념을 정리하면서, 이 접근법에 대해 분명하게 진술한다. '모형'(헬라어로 tupos)이란 더 큰 사람, 사물 또는 행동(예수 그리스도의 강림 같은 것)을 앞서서 예시(豫示)하는 사람, 사물 또는 행동이다.

교회는 일찍이 사도 시대에 그리고 계속하여 그 전통 속에서 모형을 통하여 신구약에서 하나님의 계획의 통일성을 조명해 왔는데, 모형론은 옛 언약에 있는 하나님의 역사를 때가 차서 그의 성육신한 아들 안에서 성취된 것을 미리 보여주는 것으로 이해한다. 그러므로 그리스도인은 십자가에 못 박히고 부활하신 그리스도에 비추어 구약을 해석한다. 그런 모형론적 독법은 구약의 무궁한 내용을 드러내 준다. 그러나 구약은 주님에 의해 재확인된 계시로서 내재적 가치가 있음을 잊어서는 안 된다.

성경의 번역

성경은 고대 세계의 고전적 언어(히브리어와 헬라어, 그리고 극히 일부는 아람어)로 기록되었다. 그렇다면 이러한 언어를 전혀 모르는 현대인들은 어떻게 해야 하는가? 이슬람교는 코란을 읽을 때 본래의 고전 아랍어로 읽으라고 한다. 그러나 대부분의 그리스도인들이 받아들이는 성경은 보통 사람이 이해할 수 있는 언어로 출판되어 읽을 수 있다. 21세기에는 거의 모든 기독교 교단들이 구성원을 위해 그 지역 언어로 된 성경 번역본을 만들었으며, 그럼으로써 성경 원문을 쉽게 이해하고 거기에 마음을 열도록 하고 있다.

이 과정은 대부분의 현대 유럽 언어로 설명할 수 있는데, 영어의 경우가 특히 그렇다. 성경을 자기 지역 언어로 번역해 달라는 요구는 16세기에 와서 눈에 띄게 두드러졌을 뿐 사실 그 이전부터 시작되었다. 존 위클리프(John Wycliffe, 1330경-1384)는 14세기에 성경을 영어로 번역하는 데 가장 힘쓴 사람들 중 한 명이다. 그는 성경 번역의 챔피언으로 널리 존경을 받는다. 위클리프는 영국인은 보통 사람이 이해할 수 없는 교회 언어인 라틴어로 사제가 낭독하는 성경을 억지로 들을 것이 아니라 자기 언어로 성경을 읽을 권리가 있다고 주장했다. 위클리프의 지적대로, 교회는 성경에 대한 평신도의 접근을 철저히 차단함으로써 상당한 기득권을 누렸다. 교인들이 주교와 사제의 생활 방식과 나사렛 예수와 사도들이 명령하고 실천한 생활 방식이 엄청나게 다르다는 사실을 알 수 있을 정도였다.

실제로, 중세 시대에 가장 영향력이 컸던 성경 번역본 가운데 하나는 불가타역(Vulgate)이었다. 이것은 신구약을 라틴어로 번역한 것으로 12세기에 완성되었다. 라틴어는 당시 서유럽 전체의 교회와 학자들이 사용한 언어였다. 그 결과 이 번역본은 상당한 영향력을 갖게 되었지만, 현재는 여러 면에서 부정확한 부분이 있음이 알려져 있는 상태이다.

그런데 위클리프가 번역한 성경(그가 실제로 번역한 부분이 얼마나 되는지 알 수 없다)은 헬라어와 히브리어 성경 원문이 아니라 중세의 표준 성경인 불가디역을 기초한 것이었다. 다시 말해서, 위클리프는 라틴어 번역본을 영어로 번역했다. 그런데 불가타역이 부정확하면 어떻게 할 것인가?

16세기에 네덜란드의 유명한 인문주의자 에라스무스(Erasmus)가 불가타역의 정확성을 비판하면서 이 문제가 상당히 중요해졌다. 에라스무스는 불가타역이 예수님이 공생애를 시작하면서 하신 말씀을(마 4:17) "고해하라. 천국이 가까이 왔느니라."(do penance, for the kingdom of heaven is at hand)라고 번역했다고 지적했다. 이 번역은 천국의 도래가 고해성사와 직접 관련이 있다는 암시를 주었다. 에라스무스는 헬라어 본문을 "회개하라. 천국이 가까이 왔느니라."(repent, for the kingdom of heaven is at hand)로 번역해야 한다고 했다. 불가타역에서 외적인 행위(고해성사)를 언급하는 것으로 보이는 부분에서, 에라스무스는 그 본문이 내적인 심리적 태도(회개)를 가리킨다고 주장한 것이다.

이러한 요구는 1520년대에 마르틴 루터(Martin Luther)에 의해 다시 제기되었다. 루터는 성경을 읽고 해석할 권리가 평신도에게 있다고 주장했다. 왜 성경을 사람들에게서 떼어 놓고 특권 계층만 읽을 수 있는 죽은 언어의 감옥에 가둬 놓아야 하는가? 왜 교육받은 평신도가 성경을 자신의 언어로 읽도록 허용하지 않는가? 그런 번역본의 필요성을 깨달은 루터는 번역 작업이 너무 중요하기 때문에 다른 사람에게 맡길 수 없다고 판단했다. 그리하여 그는 신약을 헬라어 원문에서 일상 독일어로 직접 번역했다.

윌리엄 틴데일(William Tyndale)은 루터를 이어 1526년에 헬라어 원문에서 직접 번역한 최초의 영어역 신약 성경을 익명으로 출판했다. 틴데일은 성경 전체를 영어로 번역하고 싶었으나 구약의 몇 권만 히브리어에서 번역하는 데 그쳤다.

마침내, 최초의 완역본 영어 성경인 커버데일 성경(Coverdale Bible)이 1535년에 출판되었고, 더욱 정확한 매튜 성경(Matthew Bible)이 1537년에, 그레이트 성경(Great Bible)이 1539년에 출판되었다. 1560년에는 존 칼빈(John Calvin)이 있는 제네바에 정착한 영국 이주자들이 삽화와 난외주까지 첨부한 아주 좋은 번역 성경을 내놓았다. 이 성경은 곧 영어권 개신교도들이 가장 좋아하는 성경이 되었다.

그러나 세상에서 가장 유명한 영어역 성경은 17세기 초에 나왔다. 1604년 제임스 1세(James I)는 새로운 성경 번역을 명령했다. 50명이 넘는 학자들이

웨스트민스터와 옥스퍼드와 케임브리지에 모여 성경 번역에 착수했다.

1611년, 이들의 노력이 마침내 결실을 맺어 영어 성경이 출판되었다. 일반적으로 흠정역(Authorized Version) 또는 킹제임스역(King James Version)으로 알려진 이 새로운 번역본은 고전이 되었다. 이 성경은 1918년 제1차 세계대전이 끝날 때까지 영어 번역 성경의 표준이 되어 가장 널리 사용되었다.

킹제임스 성경은 1611년과 그 이후의 기준으로 볼 때 뛰어난 번역이었다. 그러나 수정은 불가피했다. 이는 오류 때문이 아니라 시간이 흐르면서 언어가 바뀌었기 때문이다.

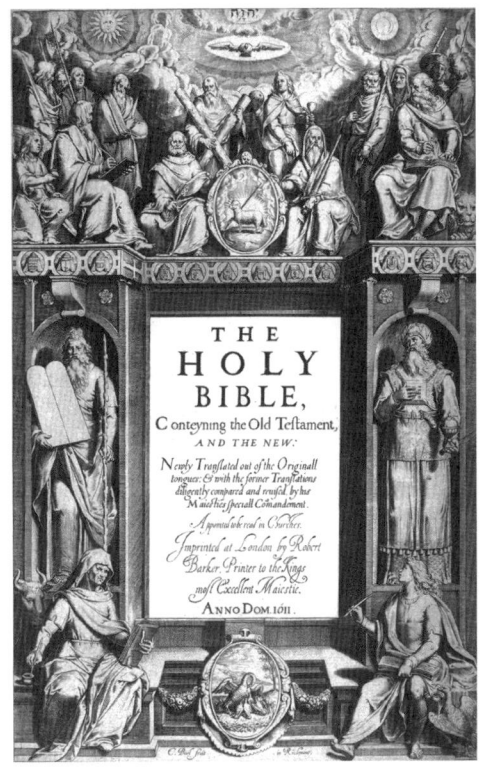

화보 2.4 1611년에 출간된 킹제임스 성경의 표지. 제임스 1세의 주도 아래 위클리프 성경, 틴데일 성경 등 이전에 나온 성경들의 내용과 문체를 참조하여 만들어진 이 성경은 당대 최고의 영어 성경이었으며 현대에 이르기까지 그 권위를 자랑하고 있다.

번역은 움직이는 과녁을 목표로 하는데, 세월이 흐르면서 과녁의 속도가 빨라졌다. 오늘날 영어는 과거 어느 때보다 빠르게 발전하고 있다. 어떤 단어들은 사용되지 않고 의미가 바뀌기도 했다. 킹제임스역에서 사용된 단어 가운데 이제는 그 의미가 바뀐 것이 많다. 1611년의 영어는 21세기의 영어가 아니라는 단순한 이유 때문에 그 번역본은 오해의 소지가 있다. 예를 들어, 다음 구절을 살펴보자.

"For this we say unto you by the word of the Lord, that we which are alive and remain unto the coming of the Lord shall not prevent them which are asleep"(KJV 1Th 4:15).

"우리가 주의 말씀으로 너희에게 이것을 말하노니 곧 주께서 오실 때까지 살아서 남아 있는 우리가 결코 잠자는 자들보다 앞서지 못하리라"(한글 킹제임스역 살전 4:15).

우리 시대의 독자라면 어리둥절할 것이다. '프리벤트'(prevent)라는 영단어가 지금의 의미와 다르기 때문이다. 1611년에 이 단어는 '방해하다.'(hinder)라는 뜻이 아니라 '선행하다.'(precede)나 '앞서다.'(go before)라는 뜻이었다. 이런 점을 볼 때, 언어의 변화 때문에 킹제임스역이 오해나 혼란을 불러일으킬 가능성이 있고 개정이 필요하다는 사실은 분명하다. 개정의 범위는 토론의 대상이 될 수 있지만 개정의 필요성에 대해서는 의심의 여지가 없다. 번역 자체가 설명이 필요할 때, 그 번역은 효과적인 번역의 기능을 다한 것이다.

이것은 쉽게 이해할 수 있는 일이다. 영어를 포함하여, 살아 있는 모든 언어는 세월이 지나면서 변한다. 언어의 발전은 생명의 표시일 뿐이다. 언어는 사용되면서 새로운 상황에 맞춰 수정된다는 뜻이다. 번역 작업은 단번에 끝나지 않고 계속된다. 영어판이든 스와힐리어판이든 중국어판이든 간에, 현대의 모든 번역 성경은 일시적일 뿐이다. 따라서 언어가 변하고 발전함에 따라 수정을 해야 한다. 번역은 결코 끝나지 않는 작업이다.

오늘날도 성경의 바른 번역에 대한 논쟁이 계속되고 있다. 그런데 기독교 안에서는 성경의 사용법에 대한 논쟁도 이루어지고 있다. 이 논의 가운데서 가장 중요한 것 하나가 성경은 그 자체로 존립하는가 아니면 '전통'에 비추어 읽어야 하는가 하는 문제이다.

성경과 전승

초대 교회에서 일어난 일련의 논쟁은 '전승'(tradition, 전통)의 중요성을 일깨워 주었다. 전승이라는 단어는 '건네주기'(handing over), '물려주기'(handing down), '양도하기'(handing on)라는 뜻의 라틴어 트라디티오(traditio)에서 왔다. 전승은 철저히 성경적인 개념이다. 바울은 독자들에게 자신이 다른 사람들에게서 전해 받은 기독교 신학의 핵심 가르침을 그들에게 전해 주고 있음을 상기시켰다(고전 15:1-4).

전승은 가르침을 다른 사람들에게 전해 주는 행위(바울이 교회 내에서 반드시 이루어져야 한다고 주장한 행위)뿐 아니라 이러한 방법으로 전해진 가르침을 의미할 수 있다. 따라서 전승은 일단의 가르침뿐 아니라 하나의 과정으로 이해될 수 있다. 교회의 구조와 기독교의 가르침 전달 문제에 특히 많은 관심을 보이는 신약의 후기 서신서들인 목회 서신(디모데전서, 디모데후서, 디도서)은 특히 "네게 부탁한 아름다운 것을 지키는" 일의 중요성을 강조한다(딤후 1:14).

신약은 '전승'(전통)이라는 개념을 부정적인 의미로도 사용한다. 이 경우 전승은 '하나님이 인정하시지 않는 인간의 사상이나 관습' 같은 것을 의미한다. 따라서 나사렛 예수는 유대교 내의 특정한 인간적 전승을 공개적으로 비판하셨다(마 15:1-6; 막 7:13).

전승 개념의 중요성이 처음으로 분명해진 것은 2세기에 일어난 한 영지주의 논쟁에서였다. 이 논쟁은 어떻게 구원을 얻느냐를 비롯한 몇 가지 문제에 집중되었다. 여기서 '영지'(靈知)라는 말은 '지식'을 뜻하는 헬라어 그노시스(gnosis)에서 온 것으로, 개인이 구원을 얻도록 알려진 어떤 비밀스러운 지식에 대한 믿음을 가리킨다.

기독교 저술가들은 매우 특이하고 창의적인 성경 해석들을 다뤄야 했다. 이들은 이러한 해석들을 어떻게 다뤄야 하는가? 성경의 권위를 인정하면, 성경에 관한 모든 해석도 동일한 가치가 있다고 봐야 하는가?

초대 교회의 위대한 신학자인 이레나이우스(Irenaeus, 130경-200경)는 그렇게 생각하지 않았다. 성경을 어떻게 해석해야 하느냐가 매우 중요했다. 그는 이단들이 성경을 자기 입맛대로 해석한다고 주장했다. 반대로, 정통적인 신자들은 성경을 사도적 저자들이 인정한 방식으로 해석했다. 사도들이 후계자들에게 전해 준 것은 단지 성경 본문만이 아닌, 성경 본문을 읽고 해석하는 방식도 포함되었다.

> 누구든지 진리를 알려는 사람은 전 세계 모든 교회에 알려진 사도적 전승을 생각해야 한다. 우리는 사도들의 지명을 받은 주교들과 지금 교회에 있는 그들의 후계자들을 확인할 수 있다. 이들은 저들이 상상하는 것을 전혀 가르치지도 않고 알지도 못한다.

이레나이우스의 요지는 기독교의 가르침과 삶과 해석의 연속적인 흐름을 사도 시대부터 자신의 시대까지 추적할 수 있다는 것이다. 교회는 교회의 가르침을 지켜 온 사람들과 기독교 신앙의 본선을 제시하는 공적 표준적 신조를 지목할 수 있다. 따라서 전승은 교회가 사도들의 본래 가르침에 충실하게 하며, 영지주의처럼 성경 본문을 마음대로 해석하거나 그릇 설명하지 않도록 지켜 준다.

이러한 발전은 매우 중요하다. 왜냐하면 이러한 발전을 배경으로 '신조'가 출현하기 때문이다. 신조란 기독교 신앙의 핵심 사항에 대한 공적이고 권위 있는 진술이며, 성경을 기초로 하지만 임의적인 성경 해석을 배격한다. 그러므로 신조는 바른 성경 해석을 제시하는 구조틀, 즉 '신앙 규범'(라틴어로 regula fidei)을 제공한다. 신조는 두 가지 중요한 요인에 자극되어 나왔기 때문이다.

1. 교회의 성경 해석을 제시하여 기독교 신앙을 가르치고 그것을 잘못 소개하는 것을 막는 데 사용할 수 있는 공적 신앙 진술이 필요했다.
2. 세례 때 개인적인 신앙 고백이 필요했다.

첫째는 이미 다루었기 때문에 둘째를 좀 더 자세히 설명할 필요가 있다. 초대 교회는 새로운 구성원들에게 세례를 주는 것을 매우 중요하게 여겼다. 3-4세기에는 교육과 세례의 방식이 확고하게 마련되었다. 교회의 새로운 구성원들은 사순절 기간에 기독교 신앙의 기본을 배우고 부활절에 세례를 받았다. 이들은 기독교 신앙의 핵심 진술에 동의함으로써 자신의 신앙을 확증해야 했다.

로마의 히폴리투스(Hippolytus, 170-236)가 3세기 초에 쓴 『사도들의 전승』(Apostolic Tradition)에 따르면, 세례 지원자는 다음의 세 가지 질문을 받았다. "전능하신 성부 하나님을 믿습니까?" "우리 구주 예수 그리스도를 믿습니까?" "성령과 거룩한 교회와 죄 사함을 믿습니까?" 시간이 지나면서, 이러한 질문은 점차 신앙의 진술로 바뀌었으며, 세례 지원자들은 이러한 진술에 동의해야 했다.

이러한 '세례 신조들'에서 나온 가장 중요한 신조가 지금도 예배에서 널리 사용되는 '사도신경'(Apostles' Creed)이다. 사도신경은 열두 구절로 되어 있는데 전승에 따르면, 열두 사도가 각각 한 구절씩 썼다고 한다. 그러나 지금은 사도신경이 실제로 사도들이 쓴 것이 아니라는 것이 일반적인 견해이다. 그럼에도 사도신경은 교회가 사도들에게서 받은 기독교 신앙의 핵심을 담고 있다는 의미에서 '사도적'이다. 사도신경은 기독교 신앙의 주요 주제들을 아주 적절하게 요약하므로 기독교의 주요 신앙을 논하는 기초가 된다. 이는 다음 장에서 다룰 것이다.

제3장

기독교 신조와 신앙

기독교는 단순히 종교적이거나 예배 행위에 관한 것이 아니며, 또한 윤리적 행위를 함양하는 것도 아니다. 기독교는 실재에 대한 '큰 그림', 즉 하나님, 세계, 인간의 정체성 및 목적에 관한 것이다. 그리스도인 개인들은 대체로 이 '큰 그림'을 다양하게 이해하겠지만, 그들의 관점에는 분명한 가족 유사성이 있다.

이렇게 세상을 이해하는 방식은 보통 신앙 혹은 교리('가르침', '신앙 또는 관점의 본체'를 의미하는 라틴어 doctrina에서 유래한 말)로 틀을 갖추게 된다. 이 장에서는 이런 기독교의 신념들을 살피면서 일부 중요한 문제들, 예를 들어 세례의 본질 또는 교회의 정체성에 대한 견해 차이도 함께 살펴볼 것이다.

일부 저자들은 기독교 신앙을 다른 것들과는 단절된 고립된 사상으로 제시하는데, 이렇게 접근하게 된 이유는 쉽게 알 수 있다. 기독교 교리에 관한 교재와 강의는 신앙을 별도의 장으로 다루므로, 각 교리가 마치 따로 격리된 것과 같은 인상을 주곤 한다. 그러나 기독교 교리들은 서로 연결되어 있음을 아는 것이 중요하다. 교리들은 독립적이고 물샐 틈 없는 방이 아니므로, 다른 교리를 참조하지 않고는 각각의 교리를 숙달할 수 없다. 오히려 교리들은 서로 교차하는 거미줄과 같다.

예를 들어, 창조 교리를 생각할 때는 신앙의 다른 중요 주제들과의 상호 연관성을 이해하는 것이 중요하다. 기독교의 창조 교리를 고찰하면 하나님의 본성과 예수 그리스도의 정체성, 성령의 역할, 구원의 본질, 성례 신학 등을 고찰하는 것으로 이어진다. 이 외에 다른 것들도 포함될 수 있다. 하나의 교리적 주제를 공부하는 것은 이 마디의 단면을 잘라 보면서 혹은 이 주제에 초점을 맞추면서, 실제로 신앙이라는 거미줄 전체, 복음의 대서사 혹은 신앙의 큰 그림을 공부하는 것이다.

신앙은 어떤 사고방식이 신뢰할 만하고 확실하며 적절하다는 정돈된 확신이다. 이것은 옳다고 입증될 수는 없지만 신뢰할 수 있는 것으로 입증된 관점이다. 신앙은 이런 사고방식으로 들어가 그것이 삶의 방식이 되게 하는 것이다.

신앙은 실재에 대한 '큰 그림'을 받아들이는 것으로, 이를 통해 상상한 것을 붙잡고 이성을 조명하며 우리가 세상에서 사는 방식에 대한 윤리적 관점을 형성하게 된다. 일부 사람들을 기독교로 이끄는 것은 그 개인의 논리가 아니라 이 '큰 그림'이다. 과학은 사물을 분해하여 그것이 작동하는 방식을 알 수 있게 하지만, 신앙은 그것들을 다시 결합하여 그것들이 의미하는 것을 알 수 있게 한다.

이 신앙의 '큰 그림'은 신조들 안에 요약되어 있고, 신학 교재 안에 상술되어 있으며, 설교에 적용되고 사용되어 기독교 세계관을 형성하도록 돕는다. 신앙은 기독교 신앙 공동체가 그 독특한 방법으로 세상을 바라보는 결과로 인도한다.

철학자이자 사회과학자인 찰스 테일러(Charles Taylor)는 이런 종류의 결과를 '사회적 상상'이라는 말로 표현했다. 그 정의는 다음과 같다.

사람들이 자신의 사회적 존재를 상상하는 방법, 다른 사람들과 어울리는 방법, 그들과 그들의 동료들 사이에서 일이 이루어지는 방법, 일반적으로 이루어지는 기대들, 그리고 이런 기대들 바탕에 있는 더 깊은 규범적인 생각과 이미지들.

이 장에서는 기본적인 기독교 신앙을 개관할 것이다. 그러면 어디서부터 시작해야 할까?

어쩌면 가장 먼저 생각해야 할 문제는 왜 기독교는 다른 세상의 주요 종교들과는 확연히 다른 신조를 가지는가일 것이다. 그렇다면 기독교는 어떻게 신조들을 만들었고, 왜 만들었을까?

신조의 출현

초기 기독교의 신앙 진술문은 대체로 아주 짧았다. "예수는 주이시다."라는 간단한 고백이 그 예라고 할 수 있다(롬 10:9; 고전 12:3). 그러나 신약에는 신조 같은 긴 진술문들이 포함되어 있다.

"우리에게는 한 하나님 곧 아버지가 계시니 만물이 그에게서 났고 우리도 그를 위하여 있고 또한 한 주 예수 그리스도께서 계시니 만물이 그로 말미암고 우리도 그로 말미암아 있느니라"(고전 8:6).

"내가 받은 것을 먼저 너희에게 전하였노니 이는 성경대로 그리스도께서 우리 죄를 위하여 죽으시고 장사 지낸 바 되셨다가 성경대로 사흘 만에 다시 살아나사"(고전 15:3-4).

"그(예수 그리스도)는 육신으로 나타난 바 되시고 영으로 의롭다 하심을 받으시고 천사들에게 보이시고 만국에서 전파되시고 세상에서 믿은 바 되시고 영광 가운데서 올려지셨느니라"(딤전 3:16).

그러나 이런 진술들은 성경 본문 전체에 흩어져 있고 통합되어 있지 않다. 신조들은 이런 실들을 모아 보다 체계적인 형태로 표현한다. 이런 신앙 진술들은 공적 예배나 사적 교육에서 끊임없이 반복함으로써 쉽게 암기되어, 새로운 그리스도인들이 자신의 신앙을 고백하고 요약할 수 있게 해주었다. 신조는 신앙의 이유가 아니라 표현이었다. 초기 그리스도인들은 신조들을 고대의 송수로, 곧 생명수 자체가 아니라 생명수를 유도하고 흘러가게 하는 관과 같은 것으로 간주했다.

처음 세 세기 동안 그리스도인들은 공식적인 신조 없이 지냈다. 이때까지 기독교는 로마 제국에서 불법적인 종교였다. 그래서 신자들은 비밀리에 모여 예배드려야 했다. 지도자들이 모여 공통된 신앙들을 정리할 수도 없었다. 로마 당국에 체포될 위험이 너무 컸기 때문이다. 그 결과 기독교 세계에는 합의된 보편적 공적 신앙 규범이 없었다.

그러나 2세기 말 기독교 세계 안팎으로 상당한 합의가 도출된 것으로 나타난다. 이유는 완전히 이해할 수 없지만, 로마 제국 전체의 그리스도인들은 특정 집단의 본문으로 의견이 수렴되어 그것을 공적 예배에서 낭독하고 또 삶과 사상 문제에 있어서 권위를 가지는 것으로 간주했다. 그리고 일단의 공유된 기본적 신앙에 대해서도 그렇게 했다. 지역별로 약간의 차이는 있지만, 본문 모음집은 현대의 신약과 거의 비슷했고, 현대의 사도신경과 아주 비슷한 '신앙 고백'이 190년경에 모습을 갖추었다.

이들 본문 모음집과 '신앙 고백'은 각 회중들에 의해 사용되었고, 주로 이동하는 그리스도인을 통하여 제국 변방으로 퍼진 것 같다. 알렉산드리아, 안디옥, 예루살렘, 로마와 같은 대도시에 있는 기독교 공동체의 지도자들은 그들 나름대로 신앙을 가르치는 독특한 방식을 개발했는데 이것이 신조의 모형이 되었다. 로마에서 개발된 것들이 특히 중요했는데, 그것은 제국의 수도인 영원한 도시 로마의 위치 때문이었다.

> **사도신경**
>
> 나는 전능하신 아버지 하나님, 천지의 창조주를 믿습니다.
> 나는 그의 유일하신 아들, 우리 주 예수 그리스도를 믿습니다.
> 그는 성령으로 잉태되어 동정녀 마리아에게서 나시고,
> 본디오 빌라도에게 고난을 받아 십자가에 못 박혀 죽으시고,
> 장사된 지 사흘 만에 죽은 자 가운데서 다시 살아나셨으며,
> 하늘에 오르시어 전능하신 아버지 하나님 우편에 앉아 계시다가,
> 거기로부터 살아 있는 자와 죽은 자를 심판하러 오십니다.
> 나는 성령을 믿으며,
> 거룩한 공교회와 성도의 교제와
> 죄를 용서받는 것과 몸의 부활과 영생을 믿습니다.
> 아멘.

로마가 기독교에 대해 적대적이었음을 고려할 때, 첫 세 세기 동안 기독교 예배에 참여하는 것은 심각하고 엄중한 일이었다. 새 그리스도인들은 (로마의 스파이일 수도 있었으므로) 세심하게 검열을 받고, 신앙의 기본 사항을 철저히 교육받은 후에 비로소 받아들여졌다. 기독교 공동체로 받아들이는 공식적인 표시인 세례 때, 신자들은 다음 세 가지 질문에 대답함으로써 자신의 신앙을 확증할 것을 요구받았다.

1. 전능자 하나님 아버지를 믿습니까?
2. 하나님의 아들 예수 그리스도를 믿습니까?
3. 성령님을 믿습니까?

이 질문은 때로 더 상세하고 정교한 형태로 제시되기도 했다. 그러나 이 세 가지 기본 형태를 서방 교회와 동방 교회 모두가 널리 사용했다. 이 세 가지 질문에 대한 대답은 기독교 신앙을 완전히 설명하는 것이 아니라, 가장 중요한 주제들을 요약하는 것이었다. 이 질문에 각각 "나는 믿습니다."라고 대답함으로써, 세례받을 사람은 이 세 가지 요소보다는 기독교의 사고방식 전체에 대한 헌신을 확증했다.

2세기 말부터는 신조의 형식을 갖춘 문서들을 개인과 집단의 신앙을 적절하게 요약한 것으로 여겨 주도적인 교회들과 기독교 지도자들이 사용하기 시작했다. 라틴어 **레굴라 피데이**(regula fidei, 신앙 규범)는 이런 신앙 진술을 가리키는 말로 널리 사용되기 시작했다. 라틴어를 사용한 신학자 테르툴리아누스(Tertullianus, 160경-225경)는 2세기 말과 3세기 초에 이 '신앙 규범'에 대해 개인적인 진술을 남겼다. 테르툴리아누스는 그리스도인은 다음과 같이 믿는다고 선언했다.

오직 한 분의 하나님, 세상의 창조주가 계시며, 그는 자신의 말씀을 통해 무에서 만물을 만드셨고, 이 말씀은 만물보다 먼저 나셨는데, 이 말씀을 그의 아들이라 한다. 그리고 하나님의 이름 아래 족장들에 의해 '여러 모양으로' 나타나시고, 항상 선지자들을 통해 말씀을 하셨으며, 성부의 능력과 성령에 의해 동정녀 마리아에게 임하여, 그 태 안에서 육체가 되시고, 그로부터 나셔서 예수 그리스도로 나타나셨다. 그 다음 그는 새로운 율법과 하늘 나라의 새로운 약속을 전하시고, 하늘로 오르시어, 아버지의 우편에 앉으셨다. 그리고 자기 대신 성령의 능력을 보내어 믿는 자들을 인도하게 하셨다. 그는 영광 중에 오셔서 성도들을 영원한 생명과 하늘의 약속들을 누리는 데로 데리고 가실 것이다.

후에 완성된 사도신경과는 분명한 차이가 있지만, 테르툴리아누스 개인의 '신앙 규범'은 사도신경과 매우 비슷하다. 이 '신앙 규범'은 개교회들과 기독교 지도자들에 의해 채택되었다. 여기에는 중앙 집권화된 권위가 전혀 부여되지 않았다. 각각의 장점 때문에 존중되었고, 서너 세대 동안 채택되고 조정되다가 마침내 어느 정도 합의가 도출되었다. 사도신경은 장기간의 숙고와 개선 과정을 통해 나온 마지막 산물이었다. 그 과정은 외적인 권위 때문이 아니라 내적인 질 때문에 동의를 얻은 '신앙 규범'에 이르는 과정이었다.

그러면 이 문서가 사도신경으로 알려진 이유는 무엇일까? 사도들은 이것을 만드는 데 어떤 역할을 했을까? 중세에는 열두 사도들이 이 신조를 한 구절씩 썼다는 믿음이 널리 퍼져 있었다. 4세기에 나타난 이 믿음은 경건한 전설로 받아들여졌다. 390년경에 밀라노 공의회는 '사도들의 신조'(Symbolum Apostolorum)를 언급하면서 신자들에게 그 중요성을 인정하고 신앙을 요약한 것으로 사용할 것을 촉구했다. 이 신조에 포함된 내용은 신약에 깊이 근거하므로, 진정으로 사도적이라는 것에는 전혀 의심이 없었다. 어쩌면 이것은 '사도신경'보다는 '사도적 신조'라고 부를 수도 있었다. 실제로, 초기의 많은 작가들이 이것을 밝히기 위해 라틴어 명칭 **심볼룸 아포스톨리쿰**(Symbolum Apostolicum)을 사용했다.

그러면 니케아 신조는 어떻게 된 것인가? 이 문서가 작성된 과정을 이해하려면, 로마 황제 콘스탄티누스(Constantinus I)가 회심한 이래로 4세기 초에는 기독교의 위상이 크게 변했다는 것을 이해해야 한다. 이에 대해서는 초기 기독교 역사를 살필 때 더 자세히 알아볼 것이다. 이제 기독교는 합법적인 종교가 되었다. 평신도와 지도자들은 어떤 형태로든 국가의 괴롭힘이나 희생, 박해를 당하지 않게 되었고, 예배도 은밀히 드리지 않아도 되었으며, 지도자들은 자유롭게 만나고 여행했다.

　기독교가 로마 제국의 국가 종교가 되면서, 콘스탄티누스는 기독교가 무엇보다 제국을 통합하는 힘이 되어 고전적 로마 종교의 기능을 해주기를 기대한다고 분명히 밝혔다. 기독교 내의 분열을 정리해야 했다. 그래야 교회가 그의 영토에 이루어지기를 바라는 통일의 모델을 세상에 제시할 수 있기 때문이었다.

　이때 기독교에는 몇 가지 논쟁거리가 있었는데, 그 중 하나는 대도시 즉 로마, 알렉산드리아, 안디옥, 콘스탄티노플 및 예루살렘 주교들의 신분에 관한 것이었다. 이 주교들 가운데 누가 제국 전체에서 우위를 가질 것인가? 누가 선임 주교인가? 다른 분쟁들도 있었지만, 그 중 가장 유명한 것은 예수 그리스도의 정체성과 의미를 가장 잘 표현하는 방법은 무엇인가에 관한 것이었다.

　콘스탄티누스는 이런 문제들이 정리되기를 원했다. 그래서 주교들의 회의를 소집하여 자신의 제국에서 종교적 화목을 이루게 할 합의된 신학적 구조틀을 만들게 했다. 그들은 325년에 거대한 새 제국 도시 콘스탄티노플에서 멀지 않은 니케아에 모였다. 그곳에서 합의에 도달했고, 그것을 기초로 새로운 신조가 만들어졌다. 우리가 '니케아 신조'라고 아는 것은 실제로 325년의 신조를 후에 발전시켜 451년 칼케돈 공의회에서 합의한 것이다. 이 신조는 사도신경보다 길며, 나사렛 예수의 신성과 인성에 대해 어떻게 생각해야 하는지를 밝히는 내용이 추가되었다.

　사도신경과 니케아 신조 사이에는 또 하나의 차이점이 있었다. 사도신경은 기독교 공동체에 의해 수많은 세대에 걸쳐서 만들어진 것으로 폭넓게 동의와 지지를 받고 있었다. 반면에 니케아 신조는 로마 황제의 종교 합의 명령에 따라 주교들의 위원회에서 만든 것이다. 그래서 사도신경은 '백성들의 신조'인 반면 니케아 신조는 '주교들의 신조'라는 의식이 상존했다.

니케아 신조

우리는 믿나이다.
한 분이시며 전능하신 하나님 아버지,
하늘과 땅과 유형무형한 만물의 창조주를 믿나이다.

오직 한 분이신 주 예수 그리스도를 믿나니,
모든 세계에 앞서 성부께 나신 하나님의 외아들이시며,
하나님에게서 나신 하나님이시요, 빛에서 나신 빛이시요,
참 하나님에게서 나신 참하나님으로서 창조되지 않고 나시어,
성부와 일체시며, 만물이 다 이 분으로 말미암아 창조되었으며,
우리 인간을 위하여, 우리의 구원을 위하여 하늘에서 내려오시어,
성령으로 동정녀 마리아에게 혈육을 취하시고 사람이 되셨으며,
본디오 빌라도 치하에서 우리를 위하여 고난을 받으시고,
십자가에 못 박히시고 묻히셨으며, 성경 말씀대로 사흘 만에 부활하시고,
하늘에 올라 성부 오른편에 앉아 계시며,
산 이와 죽은 이를 심판하러 영광 속에 다시 오시리니,
그분의 나라는 끝이 없으리이다.

주님이시며 생명을 주시는 성령을 믿나니,
성령은 성부와 성자로부터 나오시며,
성부와 성자로 더불어 같은 경배와 영광을 받으시며,
선지자들을 통하여 말씀하셨나이다.
하나이요 거룩하고 사도로부터 이어 오는 공교회와,
죄를 용서하는 하나의 세례를 믿으며,
죽은 이들의 부활과, 후세의 영생을 믿고 기다리나이다.
아멘.

신조들의 출현 과정을 살펴보았으니 이제는 '신앙' 자체의 개념부터 시작하여 신조의 내용을 살펴볼 차례이다.

신앙이란 무엇인가?

기독교 신조는 '믿는다.'라는 말로 시작된다. 그리스도인들이 믿는 내용을 숙고하기 전에 먼저 '믿는다.'라는 것이 무엇을 의미하는지 알아보자. '신앙'(이 책에서는 대체로 'faith'는 '신앙'으로, 'belief'는 '믿음'으로 번역한다 – 역자 주)이란 무엇을 말하는가?

대대로 기독교 저자들은 '신앙'이란 단어의 두 가지 의미를 구별해 왔다. 첫째, 이것은 '우리가 믿는 수단인 신앙', 즉 하나님께 "예."라고 하고 손을 내밀어 하나님을 생명과 사상의 안전한 기초로 굳게 붙드는 신뢰와 동의의 행위를 말한다. 둘째, 이것은 '우리가 믿는 대상인 신앙', 즉 일단의 신념들을 가리킨다. 이 두 번째 의미에서의 '신앙'은 믿고 신뢰하는 행위라기보다는 그리스도인이 믿는 내용을 가리킨다. '신앙'이라는 단어의 이 두 가지 의미는 동전의 양면과 같이 분리가 불가능하지만, 그럼에도 이 둘을 구별하면 유익하다. 신조는 주로 이 말의 두 번째 의미, 즉 기독교 신앙의 주요 사항을 공적으로 합의한 요약문을 말한다.

이쯤해서 '신앙'(faith, 대개 관계적으로 이해된다)과 '믿음'(belief, 대개 인지적, 개념적으로 이해된다)의 차이를 정리할 필요가 있다. 신앙은 주로 개인적인 신뢰 행위 그리고 신뢰와 헌신과 사랑을 특징으로 하는 하나님과의 관계를 말한다. 그리스도인들에게는 하나님을 신앙한다는 것은 하나님은 신뢰할 가치가 있는 분이라 믿고 그를 신뢰하는 것을 의미한다.

믿음은 그 신앙의 실체를 말로 표현하려는 시도를 나타낸다. 말은 그 말이 기술하는 것을 제대로 나타내지 못함을 인정해야 하지만, 말이 궁극적으로

담을 수 없는 것을 말에 맡기는 노력이 필요함도 인정해야 한다. 아무튼 말은 소통, 논쟁, 숙고에 있어서 매우 중요하다. 그리스도인들이 자신이 믿는 것을 말로 표현하지 않는 것은 생각조차 할 수 없다. 11세기의 신학자 캔터베리의 안셀무스(Anselmus)는 피데스 쿠아에렌스 인텔렉툼(fides quaerens intellectum, 이해를 추구하는 신앙)이라는 라틴어 어구로 이 점을 명쾌하게 표현했다. 그래도 이런 신조의 형태는 어떤 의미에서 신뢰와 헌신이라는 일차적 행위에 이은 부차적 행위이다.

기독교 신앙은 믿음의 점검 목록이 아니다. 어떤 의미에서 기독교는 깊은 관계적 신앙이다. 신앙은 먼저 신뢰할 가치가 있음을 먼저 입증하신 하나님을 신자가 신뢰하여 받아들이는 것에 기초한다. 시인 새뮤얼 테일러 콜리지(Samuel Taylor Coleridge, 1772-1834)가 말한 것처럼 "신앙은 논리의 정확성이 아니라 마음의 올곧음이다."

그러나 기독교 안에서 이처럼 관계를 강조함에도 불구하고, 신앙에는 여전히 인지적 차원이 존재한다. 그리스도인은 하나님이나 그리스도를 신뢰하는 데 그치지 않는다. 하나님이나 그리스도에 대한 어떤 구체적인 것들도 믿는 것이다. 이 장의 후반부에서 이 믿음의 일부에 대해 살펴볼 것이므로 지금은 신앙의 개념에 집중하도록 하자.

신조들이 그리스도인은 '하나님을 믿는다.'라고 할 때 의미하는 것은 무엇인가? 우선 '하나님을 믿는 것은 하나님을 신뢰하는 것이다.'에서 시작하면 좋을 것이다. 이것은 신앙에 대한 적절한 정의는 아니지만, 더 많이 탐구하기에는 좋은 출발점이다. 하나님은 인생이 소용돌이와 혼란, 불확실성에 빠졌을 때 신뢰할 수 있는 분이다. 누구를 신뢰하면 의지하게 된다. 캔터베리 대주교를 지낸 윌리엄 템플(Willam Temple, 1881-1944)은 1937년 에든버러에서 개최된 제2차 신앙과 직제 세계 대회의 개회 연설에서 이렇게 말했다. "신앙은 교리적 명제에 대한 우리의 지성의 동의일 뿐 아니라 우리 자신 전체를 신실한 창조주와 자비로운 구속자의 손에 의탁하는 것입니다."

이런 패턴은 우리가 성경에서 발견하는 부르심과 반응의 기사들 전체에 거듭 나타난다. 신앙의 위대한 예 가운데 하나가 족장 아브라함이다. 아브라함은 하나님을 신뢰하여 고향을 떠나 먼 땅으로 갔다(창 15, 17장). 하나님을 믿는다는 것은 하나님은 신뢰할 수 있다고 믿는 것이며, 이것은 우리 자신을 하나님께 맡기는 것으로 이어진다. 하나님을 믿는다는 것은 단순히 하나님이 존재하신다는 사실을 받아들이는 것을 훨씬 넘어서서 신뢰할 수 있다고 선포하는 일이다. 이 주제는 주요 기독교 작가 두 명 중 한 명은 탐구할 정도로 익숙한 것이다.

마찬가지로, 나사렛 예수를 믿는다는 것은 그의 역사적 존재를 받아들이는 것을 훨씬 넘어서는 일이다. 순전한 의미에서 예수님에 대한 신앙은 예수님을 신뢰할 수 있는 분으로 인정하는 것이다. 나사렛 예수가 고침받은 사람에게 인자를 "믿느냐?"라고 물었을 때(요 9:35), 이 질문은 분명 예수님이 존재하는지에 관한 것이 아니었다. 고침받은 사람은 그가 예수님을 신뢰하고 예수님께 의탁할 준비가 되었는지를 묻는 것으로 이해했다.

그러므로 신약의 복음서들이 나사렛 예수를 신뢰할 수 있는 이유와 그 신뢰의 모습을 상세하게 설명하는 것은 우연한 일이 아니다. 이 부분에 있어서 처음 제자들을 부르신 일은 특별히 중요하다. 이 극적인 사건에 대한 마가의 기사에서(막 1:16-20), 예수님은 간단하게 "나를 따라오너라."라고 말씀하신다. 설명도 자세한 말씀도 없었으나 어부들은 즉시 모든 것을 버리고 예수님을 따랐다. 그들의 삶에 극적으로 등장한 이 낯선 분을 따르기로 결정한 이유도 제시되지 않는다. 마가는 그가 존재만으로도 동의하게 만드는 절대적으로 강력한 분이라는 인상을 준다. 그들은 생계 수단인 그물을 버리고 예수님을 따라 알지 못하는 곳으로 나섰다. 예수님은 심지어 자신의 이름조차 말하지 않았으나 그들은 자신들을 그에게 맡기기로 했다.

여기서 예수 그리스도에 대한 그들의 신앙이 시작되었으며 끝이 아니었다. 복음서는 제자들이 그리스도의 정체성과 의미를 점점 더 많이 이해할수록 신앙이 자라가는 것을 보여준다. 우선 그들은 그를 신뢰했고, 시간이 흐르면서 그가 누구신지 왜 중요한지를 이해했다.

신약에서도 이 과정은 하나님과 그리스도에 대한 개인적 신뢰를 그들의 정체성에 대한 믿음으로, 다시 말해서 교리 혹은 신조 진술로 보완하는 데로 이어진다. 예를 들어, 요한복음은 예수님의 말씀과 행하신 일에 대한 기사를 제공하는데, 그 목적은 독자들이 인격적으로 지적으로 자신을 그에게 의탁할 수 있도록 인도하려는 것이다. 예수님이 하신 말씀과 일에 대한 기사를 기록한 것은 "예수께서 하나님의 아들 그리스도이심을 믿게 하려 함이요 또 너희로 믿고 그 이름을 힘입어 생명을 얻게 하려 함"(요 20:31)이었다.

신앙과 이성

대부분의 역사가들은 서구 문화에서 '이성의 시대'(Age of Reason)를 대략 1750-1950년 사이의 200년으로 본다. 이성의 시대에는 종교적 신앙이 의심을 받았다. 계몽주의 사상가들은 신앙을 증거로 지지되지 못하는 믿음, 실제 증거나 논리적 기초가 결여된 믿음에 불과한 것으로 보았다. 이성의 시대는 인간의 이성이 다른 도움 없이 세상을 이해하고 다룰 능력이 있다는 새로운 확신을 갖게 했다. 그리하여 이성은 하나님에 대해 알아야 할 필요가 있는 것은 무엇이든 추론할 수 있다고 주장하게 되었다. 신의 계시를 고려할 필요 없이 전적으로 이성에 의지할 수 있었다.

이러한 입장을 일반적으로 '합리주의'(rationalism)라고 하는데 합리주의는 지금도 곳곳에 남아 있다. 그러나 합리성에 대한 이해가 문화마다 서로 다른 것을 점차 알게 되면서 합리주의의 신뢰성이 심각하게 흔들려 왔다. 이성은 많은 합리주의자들이 믿는 것처럼 보편적 성격을 가지고 있지 않다는 것이 드러났다. 프랑스 철학자 블레즈 파스칼(Blaise Pascal, 1623-1662)은 이렇게 설명했다. "이성의 마지막 단계는 이성을 초월하는 것이 무한히 많다는 것을 깨닫는 것이다. 이것을 깨닫는 데 이르지 못한다면 그 이성은 연약한 이성이다."

계몽주의 세계관은 점차 근대주의 작가들의 의심을 받기 시작했다. 그들은 계몽주의 세계관은 매우 제한적이고 제약적이며, 사실상 인간을 이성으로 입증될 수 있는 아주 좁은 세상에 가둔다고 본다. 엄밀히 말해, 계몽주의 세계관은 인간의 지식을 논리와 수학의 영역으로 제한한다. 문학 비평가 테리 이글턴(Terry Eagleton)은 이 견해가 모든 종교, 도덕, 사회, 문화에 대한 논의를 심각하게 제한한다고 했다. "우리는 비판의 여지가 없을 만큼 합리적인 정당화가 이루어지지 않았지만, 그럼에도 불구하고 합리적으로 향유하는 믿음들을 많이 가지고 있다."

주류 기독교 전통은 인간의 이성에 대해 비판적이면서도 긍정적인 태도를 취한다. 신앙은 논리적으로 보여줄 수 있는 것을 초월하지만, 그럼에도 불구하고 합리적 동기와 기초를 가질 수 있다. 기독교의 진리는 이성의 발견 능력 너머에 있을 수 있다. 그러나 그 진리가 드러날 때는 그 진리의 합리성을 이해할 수 있다. 따라서 신앙은 동기화되거나 보증된 믿음의 한 형태로 보아야 한다. 신앙은 어둠 속으로 맹목적으로 뛰어드는 것이 아니라, 사물의 더 큰 그림을 발견하는 것이다. 신앙은 비합리적이 아니다. 다만 이성의 한계를 초월할 뿐이다.

신앙과 이성의 관계에 대한 최근의 가장 중요한 논의 하나가 교황 요한네스 파울루스 2세(Johannes Paulus II, 1920-2005)의 1998년 회칙, 『피데스 에 라티오』(Fides et Ratio, 신앙과 이성)에 들어 있다. 이 회칙 서문에서 요한네스 파울루스 2세는 신앙과 이성에 대한 기독교의 고전적인 접근법을 다음과 같이 제시한다.

신앙과 이성은 인간의 영이 진리를 관상하는 데로 오르게 하는 두 날개와 같다. 그리고 하나님은 인간의 마음에 그 진리(하나님)를 알기 원하는 소원을 주셨고, 그리하여 인간은 하나님을 알고 사랑함으로써 자기들에 대한 진리 또한 온전히 알게 된다.

이 알찬 진술문은 자세히 주목할 가치가 있다. 기본적인 개념은 인간 존재는 진리 알기를 갈망하여 끊임없이 진리를 찾는다는 것이다. "인간 마음의 저 먼 곳에 하나님을 향한 소원과 노스탤지어의 씨가 있다."

그러면 이성만 홀로 인간을 이 진리로 이끄는가? 요한네스 파울루스 2세는 철학은 인간의 진리 탐구에 있어서 합당한 객체라고 멋지게 칭송한다. 철학은 "인간이 하는 일들 중 가장 고상한 것"에 속하며, "존재의 궁극적 진실을 발견하려는 소망에 의해 움직인다."

그러나 인간의 이성은 도움을 받지 않고는 인생의 미스터리를 온전히 꿰뚫어 볼 수 없다. '왜 우리는 여기에 있는가?'와 같은 질문들에 대답할 수도 없다. 이런 이유 때문에 요한네스 파울루스 2세는 달리 알 수 없는 그것들은 계시를 통해 드러내기로 하나님이 은혜로 정하셨다고 주장한다. "계시에 의해 우리에게 알려진 진리는 인간의 이성에 의해 고안된 논증의 산물도, 결말도 아니다."

이 회칙은 신앙은 세상이 제시한 증거에 반하는 맹목적 신뢰가 아님을 강조한다. 그러면서 세상(그리스도인들은 이를 하나님이 창조하신 것으로 여긴다)을 연구하면 하나님의 존재와 자연에 대한 힌트를 얻을 수 있다고 지적한다. 요한네스 파울루스 2세는 바울이 아레오바고 언덕에서 행한 설교를 언급하면서, 자연의 경이와 우리 안에 있는 인간의 신 의식을 통해 하나님의 존재를 추론하는 것은 온전히 이성적이라고 주장한다. 이런 것들을 '증거'라고 보지는 않지만, 신앙의 기본 주제들에 대한 확증 내지는 보강이 된다.

그러면 하나님의 존재에 대한 증거들은 무엇인가? 이것들이 기독교 신앙을 설명할 때 하는 역할은 무엇인가? 또 하나님의 존재는 증명될 수나 있는 것인가? 이후에 이런 문제들을 다루도록 하겠다.

하나님의 존재는 입증 가능한가?

하나님이 존재한다는 것을 입증할 수 있는가? 하나님의 존재 증거에 대한 주류 기독교의 태도는 다음과 같이 정리할 수 있다.

1. 하나님의 존재는 이성이 결정적으로 입증할 수 없다. 그러나 하나님의 존재는 이성을 초월한다는 사실은 하나님의 존재가 이성에 반한다는 의미는 아니다. 하나님에 대한 신앙은 이성을 초월하지만 이성에 모순되지는 않는다.
2. 선한 이성은 하나님이 존재한다는 것을 보여주는 데 사용될 수도 있지만, '엄격한 논리적 입증'의 의미에서는 '증거'로 볼 수 없다. 이런 엄격한 의미에서의 증거는 논리와 수학에 제한된다.

이제부터는 하나님의 존재 증거에 관한 문제를 좀 더 자세히 살펴보려고 한다. 우리는 중세 시대에 가장 유명하고 영향력이 컸던 신학자 토마스 아퀴나스(Thomas Aquinas, 1225-1274)의 저작을 통해 이것을 살펴볼 수 있다. 이탈리아에서 태어난 아퀴나스는 파리 대학교를 비롯해 북부 여러 대학교에서 했던 강의와 저술로 유명해졌다. 아퀴나스의 명성은 무엇보다도 그가 말년에 시작했으나 끝내지 못한 『신학 대전』(Summa Theologiae) 덕분이었다. 아퀴나스는 이외에도 중요한 저술을 많이 남겼다. 그 가운데 기독교 신앙의 합리성과 하나님의 존재를 다룬 『이단 논박 대전』(Summa contra Gentiles)이 가장 유명하다.

아퀴나스는 인간이 세상에서 겪는 일반적 경험에서 도출되며 하나님의 존재를 알려주는 지시자(pointer, 눈금)들을 밝히는 것은 너무나 적절하다고 믿었다. 아퀴나스가 말하는 '다섯 가지 길'은 하나님의 존재를 뒷받침하는 다섯 가지 논증을 말하는데, 각각의 논증은 세상의 창조자가 있음을 '지시하는' 세상의 한 측면에 근거한다.

그렇다면 아퀴나스가 밝힌 지시자들은 어떤 것인가? 아퀴나스 사상의 기본 전제는 세상은 자신의 창조자인 하나님을 비추는 거울이라는 것이다. 이 개념은 '존재의 유비'(analogy of being)라는 그의 사상에서 더욱 정형적으로 표현된다. 화가가 자신의 작품임을 나타내기 위해 서명을 남기듯이, 하나님도 창조 세계에 자신의 서명을 남기셨다. 우리가 세상에서 보는 것, 예를 들면 세상의 질서와 같은 것은 하나님이 세상의 창조자일 때 설명될 수 있다. 하나님이 세상을 창조하시고 자신의 형상과 모양을 새겨 두셨다면, 우리는 하나님의 본성에 속하는 뭔가를 세상에서 찾아낼 수 있다.

그렇다면 우리는 하나님의 존재에 대한 증거를 찾기 위해 창조 세계의 어느 곳을 들여다보아야 하는가? 아퀴나스는 세계의 질서가 하나님의 존재와 지혜에 대한 가장 강력한 증거라고 주장한다. 이러한 기본 가정은 흔히 '설계에 근거한 증명'(argument from design)이나 '목적론적 증명'(teleological argument)이라 불리는 증명에서 특히 중요하기는 하지만 '다섯 가지 길' 모두의 기초를 이룬다. 여기서는 다섯 가지 길 가운데 첫째 길과 마지막 길을 살펴볼 것이다.

첫째 길은 세상에 존재하는 것들은 움직이거나 변한다는 관찰에서 시작한다. 세상은 정적이지 않고 동적이다. 그 예는 얼마든지 있다. 비가 하늘에서 내린다. 돌이 계곡으로 굴러 떨어진다. 지구가 태양을 돈다(아퀴나스는 몰랐던 사실이다). 이러한 증명을 흔히 '운동에 근거한 증명'(argument from motion)이라 한다. 그러나 '운동'(movement)이라는 말은 일반적이고 기본적인 용어로 이해되어야 하므로 여러 면에서 '변화'(change)라는 용어가 더 적절하다.

그렇다면 자연은 어떻게 운동을 하게 되었는가? 자연은 왜 변하는가? 자연은 왜 정적이지 않은가? 아퀴나스는 움직이는 모든 것은 다른 무엇인가에 의해 움직여진다고 주장한다. 모든 운동에는 원인이 있다. 사물은 저절로 움직이지 않고 다른 무엇인가에 의해 움직여진다. 그러므로 아퀴나스는 우리가 아는 세상 뒤에는 꼬리에 꼬리를 무는 운동과 원인이 있다고 주장한다. 아퀴나스는 이러한 원인이 무한하지 않다면 그 근원에는 하나의 원인이 있어야 한다고 주장한다. 이러한 운동의 제1원인(original cause)에서 다른 모든 운동이 나온다. 이것이 세상이 돌아가는 방식에 투영되어 있다. 따라서 아퀴나스는 사물이 움직인다는 사실을 근거로 이 모든 운동의 유일한 제1원인(single original cause)의 존재를 증명한다. 아퀴나스는 이것이 다름 아닌 하나님이라고 주장한다.

보다 최근에 이러한 증명이 우주를 존재하게 하신 분이 하나님이라는 견지에서 다시 이루어졌다. 이런 이유 때문에 이 증명을 흔히 '우주론적 증명'(cosmological argument)이라 한다. 우주론적 증명은 보통 이렇게 전개된다.

1. 우주의 모든 것은 다른 무엇인가에 의해 존재한다.
2. 우주의 각 부분에서 참인 것은 우주 자체에서도 참이다.
3. 우주는 지금까지 그랬으며 앞으로도 다른 무엇인가에 의해 존재한다.
4. 따라서 우주는 하나님에 의해 존재한다.

이 증명은 우주의 존재가 설명을 요구함을 기본적으로 전제한다. 이러한 증명은 현대의 우주 연구, 특히 우주의 기원에 관한 빅뱅 이론과 직접적인 연관이 있다.

다섯째 길이자 마지막 길을 가리켜 '목적론적 증명'(teleological argument)이라 한다. 이 용어는 '목적'이나 '목표'를 뜻하는 텔로스(telos)라는 헬라어에서 왔다. 아퀴나스는 세계는 지적인 설계의 흔적을 분명히 보여준다고 말한다. 자연의 과정과 사물은 뚜렷한 목적을 가지고 생긴 것으로, 어떤 목적을 가진 것으로, 설계된 것으로 보인다. 그러나 사물은 스스로를 설계하지 않는다. 사물은 자신이 아닌 누군가나 무엇인가에 의해 설계된다. 아퀴나스는 이러한 관찰을 토대로 한 증명에서, 이러한 자연 질서의 근원이 곧 하나님이라고 결론짓는다.

이 증명은 얼마나 유용할까? 프랑스의 위대한 수학자이자 철학자인 블레즈 파스칼은 아퀴나스가 취한 접근에 대해 두 가지 면에서 우려했다. 첫째, 그는 이러한 증명에서 나온 다소 추상적이며 철학적인 '신'이 구약과 신약의 살아 있는 하나님과 같다고 보기 어렵다는 것을 알았다. 이에 대해서는 많은 사람들이 동의한다. 파스칼은 이것을 이렇게 표현했다. "하나님의 존재에 대한 형이상학적 증거들은 인간의 추론(reasoning)과는 너무나 거리가 멀고 복잡해서 거의 영향력이 없다."

그러나 둘째, 파스칼은 이러한 증거들이 하나님은 일차적으로 이성을 통해 알려진다는 가정을 한다고 주장했다. 파스칼은 인간의 마음에도 하나님을 믿는 또는 믿지 않는 이유들이 있다고 보았다. "우리는 이성을 통해서뿐 아니라 마음을 통해서도 진리를 안다." 인간이 하나님의 존재에 이끌리는 것은 우리가 아는 세계와 기독교 신앙 간의 공명(共鳴)을 훨씬 넘어서는 것이었다. 인간의 마음에는 하나님에 대한 뿌리 깊은 갈망이 있는데, 파스칼은 이것이 인간의 의미와 의미 추구의 절정이라고 주장했다.

최근에는, 하나님의 존재에 대한 '귀납적 증명'(inductive argument)으로 새로운 관심이 전개되었다. 이 증명은 사물의 의미를 알 수 있는 기독교 신앙의 능력을 기초로 한다. 여기서는 어떤 시스템이 이론과 관찰이 서로 얼마나 잘 부합하게 할 수 있는가를 평가 기준으로 삼는다. 이 방식은 리처드 스윈번(Richard Swinburne)을 비롯한 많은 철학자들에 의해 개발되었지만, 가장 잘 설명하고 있는 것은 보다 대중적인 책에서, 특히 C. S. 루이스(C. S. Lewis, 1898–1963)와 G. K. 체스터턴(G. K. Chesterton, 1874–1936)의 책에서 찾아볼 수 있다.

체스터턴은 초기의 불가지론에 대한 믿음을 버린 후, 자신을 비롯한 많은 사람들이 기독교를 지적으로 매우 진지하다고 여기는 이유를 설명하는 신문 기사를 실었다. "우리가 기독교로 돌아온 것은 기독교가 세상에 대한 이해 가능한 그림이기 때문이다."

체스터턴은 어떤 이론을 검증하는 것은 관찰에 비추어 점검하는 것을 의미함을 깨달았다. "코트가 몸에 맞는지 알아보는 가장 좋은 방법은 옷과 몸을 재보는 것이 아니라 입어 보는 것이다." 체스터턴이 자신의 생각을 설명한 것을 보자.

> 우리들 가운데 다수는 이 믿음으로 돌아왔다. 이리로 돌아온 것은 이런저런 논증 때문이 아니라, 그 이론을 채택했을 때 모든 곳에서 통했기 때문이다. 입어 보았을 때 코트가 잘 맞기에……우리는 그 이론을 마술 모자처럼 썼다. 그러자 역사가 유리집처럼 반투명하게 되었다.

체스터턴이 주장하는 것은 기독교의 특정 개별 요소가 아니라 기독교의 전체적인 실재관이 설득력이 크다는 것이다. 자연의 개별적 관찰은 기독교가 진리임을 '입증'하지 못한다. 오히려 기독교가 관찰한 그것들을 해석해 줌으로써 자신을 입증한다. '현상은 종교를 입증하지 못하지만 종교는 그 현상을 설명한다.'

체스터턴은 과학이든 종교든 좋은 이론을 판단하는 기준은 그것이 제공하는 조명의 양과 우리가 주변 세상에서 보는 것과 우리 안에서 경험하는 것을 수용할 수 있는 역량이어야 한다고 했다. "이런 개념이 일단 우리 머리에 들어오면, 수많은 일들이 마치 뒤에 램프가 있는 것처럼 투명하게 보인다."

루이스도 이와 같은 개념을 그의 유명한 진술에서 표현했다. "나는 해가 뜬 것을 믿는 것처럼 기독교를 믿는다. 그것은 해를 보기 때문이 아니라 해 덕분에 다른 모든 것을 보기 때문이다."

이제까지 우리는 신앙 및 신조와 관련된 문제들을, 특히 신앙의 합리성을 간단히 살펴보았다. 이제는 믿음의 특정 항목들을 다루어야 할 차례이다. 먼저 각 신조들의 시작 부분에 나오는 '나는 하나님을 믿는다.'라는 고백에 관해 살펴보도록 하자.

기독교의 하나님 이해

하나님은 기독교 신앙의 핵심이다. 그러나 어떤 하나님을 말하는가? 유대교나 이슬람교의 하나님과 같은 하나님인가? 또 이 하나님은 어떤 분인가? '하나님'이라는 단어는 간단하지만 우리가 그 의미를 이해하려면 한없이 커진다.

이스라엘의 하나님에 대한 사고('여호와 이스라엘의 하나님'과 같은 표현에서 드러난다)는 다신론을 배경으로 이루어졌다. 당시 그 지역의 모든 민족은 각기 자신의 하나님을 가지고 있었다. 많은 민족이 여러 신을 섬겼고, 신마다 각기 독특한 기능 또는 세력 분야가 있다고 보았다. 그래서 단순하게 '하나님'에 대해 말하면 특별히 무슨 이야기를 하는지 알 수 없었다. 그래서 '이 하나님들 가운데 어떤 하나님을 말하는 겁니까?'라는 질문이 나오게 되었다. 그러므로 기독교 신학의 임무 중에는 그리스도인이 믿는 하나님을 밝히는 것이 포함된다.

하나님의 정체성을 명확히 하는 이 과정은 신구약 모두에 나타난다. 구약에서 이스라엘 민족은 그들을 애굽에서 끌어내어 약속의 땅으로 인도하신 하나님을 알고 믿었다. 신약에서는 이 사상이 선택되고 더 발전된 것을 볼 수 있다. 그리스도인들은 아브라함의 하나님과 동일한 하나님을 믿는다. 그러나 이 하나님은 나사렛 예수로 마침내 그리고 완전히 드러났다. 그래서 바울은 "우리 주 예수 그리스도의 하나님이시요 자비의 아버지시요"(고후 1:3)라고 말했다. 이를 통해 바울이 의미한 것은 나사렛 예수가 믿은 하나님과 예수님의 말과 행위 가운데 나타나신 하나님 둘 다였다.

신약은 그리스도인들이 이스라엘 백성이 섬긴 하나님과 동일한 하나님을 알고 예배한다고 가르친다. 그렇지만 그리스도인들은 이 하나님은 나사렛 예수로 마침내 그리고 가장 잘 나타내 보이셨다고 주장했다. 그래서 히브리서는 옛적에 선지자들을 통하여 여러 부분과 여러 모양으로 이스라엘에게 말씀하셨던 그 하나님이 이제 하나님의 '형상'이신 아들을 통하여 우리에게 말씀하셨다고 한다(히 1:1-3). 이 점이 매우 중요한 이유는, 그리스도인의 하나님 이해가 그리스도와 어떻게 연결되는지를 보여주기 때문이다. 2세기에 어느 기독교 저자가 쓴 것처럼 "우리는 예수님을 하나님으로 생각하는 법을 배워야 한다"(클레멘스 1서 1:1).

그러면 그리스도인들은 이 하나님에 대해 무엇을 믿었을까? 사도신경의 시작하는 말은 그리스도인들이 '전능자 아버지, 천지의 창조자'이신 하나님을 믿는다고 진술한다. 다음에 이 창조라는 풍성하고 강력한 주제에 대해 살펴볼 것이다. 우선, 우리는 '전능자 아버지'이신 하나님 개념을 살펴보자. 이것을 두 부분으로 나눌 수 있는데, 각 부분을 한 장으로 다룰 만큼 가치가 있다. 그러나 지면 관계상 하나님을 '아버지'라 부를 때의 의미부터 시작하여 간단하게 다룰 수밖에 없다. 이 유비를 우리는 어떻게 이해해야 하는가?

하나님에 대한 유비

성경이 하나님을 말할 때, 가장 주목할 만하고 흥미로운 한 가지 특징은 '이미지'를 폭넓게 사용한다는 것이다. 먼저 가장 친숙한 유비이자 이미지인

"여호와는 나의 목자시니"(시 23: 1)를 살펴보자. 목자이신 하나님 이미지는 구약에 자주 나타난다(사 40:11; 겔 34:12). 신약에서는 '선한 목자'라고 선언된 예수님을 가리킨다(요 10:11).

'목자 하나님'이라 함은 "하나님은 목자와 같다."라고 말하는 것이다. 바꾸어 말하면, 목자의 이미지는 하나님의 본성을 생각하는 데 도움이 된다. 하나님이 인간 목자와 동일하다는 뜻이 아니라 인간 목자의 어떤 면이, 이성과 상상력을 사용하여 하나님을 보다 효과적으로 생각하는 데 도움이 된다는 뜻이다.

그러나 이 인간적 유비의 '모든' 면이 하나님께 적용될까? 결론적으로 말해, 모든 유비는 계속 나아가지 못하고 어느 부분에서 무너진다. 우리는 이런 유비에 대해 어느 정도에서 선을 그어야 할까? 이 문제를 탐구하기 위해 목자와 관련된 몇 가지 사실을 열거해 볼 수 있다.

1. 목자는 양을 돌본다.
2. 목자는 양을 위험으로부터 지킨다.
3. 목자는 양을 먹이와 물이 있는 곳으로 인도한다.
4. 목자는 인간이다.

유비의 첫 세 부분은 하나님을 생각하는 데 분명히 적용될 수 있다. 하나님은 돌보시고, 지키시며, 인도하신다. 이 모든 부분에서, 목자의 유비는 기능을 발휘하여 하나님의 성품을 조명해 준다.

그러나 목자는 궁극적으로 인간이다. 유비의 이 측면도 하나님께 적용할 수 있을까? 하나님을 인간으로 생각해서는 안 된다. 이것은 분명하다. 그리스도인들은 하나님을 인간이라고 생각하지 않는다. 유비의 이 측면까지 나아갈 필요는 없다.

이 점을 염두에 두고 '아버지 하나님'(God as a Father)이라는 유비를 살펴보자. 이것은 하나님에 대해 무엇을 전해 주는가? 그리고 이 유비의 한계는 어디인가?

아버지 하나님

기독교 전통에는 하나님 아버지에 관한 말이 배어 있다. 예를 들어, 주기도문은 서두에서 '우리 아버지'라고 부른다. 예수님이 하나님을 이렇게 부르셨다면, 이것은 기독교 신앙에 매우 중요한 것임이 분명하다. 그렇다면 우리는 이 이미지를 어떻게 해석해야 하는가? 특히 그리스도인들은 하나님을 남성으로 생각해야 하는가? 하나님을 '아버지'라고 부른다는 것은 기독교가 남성 신을 믿는다는 의미인가?

주기도문

하늘에 계신 우리 아버지여,
이름이 거룩히 여김을 받으시오며,
나라가 임하시오며,
뜻이 하늘에서 이루어진 것같이 땅에서도 이루어지이다.
오늘 우리에게 일용할 양식을 주시옵고,
우리가 우리에게 죄 지은 자를 사하여 준 것같이
우리 죄를 사하여 주시옵고,
우리를 시험에 들게 하지 마시옵고,
다만 악에서 구하시옵소서.
나라와 권세와 영광이 아버지께 영원히 있사옵나이다.
아멘.

마태복음 6장 9-13절, 누가복음 11장 2-4절

아버지 하나님 유비는 무엇을 전해 주는가? 다음과 같은 의미가 떠오른다. 하나씩 간략하게 살펴보자.

1. 아버지는 인간이다.
2. 아버지는 자녀를 존재하게 한다.
3. 아버지는 자녀를 돌본다.
4. 아버지는 남자다.

이 가운데 첫 번째 특징은 하나님에 관해 우리에게 가르쳐 주려는 내용이 아니다. 목자의 유비에서 보았듯이, 이것은 창조된 질서에서 나온 언어를 창조자를 가리키는 데 사용할 때 나타나는 피할 수 없는 결과이다.

두 번째 특징은 분명히 중요하다. 하나님은 우리의 근원이다. 하나님이 없다면 우리는 지금 이곳에 없다. 구약과 신약 모두 우리는 처음부터 끝까지 하나님께 완전히 의존적인 존재임을 강조한다. 창조주 하나님 개념은 이 장 후반부에서 더 자세히 살필 것이다.

유비의 세 번째 면도 분명 하나님께 적용할 수 있다. 아버지 하나님이라는 유비가 보살핌의 의미를 선포한다는 것은 분명하다. 다시 말해 그런 의미를 선포하려고 의도된 것이 분명하다. 구약은 특히 하나님과 백성의 관계를 아버지와 어린 아들의 관계에 자주 비유한다. 아들이 매우 어릴 때는 모든 것을 아버지에게 전적으로 의존한다. 아들과 아버지는 매우 가까운 관계이다. 그러나 아들은 성장하면서 점차적으로 독립적으로 행동하고 아버지에게서 멀어진다. 따라서 관계도 점점 멀어진다.

호세아 선지자는 이스라엘이 그들을 존재하게 하신 하나님께 사실상 낯선 존재가 된 경위를 설명하기 위해 다음과 같은 예를 들었다.

"이스라엘이 어렸을 때에 내가 사랑하여 내 아들을 애굽에서 불러냈거늘 선지자들이 그들을 부를수록 그들은 점점 멀리하고 바알들에게 제사하며 아로새긴 우상 앞에서 분향하였느니라 그러나 내가 에브라임에게 걸음을 가르치고 내 팔로 안았음에도 내가 그들을 고치는 줄을 그들은 알지 못하였도다 내가 사람의 줄 곧 사랑의 줄로 그들을 이끌었고 그들에게 대하여 그 목에서 멍에를 벗기는 자같이 되었으며 그들 앞에 먹을 것을 두었노라"(호 11:1-4).

유비의 이 측면은 나사렛 예수도 산상수훈에서 채택하셨다(마 7:9-11). 인간 아버지도 자녀에게 좋은 것을 주고 싶어 하는데, 하물며 하늘에 계신 아버지 하나님이 기도로 구하는 자들에게 좋은 것을 주시길 더욱 원하지 않으시겠는가?

이 유비의 네 번째 측면은 가장 큰 논쟁을 불러일으키므로, 이에 대해서는 더 많은 설명이 필요하다. 구약과 신약 모두 하나님에 대해 남성 언어를 사용한다. 신(god)에 해당하는 헬라어(theos)는 의심할 여지없이 남성형이며, 성경 전체에서 하나님에 대해 사용되는 대부분의 유비도 남성이다. 예를 들면, 아버지, 왕, 목자가 그렇다. 그렇다면 하나님이 남성이라는 뜻인가?

이에 대한 대답은 부정이다. 우선, 성경은 인간을 향한 하나님의 사랑을 말할 때 여성의 이미지도 사용한다는 사실을 주목해야 한다. 어머니가 자녀를 결코 잊거나 버릴 수 없듯이, 하나님도 그 백성을 결코 잊거나 버리지 않으신다(사 49:15). 하나님과 그의 자녀 사이에는 천부적인 애정과 공감이 형성되어 있다. 이것은 하나님이 그들을 존재하게 했기 때문이다.

그래서 하나님은 우리가 하나님을 사랑하기 오래전에 우리를 사랑하셨다(요일 4:10, 19). 시편 51편 1절은 하나님의 '많은 긍휼'(great compassion)을 말한다. '긍휼'로 번역된 히브리어(rachamim)가 '자궁'을 의미하는 단어(rechem)에서 나왔다는 것은 흥미롭다. 자기 백성을 향한 하나님의 긍휼은 자녀를 향한 어머니의 긍휼이다(사 66:12-13). 긍휼은 자궁에서 나오는 것이다.

'아버지'는 고대 이스라엘 사회에서 하나님에 대한 적절한 유비라는 말은 하나님은 남성이라는 말이 아니다. 하나님을 아버지라고 하는 것은 고대 이스라엘에서 아버지가 했던 역할이 하나님의 본성에 대한 통찰을 준다는 뜻이다. 이것은 하나님이 남성이라는 뜻이 아니다. 앞서 살펴보았듯이, 구약은 이스라엘을 향한 하나님의 사랑을 표현하기 위한 유비로 어머니도 사용했다. 고대 세계의 문화적 맥락이므로 어머니의 역할 모델보다는 아버지의 역할 모델에 대한 언급이 훨씬 많지만, 성경에서 아버지와 어머니 모두 하나님에 대한 유비라는 데는 의심할 여지가 없다.

그래서 『가톨릭 교리문답서』(Catechism of the Catholic Church)는 아버지의 이미지와 어머니의 이미지 모두가 기독교 신앙의 중심 주제를 보여준다는 점을 강조한다.

하나님을 '아버지'라고 부름으로써, 이 신앙 언어는 두 가지 중요한 사실 즉 하나님은 만물의 제일가는 근원이시며 초월적인 권위시라는 것과 동시에 그의 모든 자녀들에게 선함과 사랑의 보살핌이심을 가리킨다. 하나님이 부모처럼 다정하시다는 것은 어머니의 이미지로도 표현될 수 있는데, 그것은 하나님의 내재성과 창조주와 피조물 사이의 친밀성을 강조한다. 그러므로 이 신앙 언어는 어떤 면에서 인간에게 하나님을 처음으로 나타내는 사람인 부모에 대한 인간의 경험을 활용한다.

그러나 여기에 더 중요한 것이 있는데, 이는 창조 교리에 근거한 것이다. 하나님을 남성이나 여성으로 생각해서는 안 된다는 것이다. 그리스도인들은 하나님이 남성과 여성을 창조하셨다고 믿는다. 그렇다고 하나님이 남성이나 여성이라는 의미는 아니다. 성은 창조된 질서에 속하는 것으로 보아야 한다.

창조주 하나님 안에는 그런 성에 해당하는 것이 없다.

실제로, 구약은 하나님의 성 역할 개념을 철저히 피한다. 그런 생각은 이교의 성격이 강하기 때문이다. 가나안의 다산 종교들은 남신과 여신의 성 역할을 강조했다. 반면에 구약은 하나님의 성(性)이 중요하다는 생각을 인정하지 않는다. 창조 행위를 성적으로, 예를 들어 남신과 여신의 짝짓기로 생각하기를 거부했다.

이제 하나님에 대한 기독교의 사고에서 중요한 주제인 '인격적인 하나님'(personal God)을 살필 차례이다.

인격적인 하나님

대대로, 신학자들과 일반 그리스도인들은 하나님에 대해 매우 인격적으로 말하고 생각했다. 기독교는 하나님을 사랑, 신실, 의도 같은 측면에서 말하고 생각하는데, 이것은 인격을 강하게 연상하게 한다. 많은 저자들이 기독교의 기도 행위는 자녀와 부모의 관계를 모델로 한 것 같다고 했다. 기도는 신뢰와 의지라는 아름다운 관계를 표현한다.

이와 비슷하게, 바울이 구원에 대해 생각하는 중요한 방법 중 하나인 '화목'은 인간의 인격적 관계를 모델로 한다. 믿음을 통해 이루어지는 하나님과 범죄한 인간 사이의 변화는 두 사람, 말하자면 소원해진 남편과 아내 사이의 화해와 같다는 것이다.

초기 기독교 저자들에게 '인격'이리는 단어는 그 사람의 말이나 행동에서 특히 사회적 관계에서 나타나는 한 인간의 '개체성'(individuality)을 의미했다. 인격은 사회 관계망 안에서 어떤 역할을 하는 사람이다. 개체성은 사회적 관계를 암시하지 않는다. 반면에 인격은 관계망 안에서 한 개인이 하는 역할에 관한 것이다. 이것은 부분적으로는 그 개인이 다른 사람들에 의해 독특하게 인식되기 때문이다. 또한 우리의 정체성은 우리가 맺는 관계를 통해 표현된

다. '인격적인 하나님'에 대한 기독교의 기본 개념은 신자들과 관계를 맺으시는 하나님에 대한 개념이다

'비인격적인 하나님'(impersonal God)이라는 말이 내포한 의미를 생각해 보면 도움이 될 것이다. '비인격적'이라는 개념은 매우 부정적인 의미를 내포하는데, 이러한 의미가 하나님의 본성에 관한 기독교의 사고에 유입되었다. '비인격적'이란 말은 하나님은 동떨어져 있거나 냉담하며 개체성에 관심을 두지 않고 인간을 전반적으로 다루신다는 것을 시사한다. 반대로 사랑과 같은 인격적 관계를 하나님과 갖는다는 것은 하나님이 신자들을 대하시는 데에는 상호적인 차원이 있음을 시사한다. 이런 사상이 인격적인 하나님이라는 개념에는 들어 있지만, 비인격적인 하나님 개념에는 없다.

인격적인 관계는 사랑과 신뢰와 신실 같은 성경의 핵심 주제가 의미를 갖게 하는 구조틀을 세운다. 구약과 신약 모두 '하나님의 사랑'과 '하나님의 성실하심'과 '하나님의 신실하심'에 관한 진술로 가득하다. 사랑은 무엇보다도 인격적인 관계에 사용되는 단어이다. 더욱이 약속과 성취라는 성경의 큰 주제는 인격적인 관계에 근거한다. 이것은 하나님과 이스라엘 백성 사이의 언약에서 볼 수 있다. "나는 그들의 하나님이 되고 그들은 내 백성이 될 것이라"(렘 31:33). 여기서 기본 바탕이 되는 사상은 하나님이 자기 백성에게 인격적인 헌신을 하고 하나님의 백성도 하나님께 헌신한다는 것이다.

'인격'에 대한 20세기의 철학적 분석도 인격적인 하나님의 의미를 분명히 하는 데 도움이 된다. 유대인 작가 마르틴 부버(Martin Buber, 1878-1965)는 『나와 너』(I and Thou, 1927)라는 책에서 인격적인 '나-너 관계'(I-Thou relation)와 비인격적인 '나-그것 관계'(I-It relation)를 근본적으로 구분한다.

1. 나-그것 관계. 부버는 주체와 객체의 관계, 예를 들면 인간과 연필의 관계를 가리키는 데 이 범주를 사용한다. 인간은 능동적인 반면에 연필

은 수동적이다. 이러한 관계를 흔히 철학 용어로 주체-객체 관계(subject-object relation)라고 한다. 이 관계에서 능동적 주체(인간)가 비능동적 객체(연필)와 관계를 맺는다. 부버에 따르면, 주체는 '나'(I)로서 행동하며, 객체는 '그것'(It)으로서 행동한다. 따라서 인간과 연필의 관계는 '나-그것 관계'라 할 수 있다.
2. 나-너 관계. 부버 철학의 핵심인 '나-너 관계'는 능동적인 두 주체 사이에 존재한다. 이것은 상호적 또는 호혜적인 관계로 두 인격 사이를 연결한다.

부버의 철학은 인격이신 하나님을 이해하고 탐구하는 데 어떻게 도움이 될까? 첫째, 부버의 접근법은 하나님이 하나의 개념으로, 또는 깔끔한 개념적 공식으로 축소될 수 없음을 확인해 준다. 부버에 따르면, '그것'만 이렇게 취급될 수 있다. 부버에게 하나님은 본질상 결코 그것이 될 수 없는 '너'다. 다시 말해, 하나님은 모든 객체화 시도를 벗어나고 모든 묘사를 초월하는 존재이시다. 신학은 하나님의 현존이 깔끔한 내용 꾸러미로 축소될 수 없음을 깨닫고, 그 현존을 인정하고 그 현존과 씨름하는 법을 배워야 한다.

둘째, 부버의 접근법은 기독교의 계시 개념에 대한 귀중한 통찰을 준다. 기독교 신학에 있어, 하나님의 계시는 단순히 하나님에 관한 사실을 알리는 것이 아니라 하나님의 자기 계시이다. 하나님에 관한 계시는 인격체이신 하나님의 계시로 보충되어야 한다. 계시에는 '그것'과 '너'로서의 하나님에 관한 지식이 포함된다. 우리는 하나님에 관한 것을 알게 되지만 또한 하나님을 알게 된다. 이와 비슷하게, 하나님에 관한 지식은 '그것'뿐 아니라 '너'로서의 하나님에 관한 지식을 포함한다. '하나님을 안다는 것'은 단순히 하나님에 관한 자료를 얻는 것이 아니라 하나님과의 인격적인 관계이다.

부버의 접근법은 우리가 기독교 안에서 만나게 되는 다양한 하나님 이해를 포용할 수 있도록 도와준다. '나'로서의 하나님 개념은 기독교의 기도와 예배의 핵심에 있다. 이들은 흔히 하나님과의 인격적 관계로 표현된다. 그러나 일부 기독교 신비주의에서는 하나님을 좀 더 비인격적으로 생각하여 하나님에 대해 인격적인 언어를 사용하면 하나님의 광대하심이나 인간의 하나님 체험의 복합성을 제대로 다루지 못한다고 믿는다.

전능자 하나님

사도신경은 하나님이 '전능하다.'(almighty)라고 말한다. 하나님을 '전능하다.'라고 할 때 의미하는 것은 무엇인가? 언뜻 보면, 이 질문은 다소 핵심이 없어 보일 수 있다. '전능하다.'라는 단어는 의미가 명백한 일상 언어이다. '무엇이든 할 수 있다.'라는 뜻이다. 그러므로 '하나님은 전능하시다.'라고 하는 것은 '하나님은 무엇이든 하실 수 있다.'라고 말하는 것이다. 더 이상 무슨 말이 필요하겠는가?

그러나 그렇게 단순하지 않다. 하나님에 대해 이 말을 할 때 어떤 다른 의미가 있는지 생각해 보아야 한다. 이를 위해서 '하나님은 전능하시다고 하는 것은 하나님은 무엇이든 하실 수 있다는 뜻이다.'라는 진술을 자세히 살펴보자.

언뜻 보면, 이 정의는 전혀 문제가 없는 것 같다. 그러나 이 정의는 첫 단계에서부터 몇 가지 어려움에 부딪힌다. 다음 질문을 생각해 보자. '하나님은 변이 넷인 삼각형을 그리실 수 있는가?' 굳이 깊이 생각하지 않아도 대답은 '아니오.'이어야 한다는 것을 알 수 있다. 삼각형의 변은 셋이다. 변이 넷인 도형은 삼각형이 아니라 사각형이다.

그러나 좀 더 생각해 보면, 이 질문이 기독교의 하나님 이해에 문제가 되는지 분명하지 않다. 변이 넷인 삼각형은 존재하지 않으며 존재할 수도 없다. 하나님이 변이 넷인 삼각형을 그리실 수 없다는 사실은 심각한 문제가 아니다. 이 질문은 단지 간단한 진술을 좀 더 복잡하게 고쳐야 한다는 점을 알려줄 뿐이다. '하나님이 전능하시다고 하는 것은 하나님이 논리적으로 모순되지 않는 것은 무엇이든 하실 수 있다는 뜻이다.' 또는 토마스 아퀴나스처럼, 하나님이 이런 일을 하실 수 없는 것이 아니라 단지 이런 일이 일어날 수 없을 뿐이라고 말할 수 있다.

그러나 진짜 문제는 하나님의 속성에 대한 기독교의 이해 문제이다. 먼저 '하나님은 약속을 깨뜨릴 수 있는가?'라는 질문을 고찰함으로 이 중요한 일을 시작해 보자. 사람이 약속을 깨뜨리는 것에는 논리적 모순이 없다. 그런 일은 늘 일어난다. 유감스럽지만 여기에는 지적인 어려움도 없다. 만일 하나님이 논리적으로 모순되지 않는 일은 무엇이든 하실 수 있다면, 분명 하나님은 약속을 깨뜨릴 수 있다.

그러나 그리스도인들에게는 이것이 터무니없는 주장이다. 하나님과 이스라엘 사이의 '언약' 개념은 하나님의 신실하심과 헌신을 기초로 한다. 그리스도인들은 하나님이 약속하신 것에 신실하시다고 주장한다. 만일 하나님을 의지할 수 없다면 누구를 의지할 수 있겠는가? 하나님이 약속을 깨뜨릴 수 있다는 것은 기독교의 하나님 성품 이해의 중요한 면, 즉 하나님의 신실하심과 성실하심과 모순된다. 구약과 신약의 큰 주제 가운데 하나는 하나님은 완전히 신실하며 믿을 수 있는 분이시라는 것이다. 인간은 실망시킬 수 있다. 그러나 하나님은 신실하시다.

여기서 핵심은 능력과 신뢰 사이에 긴장이 있다는 것이다. 전능한 사기꾼은 쉽게 약속을 할 수 있다. 그러나 그 약속을 신뢰할 수가 없다. 그러나 기독교 신앙에서는 모든 일을 할 수 있지만, 특정 방식으로는 행동하지 않기로 하시는 하나님을 믿는다. 하나님은 이스라엘과 언약을 맺으실 필요가 없었다. 그러나 하나님은 이스라엘과 언약을 맺기로 선택하셨고, 언약을 맺으셨으며, 그 언약을 신실하게 지키신다. 하나님은 임의대로 혹은 변덕스럽게 행동하지 않으신다. 하나님은 믿을 수 있게, 신실하게 행동하신다.

영이신 하나님

기독교 전통은 성령을 많이 이야기한다. '성부와 성자와 성령'의 이름으로 세례를 준다(마 28: 17-20). 최근에는 기독교 세계 전체에 오순절 및 은사 운동이 일어나 성령의 역할이 특히 예배와 개인 체험에서 새롭게 강조되고 있다. 그러면 '성령'은 무엇을 의미하는가?

성령을 나타내기 위해 사용된 히브리어 루아흐(ruach)를 영어에서는 최소한 세 단어, 즉 바람(wind), 호흡(breath), 영(spirit)으로 번역한다. 이 중요한 히브리어는 깊은 의미를 지니고 있어서 영어로 표현하기는 사실상 불가능에 가깝다.

전통적으로 보통 '영'(spirit)으로 번역되는 루아흐는 다양한 의미를 가지고 있지만 각기 기독교의 성령 개념을 이해하는 데 도움이 된다.

1. **바람으로서의 성령.** 구약 저자들은 하나님을 바람으로 이해하여 하나님을 자연의 힘으로 축소시키는 일을 하지 않기 위해 주의를 기울였다. 그렇지만 바람의 능력과 하나님의 능력을 대비하는 일은 했다. 하나님을 영이라고 말하는 것은 '만군의 여호와'의 넘치는 에너지를 생각하게 했고, 이스라엘을 애굽에서 불러내신 하나님의 능력과 역동성을 기억하게 했다. 구속 능력이라는 이 영의 이미지는 어쩌면 강한 바람이 홍해를 가른 출애굽 기사에서 가장 잘 나타날 것이다(출 14:21). 여기서 루아흐 개념은 하나님의 능력과 구속 의도를 모두 전달한다.

또 바람의 이미지는 신자들의 하나님 체험의 복합성을 진정으로 유익하게 설명하고 시각화한다. 구약 저자들은 하나님의 임재와 행위 체험을 두 가지 분명한 방식으로 의식했다. 그러나 하나님은 메마른 땅의 물처럼 선택된 사람들을 소생시키는 분으로 경험되는 경우도 있었다. 바람의 이미지는 이 두 개념을 강력하게 전달해 주었다.

2. **호흡으로서의 성령.** 영의 개념은 생명의 개념과 연결된다. 하나님은 아담을 창조하실 때, 그에게 생명의 호흡을 불어넣으셨고, 그 결과 아담은 '생령'(living being)이 되었다(창 2:7). 산 사람과 죽은 사람의 차이는 전자는 호흡이 있는 반면 후자는 호흡이 없다는 것이다. 그래서 고대 문화에서는 생명은 호흡에 달려 있다는 사상이 널리 퍼져 있었다. 하나님은 속이 빈 껍데기에 생명의 호흡을 불어넣어 생명을 주시는 분이다. 하나님은 아담에게 호흡을 불어넣어 생명을 얻게 하셨다. 그 유명한 마른 뼈 골짜기 환상(겔 37:1-14)은 이 점을 예증해 준다. 이 마른 뼈들이 살 수 있을까? 이 마른 뼈들은 그 안에 호흡이 들어올 때 비로소 살 수 있다(겔 37:9-10).

이처럼 영으로서의 하나님의 이미지는 하나님은 생명을 주시는 분이라는, 즉 죽은 자를 살리실 수 있는 분이라는 근본적인 통찰을 제공한다. 영의 정확한 역할을 명시하지 않았을 때에도, 루아흐가 종종 하나님의 창조 역사와 연결됨을 주목하는 것이 중요하다(창 1:2; 시 104:27-31). '영'과 창조를 통한 생명 주심 사이에는 분명한 연관이 있다.

3. **카리스마로서의 성령.** 전문 용어인 '카리스마'(charism, '은혜'를 의미하는 헬라어 charisma에서 유래)는 하나님의 영으로 충만하지 않으면 할 수 없는 일을 행할 수 있는 지점에 이른 상태를 나타낸다. 지혜의 은사는 종종 이처럼 영에 의하여 부여된 상태의 결과로 설명된다(창 41: 38-39; 출 28: 3, 35:31; 신 34:9). 때로 구약은 리더십 역량이나 군사적 역량을 영의 영향에 의한 것으로 여기면서 은사로 간주한다(삿 14:6, 19, 15:14, 15). 그러나 영의 이 특징은 예언 문제와 관련하여 가장 많이 사용된다. 신조들은 성령을 예언의 궁극적인 근원이며 영감을 주시는 분으로 밝힌다.

그러나 구약은 예언이 성령에 의해 영감을 받거나 인도를 받거나 동기를 부여받는 방식에 대해서는 많은 설명을 하지 않는다. 이스라엘이 바벨론 포로가 되기 전 시기에는, 예언이 흔히 황홀한 하나님 체험을 연상하게 했고 거친 행위와 연결되었다(삼상 10:6, 19:23). 그러나 이런 행동은 점점 선지자의 행위보다는 메시지와 연관되게 되었다. 영을 부여받고 또 영의 부으심을 받았는지가 선지자의 신뢰성을 판단하는 기준이 되었다(사 61:1; 겔 2:1-2; 미 3:8; 슥 7:12). 그런 부으심이 그 선지자의 메시지(보통 '여호와의 말씀'이라고 표현되는 메시지)의 진실성을 결정한 것이다.

그러면 성령은 하나님인가? 이 문제는 초기 기독교에서 광범위하게 논의되었다. 알렉산드리아의 아타나시우스(Athanasius, 296경-373)와 가이사랴의 바실리우스(Basilius, 330경-379)와 같은 저명한 사람들은 세례 때 널리 사용된 문구는 성령이 완전한 하나님임을 의미한다고 주장했다. 신약 시대부터 그리스도인들은 '성부와 성자와 성령'의 이름으로 세례를 주었다(마 28:18-20). 아타나시우스는 이 세례식 문구는 성령이 성부와 성자와 동일한 신성을 공유함을 분명하게 보여준다고 주장했다. 결국 이 주장이 승리했다.

그러나 초기 기독교 저자들은 성령을 드러내놓고 '하나님'으로 말하기를 주저했는데, 그것은 이 행위가 성경에 의해 명시적으로 지지되지 않는다는 것 때문이었다. 이에 대해서는 가이사랴의 바실리우스가 『성령론』(*On the Holy Spirit*, 374-375)에서 상당히 자세하게 다루었다. 심지어 380년에도 나지안주스의 그레고리우스(Gregorius)는 많은 정통 기독교 신학자들이 성령을 창조주나 활동 또는 하나님 중 누구로 여겨야 할지 확신을 가지지 못했음을 시인했다.

이런 신중함은 381년 콘스탄티노플에서 열린 공의회에서 공식화된 성령론의 최종 문안에도 나타난다. 여기서 성령은 '하나님'이 아니라, '주와 생명을 주시는 이로서, 그는 성부로부터 나와, 성부와 성자와 함께 예배와 영광을 받으신다.'라고 기술되어 있다. 이것은 비록 '하나님'이라는 말은 명시적으로 사용되지 않았지만, 성령이 성부와 성자와 동일한 위엄과 지위를 가진 것으로 대우받았음을 보여준다. 이 말은 니케아 신조에 반영되어 있다.

4세기에 이르러 성령의 신성을 완전히 인정하게 됨으로써, 삼위일체 교리가 최종적으로 발전할 수 있는 장이 마련되었다. 그러나 삼위 안에서 성령의 위치는 동서 교회 사이의 논쟁거리가 되었다.

이 문제는 성령이 성자와 어떤 관계를 가지느냐 하는 것이었다. 헬라어권 교회의 신학자들은 성자와 성령의 관계의 본질을 표현하려고 고심한 반면, 라틴어권 서방 교회에서는 빠르게 성령이 성부로부터 그리고 성자로부터 나온다는 결론에 이르렀다. 이 논쟁을 흔히 '필리오퀘 논쟁'이라 부른다. 필리오퀘(filioque)는 '성부와 성자에게서'를 뜻하는 라틴어 구절 엑스 파트르 필리오퀘(ex patre filioque) 중 '성자에게서'에 해당하는 단어이다. 이 문제를 놓고 긴장이 고조되었다. 특히 이 구절을 포함시킨 서방 교회판 니케아 신조가 나왔을 때 그러했다.

이 차이의 중요성과 이 문제를 표현하는 방법을 놓고 신학자들이 나누어졌다. 그러나 역사적으로 볼 때, 이 의견 불일치는 서방 교회와 동방 교회 사이의 긴장 고조에 일조하여 결국 1054년 대분열에 이르게 되었다.

삼위일체 교리

많은 사람들에게 삼위일체 교리는 기독교 신학에서 가장 이해하기 힘든 부분 가운데 하나이다. 어떻게 한 하나님이 세 분(three persons, 삼위)일 수 있는가? 미국의 제3대 대통령 토머스 제퍼슨(Thomas Jefferson, 1743-1826)은 삼위일체에 대해 '삼위일체 산법이라는 이해할 수 없는 말'이라고 언급하며 신랄하게 비판했다. 하나님을 이처럼 복잡하고 난해하게 말할 필요가 어디 있는가? 분명 이것은 신앙의 단순성을 타협하는 것이 아닌가?

이 기독교의 핵심 교리를 이해하는 가장 좋은 방법은 이것이 하나님의 말씀과 일에 대한 성경의 증언을 지속적으로 연구한 데서 나왔으며 하나님을 생각하는 피할 수 없고 정당한 방법이라고 보는 것이다. 삼위일체 교리는 성경에 계시되고 그리스도인의 체험 가운데 계속된 하나님의 행위의 패턴을 세밀하게 숙고하는 과정에서 나온 결과라 할 수 있다. 그렇다고 성경에 삼위일체 교리가 명시적으로 나와 있다는 뜻이 아니다. 오히려 성경은 삼위일체적으로 이해되어야 하는 하나님을 증거한다는 것이다.

언뜻 보면, 삼위일체적 해석이 가능한 성경 구절은 둘뿐인 것 같다. 마태복음 28장 19절과 고린도후서 13장 13절이다. 마태복음은 제자들에게 아버지와 아들과 성령의 이름으로 세례를 주라고 명한다. 고린도후서는 축복을 빌면서 아버지와 아들과 성령을 언급한다. 두 구절 모두 그리스도인의 의식 속에 깊이 뿌리를 내리게 되었다. 마태복음은 세례와 관련되고, 고린도후서는 기독교의 축언(축도)의 형식으로 사용되기 때문이다. 그러나 두 구절은 함께 보든 따로 살피든, 삼위일체 교리를 말하는 것이라고 볼 수 없다.

삼위일체 교리의 궁극적 근거를 이 두 구절에서 찾아서는 안 된다. 오히려 신약이 증거하는 하나님의 행위 패턴에서 찾아야 한다. 아버지는 성령을 통해 그리스도로 계시된다. 신약에서 아버지와 아들과 성령의 관계는 아주 긴밀하다. 거듭거듭 신약은 이 세 요소를 더 큰 전체의 부분으로 연결시킨다. 하나님의 구원의 임재와 능력을 완전히 표현하려면 이 세 요소를 모두 포함해야 한다(고전 12:4-6; 고후 1:21-22; 갈 4:6; 엡 2:20-22; 살후 2:13-14; 딛 3:4-6; 벧전 1:2).

삼위일체에 대한 기독교적 사고의 출발점은, 하나님은 그리스도 안에서 성령을 통하여 존재하시고 행하신다는 신약의 증거이다. 2세기경 이레나이우스(Irenaeus)는 구원의 전 과정은 처음부터 끝까지 아버지와 아들과 성령의 행위를 증거한다고 보았다. 이레나이우스는 '구원의 경륜'(economy of salvation)이라는 말을 사용했는데, 이것은 그 이후 삼위일체 논의에서 두드러진 특징이 되었다. 여기서 '경륜'(economy)이라는 말에 대한 설명이 필요하다. 이에 해당하는 헬라어 오이코노미아(oikonomia)는 기본적으로 '한 사람의 일이 정돈되는 방식'을 의미한다. 이레나이우스에게 있어 구원의 경륜은 '하나님이 역사 속에서 인간 구원을 정돈하신 방식'이다.

당시, 이레나이우스는 창조자 하나님은 구속자 하나님과 아주 다르다(그리고 열등하다)고 주장하는 영지주의자들에게 상당한 압력을 받고 있었다. 앞에서 살펴본 바와 같이, 2세기 저자 시노페의 마르키온(Marcion)은 구약의 하나님은 단순히 창조자 하나님일 뿐이며, 신약의 구속자 하나님과는 전혀 다르다고 주장했다. 그의 의견에 따르면 그리스도인들은 구약을 멀리하고 신약에 집중해야 한다. 이레나이우스는 마르키온의 사상을 강력히 거부했다. 이레나이우스는 처음의 창조 순간부터 역사의 마지막 순간까지 구원의 전 과정은 하나이며 동일하신 하나님의 일이라고 주장했다. 오직 하나의 구원의 경륜이 있을 뿐이며, 이 경륜 가운데 한 하나님 곧 창조자이자 구속자이신 하나님이 피조물을 구속하기 위해 일하셨다.

『사도들의 설교에 대한 실증』(Demonstration of the Apostolic Preaching)이라는 책에서, 이레나이우스는 아버지와 아들과 성령이 구원의 경륜 가운데서 하는 역할은 구분되지만 연관된다고 주장했다. 그는 자신의 신앙을 다음과 같이 확고하게 말했다.

창조되지 않으신 아버지 하나님, 그는 제한받지 않고 보이지 않으시며, 한 하나님이시며, 우주의 창조자이시다. 이것이 우리 신앙의 제1항이다. ……그리고 하나님의 말씀, 하나님의 아들, 우리 주 예수 그리스도……그는 때가 차매 모든 것을 자신에게로 모으기 위해, 죽음을 멸하고 생명을 주며 하나님과 인간의 교제를 회복하기 위해 인간들 가운데 인간으로 오셔서 눈에 보이고 손으로 만져질 수 있게 되셨다. 그리고 성령……그는 때가 차매 온 세상 인간을 하나님이 보시기에 새롭게 하시려고 새로운 방법으로 우리 인간의 본성에 부은 바 되셨다.

화보 3.1 중세 러시아의 수사(修士) 화가 안드레이 루블료프의 성상화 '삼위일체'. 세련된 색채와 유려한 필치로 명상적인 세계를 그린 그의 작품들은 러시아 종교 화가들에게 많은 영향을 끼쳤으며, 특히 대표작인 이 '삼위일체'의 고상하고 우미한 양식은 폭넓게 모방되었다.

  이 본문은 하나님의 각 위(位, person)가 구원 경륜의 한 면을 담당하는 모습을 분명하게 보여준다. 삼위일체 교리는 결코 무의미한 신학적 억측이 아니라, 그리스도 안에서 이루어지는 구속에 대한 인간의 복합적 경험에 직접적으로 기초하여 이러한 경험에 대한 설명과 관련된 것이다.

  삼위일체를 시각화하는 것은 대부분의 그리스도인들에게 정말 어려운 일이다. 이처럼 복잡하고 추상적인 개념을 어떻게 이해할 수 있겠는가? 아일랜드의 수호성인 파트리키우스(Patricius)는 클로버 잎을 이용해 어떻게 하나의 잎이 세 가지의 각기 다른 요소를 가질 수 있는지를 설명했다고 한다. 4세기 저자 니사의 그레고리우스(Gregorius)는 그의 서신에서 독자들에게 삼위일체를 이해시키기 위해 일련의 유비를 사용했는데, 그 가운데는 다음과 같은 것들이 있다.

1. 샘(spring) 분천(噴泉, fount), 개천(stream of water)의 유비. 샘에서 분천이 흘러나오며, 둘 다 물이라는 동일한 본체를 공유한다. 개천은 다른 특징을 가지지만 분리할 수는 없다.
2. 사슬의 유비. 사슬에는 많은 고리가 있다. 그러나 연결된 하나가 되기 위해서는 모두가 연결되어야 한다. 그레고리우스는 사슬과 마찬가지로 성령을 만나는 사람은 아버지와 아들을 만나는 것이라고 주장한다.
3. 무지개의 유비. 그리스도는 '빛에서 나신 빛'이라는 니케아 신조의 고백을 근거로, 그레고리우스는 무지개는 태양 광선의 다양한 색을 구분하고 인식할 수 있게 해준다고 주장한다. 빛의 광선은 하나지만 색들이 분리되지 않고 서로 섞여 있다.

근래 이르러 로버트 젠슨(Robert Jenson, 1930-)이라는 미국 신학자는 '성부, 성자, 성령'이라는 삼위일체의 표현은 하나님의 '고유한 이름'(proper name), 다시 말해 그리스도인들이 생각하는 하나님을 정확하게 나타내는 간략한 방법이라고 주장했다.

삼위일체 교리는 하나님이 이스라엘과 교회를 다루시는 이야기의 요약판이다. 삼위일체 교리는 하나님이 인간을 어떻게 창조하셨고 어떻게 구속하셨는지를 들려주며, 이것이 처음부터 끝까지 동일한 한 하나님의 이야기라는 점을 확인해 준다. 젠슨은 이러한 접근을 새롭고 유익한 방향으로 전개하면서, 전통적 삼위일체 교리를 창의적으로 재진술했다.

그는 '성부와 성자와 성령'은 그리스도인들이 예수 그리스도 안에서 그리고 예수 그리스도를 통해 아는 하나님의 고유한 이름이라고 주장한다. 그는 하나님은 고유한 이름, 우리가 기도할 때나 예배 때 사용할 수 있는 이름이 당연히 있어야 한다고 주장한다. '성부와 성자와 성령'은 우리가 하나님을 부르거나 말할 때 사용해야 하는 고유한 이름이다. 젠슨은 이렇게 말했다. "언어적 식별 수단(고유한 이름과 식별해 주는 설명 또는 둘 다)은 종교의 필수품이다. 기도도 다른 요구와 찬양처럼 다뤄야 한다."

젠슨은 또한 고대 이스라엘이 다신론적 환경에 처해 있었다며 이런 환경에서 신(god)이라는 말은 비교적 적은 정보를 전달할 뿐이었다는 것도 지적한다. 당면한 급선무로 신의 이름을 짓는 것이 필요했다. 신약의 저자들도 비슷한 상황에 처해 있었다. 이들은 자신들의 신앙의 중심이 되는 신을 밝히고 이 신을 그 지역, 특히 소아시아 사람들이 숭배하고 인정하는 다른 많은 신들과 구별해야 했다.

따라서 삼위일체 교리는 기독교의 하나님을 식별하여 이름을 짓는다. 그러나 이 하나님을 성경의 증언과 일치하는 방법으로 식별하여 이름을 짓는다. 이것은 우리가 택한 이름이 아니다. 이것은 우리를 위해 선택된 이름이며, 우리가 사용하도록 허가된 이름이다. 따라서 삼위일체는 논의 중인 하나님에 관해 명확해지게 하는 신학적 정밀성을 위한 도구이다. 그리스도인들은 일반적인 신을 믿는 것이 아니라 역사 속에서 일련의 행위를 통해 알려진 매우 구체적인 하나님을 믿는다.

삼위일체 교리는 현대 기독교의 예배, 영성, 신학에서 중요한 역할을 한다. 삼위일체론은 계시와 구원의 궤적을 설명한다. 즉 하나님은 예수 그리스도를 통해 계시되고, 그 계시는 성령에 의해 해석된다. 하나님은 예수 그리스도를 통해 인간을 구원하며, 이 구원은 성령의 중재를 통해 인간에게 적용된다. 이것이 하나님을 아는 지식에 이르며 하나님과의 교제에 이르는 길에 대한 설명이다. 그리스도인들은 성령의 능력으로 그리스도를 통해 하나님과 구원의 만남을 갖는다고 믿는다.

한편으로, 기독교의 삼위일체 교리는 하나님의 광대하심을 강조한다. 타락하고 유한한 인간의 지성은 하나님을 온전히 이해할 수가 없다. 다른 한편으로는 기독교 예배를 의미 있게 하고 그 깊이를 더하는 틀을 제공한다. 그리스도인들은 성령 안에서 성자를 통하여 성부 하나님께 기도한다. 이 삼위일체의 구도는 그리스도인의 기도와 예배의 목적이 하나님이며, 이 목적을 달성하는 수단 또는 중재자는 부활하신 그리스도이며, 이 행위를 고취하고 이끌어 내는 능력은 성령이심을 보여준다.

과거의 기독교 신학자들은 삼위일체가 이해 불가능한 난센스라고 주장하는 합리주의자들의 비평을 반박하는 데 주로 관심을 두었다. 지금은 합리주의의 영향력이 기울고 있어서 20세기에는 이 교리에 대한 확신이 크게 회복되었는데, 주로 카를 바르트(Karl Barth)와 카를 라너(Karl Rahner)가 앞장 선 신학 연구를 통해 이루어졌다.

그러나 합리주의가 퇴조한다고 해서 기독교 신학에 대한 새로운 비평의 중요성이 줄어드는 것은 아니다. 지금이 더욱 그렇다. 근래 들어서 삼위일체 교리에 대한 이슬람교의 비판이 증대되고 있다. 세계의 3대 유일신 신앙인 기독교, 유대교, 이슬람교는 지존자, 즉 우주의 창조자요 주님이 오직 한 분이라는 신앙을 공유하고 있다. "이스라엘아 들으라 우리 하나님 여호와는 오직 유일한 여호와이시니"(신 6:4). 하지만 기독교에 대한 이슬람교의 비판은 그리스도인에 대한 비판으로 이어진다. 그것은 삼위일체 교리가 하나님의 통일성(아랍어로 tawhid)에 대한 강조에서 벗어나기 때문이다. 이슬람교 저자들은 이 교리는 나중에 만들어 낸 것으로 하나님의 통일성 개념을 왜곡하며 결국 하나님이 셋이라는 가르침으로 끝난다고 주장한다.

그리스도인들이 믿는 것에 대한 코란의 가르침은 기대하는 것처럼 명료하지 못하다. 그래서 일부 그리스도인들은, 코란에 의하면 이슬람교는 기독교가 하나님, 예수님, 마리아로 구성된 삼위일체를 가르치는 것으로(코란 5. 116) 여긴다고 해석하였다 무함마드(Muhammad)가 아라비아에서 삼위일체에 대한 비정통적 가르침을 포함하여 혼합된 형태의 기독교를 접했을 것이라고 볼 여지는 있지만, 이 교리가 단순히 그리스도인들이 세 하나님이나 세 부분으로 나누어진 한 하나님을 섬기는 것을 시사한다고 오해한 것일 가능성이 더 높다.

이슬람교의 삼위일체 교리 비판에 대해 기독교는 이 비판이 하나님의 통일성에 대한 기독교의 강조점을 이해하지 못했거나, 기독교가 하나님에 대한 교리를 이처럼 독특하게 정리하도록 만든 바탕 즉, 하나님이 세상에 개입하시는 복합적인 방식에 대한 기독교의 체험을 이해하지 못했다는 점을 주장한다. 이 점을 명확하게 정리하면 현대 기독교와 이슬람교의 관계를 이해하게 될 것이다.

창조주 하나님

기독교의 신조는 하나님이 세상의 창조자라고 한다. 이것을 어떻게 이해해야 하는가? 이 문제를 논의하기 전에 주목해야 할 사실은, 기독교 저자들은 하나님이 세상을 창조하셨고 그 세상은 '무로부터'(라틴어로 ex nihilo) 창조되었다는 결론을 내린다는 점이다. 다양한 형태의 영지주의는 플라톤(Platon)의 대화편 『티마이오스』(Timaeus)에 나오는 개념을 발전시켜, 창조는 단순히 이미 존재하던 것들을 모은 것에 불과하다는 주장을 한다. 기독교 신학자들은 하나님이 세상을 무로부터 존재하게 하시고 그 형상을 부여하셨다고 주장한다.

하나님이 창조자로서 행하시는 방식은 기독교 안에서 집중적으로 논의되는 주제이다. 하나님이 세상을 창조하시는 방식을 설명하는 방법 중에서 특히 영향력 있는 세 가지는 다음과 같다.

1. 확산(emanation) 모델. 이 용어는 초기 기독교 저자들이 하나님과 세상의 관계를 명확히 하기 위해 널리 사용되었다. 이 용어의 근원은 알렉산드리아의 필론(Philon) 같은 학자의 중기 플라톤주의와 특히 프로클로스(Proclos)와 플로티노스(Plotinos)의 신플라톤주의에 있으며, 초기의 많은 기독교 저자들은

영향력이 큰 이 철학적 추세에 공감하여 '확산'의 이미지가 플라톤적 통찰을 표현하는 데 편리하고 적절한 도구라고 여겼다. 확산 모델은 전형적으로 해와 같은 자연적 근원으로부터 혹은 불과 같은 인간이 만든 근원으로부터 방사되는 빛 또는 열과 연관지어 생각했다. 이 창조 이미지는 (니케아 신조의 '빛에서 나신 빛'이라는 어구에 암시되어 있듯이) 세상 창조는 하나님의 창조 에너지가 넘쳐흐른 것으로 볼 수 있다고 주장한다. 빛이 해로부터 나오며 해의 본성을 반영하듯이, 창조 질서는 하나님에게서 나오며 하나님의 본성을 표현한다. 이 모델에 따르면, 하나님과 창조 세계 사이에는 본질적 또는 유기적 관계가 존재한다.

그러나 이 모델에는 세 가지 약점이 있다. 첫째, 이 모델은 플라톤의 사고방식을 반영하며, 이 사고방식은 고대 후기 세계의 지적 산물에 속하는 것으로 현대에는 잘 알려져 있지 않다. 그 결과 이 모델은 대부분의 현대 서구 그리스도인들에게는 낯설고 설득력이 없다.

둘째, 빛이나 열을 방사하는 해의 이미지는 창조가 하나님의 의식적 의지적 결정에 의한 것이라기보다는 비자발적 발산임을 시사한다는 것이다. 기독교 전통에서는 일관적으로 창조 행위는 하나님의 이전의 결정에 근거한다고 강조해 왔는데, 이 모델은 이를 적절히 표현할 수 없다.

셋째는 둘째 약점에서 자연스럽게 나온다. 그것은 이 모델의 비인격적 성격이다. 이 모델은 창조 행위와 그 이후의 창조 세계 자체가 표현하는 인격적인 하나님의 개념을 표현하기 어렵다. 그럼에도 이 모델은 창조사와 창조 세계(피조물) 간의 긴밀한 관계를 분명히 보여주며 창조자의 정체와 본성을 창조 세계 가운데서 어느 정도 찾을 수 있다는 기대를 갖게 한다.

2. 건축(construction) 모델. 일부 성경 구절은 하나님을 세상을 건설하시는 건축자로 묘사한다(시 127:1). 이 모델은 힘이 있으며, 목적과 계획과 창조하려는 의지를 잘 표현한다. 이 모델은 창조자의 기술을 보여줄 뿐 아니라 그 결과로

나타나는 창조 세계의 아름다움과 질서도 감상할 수 있게 해준다.

그러나 이 모델에도 약점이 있다. 플라톤의 대화록 『티마이오스』에 나오는 창조 개념처럼 이 모델은 창조를 기존의 재료를 조합 혹은 조직한 것으로 묘사한다. 따라서 창조는 이미 존재하는 것에 형태와 형상을 부여하는 것으로 이해된다. 건축자 하나님의 이미지는 이미 손에 들린 재료로 세상을 조립하는 것처럼 보이게 한다. 그러나 앞에서 지적했듯이, 그리스도인들은 '무에서부터'의 창조를 하나님의 창조 행위를 가장 잘 설명하는 방법으로 여긴다.

이런 난점에도 불구하고, 이 모델은 마치 예술가의 특성이 그의 작품에 반영되는 것처럼 창조주의 특성이 어느 정도 자연 세계에 표현된다는 통찰을 전하는 것으로 볼 수 있다. 특히 '질서'의 개념, 즉 해당 재료에 구조 혹은 일관성을 부여한다는 것이 이 모델을 통해 분명하게 인정된다. 이 복잡한 '창조'

화보 3.2 영국의 시인이자 화가, 판화가인 윌리엄 블레이크의 수채화 '옛적부터 항상 계신 이.' 하나님이 천지를 창조하시는 장면을 묘사하고 있다. 상식을 벗어난 독특한 기법을 구사하던 그의 작품들 중에서도 가장 창조적이라는 평가를 받았다.

개념이 기독교 환경에서 다른 무엇을 의미하든, 분명한 것은 질서라는 근본적인 주제(구약의 창조 기사에서 특별히 중요한 개념)를 포함한다.

3. 예술적 표현(artistic expression) 모델. 교회사의 여러 시대에 걸쳐 많은 기독교 저자들은 창조를 '하나님의 솜씨'라고 하며 창조 세계를 그 자체의 아름다움뿐 아니라 작가의 개성을 표현하는 예술 작품에 비유한다. 창조 세계를 창조자 하나님의 '예술적 표현'으로 보는 이러한 창조 모델은 18세기 북미 신학자 조나단 에드워즈(Jonathan Edwards)와 20세기 평신도 신학자 도로시 세이어스(Dorothy L. Sayers, 1893-1957)의 저작, 특히 도로시 세이어스의 『창조주의 마음』(The Mind of the Maker, 1941)에 잘 나타나 있다.

제1, 2차 세계대전 당시 영국 최고의 소설가였던 세이어스는 세상을 창조하신 하나님과 소설을 쓰는 저자 사이의 유비를 사용하여 두 가지 중요한 점을 지적했다. 첫째, 창조 행위는 사랑의 역사이다. 세이어스는 여기서 역대 기독교 전통의 지혜를 요약한다. 사랑은 하나님이 세상을 창조하신 동기이다. 창조는 하나님의 근본적인 인격의 표현이다. 창조는 소중한 것, 진정으로 중요한 것을 존재하게 하는 일이다. 그렇다. 창조는 창조주의 마음을 표현한다. 그러나 그것은 그 자체로도 중요하다. 그것이 중요한 이유는 부분적으로 창조주와 동일하지 않으면서 대신 고유하게 하나님이 주신 정체성을 가지고 있기 때문이다.

둘째, 창조 세계는 그 자체로 독특한 통일성을 가지고 있다. 창조 세계는 하나님으로부터 나와서 하나님의 본성과 성품을 반영하지만 하나님과 다르다. 세이어스는 작가가 소설에서 주인공을 어떻게 창조하고 발전시키는가를 상상해 보라고 질문함으로써 이 점을 탐색한다. 만일 주인공의 통일성을 존중하지 않으면 그 주인공은 두 차원으로 존재할 수 있고, 따라서 독자들이 진지하게 받아들이기 어려운 비현실적인 가공의 인물이 될 수 있다.

예술적 표현 모델은 앞의 두 모델의 약점인 비인격성을 보완해 준다는 면에서 유익하다. 예술가 하나님의 이미지는 아름다운 창조 세계가 그의 성품을 표현함을 암시한다. 그러나 이 모델의 잠재적 약점도 짚고 넘어갈 필요가 있다. 예를 들면, 이 모델은 이미 존재하는 돌덩어리를 깎아 조각상을 만드는 경우처럼 이미 존재하는 재료로부터의 창조라는 개념으로 이어지기 쉽다. 그러나 이 모델은 소설을 쓰는 작가나 멜로디나 하모니를 창조하는 작곡가의 경우처럼 적어도 무로부터의 창조를 생각할 수 있는 가능성을 제공한다. 이 모델은 또한 창조 세계에서 하나님의 자기표현을 찾도록 독려하며, 자연신학에 대한 신학적 신뢰성을 더해 준다. 또한 예술적 표현으로서의 창조 개념과 아름다움이라는 매우 중요한 개념 간에 자연적인 연결 고리가 있다.

그러면 기독교 신조들에 제시된 창조주 하나님에 대한 믿음이 시사하는 점은 무엇인가? 세 가지 시사점을 주목할 수 있다.

첫째, 하나님과 창조물 사이의 구별이 이루어져야 한다. 기독교 신학의 주요 주제는 초창기부터 창조주를 창조물과 혼합하려는 유혹에 저항해 왔다. 이 주제는 바울이 로마서 첫 장에서 하나님을 세상의 수준으로 축소하려는 경향을 비판하면서 분명히 말했다. 바울에 의하면, 죄의 결과 인간의 본성에는 피조물을 조물주보다 더 경배하고 섬기려는 성향이 있다(롬 1:25). 기독교 창조 신학의 중심 과제는 하나님과 창조물을 구별하면서, 동시에 그것이 하나님의 창조물임을 확증하는 것이다. 많은 학자들은 이 구별이 자연과학이 출현할 수 있는 지적 구조틀을 형성하는 데 중요하다고 믿는다.

둘째, 창조는 세상에 대한 하나님의 권위를 시사한다. 성경은 창조주가 창조 세계에 대해 권위를 가지신다는 개념을 특별히 강조한다. 이처럼 인간은 이 창조물의 일부로 여겨진다. 인간은 창조 세계에서 특별한 기능을 한다. 창조 교리는 인간의 청지기 개념으로 연결되는데, 이는 인간이 세상의 주인이라는 세상의 개념과는 대조된다. 창조 세계는 우리의 것이 아니라 하나님이 우리에게 위탁하신 것이다. 그러므로 우리는 하나님이 창조하신 세계의 청지기로, 그 청지기직을 실행하는 자세에 대해 책임을 진다. 이 생각은 지구에 대한 인간의 책임을 실천하는 이론적 토대를 제공한다는 면에서 생태계 및 환경과 관련하여 중요한 의미가 있다.

셋째, 창조주 하나님 교리는 창조 세계의 선함을 시사한다. 이 점은 구약의 창조 기사에서 몇 차례 나온 '보시기에 좋았더라.'라는 표현(창 1:10, 18, 21, 25, 31)에 드러나 있다. (그런데 창조 세계 중에서 유일하게 '좋지 않았던' 것이 있었는데, 그것은 아담이 독처하는 것이었다. 인간은 사회적 존재로 창조되었다. 그러므로 인간은 서로 관계하며 살아야 한다.)

기독교 신학에는 세상은 본질적으로 악한 곳이라는 영지주의 또는 이원론 사상이 있을 곳이 없다. 그리스도인들은 세상은 하나님의 선한 창조물이며 구속되고 갱신될 수 있다고 주장한다. 창조 세계의 선함을 주장하는 것은 또한 악에 대한 책임이 하나님께 있다는 주장을 용인하지 않으며 대부분의 신학자들도 이를 받아들이지 않는다. 성경이 끊임없이 창조 세계의 선함을 강조하는 것은 죄의 파괴적 세력이 세상에 존재하는 이유는 하나님의 계획이나 허락하신 결과가 아님을 상기시키는 것이다.

이것은 창조 세계가 현재 완전하다는 말이 아니다. 기독교의 죄의 교리의 핵심은 하나님이 창조 때 두신 궤도를 세상이 이탈했다는 것을 인정한다. 세상은 하나님이 의도하신 궤도를 벗어났다. 본래 창조된 영광에서 타락한 것이다. 지금 우리가 보는 세상은 본래 의도된 세상이 아니다. 인간의 죄와 악, 죽음이 존재한다는 사실 자체가 창조 질서에서 벗어났음을 보여주는 표이다. 이런 이유 때문에, 구속에 대한 기독교의 사상 대부분은 창조 세계가 원래의 통일성을 회복하여 하나님의 뜻이 성취되는 개념을 포함하고 있다. 기독교의 구원 교리는 이 주제의 일부 측면을 제시한다. 이 주제는 다음에 상세히 다룰 것이다.

기독교의 인간 이해

"사람이 무엇이기에 주께서 그를 생각하시며 인자가 무엇이기에 주께서 그를 돌보시나이까"(시 8:4). 역사가 시작될 때부터, 사람들은 사물의 더 큰 틀 안에서 자신이 어떤 위치에 있는지 궁금해 했다. 우리는 왜 여기에 있는가? 우리의 운명은 무엇인가? 인간 존재의 의미는 무엇인가? 창조 교리는 이러한 질문에 대한 답변의 단초를 제공한다. 창조 교리는 우리 자신이 속한 세상을 더 깊이 이해하고 평가하도록 도와준다.

기독교의 창조 이해는 인간은 하나님이 창조하신 세계의 한 부분이라는 것이다. 그러나 인간이 창조 세계의 일부라고 해서 창조 세계의 다른 것들과 구분될 수 없다는 뜻은 아니다. 하나님은 인간을 천사보다 조금 못하게 하시고 영화와 존귀로 관을 씌우셨다(시 8:5). 남자와 여자는 하나님의 형상대로 창조되었다(창 1:27). 이제 이 개념을 좀 더 자세히 살펴보겠다.

인간과 하나님의 형상

'하나님의 형상대로'라는 짧지만 아주 심오한 표현은 인간의 본성과 창조 질서 안에서 인간이 차지하는 자리를 바르게 이해하는 길을 열어 준다. 인간은 신이 아니다. 그렇지만 인간과 하나님의 관계는 다른 피조물과 하나님의 관계와 다르다. 인간은 하나님의 형상을 지닌다. 어떤 사람들에게는 이것이 인간이 창조 세계 안에서 특권적 위치에 있다는 말로 들릴 것이다. 그러나 대부분의 기독교 신학자들에게, 이것은 무엇보다도 우리가 사는 세상에 대한 우리의 책임과 의무를 확인해 주는 말이다.

그렇다면 우리는 이러한 하나님과의 관계를 어떻게 이해해야 하는가? 이 관계를 어떻게 시각화할 수 있는가? '하나님의 형상으로 창조되었다.'라는 말은 무슨 뜻인가? 기독교 신학이 제시한 모델 가운데 몇 가지를 살펴보자.

첫째, '하나님의 형상' 개념은 인간에 대한 하나님의 권위를 상기시켜 준다. 고대 근동의 군주들은 한 지역에서 자신의 힘을 나타내는 수단으로 자신의 형상을 세우는 경우가 많았다(예를 들면, 느부갓네살 왕의 금신상. 단 3:1-7). 여기서 하나님의 형상으로 창조되었다는 것은 하나님의 소유이거나 하나님에 대해 책임이 있다는 뜻으로 이해될 수 있었다.

예수 그리스도의 사역에서 일어난 한 사건에 이러한 사상이 반영되어 있다(눅 20:22-25). 유대인이 로마 당국에 세금을 내는 것이 옳으냐는 질문에, 예수님은 동전을 가져오라고 한 후 이렇게 물으셨다. "누구의 형상과 글이 여기에 있느냐?" 둘러선 사람들은 동전에 새겨진 것은 가이사(Caesar, 본래 율리우스 카이사르의 가문 이름이었으나 직함의 의미로 발전하여 로마 황제를 부르는 칭호로 사용되었다-편집자 주)의 것이라고 대답했다. 그러자 그리스도는 무리에게 가이사의 것은 가이사에게, 하나님의 것은 하나님께 바치라고 말씀하셨다.

어떤 사람들은 이런 대답이 질문을 회피하는 것이라고 생각할 것이다. 그러나 전혀 그렇지 않다. 이 대답은 사실상 하나님의 형상을 지닌 자들, 즉 인

화보 3.3 르네상스 시대에 회화, 조각, 건축에서 뛰어난 업적을 남긴 미켈란젤로의 프레스코화 '아담의 창조.' 교황 율리우스 2세의 의뢰로 작업한 장엄한 걸작 시스티나 예배당 천장화 가운데 중앙에 위치한 이 그림은 미켈란젤로가 구현한 신의 권능을 최고로 잘 드러낸 것으로 평가받고 있다.

간은 자신을 하나님께 드려야 한다는 도전이다.

둘째, '하나님의 형상' 개념은 인간의 이성과 창조자 하나님의 합리성 사이에 일종의 상응성이 있음을 가리킨다. 이러한 이해를 토대로 보면, 세상의 구조와 인간의 생각 사이에는 본질적인 동조(同調)가 존재한다. 이러한 접근은 아우구스티누스(Augustinus)의 중요한 신학 저서 『삼위일체에 관하여』(On the Trinity)에 특히 분명하게 나타난다.

> 창조자의 형상은 인간의 이성적이고 지적인 영혼에서 발견되어야 한다. ……
> (인간의 영혼이) 하나님의 형상대로 창조된 것은 이성과 지성을 사용하여 하나님을 이해하고 볼 수 있게 하기 위함이다.

아우구스티누스에 따르면, 인간은 지적 자원을 가진 존재로 창조되었다. 지적 자원은 인간으로 하여금 창조 세계를 숙고함으로써 하나님을 찾을 수 있게 한다.

셋째, '하나님의 형상' 개념은 하나님과 관계하는 능력을 확증해 준다. 이런 이해에 의하면, 하나님의 형상으로 창조되었다는 것은 하나님과 관계를 가질 잠재력이 있다는 뜻이다. 여기서 형상이라는 말은 하나님이 특별한 목적을 가지고, 즉 하나님과 관계를 갖도록 인간을 창조하셨다는 개념을 표현한다. 따라서 인간은 창조자와 구속자와의 관계 가운데 존재해야 한다. 아우구스티누스는 그의 유명한 기도에서 이 개념을 표현했다. "주님은 주를 위하여 우리를 만드셨습니다. 그러므로 주 안에서 안식을 찾을 때까지는 우리의 마음이 안식할 수 없나이다."

블레즈 파스칼은 인간이 공허함과 갈망을 경험하는 것은 그런 관계가 없음을 반영하며 인간의 참된 운명을 가리키는 것이라고 주장했다. 이것은 인간의 본성을 조명해 주며 인간의 궁극적 목적(파스칼에게는 하나님)을 드러낸다.

이 갈망과 절망이 우리에게 보여주는 것은, 한때 각 사람에게는 진정한 행복이 있었으며 이제 남은 것은 공허한 자국과 흔적뿐이라는 것 외에 무엇이겠는가?

하나님 외에는 그 무엇도 그 누구도 이 '심연', 곧 하나님이 사람을 다시 자신에게로 이끌어 가기 위해 인간의 본성 속에 만들어 심어 두신 깊은 간극을 채울 수 없다.

이 접근법은 C. S. 루이스에 의해 20세기에 더욱 발전되었다. 루이스는 파스칼을 따라, 인간 속에는 오직 하나님만이 채울 수 있는 하나님이 만드신 간극이 있다고 주장한다. 그래서 사람들은 하나님이 없으면 깊은 갈망감, 진정으로 하나님을 향한 것이지만 세상에 있는 것들을 향한 갈망으로 오해되는 갈망을 경험한다. 그래서 세상에 있는 것들은 결코 만족을 줄 수 없다. 만일 인간이 하나님을 위하여, 오직 하나님만을 위하여 지어졌다면, 다른 것은 궁극적으로 인간을 만족시킬 수 없다. 루이스가 주장한 것처럼, 하나님이 주신 갈망감은 인간이 씨름해 온 삶의 큰 문제들을 해결하는 열쇠가 된다.

그러나 기독교의 인간 이해를 결정하는 것은 인간이 하나님의 형상으로 창조되었다는 개념만이 아니다. 이 개념은 중요하지만 죄의 개념으로 보충되어야 한다.

인간, 타락, 죄

기독교는 인간이 죄악된 존재라고 본다. 다시 말해, 기독교는 인간이 하나님으로부터 소외된 존재이며, 정체성이 이처럼 근본적으로 파괴되었기 때문에 사회로부터, 다른 인간들로부터, 환경으로부터 소외된 존재라고 본다. 죄란 무엇인가? 모든 언어에서 '죄'는 '도덕적 실패' 또는 '부도덕한 행위'를 의미하지만, 보다 정확한 신학적 의미를 가지고 있다. 근본적인 의미의 '죄'는 인간을 하나님으로부터 분리시킨다. 그리고 구원은 인간과 하나님 사이의 분리라는 장벽을 그리스도를 통하여 무너뜨리는 것이다.

이처럼 죄는 구원과 반대되는 것이다. 간단하게 구원과 관련된 신약의 근본적인 개념 목록을 만들어 그에 상응하는 죄의 개념과 연결시켜 볼 수 있다.

죄	구원
소외 또는 원수됨	화목
포로됨	해방
죄책	용서
정죄	무죄 입증
병	치유
잃어버림	찾음

이 장 후반부에서 기독교의 구원 이해를 다룰 때 이 중 몇몇 주제를 상세히 살펴볼 것이다.

일반적으로 창세기의 두 사건이 인간 본성의 깊은 모순을 가장 잘 설명해 준다. 선악과를 먹은 사건과 바벨탑 사건이다. 창세기는 아담과 하와가 어떻게 낙원에 있게 되었고, 어떻게 단 한 나무를 제외하고 모든 나무 열매를 먹을 수 있는 완전한 자유를 갖게 되었는지를 들려준다(창 2:15-17). 아담과 하와는 이 제한을 참을 수 없었다. 선악과를 먹으면, 그들도 하나님처럼 선악을 분별할 수 있었다(창 3:1-5). 우리는 자치(自治)를 갈망한다. 우리는 그 누구에게도 매이는 존재가 되고 싶지 않다.

러시아의 위대한 소설가 표도르 도스토예프스키(Fyodor M. Dostoyevsky, 1821–1881)가 『악령』(The Devils, 1871-1872)이라는 소설에서 언급했듯이, 하나님이 없으면 우리는 우리 마음대로 할 수 있다. 이것은 1789년 프랑스 혁명과 함께 시작된 무신론의 황금 시대의 주요 주제 가운데 하나였다.

거의 동일한 주제가 바벨탑 사건에도 나온다(창 11:1-9). 20세기 최고의 신학자 가운데 하나인 카를 바르트(Karl Barth, 1886-1968)는 이 기사에서 죄악된 인간 본성의 한 면, 즉 하나님 앞에서 인간의 권위와 힘을 주장하려는 열망을 보았다. 바르트는 바벨탑이 우리 스스로 하나님의 지식을 가질 수 있기를 바라는 인간의 갈망을 상징하는 것으로 해석할 수 있다고 했다. 그러나 이러한 인간의 지배욕은 파멸의 씨

화보 3.4 바실리 페로프가 그린 도스토예프스키의 초상. 도스토예프스키는 인간 심성의 가장 깊은 곳까지 꿰뚫어 보는 심리적 통찰력으로 20세기 소설 문학 전반에 심오한 영향을 끼친 러시아의 대문호이다.

앗을 품고 있다. 바르트는 다른 많은 사람들처럼 제1차 세계대전이라는 대재앙에 충격을 받아 이성 시대라는 낙천적 진보주의를 신뢰하지 않았다. 인간이 주관하게 되면 일이 엉망이 된다고 바르트는 지적했다.

시간이 흐르면서, 기독교 신학자들은 이러한 당혹스러운 인간의 곤경에 대해 이해할 수 있도록 이탈(defection)과 편향(deflection)이라는 두 개의 근본 이미지를 발전시켰다. 전자는 라틴어권 서방 교회의 특징이고, 후자는 헬라어권 동방 교회의 특징이다.

서방 교회의 관점은 히포의 아우구스티누스의 저작에서 발견된다. 아우구스티누스가 보기에 인간은 참된 부르심으로부터 이탈했다. 인간은 하나님이 주신 자유를 하나님을 사랑하는 데 사용하지 않고 자기중심적 관심사를 위해 사용했다. 그 결과 이제 인간은 자신이 만든 덫에 걸렸다.

화보 3.5 16세기의 위대한 플랑드르파 화가 가운데 한 사람인 대 피터르 브뤼헐의 대표작 '바벨탑.'

아우구스티누스는 인간은 죄에 얽힌 자신을 스스로 깨뜨릴 수 없다고 주장한다. 인간은 내재하는 죄에 사로잡혀 원하는 선은 행할 수 없고 오히려 원하지 않는 나쁜 일을 한다(롬 7:17-25). 아우구스티누스에 따르면, 아담과 하와가 에덴 동산에서 하나님과 동행했던 것과 같이 마땅히 하나님과의 교제로 인도했어야 했던 사랑의 자유가 오히려 자기 사랑과 하나님을 버리는 것으로 인도했다.

아우구스티누스는 일련의 이미지를 사용하여 우리가 어떻게 이런 방식으로 죄의 덫에 빠지게 되었는지를 설명한다. 이것은 병에 걸렸으나 치료할 수 없는 것과 같다. 이것은 깊은 웅덩이에 빠졌으나 빠져나올 수 없는 것과 같다. 그가 말하려는 요지는 일단 죄(그는 죄를 인간의 삶 속에서 활동하는 세력으로 본다)가 인간을 장악하면 우리는 그 손아귀에서 벗어날 수 없다는 것이다. 현대의 유비를 사용하면, 헤로인에 중독되면 끊을 수 없는 것과 같다.

동방 교회의 관점은 2세기 저자 이레나이우스에게서 볼 수 있다. 인간은 죄로 인해 인간의 참된 길에서 이탈했다. 인간은 자신의 일을 잃었기에 바른 길로 돌이키려면 도움을 받아야 한다. 이레나이우스는 인간이 연약하여 쉽게 그릇된 길로 이끌린다고 보았다. 인간은 성숙한 존재가 아니라 아기로 창조되었다. 그래서 인간은 배우고 성장해야 한다.

하나님이 이미 완전해진 인간을 창조하시지 않았느냐는 질문에 대해 이레나이우스는 인간이 그것을 감당할 준비가 되지 않았기 때문이라고 대답했다. "어머니는 아기에게 음식을 줄 수 있지만, 아기는 자기 나이에 맞지 않는 음식을 받아먹을 수 없다."

이런 사고방식이 지중해 동쪽의 헬라어를 사용하는 지역에 근원을 둔 교회들의 특징으로 남아 있다. 예를 들어, 동방정교회와 러시아 정교회는 서방 교회처럼 '타락'을 말하지 않고 '길을 잘못 든 것' 즉 실패로 보는 경향이 있으며, 이는 하나님의 은혜를 통하여 고쳐질 수 있다고 본다.

그러나 이들의 차이점에도 불구하고, 대부분 동일한 통찰이 인간의 상황에 대한 이 두 사고방식의 바탕에 깔려 있다. 기독교적 시각에서 보면, 동서 교회 모두 인간의 본성은 하나님의 창조 세계에서 최고봉으로 의도되었다. 그러나 지금은 근본적인 개조와 내적인 갱신이 필요하다. 한때 왕에게 합당했던 그것이 절망과 부패로 떨어졌다.

그러나 이러한 상황은 회복될 수 있다. 하나님이 인간의 본성에 임재하심으로 죄와 죽음 가운데 있는 인간의 본성이 새로워지고 회복될 수 있다. 하나님이 인간의 상황 속에 들어오신다면 인간은 내면에서부터 변할 수 있다.

우리는 여기서 성육신 교리의 윤곽을 볼 수 있다. 성육신(incarnation)이란 하나님이 우리를 천국으로 인도하시려고 우리가 사는 세상과 우리의 역사 속에 우리 가운데 한 분으로 들어오신 것을 말한다. 성육신은 기독교 신앙의 핵심 주제, 즉 타락한 인류의 구원자요 구속자이신 나사렛 예수의 정체와 의미로 우리를 인도한다.

나사렛 예수

나사렛 예수는 기독교 신앙의 중심인물이다. 그리스도인들은 언제나 예수님께는 특별한 것, 질적으로 다른 것이 있으며, 이것이 그를 다른 종교 교사들이나 사상가들과 구별되게 한다고 주장해 왔다. 그러나 정확하게 무엇이 특별한가? 이 문제는 전통적으로 기독론으로 알려진 신학 분야에서 다루었다. 만일 신학이 하나님을 이해하려는 노력이라면, 기독론은 예수 그리스도를 이해하려는 노력이다.

신조들은 나사렛 예수가 역사의 실제 인물로 삶과 죽음이 있었다고 주장한다. 예수님은 1세기의 유대인으로 디베료(Tiberius) 황제의 통치 때 팔레스타인에서 살았고, AD 26-36년에 로마령 유대의 총독이었던 본디오 빌라도(Pontius Pilate)에 의해 십자가형을 당했다. 앞에서 본 것처럼 로마 역사가 타키투스(Tacitus)는 그리스도인들에 대해 말하면서 그들의 이름은 디베료 황제 때 총독 본디오 빌라도의 손에 처형당한 그리스도의 이름에서 유래했다고 했다. 기독교 신앙은 예수님이 역사의 실제 인물로 십자가형을 받았다고 주장한다.

그러나 기독교 신앙은 예수님이 로마령 유대에 살았고 로마 당국에 의해 십자가형을 받았다는 것에서 그치지 않는다. 그의 삶과 죽음에 대한 해석이 매우 중요하다. 신조들은 나사렛 예수의 정체성과 의미에 대한 신약 해석의 주요 주제들을 조직했다. 기독교 교리는 이런 성경의 사상과 주제에 대한 방대하고 지속적인 사색 과정의 결과물이다. 여기에는 다음과 같은 것들이 포함된다.

1. 신약이 예수님을 가리킬 때 사용하는 용어들.
2. 예수님이 사역 중에 사람들에게 미친 영향. 예를 들면, 치유를 통해 끼친 영향 등을 들 수 있다.

3. **부활**. 신약 저자들은 부활을 하나님과의 관계에서 높아진 예수님의 신분에 대한 보증이자 확인으로 해석한다. 바울에 따르면, 부활은 예수님이 하나님의 아들임을 증명한다(롬 1:3-4).
4. 예수님이 성취하신 것으로 그의 정체성과 직접 관련이 있는 것. 그리스도에 대한 기독교의 이해와 그리스도의 사역 사이에는 밀접한 관련이 있다. 바꾸어 말하면, 그리스도의 정체성에 대한 논의는 그리스도가 성취하신 일에 관한 논의와 분리될 수 없다. 뒷부분에서 구원을 다룰 때 이 문제를 좀 더 자세히 살펴볼 것이다.

여기서는 기독교 신학이 어떻게 이러한 다양한 통찰을 그리스도라는 인물에 대한 일관된 이해로 엮어 내는지, 어떻게 그 이해의 정점인 성육신 개념에 이르는지 살펴볼 것이다. 칼케돈 공의회(451)에서 이 사상에 대해 구체적으로 진술한 배경과 관련하여, 초기 기독교 전통 내 신약에 대한 숙고 과정의 일부 측면들을 살펴보도록 하겠다.

나사렛 예수의 정체성에 대한 초기 기독교의 접근

신약이 예수님을 어떻게 보는지 분석하면서 살펴보았듯이, 최초의 그리스도인들은 예수님의 삶과 죽음과 부활에서 너무나 신기한 것을 보았다. 따라서 이들은 이것을 묘사하기 위해 온갖 이미지와 용어와 개념을 동원해야 했다. 예수님에 대한 이들의 풍성하고 심오한 감동과 경험을 한마디로 표현할 수 있는 말은 없었다. 이들은 예수님에 대한 자신들의 이해의 여러 부분을 설명하기 위해 다양한 표현을 사용해야 했다. 이러한 다양한 표현이 한데 모여 그리스도에 대한 전체적인 그림을 이루었다.

때로 초기 기독교 저자들은 이 그림을 그리기 위해 유대교 밖에서 온 사상이나 개념을 사용하기도 했다. 예를 들면, '말씀'(헬라어로 *logos*)을 매우 강조하는 요한복음의 첫 단락(요 1:1-18)은, 세속 그리스 철학에서의 로고스 개념과 기독교의 세계 이해에서의 예수님이 동일한 위치에 있음을 보여준다고 생각될 때가 많다.

그러나 이것은 그리스도인들이 우연히 스토아 철학의 교과서들을 읽었기 때문에 예수님의 의미에 대한 그들의 이해를 지어냈다는 뜻이 아니다. 오히려 이들은 유비나 유사점을 발견했으며, 자신이 이미 알고 있는 것을 표현하는 데 이것을 사용하면 유익함을 알게 되었다. 이것은 또한 교육받은 그리스 청중들이 기독교를 보다 이해하기 쉽게 만드는 데도 일조했다. 이처럼 이른 시기의 기독교 전통에도, 복음을 교회 밖 사람들이 이해하기 쉽고 접근하기 쉽게 만들려는 확고한 결단이 있었음을 찾아볼 수 있다. 이처럼 복음은 그 핵심 주제를 불신자들에게 제시하고 그들의 이해를 돕는 개념을 통해 표현되었다.

초기의 다음 두 관점은 곧바로 이단으로 판단되어 배척되었다. 기독교 시대의 초기 몇 세기 동안 번성했으며 주로 유대교적인 분파였던 에비온주의(Ebionitism)는 예수님을 평범한 인간으로, 마리아와 요셉의 아들일 뿐이라고 보았다. 이러한 저급한 기독론은 곧 매우 부적절하다는 평가를 받았으며 잊혀졌다.

보다 강력했던 것은 이와는 정반대되는 견해로, '-로 보이다.'란 의미의 헬라어 동사 도케오(dokeo)에서 이름을 딴 가현설(假現說, Docetism)이었다. 분명한 신학적 입장이라기보다는 신학 내의 한 경향으로 보는 것이 가장 적절한 이 접근은 그리스도는 완전히 신이었으며 그의 인성은 허상에 불과하다고 주장했다. 따라서 이들은 그리스도의 고난을 실제가 아니라 허상으로 다룬다. 가현설은 2세기에 영지주의 저자들에게 특히 인기가 있었고 이 무렵에 절정에 이르렀다. 그러나 이 무렵 다른 시각들이 나타나고 있었고 마침내 가현설을 눌러 버렸다.

기독론의 발전 첫째 시기는 예수님의 신성에 대해 가장 잘 이해하는 방법을 확인하고 명확하게 하는 일에 집중했다. 대부분의 초기 저자들은 예수님이 인간이라는 사실을 당연시했다. 그러므로 예수님에 대해 설명이 필요한 것은 인간의 유사점이 아니라 인간과 어떻게 다른가였다. 예수님은 무엇이 다른가? 다른 사람들에게는 없으나 예수님에게는 있는 것이 무엇인가?

기독교 공동체에서 나사렛 예수의 정체성을 개념화하는 가장 좋은 방식에 대해 구체적인 합의에 이르는 과정에서 매우 중요했던 논쟁이 하나 있었는데, 바로 4세기에 벌어진 아리우스 논쟁이다.

아리우스 논쟁과 성육신

초대 교회가 직면했던 큰 도전 가운데 하나는 나사렛 예수에 대한 신약의 증거들이라는 실들을 함께 엮어서 통일성 있는 신학적 태피스트리를 만드는 것이었다. 그리스도인들은 점차 기존의 유비 혹은 모델은 나사렛 예수의 의미를 표현하는 데 적합하지 못함을 깨닫게 되었다. 예수 그리스도에 대한 교회의 이해에서 성육신 개념이 가장 중요한 것으로 떠올랐다.

저자마다 약간씩 다르기는 하지만 핵심 주제는 역사 속으로 들어오셔서 나사렛 예수 안에서 인간의 본성을 취하신 하나님이라는 주제였다. 이 개념은 주류 그리스 철학파들에게 상당한 철학적 어려움을 야기했다. 많은 사람이 어떻게 불변하시는 하나님이 역사 속으로 들어올 수 있느냐라고 물었다.

아리우스(Arius, 270경-336)는 이집트의 대도시 알렉산드리아에 소재한 큰 교회의 성직자로, 그리스 문화가 나사렛 예수의 정체성에 대한 기독교의 생각을 보다 매력적으로 느끼고 신뢰할 수 있게 하는 가장 좋은 방법은 어떤 의미에서든 그는 신이 아니라고 선언하는 것이라고 주장했다. 그는 '피조물 중의 첫째', 즉 지위상 제일 탁월하지만 의문의 여지 없이 신적 존재가 아닌 피조물이었다. 물론 아리우스는 성자가 다른 피조물들과 동일하지 않다는 것을 세심하게 강조했다. 그는 성자와 다른 인간들 사이에는 분명한 지위의 차이가 있다고 주장했다. 그러나 기본 사상은 단순할 정도로 분명하다. 나사렛 예수는 인간이며, 절대 신으로 간주될 수 없다는 것이다.

이 아리우스에 대한 가장 중요한 비판자는 알렉산드리아의 아타나시우스(Athanasius, 293경-373)였다. 아타나시우스는 아리우스가 기독교 신앙의 내적 일관성을 깨뜨려 그리스도인의 신앙과 예배 사이의 깊은 연관성을 무너뜨린다고 보았다. 아타나시우스는 오직 하나님만 구원하실 수 있다고 주장했다. 하나님, 오직 하나님만이 죄의 권세를 깨뜨리고 인간에게 영원한 생명을 주실 수 있다. 인간 본성의 근본적 특성은 구속을 필요로 한다는 것이다. 피조물이 다른 피조물을 구원할 수 없다. 만일 그리스도가 하나님이 아니라면, 그는 문제의 일부이지 해답이 아니다. 신약과 기독교의 의식 전통은 모두 예수 그리스도를 구주로 여긴다. 그러나 아타나시우스가 강조한 것처럼 오직 하나님만 구원하실 수 있다. 그러면 우리는 이것을 어떻게 이해해야 하는가? 나사렛 예수가 하나님이 아니라면 어떻게 우리의 구주가 될 수 있는가? 그를 구원할 능력이 없는 분으로 이해한다면 어떻게 그가 구원할 수 있는가?

가능한 유일한 해결책은 나사렛 예수가 바로 성육신한 하나님임을 받아들이는 것이라고 아타나시우스는 주장했다. 아타나시우스는 구원은 신적 개입이 포함되는 것으로, 이것은 "말씀이 육신이 되어"(요 1:14)라는 극히 중요한 성경 본문으로 확증된다고 보았다. 하나님이 인간의 상황을 변화시키기 위해 그 상황으로 들어오셨다.

결국 아타나시우스의 견해가 승리했다. 물론 성육신에 대한 칼케돈의 정의를 통해 완전히 받아들여지기까지는 상당한 시간이 걸렸다. 성육신에 대한 칼케돈의 정의라 불리는 것은 451년 칼케돈 공의회에서 공식적으로 받아들여졌기 때문이다. 이 이정표를 좀 더 자세히 살펴보자.

성육신 : 칼케돈의 정의

예수 그리스도에 관한 기독교 교리는 '성육신'(incarnation)이라는 견지에서 논의될 때가 많다. '성육신'은 '육신'이라는 뜻의 라틴어에서 나온 어렵지만 중요한 단어로, 예수 그리스도는 신이자 사람이라는 기본적인 기독교 신앙을 요약한다. 성육신 교리는 나사렛 예수가 인간 역사 속에서 하나님으로 그리고 하나님을 위하여 행동하셨다고 선언한다. 예수님은 하나님을 드러내고 하나님의 이름으로 약속을 할 능력과 권위를 가지신 것으로 이해된다.

성육신 교리는 "말씀이 육신이 되어 우리 가운데 거하시매"(요 1:14)라는 성경의 확언에 암시되어 있는 것을 명시적으로 말한다. 여기서 '거하신다.'로 번역된 헬라어의 정확한 의미는 '그의 장막을 치셨다.'이다. 그리스도인은 신앙의 여행을 하면서 새로운 텐트가 그들 가운데 쳐져 있음을 발견한다. 하나님이 친히 오셔서 그들 가운데 거하신다. 이처럼 성육신 교리는 기독교 신앙의 중요 주제 가운데 하나, 하나님이 진정으로 인간을 보살피신다는 것을 견고하게 세운다. 멀리서 소극적으로 바라보는 분이 아니라 인간의 삶의 여정을 함께 하는 적극적인 동료 여행자라는 것이다.

나사렛 예수의 정체성에 대한 고전적 기독교의 이해는 흔히 '두 본성 교리'로 요약된다. 즉 예수님은 완전한 하나님이며 완전한 인간이라는 견해로, 이것은 451년 칼케돈 공의회에서 구체적으로 표명되었다. 이 교리는 고전적 기독론을 위한 중요한 원리를 제공했고, 이것은 그 이후로 정통 기독교 신학에서 결정적인 것으로 받아들여지고 있다.

칼케돈 공의회는 기독교가 다섯 세기 동안에 걸쳐 신약을 숙고하면서 다양한 말과 사상을 사용하여 이미 확립해 놓은 것을 결정했을 뿐이다. 칼케돈 공의회에서 수정되고 인정된 니케아 신조에서 예수님의 정체성에 대한 부분은 다음과 같다.

오직 한 분이신 주 예수 그리스도를 믿나니,
모든 세계에 앞서 성부께 나신 하나님의 외아들이시며,
하나님에게서 나신 하나님이시요, 빛에서 나신 빛이시요,
참 하나님에게서 나신 참하나님으로서 창조되지 않고 나시어,
성부와 일체시며,

이것은 나사렛 예수는 하나님과 인간 양자로 이해되어야 한다는 것이다. 이 점을 분명히 하기 위해 칼케돈 공의회는 이 당시에 이미 확립된 전문 용어를 사용했다. 그것은 헬라어 호모우시오스(homoousios)로, 번역하면 '한 본질의' 또는 '한 존재의'라는 말이다. 이 용어 자체는 성경에 없지만, 철저하게 성경적인 통찰을 표현한 것으로 널리 받아들여졌다. 예수님은 하나님과 '한 본질'이며, 또한 인간과 '한 본질'이다. 다시 말해서, 예수님은 하나님과 동일하다.

화보 3.6 비잔틴 건축의 정수를 보여주는 하기아 소피아 대성당의 모자이크 벽화 중 하나. 유명한 예수 그리스도의 초상을 중심으로 좌측에는 성모 마리아, 우측에는 세례 요한이 그려져 있다. 한때 이슬람 사원으로 사용되면서 회반죽으로 덮여 버렸던 것을 일부 복원한 상태이다.

즉 예수님 안에서 우리가 만나는 분은 하나님으로부터 보냄받은 사자가 아니라 실제로 하나님이다.

그러나 중요한 소수 관점을 주목해야 한다. 칼케돈 공의회는 기독교 전체의 합의를 도출하는 데 성공하지 못했다. 소수의 관점은 6세기에 나타난 것으로 현재는 단성설(單性說, Monophysitism)로 알려져 있다. 단성설은 헬라어로 '하나'를 의미하는 모노스(monos)와 '본성'을 의미하는 퓌시스(phusis)가 합쳐진 것으로, 문자 그대로 그리스도에게는 '오직 하나의 본성'만 있다는 견해이다. 이때 본성은 인간이 아니라 신으로 이해된다. 이 관점은 복잡하여 이 책에서는 다룰 수가 없다. 다만 독자는 콥트, 아르메니아, 시리아, 아비시니아 교회를 비롯한 지중해 동부 세계의 교회들은 대부분 이 관점을 인정한다는 것을 주목하기 바란다.

하나님과 인간 사이의 중보자 나사렛 예수

앞서 보았듯이, 성육신 교리는 예수 그리스도는 완전한 인간이며 신이라고 확립했다. 이러한 개념이 중요하기는 하지만 시각화하기란 쉽지 않다. 그렇다면 신과 인간의 가능성이라는 지도에서 나사렛 예수의 위치를 시각적으로 표시하는 데 도움이 될 만한 모델이나 유비로는 어떤 것이 있을까? 여기서는 신약에 나오는 그리스도의 칭호 가운데 하나로 기독교 신학자들이 상당히 자세히 탐구했던 것을 살펴볼 것이다. 바로 나사렛 예수는 여러 면에서 하나님과 인간 사이의 중보자(mediator)라는 개념이다(히 9:15; 딤전 2:5).

첫째, 나사렛 예수는 하나님에 대한 지식을 인간에게 전달하심으로 중보하실 수 있다. 예수님은 하나님이요 인간으로서 하나님과 인간의 하나님 지식 사이의 다리 또는 통로로 생각할 수 있다. 둘째, 예수님은 하나님과 인간 사이를 중보하여, 둘 사이의 관계를 회복시킬 수 있다. 죄로 인해 깨진 것을 은혜로 수리할 수 있다.

이 점은 많은 기독교 신학자들에 의해 발전되었다. 그 중 좋은 예를 존 칼빈(John Calvin)의 『기독교 강요』(Institutes of the Christian Religion, 1559)에서 찾아볼 수 있다. 예수 그리스도는 하나님과 인간 사이를 중보하신다. 중보자 역할을 하려면, 예수 그리스도는 하나님인 동시에 인간이셔야 한다고 칼빈은 주장한다. 인간은 자신의 죄 때문에 하나님께 올라갈 수 없다. 그래서 하나님은 내려오기로 하셨다. "하나님의 아들이 사람의 아들(Son of Man, 인자)이 되셨고, 우리의 것을 받으시고 자신의 것을 우리에게 주사 은혜를 통해 그의 본성이 우리의 본성이 되게 하셨다."

그러면 무엇을 중보하는가? 신약과 신학자들의 오랜 기간에 걸친 성경 연구 결과 두 가지 보완적인 대답이 주어졌는데, 그것은 바로 계시와 구원이다. 그리스도는 하나님을 아는 지식과 하나님과의 교제를 중보하신다.

이 주제는 많은 기독교 저자들이 표현했던 것으로, 그 중에 도로시 세이어스가 있다. 그녀는 피터 윔지 경이 아마추어 귀족 탐정으로 나오는 범죄 소설로 유명하다. 그러나 그녀는 기독교 신학에도 상당한 관심을 기울였는데, 이것이 『창조주의 마음』(The Mind of the Maker)과 『신조인가 혼돈인가』(Creed or Chaos)에 뚜렷이 나타나 있다. 『신조인가 혼돈인가』에서 세이어스는 예수님께는 특별한 무엇이 있어서 우리가 그것을 진지하게 받아들이게 한다고 주장할 이유가 없는 한, 예수님은 유익한 생각을 가진 좋은 선생님이라는 데 동의하는 것은 별로 도움이 되지 않는다고 주장한다. 그러므로 기독론의 중요한 질문들을 필연적으로 그리고 반드시 다루어야 한다고 주장한다.

이렇게 말한 후 그녀는 중보의 문제를 고찰하는 데로 돌아간다. 어떤 조건 하에서 하나님과 인간 사이의 중보가 가능한가? 그리고 어떤 방식으로 예수님은 중보자의 능력을 실행할 수 있는가? 그녀의 대답은 '두 본성', 다시 말해서 예수님은 진정한 인간이며 진정한 하나님이라는 교리가 이 개념을 지켜 준다는 것이다.

성육신의 중심 교의는 성육신 교리를 서거나 넘어지게 한다. 만일 그리스도가 오직 사람이라면 그는 하나님에 관한 생각에 관해서는 전혀 무관하게 될 것이며, 만일 그가 오직 하나님이라면 인간의 삶의 경험에 대해서는 전혀 무관하게 될 것이다.

이제 우리는 예수님에 대한 특히 중요한 반응을 살펴볼 차례이다. 이슬람교의 반응은 현대 세계에서 특히 중요하다.

기독교의 나사렛 예수 이해에 대한 이슬람교의 비판

이슬람교가 세계적으로 점점 더 중요해짐에 따라, 이슬람교도들이 예수님을 보는 관점이 기독교에 더욱 중요해지고 있다. 이슬람교는 예수님은 한 선지자요 하나님의 사자였다고 인정한다. 코란에는 '예수'(아랍어로 isa)라는 이름이 25회 사용되었다. 대부분의 경우, 이 이름은 '마리아의 아들'(ibn Mariam)이라는 칭호와 연결되어 있다. 모세의 칭호와는 자주 연결되지 않는다. 신약은 '예수'라는 이름이 '하나님이 구원하신다.'라는 의미임을 분명히 밝히지만(마 1:21), 코란은 이사(isa)라는 이름을 전혀 설명하지 않는다. 관련어 '메시아'(al masih)도 코란에서 사용된다. 그러나 구약은 이 말을 '하나님의 기름부음을 받은 자'로 연결짓는데 코란은 이를 이해하지 못하는 것 같다. 코란이 예수님을 '마리아의 아들'이라고 부르는 이유는 분명하지 않다. 이 호칭은 신약에서는 거의 사용되지 않는다(막 6:3). 주요 인물이 아버지가 아니라 어머니의 이름으로 불리는 경우는 셈족 세계에서도 일반적이지 않지만 아예 없는 것은 아니다.

코란은 또한 예수님을 가리킬 때 매우 고상한 말을 사용한다. 예수님은 '하나님의 말씀'과 '하나님의 영'으로 묘사되는데, 이는 이슬람교의 계시 진행 이해에서 그를 귀한 자리에 두는 방식이다. 이 진행 과정은 무함마드(Muhammad)에 대한 계시에서 절정에 이르며, 이것은 코란에 충실하게 기록되었다.

예수님의 죽음과 부활의 의미에 대한 이슬람교의 견해는 상당히 복잡하다. 코란이 그리스도의 죽음을 언급하면서 그것이 하나님의 뜻에 따른 것임을 시사하는 곳들이 있기는 하지만, 그의 죽음의 정확한 방식과 의미에 대해서는 분명하지 않다.

예수님은 유대인들에게 죽음을 당하거나 대적들에 의해 십자가에 죽지 않았다고 가르치는 것 같은 본문이 한 곳이 있다. "그들에게는 그렇게 보였지만"이라는 본문이 바로 그것이다. 예수님은 천국으로 올려졌고 다른 이름 모를 사람이 그를 대신해 십자가에 달렸다고 한다. 그러므로 '그들에게는 그렇게 보였다.'라는 구절은 '유대인은 예수님이 십자가에서 죽었다고 생각한다.' 또는 '유대인은 십자가에 달린 그 사람이 예수님이라고 생각한다.'라는 의미라는 것이다.

가장 중요한 것은, 성육신 개념은 이슬람교가 전혀 받아들일 수 없는 개념이라는 것이다. 그리스도는 하나님의 아들이라는 기독교 신앙은 이슬람 저자들이 보기에는 하나님에게 육체적 자녀가 있다는 것으로, 이교의 형태로 변질된 것이었다. 기독교의 '하나님의 아들'이라는 말의 개념을 코란을 만들 때 완전히 이해하지 못한 것 같다. 그러므로 이 맥락에서도 강조되어야 할 것은, 예수님이 '하나님의 아들'이라는 정통 기독교의 교리는 하나님이 육체적으로 예수님을 낳았다는 것이 절대 아니라는 것이다.

일반적으로 이슬람교도들은 이 말을, 예수님을 하나님의 육체적인 아들로 인정한 이타카다(ittakhadha) 이단의 한 예로 간주한다. 이것은 바른 이해가 아니다. '아들'이라는 호칭을 사용한 점은 근본적으로 합리적이다. 이것은 하나님과 관련하여 예수님의 독특한 상태에 대한 확인으로, 이를 통해 예수님은 하나님의 계시를 가진 자와 하나님의 구원을 시행하는 자로서 기독교 전통 안에서 독특한 역할을 한다.

기독교의 구원 이해

기독교 메시지의 중심 주제는 예수 그리스도의 죽음과 부활에 의해 인간의 상태가 변화되었다는 것이다. 이 변화를 종종 '구원'이라고 한다. '구원'이라는 말은 아주 특별한 의미를 가지고 있지만, 종종 보다 일반적인 의미로도 사용된다. 우선 신약의 바울 서신에서 발견되는 구원의 유비 또는 이미지들을 살펴보도록 하자. 이것은 일부 신학자들이 '그리스도의 유익'(나사렛 예수가 그의 삶과 죽음, 부활을 통해 인간에게 준 변화)이라고 부르는 것에 대한 기독교의 숙고에 깊은 영향을 미친 것으로 확인되었다.

신약의 구원 이해

'구원'이라는 말은 반드시 기독교에서만 사용되는 것이 아니다. 이 말은 완전히 세속의 방식으로도 사용될 수 있다. 예를 들어, 특히 1920년대 후반에는 소련의 작가들이 레닌(Vladimir I. Lenin)을 러시아 인민의 '구주'로 부르는 일이 흔했다. 1980년대에 아프리카 국가의 군대들은 자주 '구원 회의'를 구성했는데, 이는 정치 경제적 안정을 회복하기 위한 것이었다. 이처럼 구원은 순전히 세속 개념으로, 정치적 해방이나 인간의 해방 추구와 관계될 수도 있다.

종교 영역에서도, 구원은 특별히 기독교적인 사상이 아니다. 세계 종교의 다수(그러나 전부가 아니라는 것이 강조되어야 한다)는 구원 개념을 가지고 있다. 물론 구원이 성취되는 방식과 구원의 형태 혹은 모습은 엄청날 정도로 다양하다.

기독교의 구원 개념을 보다 자세히 탐구하려면 먼저 두 가지 질문을 해야 한다. 첫째, 구원 자체가 어떻게 구성되는가 하는 문제이다. 구원의 본질에 대한 기독교의 이해는 어떻게 차이가 나는가? 이 단원에서는 구원에 대한 사고방식 몇 가지를 살펴볼 것이다.

둘째, 구원은 어떻게 가능하게 되는가? 특히 예수 그리스도의 역사 속에 어떻게 근거하는가 하는 문제이다. 이것을 달리 말하면, '기독교 교리에 의하면 구원의 기초는 무엇인가?'라는 것이 될 것이다. 이 두 질문은 전 역사 동안 집중적으로 논의되어 온 주제이다. 다음 단원에서는 이 논의에서 나온 몇 가지 주제들을 다룰 것이다.

우리는 시작할 때 구원이 이해되는 방식을 다루었다. 바울은 신약의 서신서에서 그리스도가 신자들에게 주시는 유익들을 조명하고 명확하게 하기 위해 다양한 이미지들을 사용한다. 분명 그는 이 유비들이 전달하려고 하는 것을 독자들이 이해할 수 있을 것으로 전제한다. 이제부터는 이 이미지 몇 가지를 살펴보면서 그 중요성을 평가할 것이다.

첫째는 구원 자체의 이미지이다. 이 말은 여러 가지 의미를 가지고 있는데, 여기에는 위험, 포로됨, 혹은 치명적인 질병으로부터 벗어나는 것이 포함된다. '치유'와 '해방'과 같은 개념들도 이 중요한 바울의 용어 속에 포함되는 것으로 볼 수 있다. 히포의 아우구스티누스는 교회는 치료 중인 사람들로 가득하다는 면에서 병원과 같다고 했다. 바울은 구원에는 과거(롬 8:24), 현재(고전 1:18), 미래(롬 13:11) 차원이 있다고 보았다. 이처럼 '구원'은 과거에 이미 일어난 일, 현재에 일어나고 있는 일, 그리고 미래에 일어날 일을 가리킬 수 있다.

많은 설교자들은 이야기를 사용하여 이 점을 설명한다. 널리 사랑받는 이야기 중에 한 구세군 사관이 그가 구원받았는지 묻는 아이에게 대답해 주는 내용이 있다. 그의 대답은 위에서 언급한 점을 완벽하게 설명해 준다. "나는 죄에 대한 책임으로부터 구원받았다. 나는 죄의 능력으로부터 구원받고 있다. 나는 마지막으로 죄의 존재로부터 구원받을 것이다."

둘째는 양자됨에 대한 이미지이다. 여러 차례에 걸쳐 바울은 그리스도인들이 하나님의 가족으로 '입양되었다.'라고 말한다(롬 8:15, 23; 갈 4:5). 많은 사람들은 바울이 그리스 로마 문화에서 일반적이었던 법적 관행을 말하는 것으로 생각한다(흥미롭게도 이는 전통적인 유대법에는 나타나지 않는다). 바울 서신을 해석하는 사람들에 의하면, 신자들이 하나님의 가족으로 입양되었다는 말은 신자들에게는 예수 그리스도와 동일한 기업의 권리가 있으며, 따라서 그리스도가 받은 영광도 받을 것임(물론 먼저 그의 고난에 동참한 후이지만)을 가리킨다.

셋째는 칭의의 이미지이다. 16세기 종교개혁 시기에 많은 프로테스탄트 저자들은 칭의의 이미지를 특히 중요하게 여겼다. 특히 기독교와 유대교의 관계를 다루는 서신들(갈라디아서와 로마서 등)에서 바울은 신자들이 '믿음으로 의롭다 하심을 받는다.'라고 단언했다(롬 5:1-2). 이것은 신자가 하나님 앞에서 갖는 신분 변화와, 죄가 있음에도 불구하고 하나님 앞에서 궁극적으로 죄가 없다는 확신을 포함하는 것으로 널리 이해되고 있다. 그러므로 명사 '칭의'와 동사 '의롭다 하다.'는 하나님과 바른 관계에 들어가는 것 또는 하나님 보시기에 의롭게 되는 것을 나타낸다.

넷째는 구속의 이미지이다. 이 말은 주로 '값을 치름으로써 어떤 사람을 해방시키다.'라는 의미이다. 바울의 사고의 배경이 되었던 고대 세계에서는, '구속'이 전쟁 포로의 해방이나, 주로 가족의 빚을 갚기 위해 자신을 노예로 판 사람들의 자유를 확보하는 것을 가리키는 데 사용되었다. 바울의 기본적인 생각은 그리스도의 죽음이 신자들을 율법 혹은 사망의 노예 상태에서 자유케 하여 하나님의 노예가 되게 한다는 것이다(고전 6:20, 7:23).

다섯째는 화목의 이미지다. 즉 깨어진 관계의 회복을 말한다. 바울은 하나님이 "그리스도로 말미암아 우리를 자기와 화목하게 하시고", "세상을 자기와 화목하게 하셨다"라고 말한다(고후 5:18-19). 바울은 다른 곳에서도 같은 단어를 사용하여 금이 간 인간관계의 회복을 말하면서, 남편들에게 멀어진 아내와 화목하라고 한다. 구원에 대한 이런 강한 관계적 사고방식은 현대 서구 문화에서 특히 강하다.

더 최근에는, 신학자와 설교자들이 이런 사상들을 현재 문화의 관심과 쉽게 연결될 수 있는 개념으로 설명하려고 노력하고 있다. 예를 들어, 구원을 정치적 해방으로, 개인적 성취로 말하는 사람들도 있다. 그러나 기본적인 주제는 본질적으로 동일하다. 구원은 죄로 인해 인간이 구부러지고 벗어났음에도 불구하고, 곧 편향과 이탈을 했음에도 불구하고 하나님이 인간으로 하여금 원래 의도된 대로 될 수 있게 하는 것이다.

이제 구원에 대한 두 번째 질문을 다룰 차례이다. 나사렛 예수의 죽음과 부활이 하나님이 인간의 상황을 변화시키는 일과 연관되는 방식을 어떻게 이해해야 하는가? 이 분야의 기독교 사상을 흔히 '속죄론'이라고 한다. 이제부터는 예수님이 구원의 근원이 되는 방식에 대한 기독교의 관점들을 살펴볼 것이다. 이것은 한 복잡한 주제에 대한 보완적인 관점들 혹은 층층으로 된 실재의 여러 층으로 보면 좋을 것이다. 우선 죄와 죽음을 이긴 승리자 나사렛 예수에서부터 시작한다.

승리자 그리스도 : 죄와 죽음에 대한 승리

"우리 주 예수 그리스도로 말미암아 우리에게 승리를 주시는 하나님께 감사하노니"(고전 15:57). 초대 교회는 나사렛 예수가 십자가에서 거두신 승리, 죄와 죽음과 사탄에 대한 승리를 찬양했다. 갈보리의 승리를 통해 천국의 문이 활짝 열렸다. 죽은 자들 가운데서 일어나시고 '만물의 통치자'(ruler of all, 헬라어로 *pantokrator*)로 등극한 승리하신 그리스도라는 이미지는 동방 기독교의 상상력을 사로잡았다. 십자가는 선이 악과 싸워 승리를 거둔, 호메로스(Homeros)의 서사시에 비견할 만한, 유명한 전투의 중심으로 간주되었다.

초대 교회는 이러한 승리가 정확히 어떻게 이루어졌는지를 캐는 것보다는 인간의 원수들에 대한 그리스도의 승리를 선포하는 데 더 관심이 많았다. 예수님이 부활하셔서 믿는 자들에게 천국의 문을 여신 것은 신학적 분석의 대상이 아니라 선포하고 기념해야 하는 것이었다.

화보 3.7 유대 전쟁에서 승리한 기념으로 세운 티투스 개선문에 새겨져 있는 부조. AD 70년 예루살렘 성전을 파괴하고 약탈한 성물(聖物)들을 들고 개선 행진하는 로마군의 모습을 그리고 있다.

로마의 문화적 정황 때문에, 그런 승리에 대한 사고방식이 나온 것이다. 원수들을 이긴 예수님의 승리는 군사 지도자의 업적을 기리는 고대 로마의 개선 행진으로 묘사되었다. 고전적 방식의 개선 행진은 캄푸스 마르티우스에서 시작하여 로마 거리를 지나 카피톨리누스 언덕의 유피테르 신전에서 끝났다. 개선장군의 병사들이 선두에 섰는데, 이들은 그 장군과 장군의 업적을 기록한 플래카드나 그가 정복한 지역의 지도를 들고 행진할 때가 많았다. 다른 병사들은 로마의 보물고에 들어갈 전리품을 실은 마차를 끌었다. 행진 한 부분에는 사슬에 매인 포로가 있었다. 포로는 주로 적군 혹은 적지의 지도자들이었다.

기독교 저자들이 이 이미지를 나사렛 예수가 원수인 죄와 죽음을 이긴 승리를 묘사하는 한 방법으로 사용한 것은 작은 한 걸음이었다. 이 강력한 상징은 신약에 굳게 뿌리를 내려, 승리자 예수님이 "사로잡혔던 자들을 사로잡으셨다"라고 말한다(엡 4:8). 이 주제는 초기 기독교 미술에도 나타나지만, 그 시대의 찬송에 가장 극적인 영향을 미쳤다. 이 시대에 나온 기독교 최고의 찬송 가운데 하나는 그리스도의 승리 행진을 묘사하면서 원수들을 물리치신 것을 노래한다.

왕의 깃발들이 앞서네.
십자가가 신비롭게 빛나네.
그가 육으로 계신 그곳에 그가 지으신 우리의 육도 있나니
우리 죄를 지시고 우리의 죄 값을 치르셨네.

지옥의 정벌자 그리스도 : 회복으로서의 대속

죽음에 대한 승리라는 이 주제는 더 발전되어 나사렛 예수를 십자가와 부활의 승리를 저승(netherworld)에까지 확대하시는 분으로 묘사한다. '지옥 정벌'이라는 중세 사상은 그리스도가 십자가에서 죽으신 후 지옥에 내려가셔서 그곳에 갇힌 영혼들을 구하려고 지옥문을 부수셨다고 주장한다. 이러한 사상은 다소 약하기는 하지만 그리스도가 "옥에 있는 영들에게 선포하시니라"라고 한 성경 말씀에 근거한다(벧전 3:18-22).

풀베르투스(Fulbertus, 970경-1028)가 쓴 '너 새 예루살렘의 합창단이여'(You Choirs of New Jerusalem)라는 찬송은 사탄인 뱀을 이기는(창 3:15) 유다 지파의 사자 그리스도라는 주제(계 5:5)를 취하여 이 개념을 두 절로 표현한다.

유다의 사자가 사슬을 끊고
뱀의 머리를 부수었도다.
큰 소리가 죽음의 땅에 퍼져
거기 갇힌 죽은 자들을 깨우도다.

지옥의 심연을 삼키니
그 먹이들이 그의 명령에 회복되네.
그의 속량받은 무리가 전진하니
예수님이 앞서 가시네.

이러한 개념은 곧 중세의 대중 영어 문학에 자리잡았다. 이 시대의 가장 중요한 기독교 문학 가운데 하나는 전통적으로 윌리엄 랭런드(William Langland)의 작품으로 여겨지는 『농부 피어스』(Piers the Plowman)이다. 이 시에서, 낭송자는 잠이 들었는데 꿈 속에서 그리스도가 지옥문을 열고 사탄에게 말씀하시는 것을 들었다고 말한다.

내 영혼을 이 모든 죄악된 영혼들을 위해, 귀한 영혼들을 구속하기 위해 속전으로 주노라. 그들은 나의 것이다. 그들은 내게서 나왔다. 그러므로 내가 그들을 요구함이 마땅하다. ……너는 거짓과 범죄와 모든 정의를 거슬러 나의 영토에서 내 소유를 탈취했다. 나는 다른 어떤 방법도 쓰지 않고 다만 속전을 지급함으로써 공정하게 그들을 회복시키노라. 네가 간교한 속임수로 취한 것을 나는 은혜로 되찾노라. ……그리고 한 그루의 나무가 아담과 온 인류를 죽음에 몰아넣었듯이 나의 형틀이 된 나무가 그들을 생명으로 회복시키리라.

그리스도가 죽음과 지옥의 문을 여시고 그 안에 갇힌 영혼들을 나오게 하시어 천국의 기쁨에 참여하게 하시는 방식에 대한 이처럼 아주 극적인 이해는 『농부 피어스』를 읽는 사람들의 상상력을 크게 자극했다.

이미지의 힘은 이처럼 커서, 종종 발견되지 않은 후대의 저작에 반영되어 있기도 하다. 이것을 특히 잘 보여주는 한 가지 예를 C. S. 루이스가 아이들을 위해 쓴 『사자, 마녀, 그리고 옷장』(The Lion, the Witch and the Wardrobe)에서 찾아볼 수 있다. 이 책은 네 아이들이 낡은 옷장을 뒤지다가 우연히 발견한 나라 나니아에 관한 이야기이다. 이야기 속에는 만년설로 덮인 나니아를 통치하는 하얀 마녀가 등장한다. 계속 읽다 보면, 하얀 마녀는 나니아를 합법적으로 통치하지 않고 몰래 통치하는 것임을 알 수 있다. 나니아의 통치자는 그곳에 없다. 그가 없는 사이, 마녀는 나니아를 억압한다. 이 겨울 나라의 한가운데 마녀의 성이 있고, 그 안에는 많은 백성들이 얼음조각 상태로 갇혀 있다.

이야기가 진행되면서, 우리는 나니아의 합법적 통치자는 사자 아슬란이라는 것을 알게 된다. 아슬란이 나니아로 돌아오면서, 겨울이 끝나고 봄이 오며 눈이 녹기 시작한다. 마녀는 자신의 힘이 사라지기 시작한다는 것을 깨닫고, 아슬란의 위협을 제거하려 한다. 아슬란은 악의 세력에 굴복하며 그들에게 온갖 굴욕을 당하고 죽는다. 그러나 이렇게 함으로써, 아슬란은 그들을 물리친다. 루이스가 묘사한 아슬란의 부활은 아주 중요한 장면으로, 독자들은 이 장면을 보면서 그리스도의 장사에서 느끼는 깊은 슬픔과 부활의 진리를 깨달

화보 3.8 터키 이스탄불 코라 교회의 프레스코화 '예수 그리스도의 지옥 정벌.' 그리스도가 지옥에서 아담과 하와를 구해 내는 장면으로, 하와는 왼손이 그려져 있지 않다. 현재 박물관으로 사용되고 있는 코라 교회는 비잔틴 예술의 정수를 보여주는 모자이크화와 프레스코화를 다수 보존하고 있다.

앉을 때 느끼는 깊은 기쁨을 맛보게 된다. 루이스는 이어서 자신의 사슬을 끊은 유다의 사자 아슬란이 마녀의 성으로 달려가 얼음조각 상태의 백성에게 입김을 불어 되살린 후 그 해방된 군대를 이끌고 한때 큰 성채였던 곳의 문을 부수고 자유를 향해 전진하는 모습을 그린다. 지옥이 정벌되고, 지옥의 거민들은 사망의 그늘에서 벗어난다.

구속자 그리스도 : 배상으로서의 대속

그리스도의 죽음의 의미에 대한 세 번째 접근은 심판과 용서의 개념을 다루는 일련의 성경 본문들을 통합한다. 앞에서 정리한 그리스도의 사역에 대한 이해는 엄청난 영향을 끼쳤는데, 이것은 그 극적인 성격 때문이 결코 아니다. 그러나 이것도 심각한 약점이 있었다. 11세기의 저자 캔터베리의 안셀무스(Anselmus)에게는 두 가지가 특별히 중요했다. 첫째, 그것은 하나님이 우리를 구속해야 하는 이유를 설명하지 못했다. 둘째, 그것은 나사렛 예수가 구속 과정에 개입하는 방법에 대한 이해에 별 도움이 되지 않는다. 안셀무스는 좀 더 설명이 필요하다고 생각했다.

이를 위해 그는 나사렛 예수가 성취하신 일에 대한 새로운 접근법을 만들어 냈다. 그것은 하나님의 본성을 반영하는 창조계의 도덕적 질서와 일치하는 방식으로 하나님이 인간을 구속하신다는 것을 강조했다. 하나님이 자신의 뜻과 본성의 표현으로 우주를 만들어 놓고 이와 전혀 다른 방식으로 인간을 구원하심으로써 우주의 도덕적 질서를 어기는 일은 있을 수 없다. 하나님은 자신의 본성과 목적에 부합하는 방식으로 인간을 구속하셔야 한다. 그러므로 구속은 우선 도덕적이어야 하고, 둘째로 도덕적으로 보여야 한다. 하나님은 이번에는 이런 도덕 기준을 택하셨다가 다음에는 다른 기준을 택하실 수 없다. 그러므로 하나님은 창조 세계의 도덕 질서를 존중해야 하는, 스스로 부과한 의무 아래 있다.

이 점을 정리한 후, 안셀무스는 구속이 가능하게 되는 과정을 살핀다. 기본적인 딜레마는 이렇게 요약할 수 있다.

하나님은 먼저 인간의 죄를 다루지 않고는 인간과의 교제를 회복할 수 없다. 죄란 우주의 도덕적 질서가 깨뜨려진 것이다. 이것은 창조된 것이 창조주를 거역하는 것을 말한다. 이것은 하나님을 모욕하고 거스르는 것이다. 이 상황을 '바로잡아야' 비로소 하나님과 인간 사이의 교제가 회복될 수 있다. 그러므로 하나님은 하나님의 자비 및 하나님의 의와 일치하는 방식으로 상황을 '좋게 만들어야' 한다.

그리하여 안셀무스는 배상 개념(인간의 죄가 입힌 해를 보상하는 지불 등의 행위)을 도입한다. 일단 배상이 이루어지면 상황은 정상으로 돌아올 수 있다. 그러나 이 배상이 먼저 성취되어야 한다.

그런데 인간은 이런 배상을 성취할 능력이 없다. 그것은 인간의 능력 밖이다. 인간은 그 일을 해야 하지만, 할 수가 없다. 인간은 자신의 죄에 대한 배상을 해야 하지만 그럴 능력이 없다. 하나님은 배상을 해야 할 의무가 없다. 그러나 합당하다면 배상할 능력은 있다. 그러므로 하나님이 인간이 되시면, 그 하나님-인간(神人)은 인간의 의무와 하나님의 능력을 다 갖추어서 필요한 배상을 할 수 있다. 그러므로 성육신은 이 딜레마에 대한 해결책이 되어 인간의 상황을 변화시킬 수 있다. 나사렛 예수의 십자가 죽음은 죄에 대한 하나님의 전적인 반대를 보여주는 동시에, 죄를 실제로 그리고 진정으로 용서받으며 하나님과 사람 사이의 새로운 교제를 위한 길이 열리게 하는 방법을 제시한다.

기본적인 개념은 이렇게 제공된 배상의 가치가 인간의 죄의 무게와 같아야 한다는 것이다. 안셀무스는 하나님의 아들이 성육신하신 것은, 그가 성육신한 하나님으로서 배상을 해야 하는 인간의 의무를 맡는 동시에 구속에 필요한 엄청난 배상금을 지불할 신적 능력을 소유하기 위함이었다고 주장한다.

이 개념은 세실 알렉산더(Cecil F. Alexander, 1818-1895)가 쓴 19세기의 유명한 찬송가 '저 멀리 푸른 언덕에'(There is a Green Hill Far Away)에 잘 표현되었다.

그 흘린 보배 피로써
날 속량했으니
저 하늘문을 여시고
날 인도하시리.

그렇지만 나사렛 예수의 십자가 죽음이 어떻게 우리에게 영향을 미치는가? 우리는 어떻게 하여 그의 죽음과 부활의 혜택을 공유하게 되는가? 안셀무스는 이 점에 대해서는 논의가 필요하지 않다고 생각하여 아무 지침도 제시하지 않았다. 그러나 후에, 기독교 저자들이 이 문제를 다루어야 할 필요를 느꼈다. 이와 관련하여 신자들이 그리스도와 관계하는 방법에 대해서는 세 가지 주요한 이해가 있다.

1. 참여. 신자들은 믿음을 통해 예수 그리스도 안에 참여한다. 바울의 유명한 말에 따르면 그들은 '그리스도 안에' 있다. 신자들은 그 안에 붙들려 있으며 그의 부활한 생명을 공유한다. 그 결과, 그리스도가 십자가에서 순종하심으로 얻은 모든 유익들을 공유하게 된다.
2. 대표. 그리스도는 인간의 언약적 대표이다. 우리는 믿음을 통해 하나님과 인간 사이의 언약 안으로 들어간다. 그리스도가 우리를 위해 확보하신 모든 것은 하나님과 교회 사이의 언약 때문에 우리의 것이 된다. 그리스도는 십자가 순종을 통해 하나님의 언약 백성을 대표하심으로, 대표로서 그들을 위한 유익을 확보하신다. 개인들은 믿음을 가짐으로써 언약 안으로 들어가 그리스도가 확보한 모든 유익에 참여한다.

3. 대리. 여기서는 예수님이 신자들을 대리하는 분으로 이해된다. 신자들은 자기들의 죄 때문에 십자가에 못 박혀야 한다. 그런데 예수님이 그들을 대리해 십자가에 못 박히셨다. 이처럼 하나님은 예수님이 인간의 죄를 담당하게 하심으로써, 그의 십자가 순종으로 얻은 그의 의가 믿음을 통해 신자들의 의가 되게 하셨다.

완전한 제물로서의 그리스도의 죽음

신약은 구약의 이미지와 기대를 사용하여 나사렛 예수의 십자가 죽음을 제물로 설명한다. 이 접근법은 특히 히브리서와 관련되는데, 그리스도의 희생적 드림을 효과적이고 완전한 제물로 해석한다. 이것은 구약의 제사들이 암시만 하던 것을 성취할 수 있는 것이었다. 바울이 흔히 '은혜의 보좌' 또는 '시은좌'로 번역되는 헬라어 힐라스테리온(hilasterion)을 사용하는 방식은 여기서 특히 중요하다(롬 3:25, 한글 개역개정에서 이 단어는 '화목 제물'로 되어 있다). 이는 죄를 깨끗하게 하는 구약의 제사 의식에서 끌어온 것이기 때문이다.

이 개념은 기독교 전통에서 계속 발전되었다. 인간이 하나님께로 회복하기 위해서는, 중보자가 자신을 드려야 한다. 이 희생 제물이 없으면 그런 회복은 불가능하다. 알렉산드리아의 아타나시우스는 4세기에 쓴 글에서 그리스도의 희생 제사는 몇 가지 면에서 옛 언약이 요구하는 희생 제사보다 뛰어나다고 주장한다.

그리스도는 신뢰할 만하고, 영원한 효력을 지니며, 본질상 실패할 수 없는 제사를 드리신다. 율법에 따라 드리는 제사는 신뢰할 수 없었다. 그것은 날마다 그리고 정결케 할 필요가 있을 때마다 드려야 했기 때문이다. 반면에 구주의 제사는 단 한 번 드려졌으며, 모든 것을 완전히 이루었으므로 영원히 신뢰할 수 있다.

이 점은 부활절을 기리기 위해 매년 쓰여진 아타나시우스의 『절기 서신』(Festal Letters)에서 더욱 발전되었다. 이 서신들에서 아타나시우스는 그리스도의 십자가 죽음과, 이스라엘을 애굽에서 구출하신 것을 기념하는 유월절의 어린 양 제물 사이에는 중요한 유사점이 있다는 신약의 개념을 발전시킨다.

[그리스도는] 진정으로 성부 하나님과 동일한 분으로서 우리를 위해 성육신하셨다. 그것은 우리를 대신해 성부께 자신을 드리고, 그의 제사와 제물을 통해 우리를 구속하려는 것이었다. ……이는 전에는 어린 양으로 희생되신 분으로서, 그 어린 양으로 미리 보여지신 분이다. 그러나 후에는 그가 우리를 위해 죽음을 당하셨다. "우리의 유월절 양 곧 그리스도께서 희생되셨느니라"(고전 5:7).

히포의 아우구스티누스는 『신국론』(City of God)에서 제시한, 제사에 대한 산뜻하고 저명한 정의를 통해 그리스도의 제사에 대한 논의 전체를 더욱 분명하게 했다. "진실한 제사는 거룩한 교제 안에서 우리를 하나님과 연합하게 하기 위해 계획된 모든 행동으로 드려진다." 아우구스티누스는 이 정의를 바탕으로 아무 어려움 없이 그리스도의 죽음을 제사라고 이야기한다. "그의 죽음은 실로 우리를 위해 드려진 유일하고 가장 진실한 제사로, 이로써 우리는 정결케 되고, 죄 사함을 받고, 정사와 권세들이 합법적으로 우리를 붙들고 벌금을 요구하게 하는 모든 죄책이 소멸된다." 이 제사에서 그리스도는 희생물이면서 동시에 제사장이다. 그는 자신을 제물로 드렸다. "그는 우리의 죄를 위해 제사를 드리셨다. 그러면 그 제물, 즉 그가 드릴 순전한 희생 제물을 어디서 찾았는가? 다른 데서 찾을 수 없어서 자신을 드리셨다."

이런 주제는 『가톨릭 교리문답서』(Catechism of the Catholic Church, 1992)에서 볼 수 있는 것처럼, 지금도 그리스도인들에게 중요한 주제이다.

죄인들과 함께 [나사렛 예수에게] 세례를 베풀기로 한 후에, 세례 요한은 예수님을 바라보며 그를 '세상 죄를 지고 가는 하나님의 어린 양'이라고 했다. 그렇게 함으로써 그는 예수님이 조용히 도살장으로 끌려가 많은 사람의 죄를 지는 고난당하는 종이신 동시에, 첫 유월절에 이스라엘의 대속의 상징이었던 유월절 어린 양이심을 보여주었다. 그리스도의 전 생애는 "섬기려 하고 자기 목숨을 많은 사람의 대속물로 주려 하는" 그의 사명을 보여준다.

사랑하는 분이신 그리스도 : 대속과 사랑의 불꽃

그리스도의 죽음에 대한 신약의 이해를 주도하는 한 가지 주제는 그의 죽음이 인간을 향한 하나님의 사랑을 증명하며, 여기에 상응하는 사랑을 이끌어 낸다는 것이다. 이 주제는 기독교 신학에서 하나님이 스스로 낮아지셔서 창조 세계에 들어오셨고 그리스도로 성육신하셨다는 내용으로 전개된다. 히포의 아우구스티누스는 그리스도의 사명의 바탕이 되는 동기 가운데 하나가 우리를 위한 하나님의 사랑을 증명하는 것임을 강조하는 많은 교부들 가운데 한 사람이다. 상처 입은 인간을 향한 하나님의 사랑은 하나님의 낮아지신 행위, 즉 하나님이 하늘 영광을 버리고 창조된 세계의 가난과 고통 가운데로 들어오셔서 마지막에는 십자가 죽음을 당한 행위에 초점을 맞춘다.

그리스도의 죽음은 하나님의 사랑을 드러낸다는 인식은 기독교 사고의 초창기에 부상했다. 3세기 저자 알렉산드리아의 클레멘스(Clemens)는 그리스도의 성육신과 특히 그의 죽음이 어떻게 해서 인간을 향한 하나님의 사랑에 대한 강력한 증거이며 또 인간이 하나님께 그에 상응하는 사랑을 보이라는 명령인지를 보여주었다.

[그리스도가] 내려오셨으니, 이를 위해 그가 인간의 본성을 입으셨으며, 이를 위해 그는 기꺼이 인간의 고통을 당하셨다. 이는 우리의 연약한 수준으로 낮

아지심으로 우리를 그의 능력의 수준으로 올리시려는 것이었다. 그리고 그는 자신의 제물을 드리기 직전, 즉 자신을 속전으로 드리기 직전에 우리에게 '나의 사랑을 너희에게 준다.'라는 새 약속을 남기셨다(요 13:34). 이 사랑의 본질과 범위는 무엇인가? 그는 우리 각 사람을 위해 자기 생명을 내려놓으셨는데, 그 생명의 가치는 온 우주에 해당하는 것이었다. 그리고 그는 대신에 우리가 서로 그와 같이 해야 한다고 하셨다.

이러한 생각은 그리스도인의 상상력을 강하게 자극했다. 르네상스 시기 스페인의 강력한 영성 사색 작가 중 한 사람은 이 주제를 탁월하게 전개했다. 후아나 데 라 크루스(Juana de la Cruz, 1481-1534)는 특히 그녀의 저서 『위로의 책』(Book of Consolation)으로 유명한데, 이 책은 스페인의 황금기에 널리 칭송을 받았다. 그리스도의 고난에 대한 그녀의 논의는 몇 가지 면에서 주목할 만하다. 특히 신학적 의미를 전개하기 위해 여성의 이미지를 드러내놓고 사용한 것이 눈에 띈다.

여기서 나사렛 예수의 십자가 죽음은 여성의 출산에 비유된다. 그녀는 예수님이 하나님의 자녀들에게 생명을 주기 위하여 겪은 고통과 슬픔은 인간을 위한 하나님의 사랑(여기서 강한 여성적 이미지를 사용하여 표현된 사랑)에 대한 강력한 증거라고 생각했다.

그리스도는 그의 잔혹하고 쓰라린 고난의 시간에 아주 큰 고통과 고뇌로 우리 모두를 낳으셨다. 그리고 우리가 그에게 매우 고귀했고 또 그가 우리를 낳기 위해 겪는 산고가 땀이 핏방울이 될 정도로 가혹했기 때문에, 그는 우리가 구원받고 우리 영혼이 깨우침을 받음으로 그의 고통과 고뇌가 헛되지 않기를, 마치 사랑 많은 어머니처럼, 성부 앞에서 기도하고 탄원하는 수밖에 없었다.

구원과 그리스도의 삼중직

현현절(Epiphany) 시즌이 되면 기독교 교회는 동방 박사들의 방문을 회상한다. 이들은 동방으로부터 온 통치자들로 베들레헴에 있는 아기 예수를 찾아왔다(마 2:1-12). 미스터리의 방문자들은 세 가지 선물, 황금과 유향과 몰약을 가져왔다. 그러면 세 가지 선물은 이 아기를 그들이 어떻게 이해했는지를 드러내는가?

초대 교회 저자들은 그렇다고 믿었다. 이 선물 각각은 특정인에게 합당한 것이었다. 이 선물들은 귀한 것으로 고대 세계의 왕에게 합당한 선물이었다. 황금은 귀금속, 유향은 향수 또는 향료, 몰약은 관유였다. 실제로 이와 동일한 것들이 셀레우코스 2세(Seleucos II Callinicos)가 BC 243년 밀레도 사원에서 아폴로 신에게 드린 것 가운데 들어 있었다.

그러나 초기 기독교 저자들은 이 선물을 존경의 표시 이상으로 여겼다. 각 선물은 나사렛 예수의 진정한 의미에 대해 뭔가를 드러낸다는 것이다. 황금은 왕을 위한 것으로 권위를 나타내며, 유향은 성전에서 제사를 드리는 제사장에게 합당한 것이며, 몰약은 이 기름에 적신 천으로 감싸일 것이라는 뜻에서 다가오는 죽음의 표시였다.

이런 사고방식은 결국 흔히 '그리스도의 삼중직'이라 불리는 것으로 발전되었다. 이것은 16, 17세기 개혁신학에서 특히 영향력이 컸다. 그리스도는 구약의 이 중요한 세 직분 또는 역할 곧 선지자, 제사장, 왕의 직분을 성취하셨다는 것이다.

이 세 가지 직분은 나사렛 예수가 자기 백성을 구속하기 위해 성취한 모든 것을 요약한 것으로 보았다. 예수님은 선지자(마 21:11; 눅 7:16), 제사장(히 2:17, 3:1), 왕(마 21:5, 27:11)으로서, 구약의 중요한 세 가지 직분을 한 몸에 지니신 분이다. 예수님은 선지자로서 모세처럼 하나님을 직접 만나며(신 17:15), 왕으로서 다윗처럼 새로운 하나님의 백성을 만들고 공의와 자비로 다스리며

(삼하 7:12-16), 제사장으로서 자기 백성을 저희 죄에서 깨끗하게 하신다. 이처럼 동방 박사들이 예수님께 가져온 선물은 이 세 가지 기능을 반영 또는 예시(豫示)하는 것으로 보았다. 19세기의 위대한 프린스턴 학파 신학자 찰스 핫지(Charles Hodge)는 타락한 인간은 "우리를 가르칠 선지자, 우리를 위해 대속하고 중보할 제사장, 우리를 다스리고 보호할 왕"을 필요로 한다고 선언했다.

은혜

성경의 중심 주제 가운데 하나는, 하나님이 민족과 개인을 선택하시는 이유는 그들의 공로 때문이 아니라 하나님의 사랑 때문이며 그것은 하나님의 의지를 통해 이루어진다는 것이다. 이것은 이스라엘을 자기 백성으로 선택하시는 하나님의 결정에서 특히 잘 나타난다. 구약은 이스라엘을 선택한 이유가 그들에게 내세울 것이 있기 때문이 아니라 순전히 하나님의 은혜 때문이었음을 정기적으로 확인해 준다(신 7:7; 사 41:8-9; 겔 20:5). 물론, 그렇다고 하나님의 백성으로서 의무에 충실하게 살아야 하는 이스라엘의 책임이 면제되는 것은 아니다. 구약의 많은 선지자들은 이스라엘을 선택한 것이 조건적이었음을 강조한다. 이스라엘이 하나님의 선민(選民)의 정체성과 소명에 걸맞게 살지 않는다면, 그들의 신분은 철회될 것이다.

이 단원에서 우리의 관심은 하나님의 은혜로움과 너그러움에 집중될 것이나. 구원을 인간의 공로나 성취의 결과로 이해해서는 안 된다. 이 사상은 주로 '은혜'라는 개념으로 표현된다. 바울에 따르면, 그리스도인들은 행위가 아니라 은혜로 구원받는다(엡 2:1-10). 다시 말해, 그리스도인들의 구원은 그들의 성취가 아니라 하나님의 너그러움과 은혜로움에 달려 있다. 은혜를 통해 스스로 구원할 만한 공로도 없고 타고난 능력도 없는 사람들이 구원받을 수 있다. 그러므로 은혜는 하나님의 순전한 너그러움과 선함을 확인해 준다.

이러한 개념은 교회 내에서 진행된 성경과의 오랜 씨름을 통해 발전되고 명확해졌다. 이러한 숙고의 과정은 처음에 그리스도와 삼위일체 교리에 초점을 맞추었다. '은혜로운 하나님'을 말하는 것이 무슨 뜻인가라는 질문은 4세기 말과 5세기 초 이전까지는 크게 주목받지 못했다. 은혜에 관한 신약의 가르침을 체계화하는 가장 좋은 방법을 찾는 데 특히 큰 도움을 주었던 중요한 논쟁은, 5세기 초에 일어난 펠라기우스 논쟁이다.

5세기 펠라기우스 논쟁

이 논쟁의 중심에는 히포의 아우구스티누스가 있었다. 아우구스티누스는 악의 근원이나 어떻게 선한 삶을 살 것인가와 같은 삶의 의미에 관한 일련의 질문과 오래 씨름한 끝에 기독교로 개종했다. 아우구스티누스의 견해에 의하면, 인간의 구원은 전적으로 하나님께 달려 있다. 인간의 본성은 무르고 약하여 길을 잃기 쉽다. 따라서 회복되고 새롭게 되려면 하나님의 도움과 보살핌이 필요하다고 보았다. 아우구스티누스에 따르면, 은혜는 인간을 향한 하나님의 너그럽고 공로와 전혀 무관한 보살핌으로, 이를 통해 치유의 과정이 시작된다. 인간의 본성은 하나님이 너그럽게 주시는 은혜를 통해 변화되어야 한다. 이 부분에서 아우구스티누스의 사상의 핵심은 '원죄' 개념이다. 다시 말해, 우리는 이 세상에 들어오는 순간부터 죄에 오염되었다.

아우구스티누스에 따르면, 인간은 타락의 결과로 모든 부분이 죄의 영향을 받는다. 인간의 지성은 죄 때문에 어두워지고 약해졌다. 인간의 의지는 죄 때문에 약해졌다(그러나 제거되지는 않았다). 복음서에 나오는 의사 그리스도의 유비를 사용하여, 아우구스티누스는 그리스도가 우리의 상태(죄)를 진단하실 뿐 아니라 우리가 스스로 확보할 수 없는 치유책(은혜)을 주신다고 주장했다. 오직 하나님의 은혜를 통하여 질병이 정확히 진단되고 치유된다.

그렇다면 이것은 인간 본성에 대한 우리의 이해와 관련해 어떤 의미가 있는가? 아우구스티누스는 인간은 불완전하다고 보았다. 인간은 상처를 입었고 은혜를 빼앗겼다. 하나님은 인간을 완벽하게 창조하셨으나 죄의 결과로 인간은 병에 걸려 치유를 받아야 한다. 아우구스티누스가 자세히 논의하는 죄의 징후 가운데 하나는 인간의 자유의지가 사로잡힌 것이다. 아우구스티누스에 따르면, 우리의 자유는 죄 때문에 손상당했다. 하나님을 향해야 할 우리의 바람과 갈망은 엉뚱하게도 세상을 향한다. 아우구스티누스는 이렇게 기도했다. "우리는 당신에게서 행복을 구하는 것이 아니라 당신이 창조하신 것에서 행복을 구하고 있습니다." 인간의 자유의지는 죄 때문에 약해졌고 힘을 잃었다. 그러나 완전히 없어지거나 파괴되지는 않았다. 자유의지가 회복되고 치유되기 위해서는 하나님의 은혜의 역사가 필요하다.

이 점을 설명하기 위해, 아우구스티누스는 양쪽에 접시가 있는 양팔 저울 유비를 사용한다. 한쪽은 선을 상징하고, 다른 쪽은 악을 상징한다. 두 접시가 적절히 평형을 이룰 때, 선을 행할 것인지 악을 행할 것인지를 놓고 갈등하더라도 적절한 결론을 도출할 수 있다. 그러나 아우구스티누스는 묻는다. 만일 접시에 무엇인가를 올려놓으면 어떻게 되는가? 누군가가 악의 접시에 무거운 추를 몇 개 올려놓으면 어떻게 되는가? 저울이 악한 결정 쪽으로 심하게 기울 것이다. 아우구스티누스는 죄 때문에 바로 이런 일이 인간에게 일어났다고 주장한다. 인간의 자유의지가 죄 쪽으로 기울었다. 저울추를 올려놓은 저울도 여전히 작동하듯이, 자유의지는 실제로 존재하며 실제로 결정을 내릴 수 있다. 그러나 악 쪽으로 심각하게 기울어 있다. 이런 유비늘을 사용하여, 아우구스티누스는 인간의 자유의지는 실제로 존재하지만 죄로 인해 손상되었다고 주장한다.

아우구스티누스가 제시하는 본질은 인간은 자신의 행위와 능력을 다스리지 못한다는 것이다. 그는 인간은 죄성을 가지고 태어난다고 이해한다. 즉 죄를 행하는 쪽으로 향하는 내재적 성향이 인간 본성의 일부라는 것이다. 아우구스티누스는 원죄를 '질병', '힘', '유죄'라는 세 가지 중요한 유비를 사용하여 설명한다.

'질병 유비'는 죄를 대대로 전해지는 유전병으로 다룬다. 앞에서 보았듯이, 이 질병은 인간을 약하게 만드는데 인간의 힘으로는 치유될 수 없다. 따라서 그리스도는 신적인 의사로 "그가 채찍에 맞음으로 우리는 나음을 받는다"(사 53:5). 구원은 본질적으로 치료나 의학적 견지에서 이해된다.

'힘 유비'는 죄를 우리를 사로잡는 힘으로 본다. 우리는 자신의 힘으로는 죄의 손아귀에서 벗어날 수 없다. 인간의 자유의지는 죄의 힘에 사로잡혀 있다. 오직 은혜로만 자유를 얻을 수 있다. 따라서 그리스도는 자유를 주시는 해방자, 죄의 힘을 끊는 은혜의 근원으로 이해된다.

'유죄 유비'는 죄를 한 세대에서 다음 세대로 전해지는 본질적으로 법적이며 법정적인 개념(유죄)으로 다룬다. 아우구스티누스가 살고 일했던 후기 로마 제국처럼 법에 높은 가치를 부여하는 사회에서, 이것은 죄를 이해하는 매우 유익한 방법으로 여겨졌다. 따라서 그리스도는 용서를 주러 오신다.

그러나 일부 사람들은 아우구스티누스의 사상에 대해 매우 불편해 했다. 그 사상은 인간의 자유와 책임을 경시하거나 심지어 부정할 수도 있다는 것이었다. 펠라기우스 논쟁은 이런 주제를 중심으로 이루어졌다. 이 논쟁에서 아우구스티누스의 상대는 4세기 말에 로마에 정착한 영국인 신자 펠라기우스(Pelagius)였다. 로마 그리스도인들의 도덕적 방종을 불쾌하게 여기던 펠라기우스는 아우구스티누스의 은혜 교리를 격렬하게 반대했다. 그는 은혜 교리가 그리스도인들로 완전을 적극적으로 추구해야 할 필요를 인정하지 않게 한다고 주장했다. 펠라기우스에 따르면, 인간의 본성은 전혀 잘못되지 않았다. 하나님이 인간에게 완전하라고 말씀하셨다면, 인간은 완전할 수 있다. 아우구스티누스는 죄 때문에 선을 행하려는 인간의 바람이 좌절되었다고 주장했다. 반대로 펠라기우스는 진짜 문제는 헌신의 결여라고 주장했다.

413년, 펠라기우스는 재산을 포기하고 수녀가 되기로 결정한 데메트리아스(Demetrias)라는 로마 귀부인에게 장문의 편지를 썼다. 이 편지에서 펠라기우스는 인간 본성과 자유의지에 대한 견해를 분명하게 밝혔다. 하나님은 인간을 만드셨기에 인간이 무엇을 할 수 있는지 정확히 아신다. 따라서 우리에게 주어진 모든 명령은 우리가 순종할 수 있는 것이며 순종해야 하는 것이다. 인간이 연약해서 이러한 명령을 행할 수 없다고 주장하는 것은 핑계에 불과하다. 인간의 본성을 지으신 하나님은 인간의 본성이 할 수 있는 것만 요구하신다.

펠라기우스는 계속해서 강력하게 완전함은 인간에게 가능한 것이기 때문에 인간의 의무라고 주장한다. 펠라기우스의 생각이 드러나자, 그가 주장하는 엄격한 도덕과 인간 본성에 대한 비현실적인 시각은 오히려 아우구스티누스의 손을 강하게 했다. 그래서 아우구스티누스는 상처 입은 인간의 본성을 치유하시는 부드럽고 인자한 하나님이라는 정반대의 이해를 전개했다.

아우구스티누스와 펠라기우스 간에 가장 극명하게 대조되는 면은 구원의 기초에 관한 부분일 것이다. 인간은 구원받기 위해 무엇을 해야 하는가? 두 사람은 전혀 다른 대답을 한다. 두 사람의 대답을 간략하게 요약하면 이렇다. 아우구스티누스는 하나님의 약속을 신뢰하여 그 결과를 받으라고 강조한다. 반면에, 펠라기우스는 선한 삶을 살아서 도덕적 진실함과 선행으로 구원을 확보하라고 강조한다.

아우구스티누스에 따르면, 인간은 은혜의 행위를 통해 구원받는다. 인간이 선한 일을 하는 것도 하나님이 타락한 인간 본성 속에서 일하신 결과이다. 구원에 이르는 모든 것은 하나님이 값없이, 공로 없이 주시는 선물이며, 죄인을 향한 사랑 때문에 주시는 선물이다. 나사렛 예수의 죽음과 부활을 통해, 하나님은 타락한 인간을 이처럼 놀랍고도 너그러운 방법으로 다루시고, 받을 자격이 없는 우리에게 구원을 주시며, 우리가 마땅히 받아야 하는 심판을 면하게 하실 수 있다.

그러나 펠라기우스에 따르면, 인간은 자신의 공로를 기초로 의롭다 함을 받는다. 인간의 선행은 자율적인 인간의 자유의지가 하나님이 지우신 의무를 성취하면서 행사된 결과이다. 이러한 의무를 이행하지 못하는 사람은 영벌(永罰)의 위협에 직면한다. 나사렛 예수는 자신의 행위와 가르침을 통해, 하나님이 각 개인의 구원을 위해 요구하시는 것을 정확하게 보여주신다. 그러므로 구원은 예수님의 도덕적 본을 따른 결과이다.

16세기 종교개혁 논쟁

결국, 서방 교회는 아우구스티누스의 방식을 선택했다. 그러나 많은 역사가들은 펠라기우스 논쟁의 기본 문제가 교회사에서 정기적으로 반복된다고 말한다. 16세기 종교개혁은 펠라기우스 논쟁의 근본 문제를 다시 부각시켰다. 이번에는 '은혜에 의한 구원'(salvation by grace)이 아니라 '이신칭의'(justification by faith)라는 말이 사용되었다.

아우구스티누스 같은 초기 신학자들은 '은혜에 의한 구원'이라는 표현을 사용하는 신약 본문(엡 2:5)에 우선순위를 두었다. 그러나 마르틴 루터(Martin Luther)는 하나님이 어떻게 죄인을 받아들이실 수 있는가라는 문제와 씨름하면서 바울이 주로 '이신칭의'를 말하는 구절(롬 5:1-2)에 초점을 맞추었다. 양쪽 본문 모두 근본적으로 동일한 핵심을 말한다고 주장할 수 있다. 그렇더라도 그것을 표현하는 데 사용되는 말은 다르다.

마르틴 루터의 교회 개혁 프로그램은, 교회는 은혜의 의미 있는 개념을 보지 못하게 되었다는 그의 신념에 주로 기초했다. 루터에게 있어서 생명이 걸린 문제는 근본적으로 '내가 어떻게 해야 은혜로우신 하나님을 만날 수 있는가?'였다. 루터는 젊은 시절 지옥의 공포를 체험하고 자신의 죄를 깨달았을 때 당시 기독교 문화에 널리 퍼져 있던 답을 제시했다. 즉 하나님과 바른 관계를 가지려면, 선한 사람이 되어야 한다는 것이었다. 인간은 자신을 의롭게 만들 능력을 가지고 있다. 이런 일이 일어나면 하나님은 그 변화를 인정하시고 변화된 사람을 자신과 관계하도록 하신다. 이것은 오직 교회라는 제도를 통해서만 이루어진다. 교회는 안전하게 그리고 필연적으로 구원으로 인도하는 하나님이 주신 구조를 제공한다.

그러나 루터는 마음을 바꾸어 이 젊은 시절의 견해에서 벗어났다. 그는 오직 믿음을 통한 칭의 교리를 전개했는데, 이것은 하나님께 받아들여지기 위해서는 스스로 선해져야 한다는 대중의 생각과 근본적으로 다른 것이었다. 루터가 가지게 된 견해는, 바울이 복음에 나타난 '하나님의 의'를 말할 때 의미한 것은 구원을 위한 의의 기준을 인간에게 성취하라는 것이 아니었다는 것이다. 오히려 구원을 위한 의를 값없이 공로 없이 주는 선물로 제공한다는 것이었다. 하나님의 사랑은 인간의 변화를 조건으로 하지 않는다. 오히려 그 반대로 인간의 변화는 하나님의 수용과 인정에 뒤따라오는 것이다.

루터는 더 근본적으로, 신자는 '의인인 동시에 죄인'(simul iustus et peccator)이라는 주장을 했다. 루터는 하나님의 무조건적인 사랑을 강조한 아우구스티누스를 존경했지만, 의의 선물의 위치에 대해서는 오락가락했음을 지적했다. 아우구스티누스는 이 선물이 변화시키는 실재로서 인간 안에 있다고 생각했다. 반면에 루터는 이것이 인간 밖에 있으며, 부여되는 것이 아니라 인간에게 전가되거나 간주된다고 주장했다. 인간은 지혜로운 의사의 돌봄을 받고 회복 중에 있는 환자와 같다.

이 접근법은 16세기 종교개혁자들, 특히 필리프 멜란히톤(Philipp Melanchthon)과 존 칼빈(John Calvin)에 의해 발전되었다. 16세기 프로테스탄트의 칭의 이해는 두 가지 주제가 특징적이다.

1. 칭의는 '오직 믿음으로'(sola fide). 칭의는 인간의 업적이 아니라 하나님의 은혜에 기초한다.

2. 칭의는 신자가 의롭다고 선언되는 한 사건이다. 이것에 이어 일반적으로 '성화'라는 갱신 과정이 따른다.

이런 칭의 이해는 가톨릭 저자들이 제시한 것과 중요한 차이가 있었다. 그 결과 칭의 교리는 프로테스탄트와 가톨릭 저자들 사이의 불화의 주된 원인이 되었다. 종종 이것은 기독교의 양대 지류를 나누는 중요한 문제가 되었다. 물론 이것은 어쩌면 복잡한 상황을 단순하게 표현하는 말일 수도 있다.

아무튼 이 논쟁의 양측 모두 구원은 인간의 업적이 아니라 하나님의 은혜에 기초한다고 인정했다. 이 둘 사이의 차이는 '칭의'의 의미와 '의롭게 하는 의'를 생각하는 방식에 관한 것이었다. 『가톨릭 교리문답서』는 대부분의 그리스도인들이 거의 어려움 없이 받아들이는 은혜에 대해 이런 진술을 한다. "우리의 칭의는 하나님의 은혜로부터 온다. 은혜는 호의이다. 우리가 하나님의 자녀, 양자, 신의 성품과 영원한 생명에 참여하는 자가 되라는 부르심에 반응하도록 하나님이 주시는, 값없이 주시는 분에 넘치는 도우심이다."

교회

사도신경에는 그리스도인들이 교회를 믿는다고 고백하는 부분이 있다. 이 고백은 무슨 뜻인가? 교회의 정의는 무엇이고, 교회의 목적은 무엇인가? 이 분야를 가리켜 전통적으로 '교회론'(ecclesiology, 교회를 뜻하는 헬라어 *ekklesia*에서 유래)이라 한다. 기독교는 개인을 대상으로 하지만, 기독교 신앙의 강한 공동체적 측면을 주목하는 것이 중요하다. 그리스도인들은 집에서 개인적으로 하나님을 예배하기보다는 모여서 예배하기를 선호한다.

그러면 그리스도인들은 '교회'라는 말을 어떻게 이해할까? 이 주제를 탐구하는 좋은 방법은 니케아 신조에서 '하나이요 거룩하고 사도로부터 이어 오는 공교회……를 믿으며'라는 진술을 살피는 것이다. 이 문장에 나오는 네 개의 수식어, '하나이요', '거룩하고', '공'(公, 보편적), '사도로부터 이어 오는'은 흔히 교회의 '네 주석' 또는 '네 특징'이라 한다. 이것은 교회의 본질에 대한 기독교의 생각에 대하여 무엇을 말하는가? 이제부터 이 점을 살펴보도록 하자.

교회의 통일성

신약은 '교회'라는 말을 실제로 두 가지 약간 다른 의미로 사용한다. 많은 곳에서 교회는 개인 그리스도인의 회중, 곧 신자들의 지역적 가시적 모임을 말한다. 예를 들어, 바울은 고린도와 빌립보에 있는 교회에 편지를 썼다. 요한계시록이 말하는 아시아의 일곱 교회는 소아시아 지역(현대의 터키 지역)에 있는 일곱 개의 지역 그리스도인 공동체를 의미할 것이다. 이 공동체는 신자들이 체포될 것을 우려하여 공개적으로 모이지 못하고 한 집에 모인 형태, '가정 교회'의 모습이었을 것이다.

그러나 신약의 다른 곳에서는, 특히 에베소서와 골로새서에서는 '교회'라는 말이 더 넓고 더 일반적인 의미로 '기독교 신자들의 전체 집단'을 뜻하는 것으로 사용됨을 볼 수 있다. 이런 지역 교회와 보편 교회 사이의 차이는 매우 중요하므로 주의 깊게 살펴보아야 한다. 이 두 가지 면이 어떻게 동시에 유지될 수 있을까?

전통적으로 이러한 긴장은 지역 공동체 형태를 갖거나 드러나는 하나의 보편 교회(universal church)가 있다는 주장을 통해 해소된다. 이러한 접근법을 토대로 보면, 모든 기독교 신자들로 구성되는 하나의 보편 교회가 있지만 그것은 특정 지역에서 개별적인 지역 교회(local church)의 형태를 띤다고 할 수 있다.

이러한 개념의 등장에 영향을 미친 사람이 '보이는 교회'(visible church, 가시적 교회)와 '보이지 않는 교회'(invisible church, 비가시적 교회)를 구분한 존 칼빈이다. 한편으로, 교회는 기독교 신자들의 공동체, 즉 눈에 보이는 집단이다. 그러나 교회는 성도들의 교제이며 택함을 받은 자들의 무리, 즉 보이지 않는 실체(invisible entity)이기도 하다. 보이지 않는다는 면에서, 교회는 오직 하나님만 아시는 택함받은 자들의 보이지 않는 집합체다. 보인다는 면에서, 교회는 땅 위에 있는 신자들의 공동체다. 전자는 택함받은 자들로만 구성된다. 반면에, 후자는 선한 자들과 악한 자들, 택함받은 자들과 버림받은 자들을 포함한다.

이렇게 생각하는 방식의 중요성을 잘 알려면 다음 질문을 숙고해 보면 된다. 교단이 이렇게 많은데 어떻게 하나의 교회를 말할 수 있는가? 하나의 교회에 대한 이론적 믿음과 교회의 복수성이라는 눈에 보이는 현실 간의 분명한 긴장에 직면하여, 기독교 저자들은 후자를 전자의 틀에서 이해할 수 있는 몇 가지 접근법을 발전시켰다.

어떤 사람들은 기본적으로 플라톤적 접근을 채택했다. 이 접근은 경험적 교회(눈에 보이는 역사적 실체로서의 교회)와 이상적 교회를 근본적으로 구분한다. 어떤 사람들은 종말론적 접근을 선호했다. 이 이해에 따르면, 지금 나타나는 교회의 불일치는 마지막 날에 해소될 것이다. 현재 상황은 일시적인 것으로 심판 날에 해결될 것이다. 앞에서 살펴본 보이는 교회와 보이지 않는 교회에 대한 칼빈의 구분 뒤에는 이러한 시각이 있다.

어떤 사람들은 생물학적 접근이 도움이 된다고 보면서 교회의 역사적 발전을 나뭇가지가 생겨나는 것에 비유했다. 18세기 독일 경건주의 저자 니콜라우스 루트비히 폰 친첸도르프(Nikolaus Ludwig von Zinzendorf)가 제기했고 다음 세기에 성공회 저자들이 적극적으로 받아들인 이 이미지는, 다양한 경험적 교회(로마 가톨릭, 정교회, 성공회 등)가 제도적 차이에도 불구하고 유기적 통일성을 갖는다고 볼 수 있게 한다. 따라서 이 다양한 교회는 동일한 뿌리에서 난 가지들로, 다양성에도 불구하고 근본적 통일성을 갖는 것으로 볼 수 있다.

교회의 거룩성

교회론에 대한 가장 흥미로운 논쟁 중 하나는 교회 구성원이 거룩해야 하느냐에 관한 것이다. 이 논쟁은 4세기의 도나투스 논쟁 때 가장 뜨거웠다. 도나투스 논쟁의 핵심은 교회 지도자들이 도덕적으로 깨끗해야 하는가라는 문제였다. 디오클레티아누스(Diocletianus) 황제 때, 교회는 온갖 박해를 받았다. 박해는 303년에 시작되어 콘스탄티누스(Constantinus I) 황제가 기독교로 개종하고 313년에 밀라노 칙령(Edict of Milan)을 발표할 때까지 이어졌다. 디오클레티아누스 황제는 303년 2월에 칙령을 내려 기독교 서적을 불태우고 교회 건물을 헐게 했다. 기독교 지도자들 가운데 자신의 책을 태우도록 내준 사람들을 트라디토레스(traditores, 내준 사람들)라 불렀다. 이러한 배신자 가운데는 그 후 311년에 카이킬리아누스(Caecilianus)를 북아프리카의 대도시 카르타고의 주교로 임명한 압툰가의 펠릭스(Felix)라는 사람이 있었다.

카르타고의 많은 그리스도인들은 이런 사람이 성직 임명에 참여한 데 대해 분노했고, 이렇게 임명된 카이킬리아누스의 권위를 인정할 수 없다고 했다. 이들은 주교가 핍박을 이기지 못하고 배교 행위를 했기 때문에 그가 임명한 새 주교의 권위도 더럽혀졌다고 주장했다. 그 결과 가톨릭교회의 성직 제도가 오염되었다고 보았다. 이들이 생각할 때 교회는 깨끗해야 했으므로 이런 사람을 받아들여서는 안 되었다. 후에 논쟁의 중심인물이 된 아우구스티누스가 388년에 로마에서 북아프리카로 돌아갔을 때, 이 분파는 그 지역의 주도적인 기독교 조직이 되어 있었다. 특히 아프리카 사람들에게 강한 지지를 받았다.

도나투스파는 가톨릭교회의 성례 제도 전체가 지도자들의 타락 때문에 부패했다고 믿었다. 이렇게 더러워진 사람들이 집행하는 성례가 어떻게 효력이 있을 수 있는가? 그러므로 이 사람들을 보다 나은 사람들, 즉 박해 때 신앙을 굳게 지킨 사람들로 교체해야 했다. 또한 타락한 지도자들에게 세례나 안수를 받은 사람들은 모두 다시 세례를 받거나 안수를 받아야 했다. 아우구스티누스가 북아프리카로 돌아가서 본 이 분파는 본래의 교회보다 커져 있었다.

아우구스티누스는 도나투스파의 가르침보다 신약에 더 굳게 근거한다고 믿는 교회론을 제시함으로써 이들에게 응수했다. 특히, 아우구스티누스는 그리스도인들이 죄인이라는 사실을 강조했다. 교회는 '깨끗한 몸', 성도의 모임이 아니라 성도와 죄인이 '뒤섞인 몸'(corpus permixtum)이다. 아우구스티누스는 이 이미지를 성경의 두 비유, 많은 물고기를 잡는 그물 비유와 알곡과 가라지 비유에서 찾았다. 그 가운데 특히 중요하여 좀 더 논의가 필요한 것은 알곡과 가라지 비유이다(마 13:24-31).

이 비유에서, 씨를 뿌린 농부는 알곡과 가라지가 함께 자라는 것을 발견했다. 농부는 어떻게 해야 했을까? 알곡과 가라지가 함께 자라는 동안 둘을 분리하는 것은 어리석은 짓이다. 가라지를 뽑으려다 알곡까지 해를 입힐 수 있기 때문이다. 그러나 추수 때가 되면, 알곡이든 가라지든 간에 모두 베어 골라내게 된다. 따라서 알곡을 보호할 수 있다. 이 비유는 선과 악의 구별은 역사 속에서가 아니라 마지막 때에 이루어진다는 것을 말한다.

아우구스티누스에 따르면, 이 비유는 세상이 아니라 교회를 말한다. 교회는 성도와 죄인이 뒤섞여 있을 것을 예상해야 한다. 이 세상에서 성도와 죄인을 분리하려는 시도는 시기상조요 부적절한 일이다. 이러한 분리는 하나님의 때에, 역사의 마지막에 이루어질 것이다. 어떤 인간도 하나님을 대신해서 이러한 판단을 내리거나 분리할 수 없다.

그렇다면 교회는 어떤 의미에서 거룩한가? 아우구스티누스에 따르면, 교회의 거룩이란 구성원의 거룩이 아니라 그리스도의 거룩이다. 교회의 구성원이 원죄로 오염되어 있다는 점에서, 세상의 교회는 성도의 모임일 수 없다. 그러나 교회는 그리스도에 의해 깨끗하게 되어 거룩하다. 거룩은 최후의 심판 때 완전히 이루어지며 최종적으로 실현될 것이다. 이러한 신학적 분석 외에, 아우구스티누스는 도나투스파들이 실제로는 그들의 높은 도덕적 기준대로 살지 못한다는 점을 지적한다. 아우구스티누스는 도나투스파들이 가톨릭 교도들처럼 술에 취하거나 사람들을 구타할 수 있다고 말한다.

그러나 '깨끗한 몸'에 대한 도나투스파의 시각은 여전히 많은 사람들에게 매력적이었다. 신학적 논쟁이 자주 그렇듯이, 증거가 한쪽으로 완전히 기우는 경우는 결코 없다. 특히 재세례파(Anabaptist)로 알려진 종교개혁의 보다 급진적인 진영에 뿌리를 둔 교파들이 교회는 '깨끗한 몸'이라는 개념을 강력하게 주장했다. 급진적인 종교개혁은 교회를 16세기 유럽 문화의 주류 안에 존재하는 '대안 사회'(alternative society)로 생각했다. 네덜란드 재세례파 지도자인 메노 시몬스(Menno Simmons, 1496-1561)에 따르면, 교회는 아우구스티누스의 주장처럼 '뒤섞인 몸'이 아니라 세상과 다른 '의로운 사람들의 모임'이다.

교회는 세상의 더러운 영향에서 분리되었으며 어떤 어려움이 있더라도 깨끗함과 특별함을 유지할 준비가 되어 있는 거룩하고 깨끗한 몸이라는 도나투스파의 교회관과 매우 비슷한 교회관이 지금도 분명히 있을 것이다.

다른 저자들은 '거룩'(holiness)이 타락한 인간의 행위와는 거의 관계가 없어 보일 때가 많은데도, 종종 '도덕'(morality)이나 '성결'(sanctity)이나 '정결'(purity)과 동일시된다고 지적했다. 그러나 신약의 거룩 개념의 기초가 되는 카다드(kadad)라는 히브리어는 '잘리다.'(being cut off) 또는 '분리되다.'(being separated)와 같은 다소 다른 의미를 가지고 있다(이와 같은 의미를 가진 히브리어 동사는 kadash, 명사는 kodesh, 형용사는 kadosh이다-편집자 주). 이 말은 드려짐(dedication, 봉헌)이라는 의미가 강하다. '거룩하다.'라는 것은 하나님을 섬기기 위해 구별되거나 드려졌다는 뜻이다.

구약의 거룩 개념에서 근본적인 요소(어쩌면 유일하게 근본적인 요소)는 '하나님이 따로 구별하신 사물이나 사람'이다. 그런데 신약은 거룩을 거의 전적으로 개인의 거룩으로 제한한다. 신약은 거룩을 개인에게 적용하며, '거룩한 장소'

나 '거룩한 물건'이라는 개념을 채택하지 않는다. 사람들은 하나님께 드려졌다는 점에서, 하나님께 부름받은 것 때문에 세상으로부터 구별되었다는 점에서 '거룩하다.' 몇몇 신학자들은 '교회'(헬라어로는 '불려 나온 사람들'이라는 뜻)의 개념과 '거룩'(하나님께 부름받은 것 때문에 세상으로부터 구별된 사람들)은 서로 관계가 있다고 주장한다.

따라서 '교회의 거룩성'을 말하는 것은 주로 교회와 그 구성원을 부르신 분의 거룩을 말한다. 교회는 하나님의 은혜와 구원을 증거하기 위해 세상으로부터 구별되었다. 그러므로 이런 의미에서 '거룩'이라는 말은 교회와 그 구성원의 소명과 교회가 언젠가 하나님의 생명과 영광 가운데 누릴 소망을 확인해 준다.

교회의 보편성

기독교 신조들은 '보편적'(universal) 교회 또는 '가톨릭'(catholic) 교회를 말한다(한글 사도신경에는 '공교회'로 번역되어 있다–편집자 주). 이 용어는 '전체로 모두'를 의미하는 헬라어 어구 카트 홀루(kath' holou)에서 나왔다. 이 헬라어 어구는 카톨리쿠스(catholicus)라는 라틴어로 번역되어 '보편적'(universal) 또는 '전체적'(general)이라는 뜻을 갖게 되었다(지금은 특히 프로테스탄트 교단들에서 '가톨릭'이라는 표현의 대안으로 '보편적'이라는 단어를 주로 사용한다).

이 단어의 이러한 의미는 '가톨릭 테이스트'(catholic taste)라는 영어 표현에도 나타난다. 이것은 '로마 가톨릭적인 것에 대한 취향'이라는 뜻이 아니라 '널리 퍼져 있는 취향'이라는 뜻이다. 예전에 번역된 영어 성경들은 야고보서와 요한서신 같은 신약의 몇몇 서신서를 그것이 모든 그리스도인들을 대상으로 한다는 의미에서 흔히 '공동 서신'(catholic epistles)이라 불렀다(로마 교회나 고린도 교회 같은 개교회의 필요와 상황에 맞춰 쓴 바울 서신과는 달리 야고보 서신과 요한 서신은 특정한 수신자가 없다).

이 단어의 발전된 의미가 가장 잘 나타나는 곳은 4세기에 예루살렘의 키릴루스(Cyrilus)가 쓴 교리문답에 관한 저작일 것이다. 키릴루스는 '가톨릭'이라는 단어의 몇 가지 의미를 제시한다.

교회가 가톨릭이라 불리는 이유는 교회가 이쪽 끝에서 저쪽 끝까지 전 세계에 퍼져 있기 때문이다. 또한 자신의 모든 것(totality, 헬라어로 *katholikos*)을, 하늘이든 땅이든 보이는 것들과 보이지 않는 것들에 관해 알아야 할 모든 교리를 하나도 빠짐없이 가르치기 때문이다. 교회를 가톨릭이라고 부르는 이유는 교회가 통치자든 백성이든, 배운 사람들이든 못 배운 사람이든 모든 사람을 순종하게 하기 때문이다. 또한 교회가 모든 종류의 죄에 보편적(universal, 헬라어로 *katholikos*) 치료책과 해결책을 제시하기 때문이다.

키릴루스는 가톨릭이라는 용어를 네 가지로 사용한 것이 분명하다. 그 각각을 좀 더 자세히 살펴볼 필요가 있다.

1. 가톨릭은 '전 세계에 퍼져 있는'이란 뜻으로 이해되어야 한다. 여기서 키릴루스는 이 말의 지리적 의미를 말한다. 따라서 '전체'(wholeness)나 '보편성'(universality)이라는 개념은 교회에게 세상 모든 지역으로 퍼져 나가라고 한 명령으로 이해된다.
2. 가톨릭은 '하나도 빠짐없이'라는 뜻이다. 이 표현으로, 키릴루스는 교회의 '보편성'(catholicity)이 기독교 신앙의 완전한 선포와 설명을 포함한다는 점을 강조한다. 이것은 교리의 특정 부분들이 아니라 복음 전체를 반드시 전하고 가르치라는 요청이다.
3. 가톨릭은 교회가 그 사명과 사역을 '모든 부류의 사람'에게 확대한다는 뜻이다. 여기서 키릴루스는 복음과 교회는 인종이나 남녀나 사회적 지위

에 상관없이 모든 부류의 사람을 위한 것이라는 본질적으로 사회학적인 점을 제시한다. 우리는 여기서 바울의 유명한 선언의 메아리를 분명하게 들을 수 있다. "너희는 유대인이나 헬라인이나 종이나 자유인이나 남자나 여자나 다 그리스도 예수 안에서 하나이니라"(갈 3:28).

4. 가톨릭은 교회가 '모든 종류의 죄에 대한 보편적 치료책'을 제시하고 선포한다는 뜻이다. 여기서 키릴루스는 다음과 같은 구원론 진술을 한다. 복음과 그 복음을 선포하는 교회는 인간의 모든 필요와 고통을 해결할 수 있다. 그 어떤 죄에 대해서도, 교회는 해독제를 줄 수 있다.

교회의 사도성

마지막으로, 교회는 '사도적'(apostolic) 교회로 선포된다. '사도적'이라는 말은 일차적으로 '사도들에게서 기원했다.'라거나 '사도들과 직접 관련이 있다.'라는 뜻이다. 이 용어는 교회가 사도의 증거와 증언 위에 세워졌다는 사실을 상기시켜 준다. 신약에서 사도라는 용어는 두 가지 의미를 갖는다.

1. 그리스도께 임명받고, 하나님 나라의 좋은 소식을 전하는 책임을 맡은 사람.
2. 부활하신 그리스도를 보았거나 그리스도가 부활하신 자신을 계시하신 사람.

신조는 교회가 사도적이라고 선포함으로써 복음의 역사적 뿌리를 강조하고, 교회와 그리스도의 연속성을 그리스도가 지명하신 사도들을 통해, 지속적인 복음 전파와 선교라는 교회의 임무를 통해 강조한다.

그러므로 교회는 세 가지 면에서 사도적이라 할 수 있다. 세 가지는 교회의 역사와 소명과 기능이라는 각기 다른 면을 강조한다.

1. 역사적으로, 교회의 기원은 사도들에게로 거슬러 올라간다. 신약은 이러한 역사적 발전을 특히 사도행전에서 들려주며, 그리스도가 지명하신 대리자로서 사도들이 교회의 확장에 얼마나 중요한 역할을 했는지 보여 준다.

2. 신학적으로, 교회는 사도들의 가르침을 유지하고 전수한다는 점에서 사도적이다. 앞에서 우리는 최초의 그리스도인들이 신약의 목록에 동의할 때 사도의 저술인지를 아주 중요하게 여겼다고 했다. 신약은 사도적 가르침의 창고라 할 수 있다. 신조는 교회가 사도적이라고 선포함으로써, 사도적 전승에 충실한 것이 교회의 사명의 핵심이요, 교회가 스스로를 그리스도의 교회라고 할 수 있는 전제 조건이라고 주장한다. 이 주제는 속사도 시대에 그리스도인의 충실성(faithfulness, 믿음)을 유지하는 데 특히 관심이 많았던 신약의 후기 저작에 나타난다. 따라서 바울은 후계자 디모데에게 그가 배운 것에 충실하며 그것을 그의 뒤를 이을 사람들에게 물려주라고 요구한다.

"너는 그리스도 예수 안에 있는 믿음과 사랑으로써 내게 들은 바 바른 말을 본받아 지키고 우리 안에 거하시는 성령으로 말미암아 네게 부탁한 아름다운 것을 지키라"(딤후 1:13-14).

3. 교회는 사도직 사역의 계승을 책임지고 있다는 섬에서 사도적이다. 신약에서 발견되는 사역의 패턴은 비록 초보적인 형태라 하더라도(예를 들면, 집사나 장로나 감독) 기독교의 규범으로 유지되어야 한다. 더 중요한 것은 그리스도가 사도들에게 맡기신 임무들(예를 들면, 가난하고 궁핍한 자들에 대한 보살핌, 가르침, 세계를 향한 복음 전파)은 교회 내 계승자들에게 전수해야 한다.

사도 계승자들에게 전해진 임무 가운데는 그리스도가 명하신 특정한 일이 있다. 그의 삶과 죽음과 부활을 기억하고, 그가 교회 안에 지속적으로 임재하심을 선포하고 기념하는 일이다. 이 '성례'는 교회 생활에서 중요하기 때문에 더 자세히 살펴볼 것이다.

성례

'성례'(sacrament)라는 말은 그리스도인의 삶을 유지하고 발전시키는 데 특히 중요한 특정 예배 행위를 가리키는 데 널리 사용된다. '성례'라는 말은 사크라멘툼(sacramentum)이라는 라틴어에서 온 것으로, 원래는 로마 군인이 국민과 원로원을 대상으로 하는 순종 서약과 같은 '엄숙한 서약'이라는 의미였다. 3세기의 신학자 테르툴리아누스(Tertullianus)는 이러한 비교를 교회 안에서 그리스도인의 헌신 및 충성과 관련해 성례가 갖는 중요성을 제시하는 수단으로 사용했다. 예를 들면, 세례는 나사렛 예수에 대한 충성과 기독교 공동체에 대한 헌신의 표시였다.

기독교 공동체 내에서는 성례의 정체성과 기능, 성례의 호칭을 놓고 상당한 논쟁이 있었다. 떡과 포도주를 사용하여 마지막 만찬을 기억하는 기독교의 중요한 행위는 교단마다 그 이름이 다르다. 그 가운데 가장 일반적인 이름은 미사(mass), 성만찬(eucharist), 주의 만찬(Lord's Supper), 성찬(Holy Communion) 등이다.

일반적으로, 프로테스탄트는 세례와 성찬이라는 두 성례만 받아들인다. 반면에 로마 가톨릭과 그리스 정교회는 일곱 가지 성례(성사)를 인정한다. 로마 가톨릭의 일곱 가지 성사는 일반적으로 입문의 성사(sacraments of initiation, 세례성사, 견진성사, 성체성사), 치유의 성사(sacraments of healing, 고해성사, 병자성사), 부르심의 성사(sacraments of vocation, 혼인성사, 성품성사)로 분류된다. 그리스 정교회도 일곱 가지 성사를 인정하지만, 견진성사의 경우 특별히 '기름 바름'을 강조한 용어(chrismation)를 사용한다.

성례란 무엇인가?

초기 기독교 저자들은 성례를 자주 언급했지만 이들이 성례인지 아닌지를 결정하는 기준에 대한 고찰은 비교적 찾아보기 어렵다. 성례는 이 말이 의미하는 내용에 대한 세밀한 신학적 고찰 없이 다소 무비판적으로 사용되었다. 성례의 정의와 관련된 일반적인 원칙을 세운 사람은 히포의 아우구스티누스이다. 그가 채택한 원칙은 다음과 같다.

1. 첫째, 성례는 근본적으로 하나의 상징이다. 이것이 하나님의 일에 적용될 때 성례라 불린다.
2. 둘째, 이 상징은 상징되는 것과 반드시 관련이 있어야 한다. 성례가 성례의 내용과 관련이 없다면 전혀 성례가 아니다.

이 정의는 유용하지만 여전히 부정확하고 불충분하다. 예를 들면, 이것은 '거룩한 모든 것의 상징'을 성례로 봐야 한다는 뜻인가? 실제로, 아우구스티누스는 성격상 더 이상 성례로 간주되지 않는 몇 가지, 예를 들면 신조와 주기도문을 성례로 이해했다. 시간이 지나면서, 성례는 거룩한 것의 상징이라는 정의로는 부족하다는 것이 점점 더 분명해졌다. 성례를 보다 세밀하게 정의한 시기는 중세 초기였다.

12세기 말, 파리의 신학자 페트루스 롬바르두스(Petrus Lombardus)는 아우구스티누스의 정의를 발전시켜 성례를 보다 분명하고 정확하게 정의했다. 그는 자신의 책 『신학 명제집』(The Four Books of the Sentences)에서 성례를 다음과 같이 정의했다.

성례는 그것이 상징하는 대상과 유사성(likeness)을 지닌다. ……어떤 것이 하나님의 은혜의 상징(sign)이며 보이지 않는 은혜의 한 형태(form)여서 그 형상(image)을 담고 있고 그 대의(cause)로 존재한다면, 이것은 성례라 할 수 있다. 그러므로 성례는 상징을 위해서뿐 아니라 거룩하게 하기 위해 제정되었다.

이 정의는 앞에서 언급한 일곱 가지 전통적 성례를 포함하지만, 신조와 같은 것은 배제한다.

이 합의는 프로테스탄트가 대두되면서 깨졌다. 마르틴 루터는 성례에 대한 이런 사고방식에 문제를 제기하면서, 성례의 정의에는 필수적인 세 가지 기본 요소, 즉 물리적 상징물, 신적 약속, 그리고 이 물리적 상징물이 이렇게 사용되어야 한다는 나사렛 예수의 명시적 명령이 있다고 주장했다. 루터의 보다 급진적인 정의는 성례의 범위를 세례와 성찬으로 제한했다.

성례의 기능

성례는 어떤 일을 하는가? 앞에서 말했지만, 신학적으로 볼 때, 성례는 보편적으로 상징으로 이해된다. 그러므로 성례는 하나님의 은혜를 상징한다. 그러나 이것은 부분적인 대답에 불과하다. 성례는 하나님의 은혜를 상징하는 것 이상이라는 것인가? 성례는 상징에 불과한 것인가, 아니면 특별한 종류의 상징, 예를 들면 상징되는 것이 실제로 이루어지는 유효한 상징인가?

이런 관점의 기원은 2세기로 볼 수 있다. 안디옥의 이그나티우스(Ignatius, 35경-107경)는 성찬이 "불멸의 약이요 죽지 않고 예수 그리스도 안에서 영원히 사는 해독제"라고 했다. 이 사상은 분명히 성찬이 단순히 영원한 생명을 상징하는 것이 아니라 영원한 생명을 얻게 하는 도구라는 것이다.

후에 이 주제는 많은 저자들에 의해 발전되었는데, 특히 4세기 밀라노의 암브로시우스(Ambrosius, 340경-397)가 대표적이다. 암브로시우스는 세례 때에 성령이 "세례반 또는 세례받는 사람에게 임해서 중생이 실현되게 하신다."라고 주장했다.

중세 신학에서는 '옛 언약의 성례'(할례 등)와 '새 언약의 성례'(세례 등)를 세심하게 구별했다. 중세 초기 신학자들은 옛 언약의 성례는 단지 영적인 실체를 상징하기만 했지만, 새 언약의 성례는 그것이 상징하는 것을 실현하거나 유인한다고 주장했다. 13세기 프란체스코회 신학자 보나벤투라(Bonaventura, 1217경–1274)는 의학 유비를 사용하여 이것을 다음과 같이 설명했다.

> 구약 율법에서는 한 종류의 기름이 있었지만, 그것은 상징적인 것으로 치유하지 못했다. 질병은 치명적인데, 기름부음은 피상적이었다. ……진정으로 치유하는 기름은 영적인 기름부음의 능력과 생명을 주는 능력 두 가지가 있어야 한다. 이 일을 하는 분은 오직 그리스도 우리 주뿐이시다. 그의 죽음을 통하여 성례가 생명을 주는 능력을 갖기 때문이다.

이 견해는 현대 가톨릭의 특징으로 남아 있다. 성례는 그것이 나타내는 은혜를 전달하거나 실행하는 것으로 이해된다. 그러나 많은 신학자들은 개인이 이 길에 장애물을 둠으로써 이 은혜에 저항할 수 있음을 지적하면서, 여기에 하나의 단서를 붙인다. 그래서 제2차 바티칸 공의회는 성례의 효과성을 계속 강조하면서도 그에 상응하는 신자의 반응의 중요성을 지적한다.

> [성례는] 상징이기 때문에, 교훈하기도 한다. 성례는 신앙을 전제만 하지 않고 말씀과 실물로 믿음을 키우고 강하게 하고 표현하기도 한다. 그래서 '신앙의 성례'라고 부르는 것이다. 성례는 실제로 은혜를 주지만, 이에 더하여 성례 행위 자체가 가장 효과적으로 신자로 하여금 이 은혜를 받아 누리고, 하나님을 바르게 섬기게 하며, 사랑을 실천하게 한다.

프로테스탄트는 성례의 효력 문제를 놓고 분열되었다. 루터는 성례가 그것들이 상징하는 것이 이루어지게 한다고 인정했다. 그는 『소요리문답』(Shorter Catechism, 1529)에서 세례는 하나님의 용서를 상징하는 일과 실제로 이루어지는 일 모두를 한다고 분명히 말했다.

질문 세례의 은사 또는 유익은 무엇인가?
답 죄 사함을 주고, 우리를 죽음과 마귀로부터 구원하며, 하나님의 말씀과 약속이 선포하는 대로 믿는 모든 사람에게 영원한 축복을 줍니다.

이런 견해는 오늘날까지 루터교회의 일반적인 특징으로 남아 있다.
그러나 다른 프로테스탄트 저자들은 그런 접근법을 의심하면서, 그것은 성례에 대한 마술적 견해에 가까운 것으로 여긴다. 스위스의 종교개혁자 울리히 츠빙글리(Ulrich Zwingli)는 성례는 상징에 불과하다고 주장한다.

성례는 단순히 거룩한 일의 상징이다. 세례는 우리를 주 예수 그리스도께 의탁하는 표이다. 이 기념 행위는 그리스도가 우리를 위하여 죽음을 당하셨다는 것을 우리에게 보여준다. 이들은 이 거룩한 일들의 표시요 의탁이다.

그러므로 츠빙글리는 세례와 성찬(그는 여기서 '기념 행위'라고 부른다)은 영적 실체에 대한 외적 표시로, 그것들 자체는 그것들이 상징하는 것을 일으킬 능력이 없다고 주장한다. 그러므로 세례는 죄에 대한 하나님의 용서의 표시이지 그것을 이끌어 내는 원인이 아니다. 그 견해는 현대 프로테스탄티즘 일부에 강력하게 남아 있으며, 특히 현대 복음주의에서 찾아볼 수 있다.
그러나 프로테스탄트의 세 번째 접근법은 존 칼빈과 개혁주의 전통 내의 그 후계자들에 의해 제시된 것이다. 칼빈의 접근법은 루터의 성례 인과론과 츠빙글리의 성례 대표론의 중간 정도인 절충적인 접근이다. 칼빈은 성례를 "주님이 우리의 믿음의 연약함을 붙들어 주기 위해 우리에게 선한 뜻을 가지시겠다는 약속을 우리의 양심에 인치시는 수단이 되는 외적 상징"이라고 정의했다. 칼빈은 비록 성례가 외적 상징이긴 하지만 상징과 그것이 상징하는 은사 사이에는 밀접한 관계가 있다고 주장했다. 표는 가시적 물리적인 반면, 상징되는 내용은 비가시적 영적이다. 그러나 상징과 상징되는 것 사이의 관계가 매우 밀접해서 전자를 후자에 적용해도 될 정도이다. 이렇게 해서 칼빈은 상징과 상징되는 것의 차이를 유지하면서도, 상징이 실제로 그것이 상징하는 은사를 가리킨다는 주장을 할 수 있었다.

다음에는 기독교 내에서 계속 논쟁과 논의의 대상이 되고 있는 성례의 몇 가지 면들을 살펴보도록 하겠다.

세례에 대한 논쟁

아이들도 세례를 받아야 하는가? 마태복음은 예수 그리스도가 제자들에게 가서 제자를 삼아 세례를 주라고 명하셨다고 말한다(마 28:17-20). 그렇다면 아이들은 어떻게 해야 하는가? 이 명령은 어른들에게만 해당되는가 아니면 유아들에게도 해당되는가?

신약은 유아 세례를 구체적으로 언급하지 않는다. 그러나 유아 세례를 분명하게 금하지도 않았다. 오히려 유아 세례를 허용한다고 해석할 수 있는 구절이 있다. 예를 들면, 가족 전체가 세례를 받았다는 언급이 있는데, 가속 중에는 유아도 있었을 것이다(행 16:15, 33; 고전 1:16). 바울은 세례를 영적으로 할례에 상응하는 것으로 여겼다(골 2:11-12). 그러므로 만일 유대인들이 이런 방식으로 자기들이 남자 아이들이 믿음의 가정에 속한 자임을 표시할 수 있었다면, 그리스도인이 남아든 여아든 그들의 자녀를 세례로 그렇게 표시하지 못할 이유가 있겠는가?

대부분의 주류 기독교 진영은 유아 세례를 사도 시대에 시작된 타당한 관습으로 받아들인다. 마르틴 루터와 존 칼빈은 가톨릭교회의 교리와 관행의 많은 부분을 신랄하게 비판했지만 유아 세례는 확실히 성경적 행위라고 보았다. 유아 세례를 지지하는 이유는 다양하다. 히포의 아우구스티누스는 그리스도가 모든 사람의 구주이며, 모든 사람은 구원이 필요하다고 주장했다. 세례는 인간의 구원 필요성뿐 아니라 구원을 주시겠다는 하나님의 은혜로운 뜻의 필요성 모두를 인정하는 것이므로, 모두가 세례를 받아야 한다. 결국, 아우구스티누스는 어린아이도 어른만큼이나 구원이 필요하다고 주장했다.

유아 세례를 뒷받침하는 또 다른 근거는 구약에 있다. 구약에서 이스라엘 경내에서 태어난 사내아이들은 하나님의 백성이라는 외적 상징(표시)을 가져야 했다. 그것은 할례, 즉 포피를 제거하는 것이었다. 따라서 유아 세례를 할례와 비슷한 것으로 생각했다. 유아 세례는 언약 공동체에 속한다는 하나의 상징으로 이해되었다.

울리히 츠빙글리와 같은 저자들은 보다 포용적이며 온유한 기독교의 성격이 유아 세례에서 공개적으로 확인된다고 주장했다. 기독교의 보다 포용적인 성격이 남아와 여아의 세례로 확인된다. 반면에 유대교는 남아에게만 표시를 했다. 복음의 보다 온유한 성격은 고통이나 피흘림이 없는 성례에서 증명된다. 그리스도가 고통당하심으로써(십자가에서 죽으셨을 뿐 아니라 친히 할례를 받으심으로써) 그의 백성이 이런 방법으로 고통을 당할 필요가 없게 하셨다.

그러나 모든 사람이 유아 세례에 동의하지는 않는다. 많은 침례교 저자들은 유아 세례라는 전통적인 의식을 거부한다. 이들에 따르면, 세례란 개인이 은혜나 회개나 믿음의 표시를 보여줄 때만 베풀 수 있는 것이다. 따라서 유아 세례는 성경적 근거가 없다. 유아 세례는 신약 시대에는 시행되지 않았다. 아마도 유아 세례는 속사도 시대에 규범으로 자리잡았을 것이다. 침례교 저자들은 유아 세례가 세례와 그리스도의 제자도 관계를 약화시킨다고 주장한다.

이는 개개인이 그리스도인인 것은 세례를 받은 결과라는 혼란을 일으킬 수 있다고 보았기 때문이다.

성찬에 관한 논쟁

최후의 만찬에서, 예수님은 제자들에게 떡과 포도주로 자신을 기념하라고 명하셨다. 이 의식은 아주 초기부터 시행된 것이 분명하다. 신약 자체가 최초의 그리스도인들이 이런 방법으로 자신을 기념하라는 예수님의 명령에 순종했다고 말한다(고전 11:20-27). 교회는 이러한 기념과 기억의 행위를 미사(mass), 성찬(Holy Communion), 주의 만찬(Lord's Supper), 성만찬(eucharist, '감사'를 의미하는 헬라어에서 유래) 등으로 부른다.

기독교 내에서 벌어지는 중요한 논쟁 하나가 그리스도가 주의 만찬에 임재하시는가, 그리고 임재하신다면 어떤 방법으로 임재하시는가에 관한 것이다. 이것은 종종 그리스도가 최후의 만찬 때 하신 말씀으로 연결된다. 예수님은 떡을 떼시면서 "이것은 내 몸이니라"라고 말씀하셨다(마 26:26). 이는 무슨 뜻인가? 전 세계 기독교의 다수 의견은 그리스도의 말씀은 어떤 의미에서 그리스도의 몸이 주의 만찬의 떡에 임재한다는 뜻일 뿐이라는 것이다.

1215년에 공식화된 '화체설'(化體說, transubstantiation)에 따르면, 떡의 외적인 모습은 변하지 않지만 내적인 본질은 변한다. 바꾸어 말하면, 떡이 모양과 맛과 냄새와 느낌은 변하지 않고 그대로인 것 같지만 가장 근본적인 수준에서 변했다는 것이다. 이와 비슷한 논리로, 포도주는 그리스도의 피로 변한다. 이러한 주장을 하는 사람들은 아리스토텔레스(Aristoteles)의 '본질'(substance, 어떤 것에 내적인 정체성을 부여하는 것)과 '표상'(accidents, 단순한 외적 모습)이라는 개념을 자주 사용한다. 이 견해에 따르면, 떡과 포도주의 본질은 변하지만 그 표상은 변하지 않는다. 로마 가톨릭교회가 이 입장을 취한다. 그러나 동방정교회에서도 이와 관련된 견해를 찾아볼 수 있다.

마르틴 루터는 흔히 '공재설'(共在說, consubstantiation)로 알려진 조금 다른 사상을 폈다. 그에 따르면, 떡은 그대로 떡으로 있지만 '추가적으로'(additionally) 그리스도의 몸이다. 루터는 이러한 개념을 설명하기 위해 쇳조각을 뜨거운 난로 위에 두면 뜨거워진다는 예를 든다. 쇠는 여전히 쇠로 있지만 추가적으로 열을 갖는다. 이와 마찬가지로, 주의 만찬의 떡은 그대로 떡으로 있지만 추가적으로 그리스도의 몸을 담거나 전달한다.

모든 그리스도인들이 이러한 입장을 취하지는 않는다. 어떤 그리스도인들은 존 칼빈을 따라서 떡을 '유효한 상징'(efficacious sign)이라고 본다. 바꾸어 말하면, 비록 떡이 그리스도의 몸은 아니지만 그것이 상징하는 바를 전달한다는 것을 그런 방식으로 나타낸다고 보는 것이다.

어떤 그리스도인들은 스위스의 종교개혁자 울리히 츠빙글리를 따른다. 그는 떡이 그리스도의 몸을 '상징한다.'(symbolize)라고 주장했다. 주의 만찬의 떡과 포도주는 신자들이 갈보리의 사건을 되새기도록 돕고, 그들이 교회와 하나님과 서로에게 재헌신하도록 독려하기 위한 것이다. 지금도 일부는 '기념설'(記念說, memorialism)이라 부르는 츠빙글리의 견해를 따른다. 기념설에 따르면, 떡이나 포도주에는 객관적 변화가 전혀 일어나지 않는다. 일어나는 모든 변화는 주관적이며, 보는 사람의 마음에서 일어난다. 왜냐하면 그는 떡을 그리스도의 몸의 상징으로, 십자가의 희생을 상기시켜 주는 것으로 '보기' 때문이다.

물론, 이것들은 그리스도인들이 견지해 온 몇 가지 입장에 불과하다. 그럼에도 이것들은 그리스도를 '기념하는 것'(reminder, 헬라어로 anamnesis)인 최후의 만찬에 대한 성경의 증거와 교회가 오랫동안 지켜 온 사실을 어떻게 해석하는 것이 가장 좋은가를 놓고 기독교 안에서 끊이지 않고 계속되는 논쟁을 설명해 준다.

그리스도인의 소망

마지막으로, 그리스도인의 소망이라는 주제, 즉 '마지막 일들'(헬라어로 *ta eschata*, 여기서 '종말론'을 뜻하는 eschatology가 유래)이라는 말로 자주 표현되는 개념을 살펴볼 차례이다. 기독교는 소망의 종교로 예수님의 부활을 믿는다. 이것은 죽음을 이기심으로 고통과 죽음을 당해야 하는 모든 자들에게 소망을 줄 수 있는 하나님을 믿고 의지할 수 있는 근거이다. 3세기의 순교자요 주교인 카르타고의 키프리아누스(Cyprianus, 200경-258)는 박해 때에 고난과 죽음 앞에 있는 그리스도인들에게, 순교자들과 사도들을 얼굴을 맞대고 볼 천국을 보여줌으로써 격려하려고 했다. 뿐만 아니라 그들은 그들이 사랑하고 아끼던 사람들을 다시 만날 것이었다.

여기서 키프리아누스는 천국은 그리스도인들의 '본향'으로, 그리스도인들은 지상에 있을 동안 그곳으로부터 유배당했다고 생각했다. 본향으로 돌아가 거기서 사랑하는 사람들과 다시 만날 소망이 고난과 시련의 때에 강력한 위로가 되었다.

> 우리는 낙원을 우리의 본향으로 여긴다. ……우리가 사랑하는 많은 사람들이 거기서 우리를 기다린다. 그리고 수많은 부모, 형제, 자녀들이 이미 자신의 안전을 확인하고 또 우리의 구원을 고대하면서 우리를 기다리고 있다. 그들이 있는 곳에 우리가 들이기 얼마 안 될 때 그들과 우리의 기쁨은 얼마나 클까!

키프리아누스 자신도 258년에 믿음을 위해 순교했다. 아마 그가 다른 사람들을 위로하던 바로 그 사상으로 위로를 받았을 것이다.

'천국'(heaven)은 전통적으로 하나님과 영원히 사는 소망을 가리키는 데 사용된다. 이 용어는 마치 천국이 세상의 한 나라나 지역을 가리키는 것처럼 지리적이거나 공간적인 의미로 이해되지 않는다. 천국이 내포하는 가장 큰 의미는 관계적이다. 다시 말해, 천국은 하나님과 함께 거하는 상태를 가리키는 데 사용된다. 거하는 곳이 정확히 어디냐에 대해서는 그 어떤 특별한 이해도 덧붙이지 않는다.

그리스도인의 천국관은 몇 가지 지배적인 이미지 혹은 주제로 이루어지는데, 이 중 두 가지가 특히 중요하다. 새 예루살렘과 창조의 회복이다. 만물이 완전히 변화되면 새로운 질서가 생길 것이며, 인간과 세계를 황폐화시키는 죄의 영향력이 사라질 것이다. 부활의 이미지는 철저한 변화와 연속성이라는 두 개념을 전달한다. 다시 말해, 우리가 지금 알고 경험하는 것과는 전혀 다른 새로운 질서가 이루어지겠지만, 그럼에도 현재의 질서가 계속되리라는 것을 보여준다. 한 알의 씨앗이 근본적으로 변화되어 살아 있는 식물이 되듯이 현 세대는 변화되고 새로워질 것이다.

이 마지막 단원에서는 천국에 대한 그리스도인의 믿음을 살펴볼 것이다, 그 중 가장 중요한 것은 '마지막 일들'이다.

신약과 그리스도인의 소망

신약의 종말론은 복잡하다. 그러나 주요 주제 중 하나는 과거에 일어난 일이 새로운 일을 시작했으며, 그것이 미래에 최종적 완성에 이른다는 것이다. 신자는 이처럼 '지금'과 '아직' 사이의 긴장 관계 속에 끼여 있다. 한편으로 천국은 아직 이루어지지 않았다. 그러나 다른 한편으로 보면 천국의 강력한 매력이 이미 극적으로 그리고 복합적으로 우리 삶에 영향을 미치고 있다. 그래서 그리스도인들은 한편으론 천국을 바라보며 감격하면서 또 한편으론 아직 거기에 이르지 못함을 알고 낙심한다.

'천국'이라는 말은 신약의 바울 서신에서 그리스도인의 소망을 가리키는 데 자주 사용되었다. 천국을 미래의 것으로 말하는 것이 자연스럽겠지만, 바울의 생각에는 미래의 사실과 영적인 영역이 모두 포함되어 있는 것 같다. 시공간을 가진 물질적 세계와 공존하는 것이다. 따라서 '천국'은 신자들이 갈 미래의 집(고후 5:1-2; 빌 3:20)이며 예수 그리스도가 현재 계시는 곳(롬 10:6; 살전 1:10, 4:16)이다.

앞으로 보게 되겠지만, 천국에 관한 바울의 말 중 가장 눈에 띄는 것은 신자들이 '천국 시민'(빌 3:20)이라는 생각과 지금 천국의 삶을 누리고 있다는 것이다. 천국에 대한 바울의 말에서는 '지금'과 '아직' 사이의 긴장이 두드러지게 나타난다. 그래서 천국은 아직 임하지 않았거나 현재는 전혀 경험할 수 없다는 단순한 생각을 견지하기가 매우 어렵다. 바울에게 있어서 천국 소망은, 물론 천국은 미래에 때가 차면 완성되지만, 지금 여기에서의 삶에 영향을 준다.

'새 예루살렘'이라는 이미지는 오랫동안 기독교인의 천국에 대한 생각에 큰 영향을 끼쳤다. 이 이미지의 기원은 주로 성경의 마지막 책인 요한계시록에 있다. 이것이 가진 강력한 상징성은 천국을 시각화하는 방법에 대한 신학 사상과 찬송에 스며들었다. 여기서 천국이 주는 위로는 지상에서의 삶의 고통과 고난과 비극에 대조된다. "다시는 사망이 없고 애통하는 것이나 곡하는 것이나 아픈 것이 다시 있지 아니하리니 처음 것들이 다 지나갔음이러라"(계 21:4).

여기서 '새 예루살렘'이라는 주제는 '생명나무'가 언급되는(계 22:2) 등 창조 기사에서 나온 모티브와 통합되어 천국은 하나님이 인간과 함께 이울려 사는 에덴 동산의 축복(창 2장)이 회복된 것으로 볼 수 있다. 타락한 세상의 고통과 슬픔과 악이 마침내 사라지고, 창조 세계는 원래 의도하신 대로 회복된다.

어쩌면 천국에 대한 신약의 진술을 가장 잘 이해하는 방법은, 천국을 기독교 구원 교리의 완성으로 보는 것이다. 천국에서는 죄의 존재와 형벌과 능력이 모두 다 마침내 제거되고, 하나님은 믿는 자 개인과 공동체와 완전히 함께 거하신다. 이 개념이 『가톨릭 교리문답서』에 분명하게 제시되어 있다. "천국은 궁극적 목적이요, 인간의 가장 깊은 갈망의 성취이며, 최고의 완벽한 행복의 상태이다."

천국에 대한 신약의 비유들은 강한 공동체적 성격을 띤다. 여기서 천국은 잔치, 혼인 잔치 또는 한 도시, 즉 예루살렘으로 그려진다. 그러므로 영원한 생명은 인간 개인 존재의 연장이 아니라, 사랑의 하나님의 공동체 안에서 구속받은 공동체 전체와 함께 하는 것으로 그려진다.

부활한 몸의 본성

부활한 사람은 어떤 모습일까? 아주 단순하게 표현해서, 새 예루살렘에는 어떤 종류의 사람들이 거닐까? 기독교 초기 저자들은 대부분 '천국 시민'은 에덴동산에서 가졌던 무죄한 인간 상태를 회복하여 벌거벗을 것이라고 주장했다. 그러나 이때는 벌거벗어도 수치스럽지도 성적 욕망을 느끼지도 않을 것이다. 오로지 인간 본연의 무죄한 상태로 받아들여질 것이다. 그러나 다른 사람들은 새 예루살렘 거민은 하나님이 선택하신 성의 시민이라는 그들의 신분을 반영하여 좋은 옷을 입을 것이라고 주장했다.

많은 저자들이 보기에, 죽은 신자들이 천국에서 누릴 최종적 상태는 물질적인 면이 중요한 것이 아니었음이 분명하다. 이 문제는 175-177년경 리옹의 기독교 박해기에 신학적으로 중요한 문제가 되었다. 이교 핍박자들은 그리스도인들이 몸의 부활을 믿는다는 것을 알고, 방금 순교한 사람들의 시신을 불태워 론 강에 뿌렸다. 이렇게 하면 부활할 몸이 없기 때문에 순교자들의 부활을 막을 수 있다는 생각 때문이었다. 기독교 신학자들은, 하나님은 신자들의 몸을, 특히 잔혹하게 죽음을 당하거나 시신이 불태워진 사람들의 몸을 회복하거나 복구할 수 있다고 맞섰다.

올림포스의 메토디우스(Methodius, ?-311경)는 이러한 복구 과정에 대한 유비를 하나 제시했다. 이 유비는 이 문제를 논의하는 데 큰 영향을 미쳤다. 그는 부활은 인간 구성 요소의 '재배열'과 같다고 생각해야 한다고 주장했다. 부활은 동일한 재료를 녹여서 다시 주조한 동상과 같으며 이 과정에서 흠이나 손상된 부분이 사라진다는 것이다.

비슷한 논증이 12세기의 위대한 신학자 페트루스 롬바르두스의 『신학 명제집』에 나온다. 중세 신학자들의 핵심 교과서 역할을 했던 이 책은 부활체는 기본적으로 모든 결점을 제거한 재구성된 인간이라는 견해를 취했다.

기독교 신학자들 사이에서 상당한 논쟁을 불러일으킨 마지막 문제는 부활한 사람들의 나이에 관한 것이다. 어떤 사람이 60세에 죽었다면 새 예루살렘 거리에 늙은이로 나타날 것인가? 어떤 사람이 10세에 죽었다면 어린이로 나타날 것인가? 이 문제는 많은 논쟁을 불러일으켰다. 특히 중세 시대에 그러했다. 13세기 끝 무렵 합의가 도출되었는데, 사람은 30세 즈음에 완전 혹은 절정에 이르기 때문에 부활 때 30세 무렵의 모습을 띨 것이라고 동의했다. 이 문제에 대한 페트루스 롬바르두스의 논의는 그 시대에 전형적인 것이었다. "태어난 직후 죽은 소년은 그가 30세까지 살았다면 갖추었을 모습으로 부활할 것이다. 따라서 새 예루살렘은 30세 때의, 그러나 모든 흠이 제거된 모습을 한 사람들로 붐빌 것이다(물론, 30세는 예수님이 십자가에 못 박히신 나이이다).

매장인가, 화장인가?

부활체의 모습과 관련된 또 다른 문제는 20세기에, 부분적으로는 훨씬 더 비싼 매장 비용 때문에 화장이 점점 일반화된 기독교 국가에서 특히 중요해졌다. 화장은 부활 신앙에 맞지 않는 것일까? 영원한 생명으로 부활하려면 시신을 훼손하지 않고 그대로 매장해야 하는가? 이 문제에 대해서는 앞에서 살펴본 바와 같이 이전에도 논란이 되었다. 신학자들은 하나님은 이런 것 때문에 불편해 하지 않으신다고 주장했다. 하나님은 시신이 훼손되거나 분해된 경우에도 재구성할 수 있으시다.

가톨릭교회는 두 가지 이유에서 화장을 공식적으로 금했다. 첫째, 화장은 부활 교리를 부정하는 이교도의 풍습이기 때문이다. 둘째, 몸은 성령의 전(殿, temple)이라는 믿음 때문이다. 그러나 20세기에 들어 가톨릭의 관습에 중요한 변화가 일어났다. 1963년, 바티칸은 가톨릭교도에 대한 화장 금지를 풀었다. 그러나 화장한 유해에 대해서는 어떤 기도나 의식도 허락하지 않았다. 이것은 시신이 있는 상태에서 장례 의식을 진행해야 하고, 장례 의식 후에 화장을 해야 한다는 뜻이었다. 그러나 1997년, 바티칸은 화장한 유해를 교회에 가져와 장례식을 행하는 것을 허용했다. 하지만 공식적으로 교회는 여전히 시신이 있는 상태에서 장례식을 행하고 그 후에 화장하는 것을 선호한다.

프로테스탄트 진영에서, 이 문제에 대한 가장 영향력 있는 답변을 제시한 사람은 미국의 유명한 전도자 빌리 그레이엄(Billy Graham)일 것이다. 그는 전국으로 배포하는 신문에 이렇게 썼다.

> 고린도전서 5장에서, 바울은 장막 즉 무너지고 치워질 수 있는 임시 거처에 사는 것과 영원히 존재할 영원한 집에서 사는 것을 비교한다. 우리 몸은 우리의 임시 장막이다. 우리의 부활한 몸이 우리의 영원한 집이 될 것이다. 부활한 몸은 모습은 비슷하지만 본질은 다르다. 그러므로 화장은 부활에 전혀 장애가 되지 않는다.

그레이엄의 요점은 분명하다. 그리스도인의 부활 소망은 장례 형식이 아니라 하나님의 신실한 약속에 근거한다는 것이다. 이러한 개념은 몇 가지 면에서, 특히 그리스도인의 장례식과 관련해서 중요하다. 여기에 대해서는 나중에 다시 살펴볼 것이다.

결론

기독교 신앙을 간단하게 훑어보았다. 이것은 마치 복잡하고 멋진 경관을 대충 그린 지도 한 장으로 보는 것과 같다. 그러나 훨씬 더 상세하게 탐구하고 논의할 필요가 있다. 다행히 이 분야를 더 탐구하려면 사용할 수 있는 지침서들이 많이 있다. 시작 단계에 적합한 책들을 '심층 연구를 위한 추천 도서'에 소개했다.

이제는 기독교 역사를 개관할 차례이다. 다음 장에서는 사도 시대부터 현재에 이르기까지 기독교 역사에서 대두된 주요한 주제들을 살펴볼 것이다.

제4장

간추린 기독교 역사

기독교 역사를 알지 못하면 기독교의 현 상태와 형태들을 이해할 수 없다. 기독교 역사를 공부한다는 것은 현재에서 과거로 돌아가는 것이 아니라, 현재를 더 명확하게 볼 수 있는 렌즈를 제공하는 일이다. 과거의 논쟁과 논의 인물들의 긴 그림자가 현재의 기독교에 드리워져 있다. 우리는 이 역사의 중요성을 생각하여 세심한 관심을 기울여야 한다. 이 장에서는 기독교 역사를 다음과 같이 다섯 단원으로 나누어 살필 것이다.

1. 초기 기독교 시기. 때로는 '교부 시대'라고 부르기도 하며, 이때에 기독교 신앙이 지중해 세계 전역에 걸쳐 눈에 띄게 퍼져 나갔다.
2. 중세기. 서유럽의 기독교 역사 시기로 문화적, 지적 발전이 두드러진다. 르네상스로 알려진 복합적 문화 발전이 이 시기에 일어났다.
3. 서유럽의 종교개혁 시기. 유럽 일부 지역에서 프로테스탄트가 태동하고 다른 지역에서는 가톨릭의 단합이 이루어져, 결국 종교 전쟁으로 이어졌다.
4. 근대기. 18, 19세기의 기독교 발전을 살핀다. 특히 제1차 세계대전 발발로 절정에 이른 서유럽과 북미 기독교의 발전을 중점적으로 살펴본다.

5. 20세기. 세계대전 이후 세계 기독교의 극적인 변화를 살핀다. 아프리카, 남미, 아시아 기독교의 발전도 살펴본다.

초기 기독교, 100-500년경

기독교 역사의 초기(100경-451)는 기독교가 지중해 전역과 그 밖으로 급속하게 퍼져 나가기 시작한 시기로 때로는 '교부 시대'로 부르기도 한다. '교부'라는 말은 흔히 사용되지 않는 낯선 말로 헬라어 **파테르**(*pater*, 아버지)에서 온 것이다. 교부는 알렉산드리아의 아타나시우스(Athanasius), 히포의 아우구스티누스(Augustinus) 등과 같은 기독교 지도자들을 말하며 보통 '교회의 아버지들'(fathers of the church)이라고 부른다.

이 형성기를, 특히 중대한 신학적 논쟁과 기독교가 로마 제국의 합법적 종교로 수용됨으로 발생한 중요한 영향들을 제대로 파악하지 않고는 기독교의 역사적 발전을 이해하기 어렵다. 그러므로 초기 기독교에 관한 논의는 유대교에서 출현하는 과정과 인종적, 사회적 경계를 거부하는 신앙으로 급속하게 변화되는 과정을 살피는 데서부터 시작한다.

사도 시대

기독교 역사에서 초기의 주요한 시기는 일반적으로 '사도 시대'로 알려져 있다. '사도'라는 말은 '보내다.'라는 뜻의 헬라어 **아포스텔레인**(*apostellein*)에서 온 것으로 나사렛 예수의 사역을 계속 확장하도록 위임받은 사람을 가리킨다. 전통적으로, 사도들이 아직 살아 있어서 나사렛 예수를 중심으로 모였던 최초의 신앙 공동체와 교회 사이의 역사적 연속성을 제공하던 시기로 이해된다. 이 시기는 역사적으로 매우 중요하지만 알려진 것이 거의 없다. 그러나 우리는 일부 측면들을 살펴봄으로써 초기 기독교의 역사를 더 잘 이해할 수 있는 중요한 추이를 찾아낼 것이다.

앞에서 살펴보았지만, 기독교 운동의 핵심에는 나사렛 예수의 말씀과 행위들에 대한 일련의 보고와 해석집이 있다. 그의 중요성은 그의 정체성과 역할을 중심으로 제시되었다. 이를 위해 그리스도의 칭호들과 구원의 이미지들을 광범위하게 사용했는데, 이것은 주로 기독교의 유대교적 근원에서 가져온 것이었다. 처음의 그리스도인 집단은 예루살렘과 같은 대도시를 중심으로 형성되었고, 구성원들은 나사렛 예수를 친히 알거나 집단 구성원들과 친숙한 사람들이었다.

다른 기독교 공동체들은 예루살렘 교회와 복잡한 관계에 있는 인물들에 의해 세워졌는데, 그 중 가장 유명한 사람이 다소의 바울일 것이다. 신약에 의하면 바울은 지중해 지역 많은 곳에 교회를 세웠다. 초기의 기독교는 유대교 내의 한 분파 내지는 집단으로, 상당히 다양한 종교적 표현 방식을 가진 것으로 보였을 것이다. 이 시기에 대한 최근의 연구를 통해 밝혀진 바에 의하면, 이 당시 유대교는 단일체가 아니었다.

이들 기독교 공동체들은 로마 제국 전역에 퍼져 있었고, 각기 그 지역 고유의 문제와 기회를 접했다. 여기에서 두 가지 중요한 역사적 의문을 갖게 되는데, 그 어느 것도 정확한 답을 얻기 어렵다. 첫째, 이들 개개의 기독교 공동체들은 어떻게 해서 자신이 속한 지역의 문화적 상황에서 종교적 정체성을 유지할 수 있었을까? 예를 들어, 초기 기독교 예배는 기독교 공동체의 특징을 강조하여 전체적으로 정체성을 공유하게 했음이 분명하다.

둘째, 이들 개개의 공동체들은 큰 보편적 공동체와의 관계를 어떻게 이해했기에, 신약의 후기 저작들에서는 점차 '교회'라고 부르게 되었을까? 이 작은 공동체들이 서신을 통하여, 여러 교회들을 방문하는 순회 교사들을 통하여, 그리고 특히 근본이 되는 문서들(이들 중 일부는 후에 신약의 정경에 포함된다)을 공유함으로써 서로 접촉을 유지했다는 증거가 있다.

사도 시대 혹은 교부 시대에는 여자들이 중요한 역할을 했다. 앞에서 보았듯이 기독교는 팔레스타인 유대교에서 출현했는데, 이 유대교는 여자들에 대해 매우 부정적이었다. 이런 이유로 복음서는 나사렛 예수가 여자들을 만난 것 때문에 종종 유대교의 공적 대표자들로부터 적대감과 비판을 받았다고 기록한다. 예수님의 사역을 기록한 복음서의 기사들은 여자들이 예수님 주위에 모인 집단의 핵심이었음을 인정한다. 예수님은 종종 여자를 인정함으로써 바리새인과 종교 지도자들을 실망시켰다. 누가복음은 복음 전파에 '많은 여자들'이 큰 역할을 했다고 강조한다(눅 8:2-3).

사도 시대 기독교 역사의 가장 중요한 자료는 사도행전이다. 일반적으로 사도행전은 사복음서 중 세 번째 복음서를 편집한 누가가 쓴 것으로 인정된다. 사도행전은 초기의 선교사들이 유럽을 선교할 때 환대받는 데는 여자들이 중요했음을 강조한다. 루디아 같은 여자 개종자들은 자신의 집을 가정 교회와 선교 거점으로 제공했다. 누가는 중요한 역사적 사실, 즉 초대 교회는 다수의 탁월한 여자들을 끌어들여 그들에게 유대교에서 받았던 것보다 더 높은 사회적 역할을 제공하고 또 복음 전도와 목회 사역에서 중요한 역할을 맡게 했다는 사실을 명시하는 데 관심을 가졌던 것 같다.

특히 누가는 복음 전파와 가르치는 사역을 맡았던 브리스길라와 아굴라 부부를 소개한다(행 18:1-3, 24-26). 바울은 로마 교회에 "겐그레아 교회의 일꾼으로 있는 우리 자매 뵈뵈"(롬 16:1)를 추천하면서 그녀가 자신에게 얼마나 도움이 되었는지를 말한다. 신약의 다른 본문들은 여자들이 교회에서 인정되고 권위 있는 사역을 했음을 보여준다(딤전 3:11, 5:9-10 등). 바울이 로마서에서 여러 사람에게 안부를 전할 때 '동역자' 브리스가와, '주 안에서 수고한' 드루배나와 드루보사라고 표현하는 말이 나오는데, 이는 같은 본문에서 남자들에게도 사용한 표현이다.

로마서에 나오는 방대한 문안 인사 대상 목록에는 안드로니고와 유니아가 있는데, 이들은 "사도들에게 존중히 여겨지는" 사람들이었다(롬 16:7). 안드로니고는 남자 이름이고 유니아(Junia, 초기의 한 사본에는 'Julia'로 쓰여 있다)는 여자 이름이다.

초기 기독교와 로마 제국

로마 제국을 제대로 이해하지 못하면 초기 기독교 발전을 잘 이해할 수 없다. 많은 역사가들은 로마 제국이 98년에서 117년까지 재위한 트라야누스(Trajanus) 황제 통치기에 절정에 달했다고 여긴다. 기독교는 유대라는 상대적으로 알려지지 않았고 정치적으로 중요하지 않은 지역에서 시작되어 급속도로 제국 전체에 퍼졌고, 결국은 제국의 공식적 종교가 되었다. 기독교의 대두와 형성에 있어서 로마 제국이라는 상황이 중요하므로, 이 상황을 더 자세히 살펴보도록 하자.

로마의 영향력 확장은 로마가 공화국일 때 시작되었다. 그러나 정치적 연약성 때문에 권력이 한 사람의 권위자 '황제'(라틴어로 *imperator*, '총사령관' 즉 '명령을 내리는 사람'이라는 의미로 '명령하다.'라는 뜻의 라틴어 *imperare*와 '권한'을 뜻하는 라틴어 *imperium*에서 유래)에게 집중되었다. 이 최고의 통치자는 정치적인 이유 때문에 '왕'으로 불리지 않았다. 로마 사람들은 늘 이 말을 받아들일 수 없는 것으로 여겼는데 이는 아마도 고대의 왕들이 권력을 남용했기 때문일 것이다. 로마 사람들은 공화정을 지지했으므로 다시 이상한 전제 군주제(한 사람의 권력)로 되돌아 간 것으로 생각하지 않으려고 애를 썼다. 우리가 '황제'로 번역한 말을 로마의 최고 통치자의 직함으로 사용한 것은 그의 기능을 왕이라는 불신받는 제도와 연결되지 않게 하려는 것이었다. 누가복음은 나사렛 예수의 탄생이 로마의 첫 황제 아구스도(Augustus) 통치 때였다고 말한다.

아구스도 황제 때 로마의 영토가 획기적으로 확장되었는데, 특히 이집트와 북유럽에서 그러했다. 이집트에 있는 영토는 로마 사람들의 식량 공급처라는 면에서 특히 중요했다. 아구스도의 후계자 디베료(Tiberius, 재위 14-37)는 카프리 섬에서 은둔 생활을 하는 것을 더 좋아했던 무능한 황제였다. 한참 지난 후 트라야누스 황제 때 제국은 안정을 회복하기 시작했고 확장기에 접어들었다. 로마에 거대한 공공건물을 건축함으로써 도시가 화려해졌고, 당시 세계 최대의 제국의 중심이라는 위치가 견고해졌다.

신약에도 로마 당국자들이 기독교를 적대시했다는 분명한 표시가 있다. 로마 역사가 타키투스(Tacitus, 56경-117경)는 그리스도인들에 대해 "자기들의 가증한 것들로 인해 미움받는 계층"이라고 말함으로써 64년에 발생한 로마 대화재의 후유증으로 대중의 증오가 있었다는 증거들을 제시한다. 신약 정경의 마지막 책인 요한계시록은 1세기 말 기독교 집단에 대한 적극적인 적대감을 반영하고 있는 것으로 널리 받아들여진다. 이것은 로마 황제 도미티아누스(Domitianus)의 통치 말년, 특히 95년을 전후한 상황을 반영하는 것으로 본다. 도미티아누스는 전통적인 로마 종교를 강력하게 지지하는 사람이었지만, 그의 재위 기간 중 그리스도인들을 공식적으로 박해했다는 역사적 기록은 없다.

이때에 일종의 로마 '시민 종교'가 나타나기 시작했는데, 그것은 로마 시와 로마 제국에 대한 충성의 표현으로 황제를 예배하는 일과 관련 있었다. 어떤 죽은 황제가 공경을 받을 만할 경우, 국가 신을 결정하는 투표를 거쳐 로마 판테온 신전에 모실 수 있었다. 이런 제국의 종교에 참여하는 것을 거부하는 것은 반역 행위로 여겼다. 1세기 로마 종교는 로마 사회에 안정성과 응집력을 주는 국가 종교와 개인의 사적 견해를 구분하는 경향이 있었다. (라틴어 명사 religio는 '결합하다.'라는 의미의 동사에서 유래하였다.) 국가 종교의 역할은 제국과 시에 안정되고 신성한 토대를 제공하는 것이었다.

그래서 종교는 주로 '경건'(라틴어로 pietas) 곧 '일치와 국가에 대한 충성을 증진시키는 사회적 행위 태도'의 관점으로 이해되었다.

로마 시민은 이 '공식적' 시민 종교와 충돌하지 않는 한 사적으로 다른 종교 행위와 신앙을 자유롭게 채택할 수 있었다. 이 사적 종교는 흔히 가정에서 실행되었고, 국가의 의식을 국민의 공적 대표자들이 맡는 것과 같이 가장이 가정의 기도와 의식을 이끌었다. 1세기에는 이 사적 종교들이 주로 신비한 사교의 형태를 띠었는데, 그리스와 아시아에 기원을 둔 것으로 군인과 상인들이 들여온 것이었다. 그 중 가장 널리 알려진 것이 페르시아에 기원을 둔 것으로 여겨지는 미트라교였다.

그때 기독교는 이런 로마의 다양한 종교 상황에 쉽게 적응했다. 그러나 그리스도인들은 공적 신앙과 사적 신앙을 구분하는 것을 받아들이기 어려웠다. 한 분 하나님에 대한 충성 때문에 로마의 공식 종교에 참여할 수 없었다. 이것은 1세기 말에 로마 제국의 종교가 부각되면서 점차 문제가 되었다. 특히 로마 제국 동쪽 지역에서는 황제 숭배가 로마에 대한 충성의 표시로 간주되었다. 그러므로 하나님 외에 다른 어떤 신도 숭배하기를 거부하는 그리스도인들은 이런 충성 표시를 하지 않는다는 이유로 반역 가능성이 있는 자로 여겨졌다.

로마 제국의 동쪽에 있는 주요 도시들에서는 제국의 종교가 깊이 뿌리내리고 있었으므로, 기독교와 국가 당국자들 사이에 충돌이 일어날 수밖에 없었다. 여기서 가장 자주 인용되는 증거가 그 유명한 소(小)플리니우스(Plinius)가 112년경 트라야누스 황제에게 보낸 편지이다. 이 편지에서 소(小)플리니우스는 로마 황제 형상 경배를 거부하는 그리스도인들이 늘고 있는데 어떻게 해야 하는지 조언을 구한다. 플리니우스의 편지에서 분명히 드러나는 것은, 기독교는 황제 숭배를 거부한 결과로 의심을 받게 되었으며, 그것은 그리스도인들이 기존 사회 질서를 무너뜨리려는 것을 암시한다는 것이었다.

그리스도인들이 로마 제국의 종교에 대해 부정적인 태도를 가졌다는 것은 이 시대에 벌어진 황당한 일, 로마 당국이 기독교를 일종의 '무신론'으로 비판했던 경향을 이해하는 데 도움이 된다. 이것은 '무신론'을 현대적 의미로 이해하면, 즉 하나님에 대한 믿음을 거부하는 것으로 이해하면 말이 되지 않는다. 그러나 고전 문화에서는 공식적 국가 종교를 거부하는 것에 대하여 '무신론'이라는 말을 널리 사용했다. 고전적 그리스 철학자 소크라테스(Socrates)는 사도 시대 4세기 이전인 BC 399년에 사형 선고를 받았는데, 그 이유는 '무신론' 때문이었다. 아테네의 '공식적' 종교를 거부했다는 것이었다. 그러므로 현대적 의미로 보면 소크라테스는 결코 무신론자가 아니다.

초기 기독교 예배와 조직

초기 기독교는 공식적인 인정과 보호가 없었으므로, 로마 제국의 공적 종교가 될 수 없었다. 공적 기독교 예배를 위한 건물도 없었다. 그리스도인의 집회와 예배는 비밀리에 진행되었으므로 로마 사회가 이 새 신앙에 대해 의심하게 되는 것은 당연한 일이었다. 그리스도인들은 진탕 먹고 난잡하게 놀며 인육을 먹는다는 소문이 급속도로 퍼졌다. 왜 이런 일이 일어났는지 이해할 수 있다. 초기 그리스도인 모임에서는 '애찬식'이 포함되었는데, 이것이 쉽게 성적 행위로 오해될 수 있었다는 증거가 많다. 마찬가지로 그리스도의 살과 피를 상징하는 떡과 포도주를 먹고 마시는 것은 외부자들이 보기에는 일종의 인육을 먹는 행위로 오해될 소지가 다분했다.

초기 기독교 예배에 대한 몇 가지 중요한 증거들이 있다. 그 중 하나는 교회 질서 및 그리스도인의 삶에 관한 지침서로, 1세기 말에서 2세기 초에 쓰여진 디다케(*Didache*)이다. 헬라어로 디다케(*didache*)는 '가르침'이라는 의미이다. 이 글은 그리스도인들이 주일 곧 일요일에 '떡을 떼고 감사를 드리기 위해' 모인 방법을 설명한다. 예배는 공적 장소가 아니라 사적인 가정에서 이루어진 것으로 보인다.

순교자 유스티누스(Justinus)는 155년경 로마에서 『제1변증』(*First Apology*)을 썼다. 이 글에서 그는 초기 기독교의 예배 두 가지를 설명한다. 첫째, 그는 새 개종자의 세례에 대해 설명한다. 세례를 마친 후, 새 신자는 기독교 신자들의 모임으로 인도된다. 먼저 공동체와 새 개종자들을 위한 기도가 있고, 이어서 예배자들은 서로 입맞춤으로 인사를 나눈다. 그 후 떡과 포도주와 물을 사회자에게 가져오면, 그는 성자와 성령의 이름으로 하는 성찬 기도로 성부께 영광을 돌리고, 모인 예배자들이 떡과 포도주를 받기에 합당한 자로 여겨 주심을 감사드린다. 유스티누스는 이 '감사' 의식을 진행하는 사회자에 대해 '사제'라는 말을 사용하지 않는데, 아마 이 말이 기독교에 매우 적대적인 로마 국가 종교를 연상시키기 때문이었을 것이다.

유스티누스가 소개하는 두 번째 예배는 신앙 공동체의 정규 주일 모임이다. 왜 유대인의 안식일이 아닌 일요일에 모였을까? 유스티누스는 이 공동체가 한 주의 첫날인 일요일에 모이는 것은 이 날이 창조의 첫날이면서 또 예수님이 죽음에서 부활하신 날이기 때문이라고 설명한다. 이 예배에는 세례를 받은 사람만 참가할 수 있었다. 예배는 '사도들의 회고록'(복음서들을 가리키는 것이 거의 확실하다) 일부나 선지자들의 글을 읽는 것으로 시작하여, 이 본문을 바탕으로 한 설교가 이어졌다. 그리고 이어서 기도가 있고 위에서 말한 순서로 성찬이 진행된다. 예배 마지막에는 사회자가 재산이 넉넉한 사람들에게 선물을 가져오라고 권면했고, 사회자는 그것을 곤핍한 사람들에게 나누어 주었다.

초기 그리스도인들에게는 장례 의식도 중요했다. 로마 사람들은 죽은 사람을 화장하여 깎아서 만든 항아리에 그 재를 담아 두는 경향이 있었다. 그러나 그리스도인들은 매장을 고집했는데, 이것은 그리스도가 매장된 선례를 따른 것이라 볼 수 있다. 그리스도인들은 2세기 초부터 로마 시 및 인근 지역 지하의 연질의 부석 암반층을 파서 방대한 지하 매장지를 건설했다. '카타콤'으로 알려진 이 지하 동굴망은 통로와 터널로 이루어졌는데, 벽에 틈새를 파서 그곳에 시신을 안치하고 부활을 기다렸다. 4세기에 기독교가 합법화되면서, 그리스도인들은 핍박을 두려워하지 않고 공개적으로 장례 의식을 치렀으므로 카타콤은 점차 사용되지 않게 되었다.

로마에서도, 초기 기독교는 잘 조직화되어 있지 않았다. 그 이유는 부분적으로 기독교 운동이 불법인 상태라 조정이 어려웠기 때문일 것이다. 이 운동을 이끄는 지도자들이 있긴 했지만, 그들은 중앙 집권적 통제를 전혀 할 수 없었다. 에피스코포스(episkopos, 감독), 디아코노스(diakonos, 집사), 프레스뷔테로스(presbuteros, 장로) 등의 용어는 기독교 공동체의 지도자들을 가리키는 말이었다. 흥미롭게도 이 세 단어 모두 세속 문화에서 당시 큰 가정의 행정을 맡은 직책을 가리키는 말로 사용되던 것이었다. 에피스코포스는 가정의 감독자였고, 디아코노스는 종이었으며, 프레스뷔테로스는 가정의 어른이었다. 기독교는 친숙한 세속 언어를 차용하여 특별한 기독교적 의미를 부여함으로써 이 말들을 '믿음의 가정'의 말로 바꾼 것이다.

이 초기 단계에는 감독(bishop, 주교)이 한 그룹의 교회들이나 한 교구를 돌본다는 암시가 없었다. 물론 초기에 약간의 조짐은 있었지만, 이런 발전은 후에 기독교가 로마 제국의 공식 종교가 되면서 이루어졌다. 초기 단계 때는 감독이 대개 한 기독교 공동체의 지도자였다. 2세기의 로마 교회는 어쩌면 로마의 클럽이나 사교계(collegium, 복수형은 collegia), 유대인의 회당으로 비유할 수 있으며, 본질적으로 중앙 통제가 없는 독립적인 단체였다.

여성과 초기 기독교

앞에서 지적한 것처럼 여자들은 사도 교회에서 중요한 역할을 했다. 그럼에도 완전히 이해할 수 없는 이유로, 교회는 수장권과 서열에 있어서 보다 전통적, 문화 지향적 접근 방법을 채택했다. 그리스 로마 세계에서 이상적인 여성상은 자기를 감추고, 근면하며, 가족에 충실한 사람이었다. 한 여인이 생전에 그녀에 대한 기대에 잘 부응한 사실을 기리는 묘비가 있는데, 이를 통해 이 문화의 규범이 분명하게 드러난다. 1세기 로마 비석에 새겨진 다음과 같은 비문은 이런 미덕들이 어떻게 구현되고 칭송받았는지를 잘 보여준다.

> 여기 마르쿠스의 아내요 가장 선하고 가장 아름다운 여인 아뮈모네가 누워 있다. 그녀는 털옷을 만들었고, 신들과 가족에게 헌신했다. 그녀는 단정했고, 돈에 세심했고, 순결했다. 그녀는 집에 머물렀다.

이런 문화적 규범을 받아들임에 따라, 여자들이 배후에서 상당한 사회적, 정치적 영향력을 행사했음에도 불구하고, 필연적으로 여자를 공동체와 의식의 지도자 지위에 세우는 일을 배제하게 되었다. 초대 교회 안에는 세 가지의 사역 직임, 즉 감독, 사제, 집사가 있었다. 여자들은 앞의 두 역할에서 배제되는 것을 금세 알았지만, 여집사로서는 여전히 적극적이었다. 이 사역은 2세기 이후부터 기록되고 있으며 교회의 목회에서 중요한 역할을 했다.

'사도들의 계율'은 3세기 전반에 나온 것으로 보이는데, 남자 집사는 그리스도에 비유하고 여자 집사는 성령에 비유해야 한다고 암시한다. 실제로 남자 집사는 남성 사역을 맡고 여자 집사는 여성 사역을 맡았던 것 같다. 칼케돈 회의에서는 여자는 40세까지는 집사 안수를 허락하지 않아야 한다고 정했다. 이것은 기독교 세계에 이미 확립되어 있던 것을 이 목회 규정으로 공식화할 필요가 있었음을 시사한다.

순교는 여자가 주도적 역할을 한 가장 눈에 띄는 분야이다. 가장 널리 칭송받는 두 순교자는 페르페투아(Perpetua)와 펠리키타스(Felicitas)이다. 이들은 3세기 초에 카르타고에서 함께 순교했다. 그들의 순교에 대한 전통적인 설명을 보면 그 당시 교회의 사회적 분위기를 알 수 있다. 로마 귀족인 페르페투아는 아이를 돌보는 어머니였고, 펠리키타스는 그녀의 노예로 임신 중이었다. 페르페투아는 아버지의 명시적인 뜻을 거스리고 세례를 받았다. 이것은 그녀가 신앙 때문에 가족의 전통과 충성을 깨뜨릴 각오를 했음을 시사한다. 귀족 부인과 노예가 함께 순교했다는 사실은 이 시기, 기독교에 대한 로마 제국의 적대감이 간헐적 괴롭힘과 조직적 박해로 이어진 이때에 순교가 여자들이 자기를 강화하는 수단이 되어 가고 있었음을 보여준다.

초대 교회의 여성들이 가진 열망을 잘 보여주는 증거 하나가 이코니움의 테클라(Thecla)에 대한 추종에서 발견된다. 이는 2세기 후반에 생긴 것으로 여겨지며 '바울과 테클라 행전'(Acts of Paul and Thecla)으로 알려진 이 시기의 문서에 기록되어 있다. 이 문서는 테클라라는 한 귀족 여인을 소개하는데, 그녀는 '가정에 충실한' 전통적인 귀족이었다. 어느 날 그녀는 열린 창문을 통해 사도 바울의 설교를 듣는다. 그녀는 들은 말씀에 매혹되어 자신의 약혼자와 집을 버리고 바울을 따르게 되었고, 결국은 혼자 여행하면서 복음을 선포했다.

이런 흥미로운 일의 핵심 주제 중 하나는 이 당시 로마 제국 문화는 귀족으로 태어난 여자들의 사회적 역할을 거부했다는 것이다. 특히 이 문화에서는 가정에 충실하고 결혼하여 가정에 헌신할 것을 기대하는 전통의 속박이 있어서 결과적으로 기독교 신앙은 반문화적 가치와 신념이 될 수밖에 없었다. 테클라는 전통적 문화 규범을 거부한 것에 격노한 어머니의 교사에 의해 로마 당국으로부터 사형 선고를 받게 되었다. 그러나 테클라는 결국 승리했다.

이 이야기가 중요한 이유는, 당시 주로 남자들에게 맡겨지던 교회 임무들(예를 들어 공적 지도력과 선도 등)을 여자의 역할로 인정하기 때문이다. 테클라는 그런 역할을 수행하기 위해 남자 복장도 준비할 정도였다. 190년에 벌써 로마 신학자 테르툴리아누스(Tertullianus)는 일부 사람들이 테클라의 이야기에 근거하여 교회에서 여자의 공적 사역, 특히 세례와 설교를 정당화한다고 우려했다.

그러나 그리스도인 여성들은 교회 생활의 본류 밖에서 중요한 역할을 하고 있었다. 예를 들어, 2세기 중반 몬타누스 운동은 프리기아 지역의 세 카리스마적 인물, 몬타누스(Montanus)와 두 여자 동료인 프리스카(Prisca)와 막시밀라(Maximilla)를 중심으로 이루어졌다. 프리스카는 때로 프리스킬라(Priscilla)로 불리기도 했다. 어쩌면 몬타누스주의는 현대의 오순절 운동과 상당히 비슷한 종교적 갱신 운동으로 이해하면 가장 좋을 것이다. 현대의 자료들은 이 운동의 추종자들 가운데서 프리스카와 막시밀라가 몬타누스보다 더 높은 지위에 올랐음을 시사한다.

비록 몬타누스주의는 교회 안에서 특히 아프리카에서 상당한 영향력이 있었지만, 교회의 정치 및 권력 구조 밖에서 이루어진 운동으로 이해하는 것이 좋을 것이다. 이렇게 여자들의 지도력을 허용했으므로, 점차 로마 사회의 규범에 동조해 가던 교회의 구조 안에서 문제가 되었다.

수도원 운동도 마찬가지다. 수도원 운동은 주류 기독교 공동체, 특히 도시 공동체의 도덕과 영성이 우려될 때 이에 대한 반응으로 종종 나타났다. 암마(amma, 아람어로 '어머니'라는 의미)는 4, 5세기에 이집트, 팔레스타인, 시리아의 사막 수도 영성에서 영적 지혜와 분별력이 있는 인정받은 여성 지도자를 가리키는 말이 되었다. 알렉산드리아의 신클레티카(Syncletica, ?-350경)는 여러 여성 영성 작가들 가운데 한 사람으로 그녀의 말은 전통적으로 『사막 교부들의 금언집』(The Sayings of the Desert Fathers)으로 알려진 모음집에 포함되어 있다.

지면이 허용된다면, 히포의 아우구스티누스의 어머니 모니카와 같은 초기 기독교의 중요한 여성들을 살펴볼 수 있을 것이다. 아무튼 교회 안에서 여성들에 대한 제한이 점증함에도 불구하고, 많은 여인들이 그것을 극복하고 중요한 공적 사역을 했다.

콘스탄티누스 황제의 회심

가장 모진 박해 중 하나가 디오클레티아누스(Diocletianus) 황제 통치기인 303년 2월에 일어났다. 기독교의 모든 예배 장소를 파괴하고, 그들의 책을 모두 수거하여 없애며, 기독교의 모든 예배 행위를 중지시키라는 칙령이 내려졌다. 그리스도인 공복들은 모든 특권적 지위 또는 신분을 박탈당하고 노예 신분으로 전락했다. 저명한 그리스도인들은 전통적인 로마 관습에 맞추어 제사를 드리도록 강요받았다. 이때 디오클레티아누스는 그리스도인으로 알려진 자신의 아내와 딸도 이 명령에 따를 것을 강요했는데, 이것은 기독교의 영향력이 어느 정도였는지를 보여준다. 박해는 이 후의 황제들 때도 계속되었으며, 여기에는 제국의 동쪽 지역을 통치한 갈레리우스(Galerius) 황제도 포함된다.

311년에 이르러 갈레리우스는 박해 중지를 명했다. 박해는 실패했고, 로마의 고전적 이교 종교를 재정착시키려는 정책에 대한 저항 의지만 강하게 만들었을 뿐이었다. 갈레리우스는 칙령을 내려 그리스도인들이 다시 정상적인 생활을 할 수 있으며, "공공질서를 해치는 일을 하지 않는다면 종교 집회를 할 수 있다."라고 허용했다. 이 칙령은 명시적으로 기독교를 하나의 종교로 확인해 주었고 완전한 법적 보호를 제공했다. 이 시점까지 모호했던 기독교의 법적 지위가 이제 해결되었다. 이제 교회는 포위된 상태라고 생각하지 않게 되었다.

플라비우스 발레리우스 아우렐리우스 콘스탄티누스 아우구스투스(Flavius Valerius Aurelius Constantinus Augustus), 통칭 콘스탄티누스 1세(Constantinus I)가 로마 제국 역사상 매우 복잡하고 어려운 시기에 황제가 되었다. 많은 역사가들은 이 시기를 고전적 고대와 후기 고대 사이의 전환기라고 본다. 3세기 말(235–284)에 일련의 위기들이 닥쳤다. 로마 제국은 외세의 침략과 내전, 전염병 발생, 심각한 경제 침체 등의 위협으로 인해 붕괴 직전에 이르렀다. 마침내 콘스탄티누스는 대적들을 물리치고 313년에 자신을 황제라고 선포했다.

콘스탄티누스는 초기에는 기독교에 대해 특별한 관심을 보이지 않았다. 그는 312년 10월 28일 로마의 북쪽에 있는 밀비우스 다리 전투에서 결정적 승리를 거둔 직후 자신이 그리스도인이라고 선언했다. 이 점에 대해서는 기독교 저자와 이교 저자 모두 인정한다. 이 회심의 이유와 시기에 대해서는 분명하지 않다.

일부 기독교 저자들은 이 회심이 이 결정적 전투 전에 일어났을 수도 있다고 말한다. 콘스탄티누스가 그의 병사들의 방패에 십자가 표시를 하라고 명령하는 하늘의 환상을 보았기 때문이다. "이 표시로 너는 이길 것이다"(in hoc signo vinces). 회심의 이유가 무엇이든, 그리고 회심의 시기가 밀비우스 다리 전투 이전이든 이후든, 이 회심의 사실과 결과는 의심의 여지가 없다.

기독교에 대한 제국의 태도 변화 중 첫 번째는 313년에 일어났다. 콘스탄티누스와 리키니우스(Licinius)는 밀라노 칙령(Edict of Milan)을 내려, 로마 제국 동서 양편에서 종교의 자유를 선언했다. 이것은 기독교에 대해 특권을 주는 것은 아니었다. 그러나 이 칙령은 그리스도인들이 그늘과 가장자리에서 나와 주요한 사회적 역할을 담당하도록 허용함으로써, 기독교가 로마 사회에서 중요한 역할을 할 수 있는 길을 열어 주었다. 이 일 이후로 로마는 점차 기독교화했다.

그러나 콘스탄티누스는 주의 깊게 진행하여 초기에는 전통적 로마의 이교 상징을 그대로 유지했다. 그의 종교개혁 프로그램에 대한 대중의 불만을 야기하지 않기 위해서였다. 밀비우스 다리 전투 승리를 기리기 위해 315년에 세운 개선문에는 기독교 상징물을 사용하지 않고 아폴론, 디아나, 헤라클레스 등의 신에게 제사드리는 모습을 담았다. 310년대 후반에도 콘스탄티누스는 전통적인 이교를 기독교와 동등하게 긍정하는 것으로 해석할 수 있는 처신을 했다.

321년에 중요한 전환점이 되는 일이 일어났다. 콘스탄티누스가 그리스도인과 비그리스도인 모두 '태양일'에 예배를 드리라고 칙령을 내린 것이다. 이것은 일요일에 모이고 예배하는 기독교의 관습을 반영한 것이 분명하지만,

화보 4.1 이탈리아 바로크 시대의 위대한 조각가, 건축가, 화가이자 극작가인 잔 로렌초 베르니니의 '콘스탄티누스 1세의 기마상.' 바티칸 궁전과 성 베드로 대성당을 연결하는 스칼라 레지아에 위치하고 있다.

아우렐리아누스(Aurelianus)와 같은 초기의 황제들이 좋아하던 태양교를 다시 인정하는 것으로도 해석될 수 있었다. 로마의 화폐 제조국은 상당 기간 동안 전통적인 로마 신들의 상을 담은 동전을 제작함으로써 국민들에게 전통적인 로마의 이교가 여전히 받아들여지고 있음을 확인해 주었다. 콘스탄티누스는 노련한 정치력을 발휘하여 공적으로는 전통적인 종교적 상징물들을 유지하면서, 로마 종교에서 기독교로 바꾸어 나갔다.

그러나 이런 전통적인 이교도 이미지들과 함께 기독교의 상징물도 로마 동전에 나타나기 시작했다. 나아가 콘스탄티누스는 로마 광장에 세우는 자신의 동상이 십자가를 지고 있는 모습이어야 한다고 명시했다. 그리고 황제가 직접 내린 비문에 따르면 그것은 '구원을 가져다주는 고난의 표'라는 것이었다. 이제 기독교는 단순히 합법적인 종교만이 아니라, 로마 제국의 국교가 되어 가고 있었다.

제4장 간추린 기독교 역사 239

이런 과정에서 결정적인 일이 324-325년에 일어났다. 콘스탄티누스가 군대를 이끌고 가 동방 황제 리키니우스와 맞선 것이다. 여기서 리키니우스가 패배했고, 따라서 콘스탄티누스는 로마 제국 전체를 다스리는 유일한 황제가 되었다. 이제 기독교는 제국 전체에서 용인되었다. 콘스탄티노플('콘스탄티누스의 도시'를 의미하는 헬라어 Konstantinou polis에서 유래)은 '새 로마'로 자리잡고 제국의 행정 중심지가 되었다.

기독교 신학은 이제 은밀한 교회 집회라는 감춰진 세계에서 나와, 로마 제국 전체 대중의 관심사와 우려의 대상이 되었다. 그러면서 차츰 교리 논쟁이 정치적, 신학적 중요성을 갖게 되었다. 콘스탄티누스는 통일된 교회를 원했다. 그래서 그는 교리 차이를 논의하여 확정짓는 것이 중요하다고 여겨 325년에 니케아 종교회의를 소집했다. 이 회의는 교회 내의 교리 논쟁을 정리하고, 기독교가 그의 생각처럼 제국의 종교로서 합당한 기능을 할 수 있게 하려는 것이었다.

콘스탄티누스의 회심과 324년의 승리는 로마 전체에서 그리스도인들이 공개적으로 신앙 행위를 하지 못하도록 막는 장벽들을 모두 제거했다. 기독교는 다른 종교들과 동일하게 법적 보호를 받았고, 그리스도인들은 원하는 곳에서 원하는 대로 예배할 수 있는 자유를 허락받았다. 가장 먼저 나타난 결과는 그리스도인들이 이제는 개인의 집에서 은밀하게 모이지 않고 공공연하게 예배할 만큼 담대해졌다는 것이다. 이제 그들은 교회를 짓고 소유할 수 있었다.

한 세대 만에 기독교는 제국 문화의 가장자리에서 핍박당하는 운동에서 국교로 선택되는 데에 이르렀다. 기독교 교회는 이런 급격한 변화를 맞을 준비가 되어 있지 않았다. 교회의 주교들은 한때 단순히 회중의 지도자였지만 이제는 권력과 영향력을 가진, 로마 사회의 기둥이 되었다. 교회는 한때 개인의 집이었지만 이제는 헌당된 대형 건물로서, 기독교가 로마 제국에서 중요한 위치에 있음을 확인시켜 주었다. 초기의 단순한 형태의 예배는 더 복잡한 의식과 행렬로 바뀌어서, 이젠 제국 도시들에 지어지는 화려한 대형 바실리카에서 채택되었다.

침체기도 있었다. 가장 유명한 것은 361-363년 사이에 통치했던 배교자 율리아누스(Julianus)의 재위 기간으로, 그는 사라져 가는 이교를 제국의 공식 종교로 재지정하려는 시도를 했지만 실패했다. 나중에 나온 자료에 의하면 율리아누스가 마지막으로 한 말은 "오, 갈릴리 사람들이여, 그대들이 이겼노라."(Vicisti, Galilaee)였다고 한다. 그러나 이교의 영광을 회복하려는 율리아누스의 시도는 기독교의 정치적, 사회적, 지적 영향력의 거침없는 확장 중간에 나오는 간주곡에 불과했다. 그의 후계자 요비아누스(Jovianus)는 율리아누스가 만들었던 법적 조치들을 폐지했다. 그리고 379-395년 사이에 통치했던 테오도시우스 1세(Theodosius I)는 마침내 일련의 조치를 하여 기독교가 로마 제국의 공식 종교가 되게 함으로써 콘스탄티누스에 의해 시작된 느린 기독교화 과정을 마무리지었다.

도시들과 수도원 운동의 대두

초기 기독교는 외진 농촌 지역보다는 주로 도시들(에베소와 버가모 등 지중해 동부 연안에 있는 헬라어권 도시들)에 자리를 잡았다. 도시들, 특히 항구들은 교역과 상업의 중심지였다. 그래서 고대 세계에서 새로운 종교와 새로운 철학 사상이 퍼지는 고전적 수단의 하나였다. 이곳들은 또한 시골에 비해 너 많은 익명성을 가질 수 있는 여건이었기 때문에, 그리스도인들은 기독교 신앙과 관습에 대해 일반적으로 적대적인 시기에 자신을 감출 수 있었다. 기독교 공동체는 은밀히 모일 수 있었고, 믿는 바를 기념하고 외부자들에게 자신의 비전을 나눠 줄 수 있었다.

기독교와 로마 제국 도시들과의 관계는 현저하게 커졌다. 그래서 후에 기독교가 로마 제국의 공식 종교로 채택되었을 때 서방 기독교에서 '시골 거주자'라는 의미의 라틴어(paganus)가 사용되었다. 이것은 옛 로마 종교를 믿는 사람들을 가리키는 말이었다. 원래는 종교적 의미가 전혀 없던 라틴어가 이렇게 전통적인 종교를 가진 사람을 주로 지칭하는 말이 된 것이다.

기독교가 제국 도시들에 깊이 자리를 잡아가자, 몇몇 의미 있는 제도적 발전이 이어졌다. 그 중 하나가 '대도시 주교'(metropolitan bishop), 즉 한 특정 기독교 공동체가 아니라 한 도시 내 모든 교회들의 명목상의 지도자인 주교의 등장이다. 이들 가운데 가장 중요한 사람들은 알렉산드리아, 안디옥, 콘스탄티노플, 예루살렘, 로마의 주교이다. 기독교가 합법화된 후, 이 대도시 주교들은 상당한 정치적 권력을 행사하기 시작했다. 특히 로마 주교는 도시 로마의 제국적 권위와 연관된 상징적 권위를 갖게 되었다.

많은 그리스도인들은 로마 제국 안의 도시들에서 기독교가 성장하는 것을 긍정적 발전으로 보았다. 그것은 기독교 신앙의 영향력이 커가는 중요한 증거일 뿐 아니라, 기독교가 도시 문화와 사회를 변혁하는 일을 시작할 수 있는 수단이었다. 어떤 사람들은 기독교는 밀가루 반죽 안의 누룩과 같아서 작은 양이지만 점차 성장하여 결국은 모든 것을 더 낫게 변화시킨다고 주장했다.

그러나 다른 그리스도인들은 이런 발전이 그렇게 긍정적인 일이라고 확신하지 못했다. 기독교 신앙이 도시에서 확장되면 타락한 제국의 도시들을 도덕적, 영적으로 변화시킬 수 있음을 배제하지는 않았지만, 그와 반대되는 경우도 일어날 수 있는 일이었다. 도시의 비도덕성과 방탕함(이것은 초기 기독교 설교에 자주 등장하는 주제였다)이 결국 교회를 오염시키고 부패하게 할 수도 있지 않겠는가?

초기 기독교에서 일어난 중요한 발전들 가운데 하나가 수도원주의의 대두이다. '수도승'(monk)과 '수도원주의'(monasticism)라는 말은 '독신의' 또는 '홀로'라는 뜻을 가진 헬라어 모나코스(monachos)에서 유래했다. 수도원 운동은 일반적으로 이집트와 시리아 동부 지역의 외진 산악 지대에서 시작되었다. 상당수의 그리스도인들이 이 지역에 집을 짓기 시작했다. 사람들이 많은 중심지와 그로 인한 산만함에서 벗어나기 위해서였다. 이집트의 안토니우스(Antonius, 251경-356)는 사막에서 연단과 고독의 삶을 추구하기 위해 273년에 부모의 집을 떠난 사람으로, 점증하는 이 추세를 잘 대표해 준다.

죄에 물들어 있고 산만하게 하는 세상에서 떠나는 일은 이들 공동체의 가장 중요한 주제가 되었다. 그러나 세상에서 떠나는 것에는 두 가지 방법이 있었다. 어떤 사람들은 수도원 생활을 홀로 금욕하는 삶으로 보았지만, 어떤 사람들은 일종의 공동체적 종교 생활로 보았다. 그리하여 5세기에는 공동체적 접근이 우세하게 되었다.

초기의 중요한 수도원 하나가 파코미우스(Pachomius, 292경-348)에 의해 320-325년경에 세워졌다. 파코미우스는 일반적으로 공동체 형태 수도원 제도의 창시자로 간주되고 있다. 그가 세운 수도원은 후대 수도원 제도에서 원칙이 될 기풍을 만들어 냈다. 이 공동체의 구성원들은 한 감독자의 지도하에 규칙에 따라 이루어지는 공동생활을 따르기로 동의했다. 수도원의 물리적 구조도 수도원의 영적 가치들을 강화하는 데 중요한 역할을 했다. 수도원 건물들은 하나의 벽으로 둘러싸여 있었는데, 이것은 세상으로부터의 분리와 떠남의 개념을 강조하는 것이었다.

수도원의 이상은 많은 사람들에게 깊은 매력을 주었다. 4세기에 이르자 동방의 기독교 지역, 특히 시리아와 소아시아 지역에 많은 수도원이 생겼다. 그리고 머지않아 서방 교회에서도 이 운동을 채택하게 되었다. 5세기에 이르면 수도원 공동체들이 이탈리아, 스페인, 갈리아에 나타난다.

이런 추세는 서로마 제국이 멸망한 후 더 강화되었다. 6세기에는 이 지역의 수도원 숫자가 상당히 늘어났다. 그리고 이 시기에 가장 종합적인 수도원 '규칙'(베네딕투스회 회칙)이 출현했다. 누르시아의 베네딕투스(Benedictus, 480경-

550경)는 525년경에 몬테카시노에 수도원을 세웠다. 이 베네딕투스 공동체는 그리스도께 절대적으로 순종한다는 개념을 중시하는 규칙을 따랐는데, 이것은 정기적인 단체 기도 및 개인 기도와 성경 읽기를 통해 유지되었다. 이 수도원들은 로마 제국 붕괴 이후에 기독교 신학과 영성을 전달하는 주체가 되어 중세의 신학적, 영적 르네상스가 도래할 길을 준비했다.

로마 제국의 몰락

4세기 말에 이르자 로마의 힘이 서쪽에서 기울기 시작했다. 387년에는 한 갈리아족 군대가 로마의 방어벽을 무너뜨리고 잠시 동안 그 도시를 지배했다. 그러나 로마 쇠락의 티핑 포인트는 408년에 알라리크(Alaric)가 이끄는 서고트족 군대가 로마를 포위한 때였다. 410년 8월에는 로마로 침입하여 약탈을 감행했다. 이 침공은 수일에 지나지 않는 일시적인 일이었으나 알라리크의 군대는 퇴각하면서 로마의 대부분을 불태워 버림으로써 문명 전체의 자신감을 흔들어 놓았다. 이 영원한 도시는 완전히 파괴되지는 않았을지 모르나 전복될 위기에 처했다.

그러나 이 로마 약탈 사건이 로마 제국의 종말은 아니었다. 제국의 행정기관은 점차 동쪽, 즉 새로운 황제의 도시 콘스탄티노플로 옮겨 갔다. 이런 가능성을 염두에 둔 이전 결정의 결과로 이제 로마는 서방 제국의 수도도 아니었다. 서방 제국의 통치는 중단 없이 다음 세대로 이어졌다. 대부분의 역사가들은 서로마 제국이 476년을 전후하여 종말을 고한 것으로 본다. 콘스탄티노플을 수도로 하는 동로마 제국은 천 년 정도를 더 존속했다. 로마가 약탈된 사건의 상징적 의미는 매우 컸다. 이 영원한 도시의 시대가 끝나가는 것 같았다.

서방 로마 제국의 몰락 시기는 전통적으로 서방의 황제 로물루스 아우구스툴루스(Romulus Augustulus)가 게르만족 용병 출신의 장군 오도아케르(Odoacer,

433-493)에 의해 전복된 때로 본다. 그때 오도아케르는 자신을 이탈리아의 왕이라고 선언했다. 오도아케르가 이탈리아에 적용한 통치 방법의 변화는 결과적으로 '로마 제국'이라는 개념을 소멸시켰다. 얼마 동안 새 수도 라벤나가 제국의 명목상의 중심지 역할을 했으나, 그곳은 로마의 상징적인 권세도 갖지 못했다.

로마 세력의 몰락이 기독교에 미친 영향은 중세의 출현의 입장에서 보면 잘 이해할 수 있다. 로마 제국 붕괴기를 돌아보면, 중세 교회의 주요 특징들이 이 몰락의 결과임이 분명해진다. 이 중 특히 주목할 것은 다음의 세 가지 변화이다.

첫째, 로마의 정치 군사력의 붕괴는 황제의 후계자들이 결코 만족스럽게 채워 줄 수 없는 빈 공간을 만들어 냈다. 이 통치자들은 자신을 국제적인 권

화보 4.2 6세기에 누르시아의 베네딕투스가 로마 남동쪽 몬테카시노에 세운 수도원의 안뜰. 베네딕투스회의 모체로서 유럽 수도원의 전형(典型)이라 할 수 있는 이 수도원은 여러 차례 파괴와 재건을 거쳤고 이탈리아 정부로부터 국가 기념물로 지정되었다.

위로 보기보다는 지역의 권위로 여기는 경향이 있었다. 나아가 그런 통치자들은 대체로 사회적, 정치적 안정을 담보할 전통과 제도를 확립할 수 있을 만큼 오랫동안 생존하지 못했다. 그래서 점차 항존성과 연속성에 초점을 맞춘 교회 제도가 나타나기 시작했다. 590년부터 604년 사망할 때까지 교황으로 재위했던 그레고리우스 1세(Gregorius I)는 교회를 개혁 갱신하고 북유럽 선교를 시작했는데, 이 선교로 이전 로마 제국 영토 안에서 기독교의 영향력이 확장되었다.

둘째, 수도원의 대두로 국가 또는 국제기관과 무관한 지도력과 지역 행정 기관, 학습 센터가 생겨났다. 분명히 어느 정도는 정치 경제적 상황 변화에 영향을 받았겠지만, 수도원들은 불확실성과 격변의 시대에 지적, 영적 연속성을 제공할 수 있었다.

셋째, 교회는 예전과 설교, 행정, 신학 연구를 위해 계속 라틴어를 사용했다. 로마 제국의 언어는 정치적, 철학적, 신학적 상황에서 오랫동안 사용된 역사를 가지고 있어서, 서방 교회의 필요에 잘 적용할 수 있었다. 라틴어가 국제 언어로 사용됨으로써 서방 교회를 결집시켜 긴밀하게 결합된 공동체 의식을 갖게 했다. 그리고 학문적 공동체들이 점차 종교적 상황에서, 예를 들면 거대한 수도원의 성당 학교들에서 나타남에 따라, 라틴어는 필연적으로 중세의 학술 언어로 기능하게 되었다.

이런 변화의 추세들은 중세의 서방 기독교의 역사를 이해하는 데 매우 중요하다. 이에 대해서는 다음 단원에서 다룰 것이다.

중세와 르네상스, 500-1500년경

5세기에 서로마 제국이 붕괴되어 점차 해체되면서 유럽의 모습이 변하기 시작했다. 지역과 도시 국가가 영토와 세력을 놓고 각기 다툼을 벌이면서 새로운 역학 관계가 나타나기 시작했다. 이 파편화 시기에 기독교 교회는 점차 정치적, 세속적 역할을 확대하기 시작했는데, 이로 인해 서구 문화의 중심으로 자리를 잡게 되었다. 교회는 1100년을 전후하여 어느 정도 정치적, 경제적 안정성을 확보하고, 중세 문화를 형성하는 데 중요한 역할을 할 준비를 갖추었다.

600년에 이르러 기독교는 북서 아프리카 연안 지역을 포함하여, 지금은 중동으로 알려진 지역의 대부분에 정착하게 된다. 그리고 북쪽으로는 도나우 강과 라인 강까지 확장된다. 기독교의 확장은 로마 제국의 동쪽 페르시아에까지 이루어지는데, 여기서는 네스토리우스교로 알려진 기독교가 세력을 얻었다. 3세기 말에는 기독교가 인도에도 정착한 것으로 보인다.

지중해 지역 기독교의 상황은 무함마드(Muhammad, 570–632)의 가르침에 기반을 둔 종교인 이슬람교의 대두로 눈에 띄게 변했다. 무함마드가 죽은 후 이슬람교는 군사적 정복을 통해 중동 지역 대부분에 퍼지는데, 여기에는 북아프리카의 로마 속령들도 포함되었다. 이슬람교는 모로코로부터 침략하여 스페인에 자리잡고, 8세기에는 전투에서 패하여 저지당할 때까지 프랑스로 확장하기 시작했다.

이슬람교도들은 그리스도인들을 '그 책의 사람들'(People of the Book)이라고 부르며, 그들이 지배하는 지역에서 신앙의 자유를 허용했다. 그러나 그리스도인들이 이슬람 통치 아래 사는 동안 개종을 강요받지는 않았지만, 특별세를 내고 이슬람교도와 구별되는 옷을 입어야 했다. 또 이슬람교도 남성은 그리스도인 여성과 결혼할 수 있었지만 그리스도인 남성은 이슬람교도 여성과 결혼할 수 없었다.

남서쪽 스페인에서부터든 남동쪽 터키에서부터든 이슬람교가 유럽으로 확장되는 데 대한 두려움이 중세 전체와 근대 초기까지 상존했다. 1453년 비잔틴 제국의 도시 콘스탄티노플이 이슬람에게 넘어가자 두려움이 유럽 전체에 퍼졌다. 일부에서는 이것을 기독교 유럽의 종말을 고하는 티핑 포인트로 여긴다.

중세의 출현 이야기는 복잡하고 매력적이다. 여기에는 서유럽의 정치적, 사회적 갱신, 동방의 비잔틴 제국의 쇠퇴와 몰락, 아랍 학자들에 의해 보존된 고대 세계의 철학, 과학 기록의 재발견, 르네상스로 알려진 문학과 예술의 대갱신 등이 포함된다. 이 모든 것들이 기독교의 역사를 형성했다. 이제 이에 대해 살펴보자.

켈트 기독교의 발전

유럽 켈트 지역, 더 구체적으로는 아일랜드, 스코틀랜드, 콘월, 브르타뉴, 웨일스에서 기독교가 발흥한 일은 상당히 흥미로운 일이다. 이곳에서 발견되는 기독교가 잉글랜드에서 급속하게 우세해진 로마식 기독교 형태와 상이하기 때문은 결코 아니다. 켈트 기독교의 기원은 웨일스이지만, 5세기와 6세기에 주요 선교 거점으로 자리잡은 곳은 아일랜드이다. 이 시기부터 켈트 지역의 다른 중요한 선교 활동 거점들이 알려졌는데, 가장 유명한 곳은 칸디다 카사(현재 스코틀랜드 지역 갤러웨이의 휘트혼)로 5세기에 니누스(Ninus) 주교에 의해 설립된 곳이다. 이 선교 본부의 의미는 로마령 브리타니아의 영토 밖에 세워짐으로써 로마식 기독교와 연관된 제약들을 받지 않고 운영될 수 있었다는 것이다.

전통적으로 아일랜드 복음화에 기여한 사람은 로마령 브리타니아 사람 마고누스 수케투스 파트리키우스(Magonus Succetus Patricius, 390경-460경)라고 본다. 켈트식 이름인 패트릭(Patrick)으로 알려져 있는 파트리키우스의 자세한 경력을 알기는 좀 어렵다. 많은 학자들은 이 혼란이 431년에 교황 켈레스티누스 1세(Celestinus I)에 의해 아일랜드의 초대 주교로 파견된 팔라디우스(Palladius)를 그와 결부시키는 전통 때문이라고 주장한다. 전통적인 설명에 의하면 파트리키우스는 16세 때 웨일스에서 해적의 포로가 되어 아일랜드(아마도 코노트 지역)로 팔려 갔다. 여기서 그는 기독교 신앙의 기초를 발견한 것 같다. 6년 동안 포로 생활을 한 후 그는 탈출에 성공하여 가족에게로 돌아갔다.

파트리키우스가 탈출한 때부터 후에 아일랜드에 선교사로 돌아갈 때까지 어떤 일이 있었는지는 정확하지 않다. 7, 8세기의 전승에 의하면 파트리키우스는 아일랜드로 돌아가기 전 갈리아 지역에서 지냈다. 그러므로 교회의 조직과 구조에 대한 파트리키우스의 관점은 프랑스 남부 지역에 있는 수도원들을 그가 직접 경험한 데서 영향을 받았을 수도 있다. 당시 아일랜드와 루아르 계곡 사이에 교역이 있었다는 명백한 역사적 증거가 있다.

파트리키우스는 아일랜드로 돌아가 그 지역에 기독교를 세웠다. 분명 그곳에는 어떤 형태의 기독교가 이미 존재하고 있었다. 파트리키우스가 회심했다는 것은 그 지역에 복음을 아는 사람들이 있었다는 것이 전제되기 때문이기도 하지만, 또한 429년까지 거슬러 올라가는 당시의 기록들을 보면 일찍이 아일랜드 주교로 알려진 '팔라디우스'에 대한 말이 나오는데, 이것은 적어도 매우 기초적인 교회 구조가 그 지역에 존재했음을 암시한다. 아일랜드 대표단이 314년에 열린 아를 회의에도 참가한 것으로 알려져 있다. 그러므로 파트리키우스의 업적은 기독교 초기의 확립보다는 강화와 발전으로 이해하는 것이 좋을 것이다.

수도원 개념이 금세 아일랜드에 뿌리를 내렸다. 역사 자료들을 보면 당시 아일랜드는 대체로 항구적인 정착지 없이 유랑하는 부족 사회였다. 고독과 고립을 추구하는 수도원은 아일랜드의 생활 방식에 있어 이상적이어서 지역의 귀족 가정들이 수도원 구조에 통합되게 했다. 서유럽에서는 전반적으로 수도원이 교회의 권위 구조의 가장자리로 밀리는 경향이 있었지만, 아일랜드에서는 급속하게 지배적인 형태가 되었다. 아일랜드 교회는 수도원적인 관점을 가지고 있어서 주교보다는 수도원장을 더 영적 권위를 가진 인물로 보았다.

화보 4.3 아일랜드 라우스 주 모나스터보이스의 수도원 유적에 남아 있는 9-10세기경 켈트 십자가. 이 독특한 십자가 모양은 켈트 문화의 상징으로서 다양한 모티프로 사용되고 있다.

따라서 켈트 기독교에서 나타난 권위 구조는 당시 로마령 브리타니아 교회에서 지배적이었던 교회의 권위 구조와는 확연히 달랐다. 아일랜드의 수도원 모델은, 교회 정치가 주교들의 손에 있는 로마의 주교 모델에 위협이 되었다. 아이오나 수도원의 수도원장들은 주교가 그들에게 안수하는 것을 허락하지 않았고 그런 공식적 인정을 받을 필요를 거부했다.

아일랜드에서는 이전의 주교 관할권(북아일랜드의 아마 주도 포함)이 수도원을 중심으로 재편되었고 나머지는 수도원에 흡수되었다. 수도원은 인근의 교회를 목회적으로 돌보는 책임을 맡았다. 그리하여 로마의 주교 제도는 밀려나게 되었다. 켈트 교회 지도자들은 세상의 부와 지위를 공개적으로 비판했다. 여기에는 교통수단으로 말을 사용하는 것을 비롯하여 사치스러운 것은 모두 포함되었다.

신학적으로 켈트 교회는 자연 세계를 하나님을 아는 수단이라 하여 중요하게 여겼다. 이것이 특히 잘 나타나는 곳이 전통적으로 파트리키우스가 쓴 것으로 보는 '성 패트릭의 갑옷'(St. Patrick's Breastplate)이라는 옛 아일랜드 찬송가이다. '갑옷'이라는 주제는 켈트 기독교 영성에서 흔한 주제이다. 이것은 바울이 '하나님의 전신 갑주'(엡 6:10-18)라고 말한 것에 기초한 것으로, 그리스도인이 하나님의 임재 및 이로 인한 능력으로 보호받는다는 주제를 전개한다. 이것의 구조는 철저하게 삼위일체적이지만, 하나님을 아는 수단으로서 자연 세계에 대해 깊은 관심을 가진다. 세계를 만드신 하나님이 그리스도인을 모든 위험으로부터 보호하시는 바로 그 하나님이시다.

아일랜드의 수도원들은 선교 활동의 거점으로 활약하면서 종종 바닷길을 기독교 전파의 통로로 사용했다. 브렌던(Brendan, 484경-577경)과 콜룸바(Columba, 521-597)는 이렇게 활동한 선교사의 좋은 예이다. 브렌던은 '성 브렌던의 항해'(The Navigation of St. Brendan)라는 제목의 시에서 '북쪽과 서쪽 섬들'(주로 오크니 제도, 셰틀랜드 제도, 헤브리디스 제도 등 스코틀랜드 연안에서 멀리 떨어져 있는 섬들)로의 여행을 찬양한다.

콜룸바는 북아일랜드에서 스코틀랜드 서부 섬들까지 기독교를 전파했고, 선교 전진 기지로 아이오나 수도원을 세웠다. 기독교는 여기에서 남쪽과 동쪽으로 퍼져 나갔다. 아이단(Aidan, ?-651)은 이렇게 선교를 한 아이오나 출신 수도사의 대표적 예이다. 그는 노섬브리아 지역 왕의 초청을 받아 북잉글랜드 동쪽 연안의 린디스판 섬에 선교 수도원을 건립했다. 켈트 기독교는 프랑스로 뚫고 들어가 그 지역에서 점차 세력을 넓혀 갔다.

수도원과 대성당 학교의 출현

현대 독자들이 보기에는 대학교들이 세상의 지적 사고와 학문 연구의 중심에 있을 것이다. 그러나 9세기에는 대학교의 개념이 아직 발달되지 않았다. 앞으로 보게 되겠지만, 이 새로운 제도는 11세기 후반까지는 나타나지 않았다. 800-1100년 사이에 학문의 중심지로 두각을 나타낸 곳은 수도원과 대성당에 부속된 학교들이었다. 이들이 유럽의 큰 대학교들의 선도자였다.

대성당 학교가 발달된 것은 대개 교구 주교의 교육에 대한 비전 때문이었다. 5세기 말에 로마 제국의 전통적인 교육 구조가 약화되자, 주교들은 성직자들이 교육을 계속 받을 수 있도록 조치를 취했다. 이것은 한편으로는 글을 쓸 줄 알고 기본적인 행정 능력을 갖춘 학식 있는 성직자를 확보할 필요를 반영한 실용적인 결정이었다. 그러나 때로 공부와 연구 기회는 제한된 시기에 배우려는 열망과 학문을 유지하려는 소원에 기초한 결정이기도 했다.

초기의 대성당 학교들은 6세기와 7세기 초 스페인에서 나왔지만, 일부 중요한 학교들은 잉글랜드에서 나왔다. 그레고리우스 1세의 선교사 파견 결정으로 잉글랜드가 기독교로 개종하게 되었고, 이로 인해 신학 교육이 긴급하게 필요하게 되었다. 그리하여 기독교 학문의 역사가 일천한 지역에 있는 성직자들을 교육하기 위한 조치가 이루어졌다. 초기의 대성당 학교들은 잉글랜드 남부 켄트 주의 캔터베리(597)와 로체스터(604)에 세워졌고, 곧이어 잉글랜드 북부의 요크 민스터 대성당에 한 주요한 학교가 세워졌다(627).

대성당 학교의 다음 물결은 프랑스의 샤르트르, 랑, 리에주, 오를레앙, 파리, 랭스, 루앙 등의 대성당에서 이루어졌다. 파리의 대성당 학교는 12세기에 파리 대학교가 되었다. 이 학교들은 지역 주교의 통제 아래 있었고 일반적으로 지역 성직자의 교육에만 집중했다.

그러나 대성당 학교는 학습의 중심지만은 아니었다. 일부 유럽의 큰 수도원들은, 대부분 베네딕투스회를 따라 중요한 학문 중심지가 되어 대형 도서관을 건립했다. 실제로 많은 수도원들은 학문 연구를 그들의 소명의 핵심 부분으로 여겼다. 베네딕투스회는 세 가지 요소, 즉 예전 기도와 육체 노동과 렉티오 디비나(lectio divina, '거룩한 독서'라는 의미의 라틴어로 성경을 조용히 묵상하며 읽는 것을 말한다)를 특히 중시했다. 많은 수도사들이 성경 본문을 암송할 수 있었지만, 렉티오 디비나가 중요한 위치를 차지함으로써 필연적으로 필사본 성경 본문에 대한 수요가 창출되었다.

많은 수도원들이 스크립토리움(scriptorium, 필사본을 작성하는 데 사용되는 도서관의 특별한 방 또는 구역)을 만들었고, 도서관을 세웠는데 여기에는 성경 본문과 기독교 신학 작품들과 함께 고전적 역사와 문학 작품들을 구비해 두었다. 카롤

링거 왕조 시기의 수도원 도서관들에는 기독교 외 이교도 작품들이 채워져 있었는데, 이것들은 전달을 목적으로 세심하게 필사한 것이었다.

오늘날 널리 논의되는 고전 작품 다수는 카롤링거 왕조 시기의 이런 필사 과정 결과 보존되었다. 예를 들어, 현존하는 율리우스 카이사르(Julius Caesar)의 『갈리아 전기』(Gallic Wars) 초기 사본 두 개는 9세기에 프랑스에서 만들어진 것이다. 수도원들은 사본을 제작함으로써 고전 문학의 핵심 자료 일부를 보존했고, 이것은 르네상스 때 인문주의자들에 의해 재발견되어 새로운 생명을 얻게 되었다.

1054년 동서 교회의 대분열

동서 기독교 사이의 관계는 초기 기독교 역사 내내 대체로 문제가 있었는데, 종종 로마의 교황과 콘스탄티노플의 황제 사이의 정치적 대립이 원인이었다. 동서양 교회의 분명하고 진정한 신학적 차이는 700년 이후부터 나타나고 있었지만, 대체로 이것이 갈등의 주원인이 되어 1054년에 공식적 결별에 이른 것은 아니다.

포티우스 분열(863-867) 시기의 동서 교회의 갈등은 부분적으로 서방 교회가 동방 교회와 상의하거나 동의받지 않고 자기들의 신조에 '아버지와 그리고 아들에게서'(ex patre filioque)라는 구절을 넣은 결과였다. 서방 교회는 성령이 '아버지와 그리고 아들에게서 나온다.'라고 했지만, 동방 교회는 과거의 형태, 즉 성령은 단순히 '아버지에게서 나온다.'라는 표현을 유지하고 있었다.

그러나 1054년의 분열은 매우 심각한 일이었다. 동서 교회의 다른 차이점들을 놓고 갈등이 발생했다. 성찬 때에 누룩이 들어가지 않은 떡과 누룩이 들어간 떡 중 어느 것을 사용해야 하는가? 동방의 그리스도인들은 누룩이 들어간 떡을 사용하는 전통적 관습을 유지하고 있었다. 반면에 서방의 그리스도인들은 점차 누룩이 들어가지 않은 떡을 사용했다. 동방 교회는 갈수록 단호해지는 교황의 보편적 권위 주장을 싫어했고, 콘스탄티노플의 영적, 정치적 권위 주장이 서방에서 합당한 대우를 받지 못한다고 생각했다.

그러나 수많은 학자들은 최종적인 분열은 11세기 두 기독교 지도자의 비타협적인 태도에서 비롯되었다고 주장한다. 1049년에서 1054년까지 교황으로 재위했던 레오 9세(Leo IX)와 1043년에서 1059년까지 콘스탄티노플 총대주교를 지낸 미카일 케룰라리우스(Michael Cerularius)가 두 장본인이다. 레오 9세는 그때까지 대체로 비잔틴의 전례와 예배 관습을 따르고 있었던 남부 이탈리아 지역의 교회들에게 서방 교회의 규범을 강요했는데, 이것이 동방 교회가 보기에는 전체 교회에 대해 교황의 주권을 주장하는 것이었다. 케룰라리우스는 비잔틴 교회의 정체성을 안전하게 지키는 유일한 길은 로마 교회와의 관계를 단절하여 콘스탄티노플에서 교황의 영향력을 완전히 제거하는 것이라는 결론에 이른 것 같다.

중세에 이 불화를 중재하기 위한 노력이 다양하게 이루어졌지만, 그 중 어느 것도 효력을 나타내지 못했다. 이것은 부분적으로 제4차 십자군 원정(1202-1204)의 쓰라린 후유증 때문일 수 있다. 이슬람의 군사력이 지중해 동부로 확장되는 것을 막겠다는 의도였지만, 서방의 군대는 콘스탄티노플을 포위했다가 결국에는 1204년에 점령했다. 이것이 십자군이 의도했던 목적이었는지는 역사가들 사이에서 여전히 논쟁 중이다. 그러나 의도적이었든 우연한 일이었든 콘스탄티노플을 점령한 일은 동서 교회의 분열을 강화했다. 이제 동서 교회의 화목은 사실상 불가능했다. 그 결과 서방 교회는 콘스탄티노플의 견해를 고려해야 한다는 부담을 갖지 않고 다소간 독자 노선을 택할 수 있었다.

십자군 : 스페인과 중동

1100년에 이르러 서유럽의 교회는 자신의 정체성과 관심사를 확립했지만, 자기 지역 밖의 움직임을 무시할 수 없었다. 이슬람의 군사적 확장이 남부 유럽 전역의 교회에 중대한 위협이 되고 있음이 분명했다. 십자군의 기원은 11세기에 이슬람이 점령한 지역을 복구 내지는 격퇴할 수 있는 군사적 지원을 요청한 데 있다.

'십자군'이란 말은 흔히 발칸 반도와 중동 지역에서 장기간에 걸쳐 이루어진 일련의 군사 작전을 지칭하는 데 사용된다. 제1차 십자군 원정의 직접적인 원인은 1071년 비잔틴 군대가 만지케르트 전투에서 투르크 군에 패하여 소아시아 내지를 빼앗긴 데 있었다. 이제 콘스탄티노플이 위험하게 되었다. 투르크 군을 막을 완충 지대가 없어진 것이다. 비잔틴 제국의 황제 알렉시우스 1세(Alexius I)는 이런 중대한 위기에 직면하여 교황 그레고리우스 7세(Gregorius VII)에게 지원을 호소했다. 동서 교회의 관계는 1054년 대분열 때문에 큰 골이 져 있었으므로 그레고리우스는 알렉시우스의 요청을 거절했다.

그러나 그의 뒤를 이은 교황 우르바누스 2세(Urbanus II)는 긍정적으로 반응했다. 1095년 우르바누스는 유럽의 기독교 군주들에게 중동에서 성전을 치르기 위한 군대를 일으키자고 열정적으로 호소했다. 제1차 십자군 원정(1096-1099)은 종교적 열정으로 점화되어 기사와 농민들로 구성된 군대가 중동 지역 원정을 하게 되었다. 그리고 1099년, 마침내 예루살렘을 함락하였다.

제1차 십자군 원정의 역사적 뿌리에 대해서는 아직도 논쟁 중이다. 역사가들은 다양한 설명을 내놓는다. 자신의 종교적, 정치적 영향력을 동쪽으로 확장하려는 우르바누스 2세의 야심 때문이라고 하기도 하고, 이슬람의 유럽 침략에 대한 우려 때문이라고도 한다. 어떤 사람들은 십자군의 결과는 비잔틴 제국이 군사적, 외교적으로 무능력함을 드러냈다는 점에서 비잔틴 제국 통치자들의 입지 약화라고 한다.

대부분의 역사가들은 십자군이 상대적으로 작고 단기간의 승리를 거두었다는 점에 대해서 동의한다. 이 십자군 원정으로 건설한 네 곳의 '십자군 국가'(안디옥 공국, 에데사 백작령, 예루살렘 왕국, 트리폴리 백작령)가 다시 이슬람의 손에 넘어가는 것은 시간 문제였다. 제1차 십자군 원정 때에 수많은 민간인들을 자원 입대하게 한 종교적 열정이 그 후의 원정에서는 현저하게 줄어들었다는 데도 거의 동의한다. 그래서 이후의 십자군 원정은 대부분 직업 군인들과 용병들로 이루어졌고 대중의 지지를 별로 받지 못했다.

1144년 에데사 백작령이 함락되면서 제2차 십자군 원정(1145-1149)이 촉발되었다. 이 십자군 원정 이후에 일련의 원정이 뒤따랐다. 어떤 역사가들은 총 9회의 십자군 원정이 있었다고 주장한다. 우리는 십자군 원정이 8회 있었다는 주장을 따른다.

제3차 십자군 원정	1188-1192년
제4차 십자군 원정	1202-1204년
제5차 십자군 원정	1217년
제6차 십자군 원정	1228-1229년
제7차 십자군 원정	1249-1252년
제8차 십자군 원정	1270년

십자군의 목적은 주로 기독교 성지 보호와 이슬람의 유럽 확장 방지라고 이야기하지만, 다른 목적들도 있었음이 분명하다. 이런 부차적인 목적들 가운데 가장 중요한 것은 로마와 콘스탄티노플 사이의 갈등과 관련된 것이다. 비등하던 갈등은 제4차 십자군 원정 때에 폭발했다. 앞에서 보았듯이 예루살렘을 점령하기 위해 소집된 군대가 우연이든 의도적이든 1203년 7월 콘스탄티노플을 포위한 것이다. 콘스탄티노플은 1204년 4월 십자군에게 약탈당했고 큰 인명 손실을 냈다. 이 행위는 후에 교황 인노켄티우스 3세(Innocentius III)에 의해 정죄되었다. 십자군은 콘스탄티노플 공격으로 방향을 전환한 후 본래 목적지였던 예루살렘으로는 진군하지 않았다.

십자군은 교회의 권력과 영향력이 절정에 달했던 시기의 역사를 보여준다. 14세기에 이르러서는 유럽 전체에 걸쳐 어느 정도 중앙 집권화가 이루어져 권력이 점차 자신들의 정체성과 이익을 지키는 데 관심을 쏟았던 민족 국가로 집중되었다.

학문적 신학 : 스콜라주의의 대두

스콜라주의 신학은 대체로 중세의 지적 이정표로 간주된다. 이 신학은 신학을 조직적으로 접근했다. 조직적 접근이란 철저하게 합리적인 기초를 토대로 하고 수사법, 변증법, 논리학을 최대한 활용하는 방법을 말한다. 스콜라 신학의 주요 작품들이 가진 종합성과 복잡성 때문에 위대한 중세 학자 에티엔 질송(Étienne Gilson, 1884-1978)은 이를 '지성의 성당들'이라고 묘사했다.

11세기 말 캔터베리의 안셀무스(Anselmus)는 성육신에 대한 합리적 변증을 제시하여, 이 독특한 기독교 교리는 하나님의 본성과 인간의 곤경에 대한 기본적 믿음에서 오는 적절하고 필연적인 결과임을 입증했다. 신앙과 이성의 관계에 대한 안셀무스의 긍정적, 정통적 접근법(그의 좌우명은 '이해를 추구하는 신앙'으로 요약된다)은 신학에 대한 합리적 접근의 가능성을 인식시켜 주었다.

이것은 신학의 모순들을 해결하기 위해 변증법적 추론을 사용함으로써 한 단계 더 나아갔다. 랑의 안셀무스(Anselmus, ?-1117)는 일부 논쟁의 대상이 되고 있는 성경 해석 문제들을 탐구하면서, 초기의 주석가들이 성경 본문에 대해 종종 아주 상이한 이해를 제시하고 있음을 지적했다. 랑의 안셀무스는 이런 불일치를 지적한 후, 이런 문제를 해결하는 수단을 제시함으로써 사실상 변증법에 의한 종합을 제시했다.

이 접근법은 피에르 아벨라르(Pierre Abélard, 1079-1142)의 저서 『예와 아니오』(Sic et Non)에서 계속되는데, 여기서 그는 논쟁 중인 신학 문제 150개를 고찰한 후 경쟁력 있는 것들을 제시하여 독자들이 결정하게 했다. 페트루스 롬바르두스(Petrus Lombardus, 1100경-1160)의 12세기 교과서 『신학 명제집』(The Four Books of the Sentences)에도 이와 비슷한 접근법이 들어 있다. 이 책에서는 다양한 주제에 대한 교부들의 다양한 말들을 제시하고 이것을 독자들이 해결하도록 남겨 둔다. 그 결과 『신학 명제집』에 대한 주석이 중세의 학문적 신학 문학의 장르 가운데서 가장 널리 사용되었다.

13세기 초에 이르면, 신학적 입장들을 합리적, 성경적 근거와 교부 저자들의 견해를 기초로 검증하여 조직적으로 정립하려는 새로운 신학적 취향이 나온다. 스콜라 신학 가운데 가장 유명한 작품은 토마스 아퀴나스(Thomas Aquinas)의 『신학 대전』(Summa Theologiae)이다. 여기서 아퀴나스는 상충하는 성경과 교부들의 진술을 합리적 구조틀 안에서 종합 정리한다. 그의 의도는 기독교 신앙을 13세기 파리에 거주했던 유대인이나 이슬람교도 같은 합리적 비판자들로부터 방어하는 것이었다.

스콜라 신학에 대한 오해 가운데 가장 영향력이 큰 것은 핀 끝에서 얼마나 많은 천사들이 춤을 출 수 있는가를 놓고 토론했다는 주장이다. 이런 주장은 17세기에 나온 것으로 중세의 기록에서는 발견되지 않는다. 그렇다고 중세 저자들이 천사에 관한 문제들을 논의하지 않았다는 것은 아니다. 예를 들어, 아퀴나스는 천사들을 아홉 가지의 유형으로 구분하고 그 서열을 매기는 등 상세한 천사 신학을 제시했다.

13세기 스콜라 신학의 강력한 특징 중 하나는, 이슬람 세계와의 접촉 증대

화보 4.4 플랑드르 출신 화가 요스 반 헨트가 그린 중세 기독교의 대표적 신학자 토마스 아퀴나스.

를 통해 기독교 신학에 사용할 수 있는 문화적, 지적 자료들을 인식하게 되었다는 것이다. 이런 자료들 가운데 하나는 아리스토텔레스(Aristoteles)의 재발견으로, 현재는 중세의 가장 놀라운 지적 발전 가운데 하나로 간주된다.

중세의 종교 권력과 세속 권력

13세기의 유럽 교회는 지역 공동체 차원에서는 정체성을 배양하고 개인에게는 더 큰 구도 안에서 위치 의식과 목적 의식을 갖게 함으로써, 국제 정치와 지역 일에 있어서 주요한 영향력으로 부상했다. 유럽 사회에서 교회는 항상 중요한 국제적 역할을 했다. 중세 유럽은 민족 국가로 구성된 근대 유럽과는 매우 달랐다. 중세 유럽은 일반적으로 작은 공국, 도시 국가, 지방의 집합체들로 이루어져 있었다. 이들은 공동의 정치적 정체성 의식보다는 언어와 역사를 바탕으로 정체성을 확보하고 공유했다.

교회는 중세 내내 초국가적인 신뢰와 영향력을 가진 유일한 국제기관이었다. 그래서 국제적 논쟁을 해결하는 일에서 중요한 역할을 했다. 인노켄티우스 3세(Innocentius III, 재위 1198-1216) 때에, 교황은 정치적 권위를 갖는 데 이르렀다. 이전에는 교회가 왕과 황제로부터의 독립을 격렬하게 주장했지만, 세속 통치자들은 정기적으로 이들을 정치 세력에 굴복시키려는 시도를 했다. 인노켄티우스는 '교회의 자유' 방어를 그의 교회 재활 프로그램의 핵심으로 여겼다.

이 정책은 1198년 10월에 발표된 직령에 의해 신학적으로 징덩화되었디. 여기서 인노켄티우스 3세는 국가의 교회 예속 원리를 정리했다. 하나님은 하늘에 '큰 빛'(해)과 '작은 빛'(달)을 만들어 낮과 밤을 다스리듯이, 교황의 권세가 모든 군주의 권세를 능가하도록 제정하셨다. 달은 크기와 질 면에서 해보다 못하여 그 빛을 해로부터 얻듯이, 왕의 권세는 교황의 권위로부터 유래한다. 세속 통치자들은 종종 교회의 권위를 인정하기를 극히 꺼렸다.

그러나 서유럽에는 교회의 영향력에 조금이라도 미칠 수 있는 다른 제도가 전혀 없었다.

인노켄티우스의 개혁 의도는 1215년의 제4차 라테란 공의회에서 추가로 드러났다. 유럽 전체의 주교를 참석케 하기 어렵다는 것을 안 인노켄티우스 3세는 1213년 4월 주교를 비롯한 교회의 주요 인물들에게 소환장을 발부하여 1215년 11월 로마에서 열리는 공의회에 참석토록 했다. 그 결과 공의회는 여느 때와 달리 참석자가 많았고, 여기서 결의된 사항들은 교회의 내적 조직과 외적 영향력을 견고하게 한 획기적 사건으로 여겨졌다.

나아가 13세기에는 교황 선출 방식의 개혁이 이루어졌다. 추기경들이 새로운 교황을 선택하는 데 너무 많은 시간이 걸리는 것에 경악한 교황 그레고리우스 10세(Gregorius X, 재위 1271-1276)는 지연을 막기 위한 규칙을 도입했다. 추기경들은 모여 결정이 이루어질 때까지 한 폐쇄된 지역 곧 콘클라베(conclave, 라틴어로 '걸쇠로 문을 잠근 방'이란 의미)에 머물었다. 외부 세계와의 접촉을 막기 위해 음식은 창문을 통해 공급했다. 콘클라베 3일 이후부터는 하루에 한 끼씩만 제공했고 5일 이후에는 빵과 물만 제공했다.

그러나 당시에 교황의 권력과 영향력의 부상을 좋지 않게 여겨 교황이 통제를 벗어나지 않도록 노력한 사람들이 교회 안에 많았다. 공의회 수위론 운동은 교회의 권력이 분산되어야 한다고 주장했다. 교회의 권력은 한 개인의 손에 집중되는 대신, 전체 교회의 몸 안에 분산되어 보다 대표성이 있고 책임 있는 집단 즉 '전체 회의'에 맡겨져야 한다는 것이다. 이 운동은 14, 15세기에 최고의 영향력을 발휘했다.

대중 신앙 : 성인 숭배

중세에 기독교가 어느 정도 발전했는지 이해하려면, 기독교가 다양한 집단의 사람들에게 어떤 영향을 끼쳤는지를 아는 것이 중요하다. 그러면, 기독교는 대학교, 수도원, 궁전 밖의 일상 세계와는 어떤 관계를 가졌을까? 최근에 비로소 학자들은 기독교 사상과 관습이 농촌 생활에 적용되고 수정되는 '대중 신앙' 또는 '민중 신앙'의 현상에 대해 관심을 기울이기 시작했다.

'민중 신앙'의 현상은, 종종 교회는 선호하지만 대부분의 평민들은 이해할 수 없고 관심도 없는, 보다 정확하지만 추상적인 교리문과는 별로 관계가 없었다. 유럽의 일부 지역에서는 '다산의 종교'와 비슷한 것들이 나타나 일상 생활의 방식과 관심사에 얽혀 들었다. 건초 만들기와 추수 등 농촌 지역 사회의 농업적 필요가 대중의 신앙과 깊이 연결되어 있었다.

예를 들어, 16세기 초 평민들은 성인(聖人)들에게 정기적으로 동물과 유아 질병, 전염병, 안질환, 처녀들의 결혼 문제 등을 해결해 달라고 간구하였다. 그들은 신앙과 일상 생활이 밀접한 관계를 갖는 것을 당연하게 여겼다. 영적 세계와 물적 세계가 모든 차원에서 서로 연결되어 있었다.

중세 가톨릭교회와 평민들과의 접촉점은 추상적인 신학 개념이 아니라 관습과 이미지를 통한 것이었다. 교회의 예전, 특히 미사는 인간 역사와 경험에 대한 시각적 '거대 담화' 역할을 했다. 교회가 지키는 의식과 상징적 동작들은 회중이 세상과 그 안에 있는 자신의 위치를 인식하도록 만들었다. 교회는 볼거리와 교육, 연극과 교리를 중세의 세계관을 확고히 하고, 구원의 도구와 수단으로서의 교회 제도의 위치를 공고히 하는 형태로 제공했다. 교회 밖에는 구원이 없었다.

예전이라는 드라마는 이미지들로 보충되었다. 보통 글을 읽을 수 없는 사람들을 위해 교회 벽에 그린 복음서의 장면들이나 교회로부터 중보 능력을 인정받은 성인들의 이미지, 특히 마리아의 이미지로 제공되었다. 성인들은 평민들의 기도를 듣고 중재하는 신적 은혜의 중보자였다. 서유럽의 모든 교회들은 성인 숭배 신앙을 성상으로, 즉 그림과 제단 위의 조각품과 동상을 통해 나타냈다.

그러면 당시에 그토록 큰 영향력을 가졌던 이 성인 숭배란 무엇인가? 성인(라틴어로 sancti, '거룩한 자'라는 의미)의 중요성에 대한 인식은 초기 기독교로 거슬러 올라간다. 이때는 저명한 기독교 지도자, 특히 신앙을 위해 순교한 사람들의 무덤을 밤새워 지켰다. 그러다가 점차 성인들에 대한 존경심이 숭배 형태로 발전되었는데 주로 다음 세 가지 형태였다.

1. 기념일. 성인의 삶과 가르침을 기억하기 위해 교회력에 특정 날을 따로 정해 두었다. 보편적으로 의미 있는 성인들과 지역적으로만 의미 있는 성인들이 있었다.
2. 유물 숭배. 유물이란 성인과 관련된 물건들 가운데서 그 성인의 중보 능력의 '담보물' 또는 '표시'로 간주되는 것을 말한다. 그런 유물에는 신체의 일부는 물론 책이나 옷 등 그 성인이 소유했거나 사용하던 물건이 포함된다.
3. 성인과 관련된 성지 순례. 중세에는 성지가 많았다. 예를 들면, 사도 야고보와 관련된 스페인 북부 도시 산티아고 데 콤포스텔라나, 순교한 캔터베리 대주교 토머스 베켓(Thomas à Becket)의 묘 등이다.

성인 숭배는 중세 기독교에서, 특히 대중 차원의 신앙에서 주요한 역할을 했다. 이 현상을 이해하는 한 가지 방법은 천국 궁전 개념을 생각하는 것이다. 중세의 많은 사람들에게는 하나님이 빛나는 신하들의 무리, 성도들에게 둘러싸여 있는 왕으로 비유될 수 있었다. 성인 숭배의 중심 주제는 성인의 중보 능력 개념이다. 다시 말해서 성인들이 천국 궁전에서 왕께 말씀을 아뢸 능력이 있다는 것이다. 성인이 옹호자라는 개념은 중세에 널리 받아들여졌다.

어쩌면 이 개념은 '수호성인'이라는 개념으로 가장 잘 드러날 것이다. 즉 한 민족이나 장소 또는 직업을 위한 하늘의 중재자 또는 옹호자라는 것이다. 이것은 다음과 같은 것으로 전개되었다.

1. 장소. 중세에는 어떤 도시가 다른 곳에서 살다 죽은 유명한 성인의 유물을 가져와 그곳의 성당에 둠으로써 유명해지는 경우가 많았다. 가장 잘 알려진 예는 베네치아로, 9세기에 이집트에 있는 마가(마가복음의 저자)의 유물을 가져온 것으로 알려져 있다. 이 유물을 보관하기 위해 산마르코 대성당이 지어졌다. 원래 베네치아의 수호성인은 아마시아의 테오도루스(Theodorus)였으나, 마가의 유물이 도착하자 수호성인을 바꾸었다.
2. 직업. 누가(누가복음과 사도행전의 저자)는 의사로, 종종 기독교 영성 및 경건 서적에서 '영혼의 의사'로 불린다. 자연스럽게 그는 의료 직업의 수호성인이 되었다. 이런 이유로 병원의 예배당은 종종 누가에게 헌당되었다.

오스만 제국의 발흥 : 1453년 콘스탄티노플의 몰락

15세기 초에 이르자, 많은 사람들은 콘스탄티노플이 독립적인 도시로 생존할 수 없다는 결론을 내렸다. 이 도시는 이미 1204년 십자군에 의해 함락되었기에, 견고한 방어체계가 있음에도 불구하고 난공불락으로 여겨지지 않았다. 15세기 말에는 이슬람의 주도권이 아바스 왕조에서 오스만 제국으로 넘어가고 있었다. 그런데 오스만 제국은 기독교의 가장 큰 도시를 정복하는 것을 지하드(jihad, 성전)로 여겼다. 오스만 튀르크의 확장 정책으로 포위당한 이 도시는 경제적, 정치적 영도를 빼앗기게 되었다. 제2의 로마는 고립되었다. 물론 그 이전에 자연 재해로 치명적으로 약해져 있었다. 1348년에서 1350년 사이에 흑사병이 퍼져 인구의 절반이 목숨을 잃었던 것이다. 이 도시가 몰락하는 것은 시간 문제였다.

1452년 오스만 제국의 술탄 메메드 2세(Mehmed II)가 콘스탄티노플 북쪽의 오스만 영토에 요새를 건축했다. 그것은 두 가지 목적, 즉 콘스탄티노플과 흑해 항구와의 연결을 차단하고 1년 후 이 도시를 포위하기 위한 거점 역할을 하게 하려는 것이었다. 1453년 4월과 5월 메메드 2세는 콘스탄티노플을 포위했다. 도시는 57일 만에 함락되었다. 동서 교회 사이의 껄끄러운 관계 때문에 포위된 콘스탄티노플은 정치적으로나 군사적으로나 어떤 지원도 받지 못했다. 메메드는 이 도시를 접수한 후, 계속하여 발칸 반도로 알려진 지역으로 오스만의 세력을 확장했다. 그리하여 보스니아는 1463년에, 알바니아는 1478년에, 헤르체고비나는 1482년에, 몬테네그로는 1498년에 정복되었다.

서방의 통치자들은 병들어 신음하는 비잔틴 제국에 대해 종교적으로 혼합되었고 정치적으로 부패했다고 생각했을 뿐 거의 동정심을 갖지 않았지만, 오스만 제국의 세력이 서방 세계로 들어온 것에 대해서는 경계했다. 1521년에는 베오그라드가 함락되었고, 1539년에는 빈이 포위를 당했다. 오스만의 해군은 1538년 프레베자 해전에서 승리하여 지중해의 대부분을 오스만의 지배 아래 두게 되었다. 오스만 제국의 진군은 막을 수 없을 것처럼 보였고 이제 이슬람 유럽이 실현될 것만 같았다.

그러나 오스만 제국이 승승장구하지는 못하였다. 빈 포위가 결론을 보지 못하고 흐지부지 끝나 버렸다. 1565년 몰타 섬을 점령하기 위해, 오스만의 50,000여 대군이 성 요한 기사단을 포함한 약 6,000명의 몰타 군과 맞섰다. 포위 작전은 실패로 돌아갔다. 1571년의 레판토 해전이 전환점이었다. 이때 남유럽 나라들이 결성한 해군이 그리스 남부 연안에서 오스만의 해군에게 결정타를 가했다. 이 패전으로 오스만의 유럽 확장이 제지된 것으로 널리 인정되고 있다.

그러나 육지 중심의 확장은 계속되었다. 오스만 군대는 남부 우크라이나를 침공했고 1683년 늦여름에는 다시 빈을 포위했다. 2개월 후 빈을 포위하고 있던 대군은 황제 레오폴트 1세(Leopold I)가 소집한 강한 군대의 공격을 받았다. 1699년에는 1697년의 젠토 전투에서 패배한 오스만과 합스부르크 왕가 사이에 평화 협정이 맺어졌고, 그 결과 중부 유럽 대부분을 지배하던 오스만이 물러났다.

오스만 제국은 동유럽에 많은 유산을 남겼다. 발칸 반도의 소국들은 이슬람교도, 정교회인, 유대인 등 다양한 종교인으로 구성되게 되었다. 오스만 제국은 대체로 소수 종교인들에게 관대했다. 이는 밀레트 시스템(millet system) 때문인데, 이것은 종교 공동체들에게 상당한 종교적 자유와 정치적 자치권을 부여하는 제도였다. 그러나 오스만의 점령은 불안감을 낳아, 점차 남동 유럽, 특히 세르비아와 그리스 지역에서 민족적 주권에 대한 요구가 증대되었다. 앞으로 살펴보겠지만 이 두 지역의 경우 정교회가 민족적 정서를 배양하고 유지하는 데 주도적인 역할을 하게 된다.

서구 문화의 재탄생 : 르네상스

프랑스어 '르네상스'(renaissance, 재탄생)는 이제 14세기와 15세기의 이탈리아의 문학과 예술의 부흥을 가리키는 보편적인 말이 되었다. 이것은 기독교와 서구 문화에 시사하는 바가 컸다. 왜 이탈리아가 이 찬란한 새 운동의 요람이 되었는지는 확실하지 않지만 여러 가지 요인이 있을 것이다. 예를 들어, 이탈리아에는 고대의 위대한 유산들이 가시적으로, 구체적으로 남아 있었다. 옛 로마 건축물과 기념비의 유적이 전역에 존재하여 고대 로마의 문명에 대한 관심을 자극했고, 이것은 문화적으로 메마른 시대의 사상가들로 하여금 고전적 로마 문화의 활력을 회복하려는 동기를 갖게 했을 것이다.

나아가 비잔틴 제국이 붕괴함에 따라(앞서 보았듯이 콘스탄티노플은 1453년 이슬람의 침공으로 함락되었다) 헬라어를 사용하는 지성인들이 대거 서방으로 탈출하였는데, 이 지성인 이주자들이 정착한 곳이 바로 콘스탄티노플에서 가까웠던 이탈리아의 도시들이었다. 그러므로 이 도시들은 당연히 비잔틴식 헬라어에 친숙했다. 이와 함께 고대 그리스와 고전 문화에 대한 새로운 관심이 대두되었다.

이탈리아 르네상스의 핵심 요소는 고대의 영광스러운 문화로 되돌아가자는 것이었다. 그때 이 고대 문화는 중세의 지적 업적들로 인해 가장자리로 밀려나 있었다. 르네상스 저자들은 고대의 업적이 중세의 업적들보다 더 위대하다고 생각하여 중세의 업적들을 별로 크게 여기지 않았다. 이런 문화 전반의 분위기는 신학에 있어서도 마찬가지였다. 그들은 후기 고전기의 작품들이 내용과 스타일 면에서 중세의 신학 작품들을 크게 능가한다고 여겼다.

르네상스의 지적인 힘은 일반적으로 '인문주의'라고 불린다. 인문주의란 문화적, 교육적 운동으로, 주로 다양한 수사법 개발과 고대의 원고와 문헌의 재발견 및 출판에 관심을 두었다. '인문주의'라는 말은 최근에는 세속주의와 무신론이라는 색조를 갖게 되었지만, 르네상스 당시에는 그렇지 않았다. 인문주의자가 된다는 것은 '인문학'(studia humanitatis)을 연구한다는 것이었다. 본질적으로 인문주의는 표현과 수사법의 모델을 고전적 고대에서 찾으려 한 문화 프로그램이다. 언어와 문자로 된 말과 마찬가지로 예술과 건축에서도 고대는 르네상스가 활용할 수 있는 문화적 원전으로 간주되었다. 마찬가지로 초기 기독교도 그 당시를 위한 본과 원전을 제공하는 것으로 보았다.

유럽의 인문주의의 형태는 다양하지만, 두 가지 이상이 르네상스 운동 전체에 널리 퍼져 있었다. 첫째는 고전기의 유행을 따르는 문어적, 구어적 수사법에 대한 관심이고, 둘째는 기독교 교회의 집단적 부흥을 향한 종교 프로그램이다. 라틴어 슬로건 크리스티아니스무스 레나스켄스(Christianismus renascens, 다시 태어나는 기독교)는 이 프로그램의 목표를 요약한 것으로 르네상스를 연상케 하는 말, '재탄생'과의 연관성을 보여준다.

인문주의자들의 주된 관심사는 고전 로마와 아테네에 있는 서유럽 문화의 원전으로 돌아가는 것이었다. 이에 상응하는 신학적 관심사는 기독교 신학의 근원적 원전, 가장 중요하게는 신약으로 돌아가는 것이었다. 이런 태도에서 비롯된 중요한 결과 중 하나는 성경이 신학의 원전으로서 갖는 근원적 중요성이었다. 성경에 대한 관심이 증대함에 따라 기존의 라틴어 번역본이 적절하지 못하다는 것이 갈수록 명확해졌다. 그 중에 가장 중요한 것이 중세에 가장 널리 영향을 미치고 있던 라틴어역 불가타 성경이었다. 이내 이 번역본의 신뢰성이 의심을 받기 시작했다.

인문주의 학문이 대두되면서 불가타역과 원문 사이에 뚜렷한 불일치가 있다는 것이 드러났다. 그리하여 이것은 교리 개혁의 길을 열어 주었다. 이런 이유 때문에 인문주의는 중세 신학의 발전에 결정적으로 중요하다. 인문

화보 4.5 플랑드르 출신 화가 퀜틴 마시스가 그린 북유럽 르네상스 시대의 위대한 인문학자 로테르담의 에라스무스.

주의가 이 성경 번역본을 신뢰할 수 없음을 보여주었기 때문이다. 그리고 거기에 근거한 신학도 신뢰할 수 없음을 보여주었다. 인문주의가 성경 번역본의 오류를 하나하나 밝혀 냄에 따라 스콜라 철학의 성경적 기반도 위협을 받게 되었다.

인문주의의 문학적, 문화적 프로그램은 라틴어 아드 폰테스(ad fontes, 원전으로 돌아가자)로 요약할 수 있다. 중세의 주석이라는 '여과기'는 그것이 법적 문헌이든 성경이든 폐기되었다. 원문을 직접 살피기 위해서였다. 기독교 교회의 경우, 이 인문주의 프로그램은 기독교의 권리증서(교부들의 글과 성경)로 직접 돌아가 원래 언어로 연구할 것을 요구했다.

최초로 인쇄 출판한 헬라어 신약은 1516년 로테르담의 에라스무스(Erasmus)에 의해 만들어졌으나 에라스무스의 번역은 제대로 신뢰할 만한 것이 아니었다. 에라스무스는 신약 대부분에 대해서는 네 개의 사본을 참조했고, 마지막

부분인 요한계시록은 단 하나의 사본만을 참조했다. 게다가 그 사본은 다섯 절이 빠져 있어서 에라스무스는 라틴어역 불가타 성경에서 헬라어로 번역해야 했다. 그럼에도 불구하고 그 번역본은 문헌적 이정표가 되었다. 처음으로 신학자들은 신약의 원문 헬라어 본문과 후에 라틴어로 번역된 불가타역을 비교해 볼 수 있는 기회를 얻게 된 것이다.

이렇게 발전됨에 따라 불가타역의 신뢰성이 훼손되었고, 신학에서 성경 연구의 중요성이 드러났다. 신학이 오류가 있는 번역본에 기초하도록 버려둘 수 없게 되었다! 그리하여 1510년대부터 신학에서 성경 연구의 중차대성이 인식되기 시작했다. 이것은 또한 종교개혁에 대한 신학적 관심으로 이어졌다. 이에 대해서는 다음 단원에서 살펴볼 것이다.

경쟁하는 종교개혁의 비전들, 1500-1650년경

16세기와 그 직후는 서구 기독교 역사상 가장 매력적인 시기에 해당된다. 영감과 갱신을 위해 고전 원전으로 돌아가라는 르네상스의 강조점이 보다 구체적으로 종교에 초점을 맞추기 시작했다. '지도자들과 구성원들 가운데서' 교회 개혁에 대한 압력이 커져 감에 따라, 더 단순한 형태의 기독교로 돌아가기 위한 인문주의자의 프로그램은 신약으로 나타났고, 갈수록 많은 사람들에게 매력을 주는 것 같았다.

그러나 다른 요인들도 당시 교회 생활에 중요한 요인으로 대두되었다. 독일, 프랑스, 잉글랜드를 비롯한 북유럽 많은 곳에서 민족주의가 대두되고 있었다. 부상 중이던 중간 계급은 전통적인 귀족 계급의 권력과 특권을 싫어하여 자기들의 힘을 과시하려 했다. 평민의 문해도 역시 증가해서 교회와 사회 내의 변화를 바라는 분위기가 커졌다. 여러 형태의 기독교는 사회에서 개인의 위치, 특히 사회를 변화시킬 수 있는 능력에 대한 사고방식을 새롭게 해주었다.

바로 이런 배경 가운데서 우리가 '종교개혁'이라고 부르는 것이 나타났다. 부분적으로 정치 사회적 문제에 자극을 받았던 개혁에 대한 요구는 단순한 사도적 기독교로 되돌아가고자 하는 바람과 같은 신학적 관심사들을 통해 더욱 힘을 얻었다. 대부분의 사람들은 이 개혁의 과정이 주류 교회 안에서 일어난 것으로 보지만, 당시의 정치적, 기독교적 상황에 자극을 받은 사람들도 주류 밖에서 그런 개혁 프로그램을 시작했다. 그리하여 이 개혁의 시대는 한편으로는 프로테스탄트 운동으로 알려진 복합적인 운동으로 이어지고, 다른 한편으로는 가톨릭을 갱신하고 재활성화하라는 운동으로 이어졌다. 이 단원에서 이런 발전 과정을 살펴보겠지만, 이것은 세계 기독교의 형성에 중요한 역할을 했다.

16세기에 교회 안에서 이루어진 종교개혁 운동을 가리키는 말들이 다양하게 사용되고 있기는 하지만, 현재의 역사가들은 일반적으로 '종교개혁' 또는 '유럽의 종교개혁'이라는 말을 사용하는 경향이 있다. 역사적 관점에서 볼 때, 이 운동은 종종 지리적 지역에 따라 불려지곤 했다. 예를 들면, 독일의 종교개혁, 잉글랜드의 종교개혁, 프랑스의 종교개혁 등이다.

종교개혁으로 알려진 이 폭넓은 운동에는 일반적으로 네 가지 개혁이 포함되었다. 즉 루터교, 개혁주의(칼빈주의), 급진 종교개혁(완전히 정확하지는 않지만 재세례파), 반동 종교개혁 또는 가톨릭 종교개혁이다. 넓은 의미에서 종교개혁은 이 네 가지 운동 모두를 가리킨다. 더 정확하게는 '프로테스탄트 종교개혁'이 앞의 세 운동을 가리킬 때 대체로 사용된다.

이 시대에 대한 최근의 연구물에서는 복수로 '종교개혁들'이라는 말을 사용하여 종교개혁이 다면적인 현상이었음을 시사하기도 한다. 물론 이것은 단 하나의 응집된 운동이 지역별로 적용된 것이라기보다는 일단의 느슨하게 연결되어 있지만 분명한 개혁 운동이었다. 잉글랜드의 종교개혁은 그들만의 독특한 방식으로 전개되어 이 점을 잘 보여준다. 잉글랜드는 종교와 정치 사이의 상호 작용으로 종교개혁이 지역적 성격을 강하게 띰으로써 스위스나 독일의 종교개혁과는 아주 다른 양상을 나타낸다.

그러나 1500년대에 서구 교회 안에서 일어난 논쟁과 분열을 탐구하기에 앞서, 기독교가 새로운 세계로 확장되는 과정을 살펴보아야 할 것이다. 이것은 유럽 해군력의 탐사 항해로 시작되었다.

기독교의 확장 : 포르투갈과 스페인의 탐사 항해

15세기 말에 이르러 유럽과 아시아 사이에 새로운 교역로가 열리고 새로운 대륙, 특히 아메리카가 발견되었다. 이 발견의 시대를 이끌어 간 유럽의 세력은 스페인과 포르투갈이었다. 이 두 나라는 충실한 가톨릭 국가로 가톨릭 신앙 전파를 국가 영향력의 자연스러운 확장으로 여겼다. 후에 여기에 또 하나의 가톨릭 해양국 프랑스가 가세했다.

포르투갈의 위대한 항해자 바스쿠 다 가마(Vasco da Gama, 1460경-1524)는 아프리카 동부 연안으로의 교역로를 열었고, 다음에는 인도양을 건너 인도까지 가는 교역로를 텄다. 다 가마의 탐험은 큰 유익을 가져다주는 향료 교역로를 확보하게 했을 뿐 아니라, 동아프리카 모잠비크를 식민지로 삼아 인도로 가는 기착지로 사용할 수 있게 했다.

크리스토퍼 콜럼버스(Christopher Columbus, 1451-1506)는 처음에는 인도로 가는 서쪽 교역로를 개척할 생각이었다. 그는 지구의 크기를 잘못 계산하여 동쪽으로 항해하는 것이나 서쪽으로 항해하는 것이 마찬가지일 것이라고 생각했다. 일부 대중적인 이야기는 콜럼버스가 항해할 때 지구가 편평하다고 믿었다고 말하는데 그것은 분명히 잘못된 것이다. 지구가 구형이라는 것은 중세에 널리 받아들여지고 있었다. 콜럼버스는 지구를 돌아가는 길이 더 빠를 것이라 믿고 항해하려 했다. 결국 그는 아메리카를 발견하여 스페인 식민지와 경제적 수탈의 발판을 놓았고, 이곳은 곧 신세계로 알려졌다. 포르투갈의 항해가 페드루 알바르스 카브랄(Pedro Álvares Cabral, 1467경-1524경) 같은 사람은 그 남쪽에서 새로운 땅을 발견하여 브라질을 식민지로 삼게 했다.

그러나 이런 탐사 항해는 정치 경제적으로만 중요한 것이 아니었다. 이런 일은 부분적으로 종교적 관심에서 동기를 얻었고, 또 선교 책임에 대한 인식 증가로 더 큰 동력을 갖게 되었다. 교황들도 세계 복음화의 중요성을 굳게 확신하고 있었다. 트리엔트 공의회는 종교 단체 특히 예수회를 통한 가톨릭 선교 사역에 토대를 놓았다. 그 결과 가톨릭은 16세기에 상당히 확장되어, 아메리카와 아프리카, 아시아에 기지를 세우게 되었다.

예수회는 가톨릭의 아시아 확장의 첨병 역할을 했다. 1542년에는 프란시스코 사비에르(Francisco Xavier, 1506-1552)가 인도 서해안 고아에 도착했는데, 그곳은 당시에 포르투갈의 아시아 무역 중심지였다. 다음 10년 동안 사비에르는 이 지역에서 일련의 선교 사역을 했고, 스리랑카 섬을 비롯한 인도와 아시아 다른 지역에서 많은 선교 활동을 했다. 1546-1547년에는 지금은 인도네시아의 일부가 된 암본에 선교 기지를 세웠다. 1549년에는 일본에서 선교 사역을 시작했다. 그는 1552년에 중국 선교를 준비하던 중 죽었다. 같은 예수회 소속 선교사 마테오 리치(Matteo Ricci, 1552-1610)가 사비에르의 사역을 이었다. 마테오 리치는 마카오에 도착한 후 중국 문화에서 기독교 개념을 표현하는 법을 익히려고 중국의 언어와 문화에 집중했다. 리치는 중국의 몇몇 주요 도시에 선교부를 세웠다.

1521년에 스페인의 탐험가 페르디난드 마젤란(Ferdinand Magellan)이 동남아시아에서 3,141개의 섬으로 이루어진 제도를 발견했다(바로잡자면, 마젤란은 '스페인의 후원을 받은 포르투갈 출신 탐험가'이다 - 편집자 주). 현재는 필리핀으로 알려진 이 섬들은 스페인 영토가 되었다. 스페인의 통치 아래서 여러 종교 단체들, 특히 프란체스코회와 도미니쿠스회에 의해 복음화 프로그램이 이루어졌다.

근대 초기 기독교의 확장 가운데서 가장 눈에 띄는 것은 아메리카에서 이루어졌다. 스페인, 포르투갈, 프랑스가 방대한 지역에 대해 주권을 주장했고, 그곳에서 가톨릭이 뿌리를 내리기 시작했다. 1511년까지 도미니카의 섬들과 산후안, 아이티에 주교 관할권이 세워졌다. 아메리카의 스페인 제국은 '뉴스페인'으로 알려진 방대한 지역에 걸친 것으로, 중앙아메리카, 멕시코, 플로리다와 현재 미합중국의 남서부 대부분을 포함했다. 가톨릭 사제들은 이 모든 지역에 선교부를 세우고 아메리카 원주민을 개종시키려 했다. 가장 잘 알려진 선교부는 텍사스의 알라모 요새로, 이는 1722년에 프란체스코회 선교부로 세워진 곳이었다. 스페인의 세력은 서인도 제도로도 확장되었다. 포르투갈은 남미의 동남 연안 대부분을 식민지로 삼았고, 스페인은 북쪽 지역과 서부 연안을 차지했다.

이런 새로운 발견이 주는 시사점을 간과해서는 안 된다. 이들의 소속은 어디였는가? 유럽의 어느 세력이 이 새로운 지역을 차지했는가? 1481년에 교황 식스투스 4세(Sixtus IV)는 카나리아 제도에 대한 스페인의 권리와, 아프리카와 동쪽으로 인도까지 포르투갈이 영토를 확장할 수 있는 권리를 인정했다. 그러나 콜럼버스의 항해로 이제까지 서구에 알려지지 않았던 지역에 대한 권리 문제가 대두되었다. 스페인에 우호적이었던 교황 알렉산데르 6세(Alexander VI)는 1492년 이후로 발견되는 땅은 모두 스페인의 것이라고 판결을 내렸다. 포르투갈은 이 판결을 거부했다. 결국 1494년 스페인과 포르투갈의 양자 협의를 통해 토르데시야스 조약이 맺어졌다. 이것은 아직 지도로 그려지지 않은 지역이나 새로 발견된 지역의 특정 구역들을 각 나라에 분할하는 조약이었다.

이 협정을 어떻게 해석해야 할지는 정확하게 말하기 어렵지만, 그 결과로 스페인은 현재 라틴 아메리카로 알려진 이 지역의 북쪽과 서쪽 지역을 차지하였고 포르투갈은 브라질에 해당하는 아마존 강 유역의 광대한 땅을 차지했다. 1529년 4월 22일 조인된 사라고사 조약은 동쪽 지역을 분할했다. 교황은 논의의 당사자가 아니었지만, 이 영토 분할은 때때로 '교황의 분할선'이라 불린다.

이처럼 그리스도인의 거주지가 유럽을 너머 확장됨에 따라 변화가 찾아왔다. 기독교는 유럽의 현상에서 글로벌 신앙이 되기 시작한 것이다. 그러나 서유럽에서는 기독교가 중대한 변화를 겪고 있었다. 마르틴 루터의 견해로 인해 일어난 논쟁 때문이었다. 인쇄술의 발명으로 지역의 논쟁이 쉽게 유럽 전체로 퍼질 수 있었다. 루터의 교회 개혁 요구는 매우 중요한 사항으로 증명되었고, 서구 교회 안에 단층선을 만들어 이 지역의 독특한 기독교 형태인 프로테스탄트의 출현으로 이어졌다.

루터파의 종교개혁

루터파의 종교개혁은 특히 독일 지역과 마르틴 루터(Martin Luther, 1483-1546)라는 카리스마적 인물의 거대한 영향력과 관련이 있다. 루터는 칭의 교리에 특히 관심이 많았다. 칭의 교리가 바로 그의 종교 사상의 핵심이었다. 그는 교회가 일종의 펠라기우스주의, 즉 개인이 자신의 구원을 성취하거나 살 수 있다는 가르침에 빠졌다고 생각했다. 면죄부 판매(종교개혁의 방아쇠 역할을 한 것으로 널리 인정받는 일)는 구원은 하나님이 주시는 것이라는 사실을 교회가 망각했음을 확증하는 것으로 보였다.

이런 상황에 대응하여 루터는 오직 믿음으로 의롭다 하심을 얻는다는 개념, 구원은 하나님이 주시는 은혜의 선물로 받는다는 개념을 발전시켰다. 루터의 이신칭의 교리는 죄인이 믿기 때문에 곧 그의 신앙 때문에 의롭다 함을 얻는

화보 4.6 작센 선거후의 궁정 화가로 활약했던 16세기 독일 화가 루카스 크라나흐가 그린 1529년경의 마르틴 루터.

다는 의미가 아니다. 루터는 이것을 하나님이 칭의에 필요한 모든 것을 예비해 주셨으며, 그러므로 죄인이 할 일은 그것을 받아들이는 것밖에 없음을 인정하는 것이라고 보았다. 칭의에서 하나님은 능동적이고 인간은 수동적이다. 어쩌면 '은혜를 인하여 믿음으로 말미암아 얻는 칭의'라는 말이 이 교리를 더 명확하게 보여줄 것이다. 즉 죄인의 칭의는 하나님의 은혜에 기초하며 믿음을 통해 받는다. 1554년에 하인리히 불링거(Heinrich Bullinger)가 쓴 책이 제목이 약간 장황스럽기는 하나 이 주제에 관한 기본적인 사상을 잘 요약하고 있다. 『물론 선행에는 믿음이 많이 들어 있지만 선행 없이, 오직 믿음을 통하여 그리스도 때문에 우리를 의롭다 하시는 하나님의 은혜』(The Grace of God That Justifies Us for the Sake of Christ through Faith Alone, without Good Works, while Faith meanwhile Abounds in Good Works).

루터에게 칭의 교리는 신앙의 핵심이었다. 그래서 후에 루터교에서는 이를 '교회가 서느냐 넘어지느냐 하는 조항'이라고 기술했다. 이것이 루터가 1520년대에 개혁 프로그램을 전개한 발판이기는 하지만, 다음과 같은 사상도 연관되어 있었다.

1. 성경의 궁극적 권위 주장. 흔히 솔라 스크립투라(sola Scriptura, 라틴어로 '오직 성경' 또는 '오직 성경으로'라는 의미)라는 말로 요약되는 교리. 루터는 교회가 성경에 그들의 사상을 부여하는 경향이 있으며, 성경이 바르게 해석될 경우 교회는 그 권위를 인정해야 마땅하다고 믿었다.
2. 성경은 동시대 언어로 번역되어 모든 사람이 성경 본문에 접근할 수 있도록 해야 한다는 주장.
3. 두 종류의 성찬 실행. 즉 평신도가 떡과 포도주를 모두 받도록 허용해야 한다는 주장. 중세 교회는 평신도에게 떡만 허락했다.
4. 만인 제사장 사상. 모든 그리스도인은 세례로 인해 제사장이 된다는 주장.

루터는 이를 전통적 성직자들을 몰아내는 것이 아니라 그들이 본래 위치로 돌아가게 하는 수단으로 보았다.

루터파의 종교개혁은 처음에는 학문적인 운동으로, 주로 비텐베르크 대학교에서 신학 교육을 개혁하는 데 관심을 기울였다. 비텐베르크는 영향력이 큰 대학교가 아니었고, 루터를 비롯한 신학 교수진이 시작한 개혁은 그다지 주목을 받지 못했다. 이것이 상당한 관심을 끌게 되고 비텐베르크에서 맴돌던 사상이 폭넓게 전파된 것은 루터 개인의 활동, 예를 들면 1517년 10월 31일 면죄부 판매에 반대하는 95개의 논제를 게시한 일 등의 덕분이다.

엄밀하게 말해서, 루터파의 개혁은 1522년 루터가 은거하고 있던 바르트부르크 성에서 나와 비텐베르크로 돌아오면서 시작되었다. 루터는 1521년 보름스 의회에서 정죄되었다. 그의 생명을 염려한 유력한 지지자들이 그를 은밀하게 아이제나흐 남서쪽에 있는 바르트부르크 성으로 데려가 위협이 사라질 때까지 보호했다. 그가 없는 동안 비텐베르크의 학문적 동료인 안드레아스 루돌프 보덴슈타인 폰 카를슈타트(Andreas Rudolf Bodenstein von Karlstadt)가 미궁에 빠질 것 같은 개혁 프로그램을 시작했다. 카를슈타트의 무능력함을 극복하고 개혁을 성공시키기 위해서는 자신이 있어야 한다는 확신을 갖게 된 루터는 안전한 장소를 버리고 비텐베르크로 돌아온다.

이때부터 루터의 학문적 개혁 프로그램은 교회와 사회 개혁 프로그램으로 변화되었다. 이제 그의 활동 영역은 대학교와 사상 세계가 아니었다. 그는 종교, 사회, 정치 개혁 운동의 지도자로 여겨졌고, 그 시대 사람들 일부는 그를 유럽의 새로운 사회적, 종교적 질서를 위한 길을 연 사람으로 보았다. 사실 루터의 개혁 프로그램은 울리히 츠빙글리(Ulrich Zwingli) 같은 개혁 동료들의 개혁보다 훨씬 보수적이었다. 게다가 그의 개혁 프로그램은 기대보다 훨씬 덜 성공적이었다. 이 운동은 철저하게 독일 지역에 고착되어 있어서, 스칸디나비아를 제외하고는 익어서 곧 떨어질 상태의 사과와 같은 외부 세력과 연결되지 못했다. '경건한 군주'의 역할에 대한 루터의 이해(그것은 결국 군주의 교회 지배를 가능하게 했다)는 기대만큼 매력을 끌지 못했던 것 같다. 칼빈과 같은 개혁 사상가들이 일반적으로 공화정 정서를 가지고 있었다는 것에 비추어 보면 더욱 그렇다.

루터의 개혁 프로그램에서 중요한 부분은 여성을 포함하여 평신도에게 새로운 역할을 주는 것이었다. 루터의 만인 제사장 교리는 모든 신자는 성이나 사회적 지위에 상관없이 하나님 보시기에 제사장이라는 것이다. 루터는 그리스도인들을 세상에서 분리하는 것에 반발하여, 수도원과 수녀원이 그리스도인들을 세상 속에서 소명을 행하며 살지 못하게 만든다고 주장했다. 루터의 가장 흥미로운 업적 가운데 하나는 1523년에 마리엔트론 수녀원에서 10여 명의 수녀들을 탈출시킨 일이다. 이들은 루터의 상인 친구가 제공한 생선 수레에 숨어 수녀원을 빠져나왔다. 1525년, 루터는 수녀원에서 탈출한 카타리나 폰 보라(Katharina von Bora)와 결혼했다. 이때까지 여성은 성차별 때문에 수녀원에서만 종교적 리더십을 행사할 수 있었다. 카타리나가 한 가정의 여주인으로서 했던 역할은 오랫동안 루터교 여성들의 패턴이 되었다. 또한 제한된 수도원 생활 바깥에서 여성을 위한 중요한 사회적 역할을 부여했다.

칼빈주의의 종교개혁

장로교와 같은 개혁교회를 낳은 존 칼빈(John Calvin, 1509-1564)의 종교개혁은 스위스 연방의 발전에서 시작되었다. 루터파의 종교개혁이 학문적 정황에서 시작되었다면, 개혁교회는 보다 성경적인 패턴을 따라 교회의 도덕과 예배를, 필연적으로는 교회 교리까지 개혁하려는 일련의 시도에서 비롯되었다. 이러한 유형의 종교개혁에 결정적인 형태를 부여한 사람은 칼빈이다. 그러나 그 기원은 울리히 츠빙글리와 하인리히 불링거처럼 취리히를 근거지로 활동했던 이전의 개혁자들에게로 거슬러 올라가야 한다.

츠빙글리와 같은 초기의 종교개혁 신학자들 대부분은 학문적 배경이 있었으나 이들의 개혁 프로그램은 본질적으로 학문적이지 않았다. 이들은 취리히, 베른, 바젤에서 자신이 찾은 교회에 직접 뛰어들었다. 루터는 칭의 교리를 사회와 종교의 개혁 프로그램의 중심으로 삼았던 반면에, 초기의 종교개혁 사상가들은 하나의 특정 교리는 물론 교리 자체에도 큰 관심을 두지 않았다. 이들의 개혁 프로그램은 제도적이고 사회적이며 윤리적이었고, 많은 면에서 인문주의 운동의 개혁 요구와 비슷했다.

화보 4.7 16세기의 가장 중요한 프로테스탄트 종교개혁가이자 신학자이며 교회 행정가이기도 했던 존 칼빈의 초상화.

개혁교회는 1531년에 츠빙글리가 전사한 후 그의 후계자 하인리히 불링거 밑에서 취리히의 종교개혁이 안정되면서 시작되었고, 제네바가 스위스 종교개혁의 발전소로 등장하고 존 칼빈이 1550년대에 스위스 종교개혁의 주도적인 대변인으로 대두되면서 완성되었다고 보는 것이 일반적이다. 1520-1560년에 개혁교회 내에서 힘의 중심이 점차 이동했는데, 처음에는 취리히에서 베른으로, 그 다음은 베른에서 제네바로 옮겨 갔다. 마침내 제네바와 그 정치 체제(공화 체제)와 종교 사상가들(처음에는 칼빈, 그가 죽은 후에는 테오도르 드 베즈)이 개혁교회 내에서 두드러진 위치를 차지했다. 이러한 발전은 개혁주의 목회자들의 훈련장이 된 제네바 아카데미가 1559년에 설립되면서 공고해졌다.

칼빈은 프로테스탄트 종교개혁 2단계의 방향을 이해하는 데 근본적으로 중요하다. 그가 이 발전에 크게 기여한 것 가운데 하나가 『기독교 강요』(Institutes of the Christian Religion)라는 제목의 신학 교재이다. 이 책의 초판은

1536년에 나왔는데, 이미 교류하던 마르틴 루터의 신학과 아주 유사한 신학 원리를 제시한 것이었다. 이 책은 몇 번의 개정을 거쳐서 1559년에 결정판이 나왔다. 칼빈은 『기독교 강요』를 다음과 같이 네 권으로 구성했다.

1. 창조주 하나님을 아는 지식.
2. 구속주 하나님을 아는 지식.
3. 예수 그리스도의 은혜에 참여하는 방법.
4. 하나님이 예수 그리스도를 우리에게 주시기 위해 사용하시는 외적 수단 혹은 보조물.

이 책은 논리적 배열로 인해 설교자와 교사들의 이상적인 자료가 되었다. 칼빈은 자신의 교재를 성경을 대치하는 것이 아니라 성경을 위한 안내서로 제시하는 일에 주의를 기울였다. 그는 루터처럼 성경이 가장 중요하다고 여겼다. "이 책에서 나의 목표는 하나님의 말씀을 연구하는 거룩한 신학을 하는 학생들을 준비시키고 훈련시켜 쉽게 성경에 접근할 수 있게 하고, 그 안에서 거침없이 나아갈 수 있게 하는 것이다."라고 칼빈은 썼다. 칼빈은 성경에 대한 교리적 주석을 제시하여 성경의 진정한 의미에 접근할 수 있게 한다는 분명한 의도를 갖고 『기독교 강요』를 썼다.

'칼빈주의'(Calvinism)라는 말은 지금도 개혁교회의 종교 사상을 가리키는 데 사용된다. 지금도 종교개혁과 관련된 자료에서 이 말이 널리 사용되고 있지만 점차 권장되지 않고 있다. 16세기 말 개혁신학이 칼빈의 사상이 아닌 다른 자료를 이용했다는 사실이 점점 분명해지고 있다. 16세기 말과 17세기의 개혁 사상을 가리켜 '칼빈주의적'(Calvinist)이라고 말하는 것은 개혁 사상이 본질적으로 칼빈의 사상이었음을 암시한다. 그리고 현대 학자들은 칼빈의 사상이 후계자들에 의해 미묘하게 수정되었다는 데 일반적으로 동의한다.

지금은 교회(주로 스위스, 저지대, 독일의 교회들)를 가리키든 테오도르 드 베즈(Théodore de Bèze), 윌리엄 퍼킨스(William Perkins), 존 오웬(John Owen)과 같이 칼빈의 『기독교 강요』나 이를 토대로 한 『하이델베르크 교리문답』(Heidelberg Catechism) 같은 교회 문헌에 기반을 둔 종교 사상가들을 가리키든 간에 '개혁주의'(reformism)라는 용어를 더 선호한다.

급진 종교개혁 : 재세례파

'재세례파'(Anabaptism)라는 말은 츠빙글리가 그의 급진적 반대파를 지칭하여 사용한 말이다. 이 말은 문자적으로는 '다시 세례를 주는 것' 또는 '두 번째 세례'를 의미하여 재세례파의 가장 특징적인 면을 가리킨다. 재세례파는 개인이 공적으로 신앙을 고백한 경우에만 세례를 받을 수 있다고 주장했다. 이들은 츠빙글리가 1520년대 초에 종교개혁을 한 후 취리히를 중심으로 처음 일어났다. 재세례파의 중심은 츠빙글리가 그의 개혁 원칙에 충실하지 못했다고 주장하는 사람들이었다. 츠빙글리는 설교와 행동이 다르다는 것이었다. 츠빙글리 자신은 '오직 성경으로'의 원칙에 충실했다고 했지만, 콘라트 그레벨(Conrad Grebel)은 츠빙글리가 유아 세례, 교회와 당국 간의 긴밀한 관계, 그리스도인의 참전을 포함해 성경이 인정하거나 명하지 않은 몇몇 의식을 그대로 유지했다고 주장했다. 이러한 급진 사상가들은 '오직 성경으로'의 원칙을 철저히 적용하려 했다. 다시 말해, 성경이 분명히 가르치는 것만 믿고 실행해야 한다는 것이었다. 츠빙글리는 여기에 놀랐으며, 이러한 재세례파를 취리히 개혁교회의 역사적 뿌리를 단절시키고 기독교 전통과의 연속성도 끊어 버리려는 파괴 집단으로 보았다.

재세례파 운동의 다양한 지류에서 몇 가지 공통 요소를 찾을 수 있다. 재세례파는 일반적으로 외적인 권위를 불신하고, 유아 세례를 거부하고 성인 세례만 인정했다. 또한 재산을 공유하고 평화와 무저항을 강조했다. 이런 이유로 재세례파는 롤런드 베인턴(Roland H. Bainton)에 의해 '종교개혁의 좌익'이라 불리기도 했고 조지 휴스턴 윌리엄스(George Huston Williams)에 의해 '급진 종교개혁'이라고 언급되기도 했다. 윌리엄스가 보기에, 급진 종교개혁(radical Reformation)은 그가 루터교와 개혁파의 운동과 널리 동일시하는 '제도권 종교개혁'(magisterial Reformation)과 대조적이었다. 이러한 용어들은 종교개혁 학계에서 점차 수용되고 있으며, 이 운동에 대한 최근의 연구물에서 찾아볼 수 있다.

가톨릭 종교개혁

'가톨릭 종교개혁'(Catholic Reformation)은 트리엔트 공의회(1545) 이후에 일어난 로마 가톨릭의 부흥을 가리킨다. 이전의 학자들은 이 운동을 흔히 '반동 종교개혁'(Counter Reformation)이라고 불렀다. 이 용어가 암시하듯이, 로마 가톨릭교회는 프로테스탄트 종교개혁의 영향력을 제한하기 위해 여기에 맞설 방법을 모색했다. 그러나 로마 가톨릭교회가 종교개혁에 맞서기 위해 프로테스탄트의 비판 근거를 없애려고 부분적으로 내부로부터의 자기 개혁을 시작했다는 것이 점점 더 분명해지고 있다. 이런 의미에서, 이 운동은 프로테스탄트 종교개혁에 대한 반동이면서 로마 가톨릭교회의 개혁이기도 했다.

북유럽에서 일어난 프로테스탄트 종교개혁의 바탕이 된 것과 동일한 관심사가 가톨릭교회, 특히 스페인과 이탈리아의 가톨릭교회로 흘러들어 갱신으로 이어졌다. 가톨릭 종교개혁의 최일선에 선 트리엔트 공의회는 몇 가지 혼란스러운 부분에 대해서 가톨릭의 가르침을 분명히 했다. 아울러 성직자의 행위, 교회의 규율, 종교 교육, 선교 활동 등과 관련해 많은 개혁을 단행했다. 교회 내의 개혁 운동은 오래된 수도회의 개혁을 촉발했고, 예수회 같은 새로운 수도회의 설립으로 이어졌다.

가톨릭 종교개혁의 보다 구체적인 신학적 측면을 성경과 전통, 이신칭의, 성례에 관한 가톨릭교회의 가르침과 연결지어 살펴볼 것이다. 가톨릭 종교개혁의 결과로 인문주의자들의 요구든 프로테스탄트의 요구든 간에 개혁이 요구되었던 많은 폐단이 사라졌다.

가장 넓은 의미로 본다면, 종교개혁은 지금까지 살펴본 네 가지 운동 모두를 가리킨다. 보다 제한적인 의미로 사용되는 종교개혁은, '프로테스탄트 종교개혁'을 의미하며 가톨릭 종교개혁은 제외된다. 이런 의미에서는, 종교개혁은 앞서 말한 세 가지 프로테스탄트 운동을 가리킨다. 그러나 많은 학문적 저작에서는 종교개혁이란 용어를 '제도권 종교개혁'이나 '주류 종교개혁'을 가리키는 데 사용한다. 바꾸어 말하면, 이 경우의 종교개혁은 루터교회 및 영국 성공회를 포함해서 개혁교회와 연관된 운동을 가리키는 것으로 재세례파 운동은 제외한다.

영국의 종교개혁

영국의 종교개혁은 대륙의 종교개혁과는 다소 다른 방향으로 전개되었다. 교회 개혁에 대한 대중적 압력이 적어도 어느 정도는 있었으나 개혁의 주도 세력은 1509년에 왕위에 오른 헨리 8세(Henry VIII)였다. 1527년, 헨리는 자신과 아라곤의 캐서린(Catherine)의 결혼을 무효화하기 위한 첫 번째 조치를 취했다. 헨리가 이런 결정을 내린 이유는 왕위를 이을 왕자를 원했기 때문이었다. 그와 캐서린 사이에는 자녀가 메리 튜더(Mary Tudor) 공주 하나밖에 없었다. 헨리는 왕자를 원했다. 교황은 헨리와 캐서린의 결혼 무효를 거부했다.

영국의 종교개혁은 교황이 헨리의 이혼을 허락하지 않은 것이 주원인이 아니다. 그럼에도 이것은 틀림없는 한 요인이었다. 헨리는 영국에서 교황권을 점차 자신의 왕권으로 대체하는 정책을 폈다. 영국 국가교회의 설립은 이러한 정책의 일부였다. 헨리는 교리나 신학 문제에 특별히 관심이 없었다. 그는 종교 및 정치권력의 실제적인 부분에 더 집중했다. 토머스 크랜머(Thomas Cranmer, 1489-1556)를 캔터베리 대주교로 임명한 그의 결정으로 영국 국교회는 적어도 어느 정도는 프로테스탄트의 영향을 받게 되었다.

1547년 헨리 8세가 죽자 그의 아들 에드워드 6세(Edward VI)가 왕위에 올랐다. 에드워드는 아주 어린 나이인 9세에 왕위를 물려받았다. 그래서 실제 권력은 참모들의 손에 있었다. 참모들은 대개 프로테스탄트 성향이 강했다. 에드워드 6세 때도 대주교로 있던 크랜머는 공적 예배에 프로테스탄트적인 형식을 도입했고, 마르틴 부처(Martin Butzer)와 피터 마터 버미글리(Peter Martyr Vermigli) 같은 주도적인 프로테스탄트 사상가들을 영국에 정착시켜 종교개혁의 신학적 방향을 제시하게 했다. 그러나 에드워드는 1553년에 죽었고, 영국은 종교적 변화의 소용돌이에 휘말리게 되었다.

에드워드를 이어 왕위에 오른 사람은 가톨릭에 우호적인 메리 튜더였다. 메리는 프로테스탄티즘을 억압하고 가톨릭을 회복시키는 일련의 조치를 취했다. 몇몇 조치는 아주 인기가 없었다. 그 가운데 가장 눈에 띄는 것은 1556년 옥스퍼드에서 토머스 크랜머를 공개적으로 화형에 처한 일이었다. 크랜머 대신 온건한 가톨릭 신자인 레지널드 폴(Reginald Pole)이 캔터베리 대주교가 되었다. 1558년 메리가 사망할 당시, 가톨릭은 영국에서 완전히 재확립되지 못한 상태였다.

뒤이어 엘리자베스 1세(Elizabeth I)가 왕위에 올랐는데, 그녀의 종교 정책은 어느 방향으로 갈지 분명하지 않았다. 결국, 엘리자베스는 복합 정책을 폈다. 이 정책은 여왕이 종교 문제에 대해 최고 권위를 유지하면서도 프로테

화보 4.8 16세기 독일 르네상스 시기 초상화의 거장 한스 홀바인이 그린 영국 국왕 헨리 8세. 헨리 8세는 강력한 왕권 아래 로마 가톨릭교회로부터 영국 교회를 독립시킨 인물이다.

스탄트와 가톨릭을 모두 달래는 데 목적이 있었다. 소위 '엘리자베스의 해결책'(Elizabethan Settlement, 1558-1559)을 통해, 영국 국교회는 신앙은 대체로 프로테스탄티즘을, 의식은 가톨릭적인 성격을 띤 개혁 감독교회(reformed episcopal church)로 굳어졌다.

이러한 결과에 완전히 만족하는 사람은 없었다. 많은 사람들이 이것을 타협으로 보았다. 그러나 이러한 해결책을 통해 영국은 종교적 긴장의 시대를 벗어났으며 당시 유럽의 다른 지역에서 맹렬히 일어났던 심각한 종교적 갈등을 피할 수 있었다.

트리엔트 공의회

학자들은 트리엔트 공의회가 16세기의 종교사에서 결정적인 이정표였다는 데 동의한다. 트리엔트 공의회는 1545년 12월에 시작되었으나 여러 차례 정회했다. 1547년, 트리엔트에서 전염병이 돌아 회의 장소가 볼로냐로 변경되었고 회의는 1551년까지 정회했다. 독일 제후들이 황제의 권위에 맞서 일어남으로써(이 일은 1555년 아우크스부르크 평화 조약으로 해결되었다) 회의는 1552년에 한 차례 더 정회했다. 회의는 1562년에 가서야 속개되었고 이듬해에 끝났다.

트리엔트 공의회를 왜 좀 더 일찍 소집하지 못했을까? 가장 중요한 이유는 신성 로마 제국 황제 카를 5세(Karl V)와 프랑스 왕 프랑수아 1세(François)의 전쟁 때문이었다. 이 전쟁이 계속되는 동안에는 프랑스 주교와 독일 주교가 같은 테이블에 앉는 것이 불가능했다. 1537년 이탈리아 만토바에서 개혁 회의를 소집하려 했으나 전쟁 때문에 취소되었다. 1542년에 회의 소집을 다시 한 번 시도했으나 이번에도 실패로 돌아갔다. 그러나 1544년 9월에 체결된 크레피 평화 조약으로 프랑스와 독일의 적대 관계가 해소되었다. 두 달 후, 교황 파울루스 3세(Paulus III)는 트리엔트 공의회 소집 통지서를 발송했다. 회의 주제는 신학 논쟁의 해결, 교회 개혁, 그리스도인들을 튀르크 침입자들에게서

구해 내는 것이었다. 회의는 1545년 3월에 시작될 예정이었으나 몇 가지 이유 때문에 연기되었다.

트리엔트 공의회는 16세기 나머지 기간과 그 이후까지 가톨릭 발전에 상당한 영향을 끼쳤다. 트리엔트 공의회는 니케아 공의회(325)와 제2차 바티칸 공의회(1962-1965) 사이에 소집된 가장 중요한 교회회의로 간주된다. 트리엔트 공의회의 주요 업적은 다음과 같다.

1. 가톨릭의 가르침을 명확히 했다. 앞에서 언급했듯이, 교회의 공식적인 가르침으로 보아야 할 것과 단순한 개인의 사적 의견으로 보아야 할 것에 대해 가톨릭 내에서 상당한 혼란이 있었다. 이것은 1510년대 말 마르틴 루터의 개혁 운동의 핵심이었던 칭의 교리와 관련해서 특히 중요했다. 트리엔트 공의회는 가톨릭의 많은 전통적 교리와 관습을 확인했는데, 이 가운데는 한 종류의 성찬, 불가타역의 권위(그 권위를 인정받기는 했으나 1546년에 개정 명령이 있었고 1592년에야 개정이 완료되었다), 일곱 가지 성례(성사)의 필요성이 포함되었다.

2. 교회 내에서 성직 남용을 근절했다. 중세 말기 교회 내에 일련의 성직 남용이 퍼져 있었다. 이것은 교회의 대중적 지지를 강화하는 데 도움이 되지 못했다. 사제와 주교는 교구나 관구가 아니라 다른 곳에 머물면서 교구 신자들을 보살피는 일을 아랫사람들에게 맡겼다. 이따금, 사제들은 여러 교구를 동시에 맡았으나 정작 교구는 살피지 않으면서 더 많은 수입을 챙겼다. 트리엔트 공의회는 주교와 사제에 대한 엄격한 지침을 정함으로써 이러한 성직 남용을 뿌리 뽑게 했다.

이 무렵 일어난 중요한 발전 가운데 하나는 '예수회'(Society of Jesus)의 등장이다. 이제 예수회에 관해 살펴보자.

예수회

예수회는 이그나시오 데 로욜라(Ignacio de Loyola, 1491–1556)가 창설했다. 로욜라는 직업 군인이었으나 1521년 다리 부상으로 요양하는 동안, 성인들의 전기를 읽고 군대를 모델로 한 엄격한 신앙 훈련의 필요성을 확신했다. 훈련의 중요성은 그가 1522–1523년에 집필하여 기독교 영성에 크게 기여한 『영성 수련』(Spiritual Exercises)에 분명하게 나타난다. 4주에 걸친 기도, 묵상, 명상 프로그램을 제시한 이 책은 그리스도에 대한 더 깊은 헌신을 목적으로 했다. 이 책은 미래의 영적 전사를 훈련하는 교재로 볼 수 있다.

1534년 파리에서 공식 출범한 예수회의 핵심은 로욜라와 그의 여섯 명의 동료였다. 예수회는 1540년에 교황 파울루스 3세에게 정식 승인을 받았다. 이때부터 예수회는 급속도로 팽창했다. 1556년 로욜라가 죽을 무렵, 예수회는 천 명이 넘었으며 이탈리아, 스페인, 포르투갈에서 중요한 존재가 되었다. 이들의 영향력은 특히 선교와 교육 분야에서 두드러졌다. 예수회는 16세기에 브라질, 중국, 인도, 일본, 말레이 반도 등 다양한 지역에서 선교 활동을 폈다. 교육 분야에서, 예수회는 지적으로 탁월한 수도회를 만들기 위해 엄격한 연구 프로그램을 마련했다.

화보 4.9 야코피노 델 콘테가 그린 이그나시오 데 로욜라. 스페인 바스크 귀족 출신의 은수자이자 신학자로서 가톨릭 개혁 시기에 특출난 영적 지도력을 발휘했다.

종교 전쟁

프로테스탄티즘의 등장과 가톨릭의 갱신은 필연적으로 유럽 전역에서 정치적, 사회적 긴장을 고조시켰다. 신성 로마 제국 황제 카를 5세는 이러한 긴장의 잠재력을 인식했으며, 마침내 아우크스부르크 평화 조약(1555)을 통해 쉽지 않은 휴전을 이끌어 낼 수밖에 없었다. 이로써 루터교 제후들과 가톨릭 황제 사이의 오랜 싸움이 끝났다. 그러나 오래지 않아 다른 곳에서 갈등이 폭발했다.

종교 문제와 직접 관련된 최초의 대규모 전쟁이 프랑스에서 일어났다. 가톨릭과 프랑스의 칼빈주의자들 곧 위그노(Huguenot)들이 충돌한 것이다. 앞에서, 칼빈은 프랑스 사람이라고 밝힌 바 있다. 칼빈은 제네바를 근거지로 하여 조국 프랑스를 개혁 신앙으로 돌이키는 것을 평생의 사명으로 삼았던 것 같다. 1555년 4월 제네바 기록에 따르면, 칼빈은 프랑스에서 칼빈주의의 옥토가 될 만한 지역으로 여러 사람을 보냈다. 또 어떤 사람들은 프랑스 칼빈주의 회중들의 요청을 받고 신속하게 뒤따라갔다.

모든 일은 은밀하게 이루어졌다. 제네바에서든 프랑스에서든 비밀 유지가 모든 작전의 절대 기본이었다. 은신처를 갖춘 안전 가옥들을 하룻길 떨어진 곳에 지었다. 제2차 세계대전 때의 프랑스 레지스탕스와 비슷한 지하 조직망을 통해 제네바에서 프랑스로 은밀하게 사람들이 잠입하였다. 1560년에 이르자, 칼빈주의는 프랑스 주요 도시에 굳건히 뿌리내렸다. 개종자 가운데는 영향력 있는 사람들도 있었다. 칼빈주의 회중의 성장과 그 영향력의 증가는 가히 폭발적이었다. 프랑스는 완전한 개혁을 이룰 수 있을 것 같았다. 아마 귀족의 3분의 1이 칼빈의 사상을 받아들였다는 신호를 했을 것이다.

1562년 3월 위그노 지도자 콜리니(Gaspard II de Coligny) 제독에게 보고하기 위해 작성한 목록에 따르면, 당시 프랑스에는 2,150개의 위그노 교회가 있었다. 이 숫자를 확증하기는 어렵지만 그래도 적어도 1,250개의 위그노 교회가 있었고 프랑스 전체 인구 2천만 가운데 2백만 이상이 위그노였다고 보는 것이 타당할 것이다. 긴장은 고조되었고 1562년, 마침내 전쟁이 일어났다. 이 전쟁은 1598년에 프랑스 프로테스탄트들의 권리를 보장한 낭트 칙령(Edict of Nantes)

이 공포되면서 종결되었다. 그러나 뒤이은 프랑스 군주들은 낭트 칙령을 대체로 무시했다. 마침내 루이 14세(Louis XIV)는 1685년에 낭트 칙령을 무효화했으며, 그 결과 많은 프로테스탄트들이 프랑스를 떠나야 했다.

이 외에도 여러 건의 종교 갈등이 일어났다. 네덜란드 독립 전쟁(1560-1618)은 종교적 측면이 강했다. 네덜란드의 칼빈주의자들은 숫자가 점점 늘어 가면서 가톨릭 국가인 스페인의 식민 지배로부터 벗어나고 싶어 했다. 영국의 청교도 혁명(1642-1649)은 종교적인 성격이 분명했으며, 통치 방법과 영국 국교회의 교리에 관한 왕당파와 청교도 사이의 뿌리 깊은 갈등을 반영했다.

그러나 가장 중요한 종교 갈등은 1618년부터 1648년까지 계속된 30년 전쟁이었다. 30년 전쟁은 1555년에 체결된 아우크스부르크 평화 조약 이후의 긴장 상황에서 일어났다. 평화 조약은 칼빈주의를 고려하지 않았으나 칼빈주의는 1560년부터 그 지역에서 주요 세력이 되었다. 그 결과, 칼빈주의는 루터교와 가톨릭과는 대조적으로 공식적인 보호를 전혀 받지 못했다. 칼빈주의가 계속 세력을 확장하면서 긴장이 고조되었다.

뇌관에 불을 붙인 사건은 보헤미아에서 일어난 반(反)프로테스탄트 폭동이었다. 이 사건은 부분적으로 보헤미아 왕 페르디난트 2세(Ferdinand II)의 강한 가톨릭 성향을 반영한 것이었다. 보헤미아 귀족들은 이 사건에 대해 신성 로마 제국 황제에게 항의했다. 그러나 황제에게서 자신들의 안전을 보장하는 답변을 만족스럽게 얻지 못하자 반란을 일으켰으며, 칼빈주의 지역 제후의 봉지를 요구했다.

반란은 더 큰 갈등을 초래했고 주변 국가들과 제후들까지 끌어들였다. 반란은 독일 경제를 황폐화시켰다. 마침내 베스트팔렌 평화 조약(1648)으로 전쟁이 끝났을 때, 종교 전쟁에 처음 참전할 때의 열심은 모두 사라지고 없었다. 사람들은 전쟁에 이골이 났다. 평화에 대한 갈망 때문에 관용이 새롭게 강조되었고, 종교 분쟁에 대한 인내력이 줄어 갔다. 이렇게 해서 종교는 국가 정책이 아닌 개인적인 신앙의 문제라는 계몽주의의 주장을 위한 발판이 마련되었다. 이제 합리주의, 부흥, 혁명을 융합하여 18세기를 지배하게 된 흥미로운 문화적 기후에 눈을 돌려 보자.

영국과 미국의 청교도 운동

'청교도'(Puritan)라는 말은 원래 모욕적인 말이었다. 이것은 엘리자베스 1세 통치기에 주교제 폐지 등 보다 개혁주의적인 신앙과 관습을 채택하기 원했던 영국 국교도들을 낙인찍기 위해 사용되었다. 케임브리지 대학교는 청교도 운동의 주요 거점이 되었고, 그 중 이매뉴얼 칼리지는 청교도 신학과 목회 사상의 주요한 모판이 되었다. 이런 추세에 대한 적대 정책 때문에 작은 분리주의자 회중들이 형성되어 국가교회로부터 '탈퇴'함으로써 국가교회가 완전한 개혁을 하지 않는 데 대해 항의했다. 이 분리주의자 집단들 가운데서 가장 중요한 것이 브라운파로, 로버트 브라운(Robert Browne, 1550경-1633)의 이름에서 온 것이다.

정책적 괴롭힘 때문에 분리주의자들은 처음에는 네덜란드로 피난했다. 그러나 일부는 후에 영국으로 돌아가 회중을 만들었다. 이들은 현대 침례교의 선구자라 할 수 있는데, 청교도 공화정 시대에 특히 번창하였다. 당시 영국에 약 300개의 회중이 있었던 것으로 추정된다. 찰스 2세(Charles II)가 복위함에 따라, 침례교도들은 한 번 더 당국의 적대 정책에 직면하게 된다. 18세기 말에 이르러서야 비로소 이들은 상당히 받아들여져 안정성을 확보하게 된다.

특별히 주목해야 할 집단이 있다. 1606년 존 로빈슨(John Robinson, 1575경-1625) 목사를 중심으로 하여 한 분리주의자 회중이 노팅엄셔의 스크루비에 세워졌다. 이들은 당국의 적대 정책이 증가함에 따라 할 수 없이 1609년 네덜란드 레이던으로 이주했다. 그러나 네덜란드의 상황도 녹록하지 않았다. 이 회중은 시야를 아메리카로 돌렸다. 그때 아메리카는 유럽의 이주자들에게 문을 열고 있었다. 1620년 9월 6일, 그 회중 102명이 메이플라워 호를 타고 아메리카로 항해를 시작했다. 그 결과 매사추세츠에 정착한 식민지 이민단은 본국의 신앙 생활 제약에 불만을 가진 수많은 유럽인들의 모델이 되었다.

17세기 초, 청교도는 영국 국교회 안에서 영향력이 점증함에도 불구하고 계속 교회와 국가 양측으로부터 강력한 적대를 받았다. 그러나 국왕에 대한 대중의 불만이 극에 달하면서, 청교도는 민주 세력과 동일한 것으로 간주되게 되었다. 왕과 의회 사이의 긴장이 커졌을 때, 청교도는 의회 권위를 열렬히 지지하는 것처럼 보였다. 그로 인하여 내전이 일어나 찰스 1세(Charles I)가 처형되고 1650년대 동안 올리버 크롬웰(Oliver Cromwell)의 주도하에 청교도 공화정이 이루어졌다. 그러나 찰스 2세가 복위하면서 청교도의 정치적, 사회적 세력이 기울었다.

그러나 청교도는 다른 곳에서 큰 영향력을 발휘했다. 영국의 종교 상황에 만족하지 못한 청교도들 다수가 아메리카로 이주했다. 매사추세츠 만(灣)이 청교도의 중심지가 되었다. 많은 학자들의 견해에 의하면 이것이 아메리카의 역사에 끼친 영향은 결정적이었다. 이로 인해 강력한 종교적 정체성을 가진 국가인 아메리카 합중국이 출현할 토대가 만들어졌다.

개신교 마음의 신앙 : 경건주의

정통주의가 주류 개신교에서 영향력이 증가함에 따라서 그 결점이 드러나기 시작했다. 아무래도 정통주의의 관심사는 기독교의 진리를 합리적으로 변증하는 일과 교리적 정확성이었다. 그러나 정통주의는 신학을 일상 생활에 적용하는 데 관심을 두기보다는 논리적 세부 사항에 학문적으로 집착하는 경우가 많았다. '경건주의'라는 말은 라틴어 피에타스(pietas, 경건)에서 온 것으로, 이 운동이 교리의 일상 생활 적용을 강조한다는 것을 보여주기 위해 반대자들이 경멸하는 말로 사용한 것이다.

이 운동은 대체로 1675년에 필리프 슈페너(Philipp Jakob Spener)의 책 『경건의 소망』(Pia Desideria)이 출판됨으로 시작되었다고 볼 수 있다. 이 책에서 슈페너는 30년 전쟁의 후유증 가운데 있는 독일 루터교회의 상태를 한탄하면서 교회 재활을 위한 방안을 제안했다. 이 제안 가운데 주된 것은 개인 성경 공부의 강조였다. 학문적인 신학자들은 이 제안을 조롱했다. 그러나 독일 교회 안에서는 영향력이 있었다. 전쟁 기간 동안 발생한 충격적인 사회 상황 앞에서 힘을 발휘하지 못하는 정통주의에 점차 환멸을 느꼈기 때문이었다. 경건주의는 교리의 개혁에는 반드시 삶의 개혁이 동반되어야 한다고 했다.

경건주의는 여러 방향으로 전개되었는데, 영국과 독일에서 특히 그러했다. 독일의 경건주의 운동은 18세기 전반부에 강력한 영향력을 발휘했다. 친첸도르프(Nikolaus Ludwig von Zinzendorf, 1700-1760)는 일반적으로 헤른후트파(Herrnhuter)로 알려진 경건주의 공동체를 창설했는데, 이는 헤른후트라는 마을 이름을 딴 것이었다. 그는 자신이 무미건조한 합리주의와 허황된 정통주의라고 여기는 것에서 떠나, 그리스도와 신자 사이의 친밀하고 인격적인 관계를 기초로 하는 마음의 신앙의 중요성을 강조했다. 이성이나 교리적 정통성과 반대되는 것으로서 감정의 중요성이 새롭게 강조되었는데, 이것은 후에 독일의 종교 사상에 나타난 낭만주의의 토대를 놓았다. 개인적인 신앙에 대한 친첸도르프의 강조는 '산 믿음'이라는 슬로건으로 나타났는데, 이것은 그가 개신교 정통주의에 팽배한 유명론에 반대한다는 것이었다.

이 사상의 많은 부분은 존 웨슬리(John Wesley, 1703-1791)의 영향을 통해 영국에 뿌리를 내렸다. 그는 영국 국교회 내 감리교 운동의 창시자이자 초기 지도자였고, 이 운동으로 후에 감리교라는 교단이 태동했다. 웨슬리는 자신에게 '우리가 구원받는 유일한 수단인 신앙이 없다.'라는 것을 확인하고 1738년에 헤른후트를 방문하여 크게 감명을 받았다. 경건주의는 산 믿음의 필요성과 체험의 역할을 강조했는데, 그것은 웨슬리가 1738년 5월 올더스게이트 가(街)

에서 열린 집회에서 회심 체험을 하는 것으로 이어졌다. 그 집회에서 그는 마음이 '이상하게 뜨거워지는' 체험을 했다.

웨슬리가 신앙 생활에서 체험을 강조한 것은, 당시 영국의 이신론이 지닌 따분함과는 극명하게 대조되었다. 그리하여 이것은 영국의 작은 종교 부흥으로 이어졌다. 헌팅던 백작부인 셀리나 헤이스팅스(Selina Hastings, Countess of Huntingdon, 1707-1791)는 영국 전역에 강단을 세우고 저명한 부흥 설교자들이 교대로 설교하게 함으로써 이 부흥에 있어 특별히 중요한 역할을 했다.

영국 경건주의 안에서 갈등이 나타났는데, 특히 은혜의 교리에 관련한 것이었다. 존 웨슬리(John Wesley)와 찰스 웨슬리(Charles Wesley) 형제는 아르미니우스주의자였다. 반면에 그들의 동료인 조지 휫트필드(George Whitefield)는 칼빈주의자였다. 그러나 이들의 차이에도 불구하고 경건주의의 여러 지류들은 신앙이 일반 신자의 체험 세계에 적용되게 하는 데 성공했다. 18세기에 일어난 프랑스 혁명이 반종교적 색채를 강하게 띤 것은 이 지역에 경건주의에 해당하는 움직임이 전혀 없었다는 것이 부분적인 이유임을 주목할 필요가 있다. 경건주의는 교리적 정통주의를 일방적으로 강조한 데 대한 반작용으로, 인간 본성의 깊은 곳으로 연결되는 개인적 신앙을 강조한 것이라고 보면 될 것이다.

미국의 개신교와 대각성

북미의 기독교는 대부분 당시 유럽에서 고질적이던 종교 박해를 피해 떠나온 난민들에 의해 시작되었다. 그래서 최초의 정착지들은 일반적으로 기독교 신앙에 깊이 헌신된 사람들이었다. 초기 정착자 대부분은 영어권 개신교도로 영국의 박해, 특히 제임스 1세(James I)와 찰스 1세(Charles I) 통치 기간에 피난 온 사람들이었다.

초기의 뉴잉글랜드 정착지는 매사추세츠 만 지역이었다. 그러나 버지니아 해안 지역도 중요했다. 1607년에 제임스타운이 세워져, 많은 난민을 영국으로부터, 특히 찰스 1세 통치 때에 끌어들였다. 미국의 원주민 부족과의 관계는 특별히 관심을 가져야 할 사항이었다. 1631년에 도착한 존 엘리엇(John Eliot)은 보스턴 지역에 살던 미국 원주민의 문화와 언어에 관심을 갖고 매사추세츠 방언(알곤킨어의 지방어)을 연구하여 배웠다. 그는 이 언어로 설교를 하여 해당 지역에서 선교 활동을 할 수 있는 지지를 이끌어 낼 수 있었고, 마침내 1649년에는 의회로부터 뉴잉글랜드 복음 전도회(Society for the Propagation of the Gospel in New England) 설립 승인을 받았다.

당시 이 지역에 정착한 사람들 대부분은 청교도들로, 영국의 억압으로부터 신세계의 종교적 자유를 찾아 피난 온 사람들이었다. 그들에게 미국은 약속의 땅이었고, 대서양은 홍해, 찰스 1세와 윌리엄 로드(William Laud) 대주교가 지배하는 영국은 새로운 애굽이었다. 하나님의 백성이 출애굽하여 하나님이 예비하신 새로운 땅에 정착한 성경 이야기와 닮은 점으로 인해 이 기회는 결코 놓쳐서는 안 되는 것이었다.

1620년 필그림 파더스는 플리머스 항에서 이정표가 되는 항해를 시작했다. 1627년에서 1640년 사이에 약 4,000명이 목숨을 걸고 대서양을 건너 매사추세츠 만 연안에 정착했다. 그들에게 미국은 약속의 땅이었고, 그들은 선택된 백성이었다. 그들은 잔인한 바로에 의해 그들의 애굽에서 추방당하여 젖과 꿀이 흐르는 땅에 정착했다. 그들은 이 낯선 땅 한 언덕 위에 새 예루살렘을 건축할 것이었다. 청교도 공동체들은 하나님의 강한 소명 의식이 있는, 강한 응집력을 가진 사회 정치적 결사체가 되었다.

그러나 18세기 첫 사반세기가 끝날 무렵이 되자, 기독교는 신세계에서 길을 잃은 것같이 보였다. 17세기 초 뉴잉글랜드의 교회는 개인 회심 체험을 간증할 수 있는 사람만을 완전 회원으로 받아들였다. 그러나 17세기가 흐르면서 그런 체험을 간증할 수 있는 사람은 점점 더 줄어들었다. 그러나 대부분의 사람들은 교회와의 관계, 예를 들면 자녀들이 세례를 받게 한다거나 기독교식 장례를 치른다거나 하는 관계를 원했다. 1660년경부터는 '준'(準, half-way)회원 제도가 인정되었다. 이것은 기독교의 진리와 교회의 도덕적 치리를 받아들일 준비가 되어 있는 사람은 자녀들이 세례를 받을 수 있게 하는 것이었다.

그 결과, 18세기 초에 이르자 교회 회원의 대부분이 '명목상' 혹은 '절반의' 그리스도인이 되었다. 그들은 교회에 출석하고 설교를 들으며 자녀들이 세례를 받게도 했고, 기독교는 참되며 도덕적으로 유익하다고 인정하기도 했다. 그러나 궁극적으로, 그들은 회심하지 않은 사람들이었다. 기독교와 교회 회원제는 미국 사회의 또 하나의 부분에 불과한 것으로 여겨졌다. 세례를 받고 교회에 출석하는 것이 좋은 미국 시민이 되는 한 부분이 된 것이다.

그러나 1734년에 미국의 종교적 풍경이 급변했다. 대각성이 일어났다. 특히 매사추세츠 노샘프턴에서 조나단 에드워즈(Jonathan Edwards)의 설교를 듣고 그러했다. 에드워즈는 노샘프턴에서 일어난 일들을 한 권의 책 『하나님의 놀라운 역사에 대한 신실한 기술』(*A Faithful Narrative of the Surprising Work of God*)로 출판했는데, 이것이 이 각성에 대해 국제적 관심을 갖게 했다. 뉴잉글랜드에서 부흥이 계속되는 동안, 영국에서 갓 도착한 조지 휘트필드(George Whitefield)가 여기에 새로운 방향 의식을 불어넣었다.

이 부흥은 미국 기독교에 항구적인 영향을 미쳤다. 이 운동은 특정 교회에 소속되지 않고 순회하는 설교자들에게 역할을 부여했다. 이것은 기존 교회 성직자들의 권위를 손상시켰고, 그 교회 회원들은 대중의 종교적 관심 폭발로 자신들의 지위가 크게 위협당한다고 생각했다. 대형 대중문화를 위한 기반이 만들어졌다. 여기서는 기독교가 기존 사회 질서를 지키는 데 전념하는 엘리트 성직자들의 전유물이 아니라 대중을 향해 직접 호소하는 대중 운동이었다. 기득권층 성직자들은 휘트필드가 자기들의 교회에서 설교하는 것을 허용하지 않았다. 그러자 휘트필드는 많은 청중을 끌어모아 도시 주변 들판에서 설교했다. 그것은 그를 가로막은 교회 안으로는 결코 받아들여질 수 없는 것이었다.

이런 양상이 전개되는 것에 가장 크게 위협을 느낀 집단은 기존 사회 질서의 수호자인 영국 국교회의 식민지 성직자였다. 그러므로 미국 독립혁명의 뿌리는 미국의 새로운 대중 종교와 영국의 기존 종교 사이의 종교적 소외의 증가에 있다고 해도 과언이 아니다. 그리하여 대각성 세대가 지나가기 전에 식민 세력에 대한 반란이 일어났다.

근대 시대, 1650-1914년경

15세기 후반, 기독교는 점점 더 유럽의 종교가 되어 갔다. 이슬람이 여러 세기 전에 기독교를 상대로 지하드(jihad, 성전)를 시작했다. 1450년경, 이슬람 군대의 정복의 직접적인 결과로 유럽의 남서부와 남동부에 이슬람이 굳게 뿌리를 내렸다. 비록 기독교 공동체들이 이집트, 에티오피아, 인도, 시리아 등 유럽 외부에도 계속 존재했지만, 기독교는 지리적으로 제한되고 있었다. 기독교의 미래는 불안해 보였다.

지난 몇 세기 동안 일어난 가장 극적인 발전 가운데 하나는 기독교가 이러한 위기를 이겨 낸 것이다. 20세기가 시작될 무렵, 기독교는 아메리카, 호주, 남아프리카 및 남태평양의 많은 섬에서 지배적인 종교로 확고히 자리를 잡았다. 한편 유럽 밖에서는 이처럼 극적으로 확장되었으나 정작 유럽 내에서는 퇴보를 거듭했다. 여기서는 기독교의 전진과 후퇴, 강화와 약화의 복잡한 이야기를 탐구해 보겠다. 먼저 유럽에서 있었던 종교 전쟁에 대한 가장 중요한 반작용, 즉 종교에 대한 무관심을 살펴보자.

유럽에서의 종교에 대한 무관심의 증가

유럽 대륙은 종교 전쟁이 끝나면서 어느 정도 안정을 되찾았다. 종교 논쟁은 간헐적으로 계속되었으나 사람들은 유럽의 특정 지역이 루터교, 가톨릭,

정교회, 개혁교회 지역이라는 사실을 일반적으로 받아들였다. 종교 전쟁이 낳은 이러한 피로감은 종교적 관용에 대한 새로운 관심으로 이어졌다. 종교 문제에서 다양성을 관용하라는 고전적인 주장을 존 로크(John Locke)의 『관용에 관한 편지』(A Letter Concerning Toleration, 1689)에서 찾아볼 수 있다.

영국에서 가장 영향력이 큰 철학자 중 한 사람인 로크는 다음 세 가지를 근거로 종교적 관용을 주장했다. 첫째, 국가가 상충하는 종교적 진리 주장 사이에서 어떤 것이 진리인지 판단하는 것은 불가능하다. 로크는 세상의 어떤 재판관도 이 문제를 해결할 수 없다고 지적한다. 이런 이유에서, 종교적 다양성을 인정해야 한다. 둘째, 로크는 하나의 종교가 다른 모든 종교보다 우월한 것이 분명해도, 법적으로 그 종교를 강제하면 후자가 원하는 목적을 이룰 수 없다고 주장한다. 셋째, 로크는 실용적 차원에서, 종교적 일치를 강요할 경우에 종교적 다양성을 인정할 때보다 훨씬 더 나쁜 결과를 초래한다고 주장한다. 종교를 강요하면 내적 불화나 심지어 내전까지 일어날 수 있다. 그런 점에서 근대 초기 유럽의 종교적 다양성에 대처하는 유일한 방법은 관용이었다.

로크의 분석은 종교는 공적인 것과는 무관한 사적인 문제라는 견해로 이어졌다. 개인이 무엇을 믿느냐는 공적인 부분과는 무관한 사적인 부분으로 봐야 했다. 이러한 접근은 종교적 관용을 견지하는 동시에 종교가 순전히 사적인 문제라는 인상을 주었다. 이러한 인식은 계몽주의의 등장으로 강화되었다. 계몽주의는 종교를 동일한 궁극적 실체에 대한 서로 다른 표현으로 보았고, 이성을 통해 궁극적 실체를 알 수 있다고 보았다.

로크의 관용론은 자신들의 종교를 지나치게 중요하게 여긴 나머지 유럽의 평화와 번영을 위협하는 사람들에 대해 커져 가는 적대감을 반영한 것이었다. 또 하나는 합리주의의 등장이었다. 종교가 격분과 학대와 불관용의 근원이라면, 종교를 완전히 폐기해야 하지 않는가? 계몽주의는 하나님이 아니라 이성을 모든 선과 참된 신앙의 근원이자 심판자로 보았다. 이제 이 부분을 살펴보자.

계몽주의 : 합리주의의 등장

일반적으로 '계몽주의'(Enlightenment)로 알려진 운동은 서유럽과 북미의 기독교에 새로운 도전이 되었다. 16세기 종교개혁이 교회에게 자신의 외형과 신앙의 표현 방식을 다시 생각하도록 촉구했다면, 계몽주의는 기독교 자체의 지적인 신뢰성이 몇몇 부분에서 비판에 직면했다고 보았다.

계몽주의가 전통적 기독교를 비판하는 근거는 인간 이성이 전능하다는 믿음이었다. 이러한 믿음은 몇 단계를 거쳐 형성되었다. 첫째, 기독교 신앙은 합리적이며, 따라서 비판적 고찰을 견뎌 낼 수 있다는 주장이 제기되었다. 이 유형의 접근이 존 로크의 『기독교의 합리성』(Reasonableness of Christianity, 1695)인데, 이 책에서는 기독교가 자연종교의 합리적 보충물이라 주장한다. 이렇게 해서 하나님의 계시라는 개념이 유지되었다.

둘째, 기독교의 기본 개념은 합리적이기 때문에 이성 자체로부터 도출될 수 있다는 주장이 제기되었다. 하나님의 계시라는 개념을 전제할 필요가 없어졌다. 존 톨런드(John Toland)의 『기독교는 신비가 아니다』(Christianity not Mysterious, 1696)와 매튜 틴들(Matthew Tindal)의 『창조만큼 오래된 기독교』(Christianity as Old as Creation, 1730)에서 이러한 사상이 전개되면서, 기독교는 본질적으로 자연종교의 재판(再版)이 되었다. 기독교는 자연종교를 초월하지 못했으며, 자연종교의 한 예일 뿐이었다. 소위 '계시종교'(revealed religion)는 자연에 대한 이성적 고찰을 통해 알 수 있는 것에 대한 재확인일 뿐이었다. '계시'는 단지 계몽된 이성이 이미 알고 있는 도덕적 진리에 대한 재확인일 뿐이었다.

셋째, 계시를 판단하는 이성의 능력이 인정되었다. 비판 이성은 전능했기 때문에, 이성이 기독교 신앙과 실제를 판단하여 비합리적이거나 미신적인 요소를 제거할 자격이 있다는 주장이 제기되었다. 이러한 견해는 확실하게 이성을 계시 위에 올려놓았다. 프랑스 혁명 직후 1793년 파리 노트르담 대성당에서 거행된 '이성의 여신'(Goddess of Reason) 대관식은 이것을 보여주는 하나의 상징이었다.

계몽주의는 주로 유럽과 아메리카의 현상이었기에 기독교가 수적으로 가장 우세한 문화에서 일어났다. 이러한 역사적 고찰은 중요하다. 즉 계몽주의의 종교 비판은 일반적으로 기독교 비판이라는 것이다. 기독교 교리와 저작들은 전례 없이 강력한 비판을 받았다. 이슬람교나 힌두교의 교리나 저작이 아니었다. 문학적으로나 역사적으로 성경도 여느 책과 동일하게 취급되었다. 계몽주의라는 문화적 정황으로 인해 비판적인 재구성의 대상이 된 것은 무함마드나 부처의 생애가 아니라 나사렛 예수의 생애였다.

종교에 대한 계몽주의의 태도는 지역마다 강도가 상당히 달랐으며, 이런 현상은 지역적 특성을 반영했다. 이러한 요소 가운데 가장 중요한 한 가지는 경건주의였다. 당시 경건주의는 영국과 미국의 감리교 형태로 가장 잘 알려져 있었다.

앞에서 말했듯이, 경건주의 운동은 존 웨슬리의 '경험적 종교' 개념에서 볼 수 있듯이 종교의 경험적 측면을 상당히 강조했다. 종교적 경험에 대한 이러한 관심은 기독교를 대중의 상황과 연결하는 역할을 했다. 이것은 예를 들면, 실제적 경험과 무관하다고 인식되었던 루터교 정통주의의 지성주의(intellectualism)와 날카롭게 대조되었다. 경건주의는 기독교 신앙과 경험의 연결을 강화해 기독교를 머리뿐 아니라 마음의 문제로 만들었다.

앞에서 말했듯이, 독일에서는 17세기가 끝날 무렵 경건주의가 잘 정착된 반면, 영국에서는 18세기가 되어서야 발전했고, 프랑스에서는 전혀 발전하지 못했다. 따라서 영국에서는 계몽주의가 경건주의보다 먼저 일어났으며, 18세기에 일어난 위대한 복음주의적 부흥의 결과로 합리주의가 종교에 미친 영향이 상당히 희석되었다. 그러나 독일에서는 계몽주의가 경건주의보다 늦게 일어났다. 계몽주의는 신앙의 수용 형식과 개념에 심각한 도전을 주기는 했지만, 종교적 신앙이 상당히 틀이 잡힌 상황에서 발전했다(흥미롭게도, 독일의 경건주의가 영국에 영향을 미친 것과 거의 동시에 영국의 이신론이 독일에 영향을 미치기 시작했다). 따라서 독일 계몽주의에서 가장 의미 있는 지적 세력은 기독교 신앙을 거부하거나 파괴하는 쪽이 아니라 새로 빚는 쪽으로 방향을 잡았다.

그러나 프랑스에서는 기독교가 억압적이고 부적절하다고 널리 인식되었다. 그 결과 프랑스 계몽주의 저자들은 기독교를 낡고 믿을 수 없는 신앙 체계로 보고 완전히 거부하는 입장을 취했다. 『관용에 관한 소고』(Treaty on Tolerance)에서, 드니 디드로(Denis Diderot, 1713-1784)는 영국의 이신론이 종교가 완전히 근절되어야 하는 곳에서 종교가 존속하도록 함으로써 타협했다고 주장했다(『관용론』을 집필한 볼테르와 혼동하고 있는 듯하나 원서 그대로 기재하였다-편집자 주). 이것은 1789년의 프랑스 혁명 중에 많은 사람이 다룬 주제였다. 그렇다면 많은 프랑스 혁명가들에게 모델이 되었던 1776년의 미국 독립 혁명은 어떠했는가?

기독교와 미국 독립 혁명

미국 독립 혁명(미국 독립 전쟁)의 원인은 복합적이며, 여러 문제가 얽혀 있다. 중요한 원인은 억압과 착취를 더해 가는 가부장적인 영국의 영향에서 벗어나려는 갈망이었다. 자유를 향한 이러한 갈망은 정치, 경제, 종교 분야에서 표현되었다. 영국 국교회는 점점 더 영국의 식민 정책의 종교적 차원으로 여겨졌다.

1760년대, 미국의 프로테스탄트들은 영국 국교회의 세력 확장을 막기 위해 강력한 노력을 기울였다. 남부의 모든 식민지 지역에서 법적으로 뿌리를 내린 영국 국교회는 그 영향력이 점점 더 커지고 있었다. 1774년 캐나다의 프랑스어 사용 지역에서 가톨릭을 공식 종교로 정한 퀘벡법(Quebec Act, 영국령 북아메리카 퀘벡의 통치에 있어서 프랑스 민법전과 로마 가톨릭교회를 존속시킬 것을 골자로 하여 영국 의회에서 제정한 법-역자 주)이 특히 도발적으로 보였다. 영국이 캐나다에서 공식 종교를 결정할 수 있다면 미국에서는 어떻겠는가? 의심과 적대감이 걷잡을 수 없이 일어났다.

인지세(Stamp Tax, 1765년 영국 정부는 식민지 아메리카에서 세입을 늘리려고 각종 증서, 상업 및 법률 서류, 신문, 팸플릿, 광고 등에 인지를 붙여야 한다는 법률을 제정했다-역자 주)의 실시는 '대표 없이는 과세 없다.'(no taxation without representation, 식민지는 본국 의회에 대표를 파견하고 있지 않기 때문에 본국 의회는 식민지에 과세할 권리가 없다는 뜻이다-역자 주)라는 요구가 나오게 했다. 1773년 영국 의회는 동인도회사에 북미 차 판매 독점권을 부여했다. 이 결정은 '보스턴 차 사건'(1773년 12월 16일, 보스턴 항구에서 인디언으로 위장한 식민지 주민들이 영국 동인도회사 소유의 값비싼 차가 실려 있는 배를 습격한 사건-역자 주)을 초래했으며 매사추세츠 전체가 불안해졌다.

영국은 질서 회복을 위해 군대를 보냈다. 식민지 주민들은 이러한 행위를 전쟁으로 간주했다. 1775년 일련의 전투가 벌어졌고 이 전투는 1776년 7월 4일의 독립 선언으로 이어졌다. 전면적인 독립 전쟁(1775-1783)이 시작되었고, 이 과정에서 교회는 독립군을 결집시키는 역할을 했다. 결과적으로, 독립 전쟁은 여러 종파의 기독교 그룹을 더 큰 목적을 위해 하나로 묶는 역할을 했다.

미국의 독립운동가들은 자신들이 미국에서 영국 국교회의 영적이고 세속적인 세력을 몰아내는 소명을 받았다고 보았다. 청교도 혁명 때의 조상들처럼, 이들은 이러한 충돌을 정화의 순간으로, 국가의 진정한 정체성이 형성되는 시기로 보았다. 이들은 독립 전쟁을 기독교와 무신론 간의 싸움이 아니라 타협한 국가교회와 순수한 복음교회 간의 싸움으로 보았다. 이것은 미국의 영혼이 걸린 싸움이었다.

일부 독립운동가들은 경제적, 정치적 목적이 있었으나 다른 사람들은 종교적 목적, 종교의 근절이 아니라 정화라는 목적이 있었다. 이들은 공화제 정치에는 무신론이 포함되지 않는다고 보았다. 칼빈의 제네바, 곧 모두가 보고 본받도록 언덕 위에 세워진 하나님의 도시가 공화국이 아니었던가? 따라서 공화제와 진정한 종교의 목적이 영국에서는 대립했지만 미국에서는 연합할 수 있지 않겠는가?

미국 헌법은 교회와 국가를 분리했다. 이것은 특정 형태의 기독교가 영국 국교회처럼 공식 종교가 되는 것을 피하려는 바람 때문이라고 할 수 있다. 당시 미국의 공화정 진영 대부분은 영국 국교회가 부패하고 타락했다고 평가했다. 제1차 수정 헌법은 특정 종교에 특권을 주지 않고 종교적 자유를 보장한다고 선언했다. 따라서 헌법은 어떤 형태든 공식적 국가 종교를 허용하지 않는다. 이것은 그 어떤 교회도 국가로부터 특별한 법적 지위를 부여받을 수 없다는 뜻이었다. 현대의 몇몇 헌법 이론가들은 이것이 미국의 공적 생활에서 종교를 제거하려는 의도였거나 오늘날의 이러한 행위를 정당화한다고 주장한다. 하지만 미국 헌법의 의도는 단순히 어떤 특정 기독교 집단에 대해서도 법적, 사회적 특혜를 주지 않으려는 것이었음이 분명하다.

미국의 교회와 국가 : 분리의 장벽

미합중국 헌법의 제정 과정은 10년 이상 진행되었다. 헌법은 특정 기독교 교파에 특권이나 혜택을 주는 유럽 모델을 피해야 한다는 의견이 지배적이었다. 비록 일부 주에는 초기에 다수의 교파가 정부의 지원을 받는 국가교회 형태가 있었지만 '국가'교회는 없었다.

미국 혁명의 결과로 세 가지 의견이 나왔다. 패트릭 헨리(Patrick Henry, 1736-1799) 같은 전통주의자들은 사회 질서를 유지하기 위해서는 국가가 종교를 지원해야 한다고 주장했다. 1784년에 그는 버지니아 주 입법부에 한 법안을 제출했는데, 그 내용은 교회를 지원하는 세금을 부과하되 납세자 개인이 지원할 교회를 지정하게 한다는 것이었다. 토머스 제퍼슨(Thomas Jefferson, 1743-1826)과 제임스 매디슨(James Madison, 1751-1836) 같은 합리주의자들은 교회와 국가의 분리는 양심의 자유 보장을 위해 필수적이라고 주장했다. 주로 침례교도, 장로교도, 감리교도로 구성된 세 번째 집단은 교회가 정치적 권력이나 사회적 특권을 부여받으면 부패한다고 믿고 정부의 부패시키는 영향력으로부터 교회를 보호해야 한다고 주장했다.

이 입장들 가운데서 두 번째 입장이 곧 정치적으로 우세해졌다. 제퍼슨과 매디슨은 종교 영역과 민간 영역의 분리가 국내의 평화를 확보하고 국가 종교로부터 발생할 수 있는 억압과 불의를 막는 최선의 길이라고 믿었다. 그들은 17세기에 유럽에서 큰 손실을 입힌 종교 전쟁과 같은 것으로 새로운 미국 공화국이 해를 입지 않기를 원했다.

1787년 9월 17일 펜실베이니아 주 필라델피아에서 열린 제헌 회의에서 마침내 미합중국 헌법이 채택되었고 이어서 11개 주 연합 회의에서 인준되었다. 널리 알려진 대로 이 헌법 자체에는 기독교에 대한 언급이 전혀 없다. 그러나 1789년 9월에 통과된 제1차 수정 헌법은 미국 공화국의 삶에서 기독교의 위치를 이해하는 데 매우 중요한 것으로 널리 받아들여진다. 이 헌법은 "의회는 종교를 국교로 지정하거나 자유로운 종교 활동을 금하는 일과 관련하여 어떤 법도 만들지 않는다."라고 선언하기 때문이다.

이 수정 헌법은 미국에서 기독교의 공적 역할에 관해 두 가지를 진술한다. 첫째, 법적 '국가 종교'는 없다. 어떤 특정 교회 집단도 미국의 '국가 종교'가 될 수 없다. 당시에 이것은 정부가 공적 영역에 종교적 언어나 상징, 신념, 또는 가치관을 도입하는 것을 금한다는 의미로 이해되지 않았다. 그러나 후에 이 '국가 종교 조항'에 대한 보다 급진적인 해석들이 나타났다. 그 중의 하나가 미국 정부는 종교를 반종교보다 선호해서는 안 되며, 따라서 사법부는 종교 집단 사이의 분쟁 해결뿐 아니라 종교와 종교에 대한 비판자 사이의 분쟁 해결도 중립을 지켜야 한다는 견해이다.

미국의 첫 두 대통령 조지 워싱턴(George Washington, 1732-1799)과 존 애덤스(John Adams, 1735-1826)는 종교에 대한 사적 견해가 어떠했는지는 모르지만, 일반적으로 공적 생활에서 종교의 역할에 대해 긍정적이었다. 3, 4대 대통령 토머스 제퍼슨과 제임스 매디슨은 교회와 국가의 분리에 대해 더 공감하여 이 둘 사이의 '분리의 장벽'이라는 이미지를 사용했다.

이 특별한 말은 1644년 로저 윌리엄스(Roger Williams, 1603-1683)가 처음 사용한 것으로 보인다. 윌리엄스는 '교회라는 동산과 세상이라는 광야 사이의 분리의 장벽'이라는 말을 했다. 그는 이 말을 사용하여 분리주의 청교도들이 가지고 있는 교회에 대한 이해, 즉 세상은 광야이지만 교회는 동산이라는 생각을 제시했다. 광야가 동산에 몰래 들어와 지배하는 것을 막기 위해 동산을 둘러막아야 한다는 것이었다. 이것은 '폐쇄된 동산'이라는 성경의 낙원 개념을 반영한 중요한 이미지이다. 윌리엄스가 보기에 국가와 교회가 교회의 유익을 위해 분리되어야 한다는 것은 자명한 원리였다.

1802년 제퍼슨은 이 이미지를 약간 다른 자기 자신의 목적을 위해 발전시켰다. 제퍼슨이 대통령으로 당선된 직후 코네티컷 주 댄베리의 한 침례교인 집단이 서면으로, 자기들의 종교적 자유가 주의 입법으로 충분히 보호받지 못한다는 우려를 표명했다. 종교적 다수의 대의가 판결을 통해 승리함으로써 종교적 소수에게 해를 입히는 결과를 초래할 수 있다는 것이었다. 제퍼슨은 헌법 수정을 불사할 정도로 교회와 국가의 분리를 강조하는 주장을 담은 대답을 했다. 여기서 그는 '교회와 국가 사이의 분리의 장벽 건설'이라는 말을 했다. 교회와 국가 사이의 경계를 정하는 일은 현재까지 미국의 종교 생활에서 중요한 주제가 되고 있다.

프랑스 혁명과 비기독교화

서유럽에서 정치적 급진주의와 불확실성의 시대를 연 사건은 1789년에 일어난 프랑스 혁명인데, 이것은 가톨릭교회와 그 사상에 대한 비판이 증가한 것과 관련이 있다. 다수의 프랑스 혁명 운동가들은 미국의 혁명이 영감을 준 것으로 여기지만, 프랑스 혁명은 미국 혁명과는 달리 금세 반기독교적인 색조를 띠었다. 여러 세대에 걸쳐 축적된 왕과 교회에 대한 대중의 분노와 지적인 적대감이 마침내 폭발한 것이 프랑스 혁명이다.

1789년 7월 14일, 바스티유 감옥에 몰아친 폭풍은 해방의 상징이 되었고, 미신과 억압에 기초한 낡은 질서의 일소를 상징했다. 멋진 신세계, 자연과 이성에 굳게 뿌리 내린 세상, 인간이 '폭정'과 '미신'으로부터 해방되는 세상이 바로 앞에 있었다. 당시의 지혜는 강력했던 만큼 단순했다. '하나님을 제거하라. 그러면 새로운 미래가 밝으리라.' 이러한 비전은 많은 유럽 사람들을 전율하게 했고, 한때 금지되었던 세계의 커튼을 열어젖혔으며 이제 그 세계가 현실이 되려 하고 있었다.

전통적인 프랑스 사회의 두 기둥인 군주제와 교회는 분명 개혁이 필요했다. 1789년 늦여름에만 해도, 전반적인 분위기로는 프랑스 군주가 봉건 제도를 폐지하고 보통 사람들이 교회의 권력과 특권에 대해 느끼는 불만을 상당 부분 제거하는 일련의 조치를 취했다는 것이었다.

11월 2일, 교회의 모든 토지를 국유화하고 성직자들에게 국가가 보장하는 최소한의 기본 급여만 지불한다는 데에 대한 합의가 이루어졌다(프랑스 혁명으로 등장한 국민의회는 파탄 지경에 이른 국가의 재정을 메우기 위해 모든 교회 재산을 국유화하게 되었다. 1789년 10월 10일 탈레랑 주교가 의회에서 교회의 토지와 재산을 국가가 관리하도록 하자는 파격적인 제안을 했고 의회는 즉각 그 제안을 받아들였다-역자 주). 1790년 7월에 제정된 성직자 시민 헌법(Civil Constitution of the Clergy)은 교황의 권위를 부정하고 주교 관구와 성직을 재편성하고 축소했다. 이러한 조치들은 비록 급진적이기는 했지만 반(反)기독교적이지는 않았다. 성직자들은 여전히 로마에 충성하려는 그룹과 새로운 국가의 권위에 순응하려는 그룹으로 양분되었다.

그러나 로베스피에르(Robespierre, 1758-1794)가 이끄는 보다 급진적인 혁명 그룹이 권력을 장악하고 그 유명한 '공포 정치'를 실시했다. 루이 16세(Louis XVI, 1754-1793)는 1793년 1월 21일에 단두대에서 공개 처형되었다. 비기독교화 프로그램이 1793-1794년에 실시되었다. '이성의 여신'이 공식적으로 옹립되었다. 전통적으로 사용되어 온 그레고리우스력이 공화력으로 대체되었다. 새 달력은 주일과 기독교 절기를 제거하고 세속적인 것들로 대치했다. 성직자들은 신앙을 포기하라는 압력을 받았고, 교회 폐쇄 프로그램이 시작되었다. 이러한 조치들은 대부분 도시 지역에 영향을 미쳤지만, 프랑스 전역의 교회에도 상당한 붕괴와 고통을 안겨 주었다.

프랑스 혁명의 종교 정책은 곧 주변 지역으로 확산되었다. 1792년 11월, 프랑스 혁명군은 주변 지역의 원정을 시작했다. 1799년까지 네덜란드, 스위스, 북부 이탈리아 일부, 라인란트 지역 등에 여섯 개의 위성 공화국이 세워졌다. 1798년 2월, 교황령들이 정복되었고 교황은 프랑스로 추방당했으나 6개월 후 그곳에서 죽었다. 많은 사람들이 보기에, 프랑스 혁명은 프랑스 교회뿐 아니라 교황권까지 무너뜨렸다.

따라서 19세기의 전야에, 유럽의 기독교는 미래가 상당히 암담해 보였다. 많은 사람들이 유럽의 기독교를 지난 시대의 정치와 연결된 것으로, 진보와 자유의 장애물로 보았다. 유럽 기독교의 신앙과 제도는 쇠퇴가 불가피해 보였다. 그러나 이것은 틀린 생각이었음이 드러났다. 세속국가의 혁명적 실험은 마침내 실패로 돌아갔다. 나폴레옹(Napoleon, 1769-1821) 통치 때, 비록 혁명 이전과는 매우 다르긴 했지만 교황과의 관계가 복구되었다.

부르봉 왕조도 회복되었다. 1814년, 루이 18세(Louis XVIII, 1755-1824)가 다시 프랑스 왕위에 올라 가톨릭을 재건했다. 상황은 결코 쉽지 않았으며, 교회와 국가의 실제적 긴장은 19세기 내내 거의 줄어들지 않았다. 그럼에도 교회는 잃었던 영향력과 특권과 성직자를 적어도 어느 정도 회복할 수 있었다. 1815-1848년 사이에 유럽에서 프랑스어를 사용하는 지역에서 일련의 대중적 부흥(le Réveil)이 일어났다.

정교회의 재기 : 그리스 독립 전쟁

오스만 제국은 18세기까지 남동 유럽의 유력한 세력으로 유지되었다. 오스만 군대는 1690년대 합스부르크 가에게 결정적으로 패배함으로써 유럽으로의 확장 가능성에 종지부를 찍었다. 그러나 화해 조약을 통해 남동 유럽의 많은 지역이 오스만의 지배 아래 남게 되었다. 그런데 1768-1774년의 러시아-튀르크 전쟁에서 오스만 군대가 패함으로 이 지역에서 정교회 국가인 러시아의 영향이 증가했다. 러시아는 이 승리의 결과로 영토를 확장했을 뿐 아니라 오스만 제국 내의 여러 기독교 국가들에 대한 영향력을 확보하게 되었다. 그 국가들에는 전통적으로 정교회 국가였던 세르비아와 그리스가 포함되었다.

이 두 지역에서는 오스만 제국에 대한 분노가 커져만 갔다. 그 부분적인 이유는 이슬람교도가 아닌 사람들에게는 인두세(jizyah)를 내게 한 종교 차별 때문이었다. 1788년에 세르비아가 오스만에 저항하는 반란을 일으켰을 때는 오스트리아의 지원을 받았다. 그러나 1791년 오스트리아가 세르비아에서 철수하자 오스만이 돌아와서 다시 지배하게 되었다.

1804년 세르비아의 귀족들을 대량 학살하는 사건이 일어나자 러시아 제국의 지원을 받아 민중 봉기가 일어났다. 프랑스는 오스만 제국을 지원했는데, 그것은 러시아의 세력이 오스트리아에서처럼 증가할 것을 두려워했기 때문이었고, 또 억압받는 세르비아인들의 해방 운동이 자기 영토로 번질 것이라 생각했기 때문이었다. 그러나 민중 봉기는 힘을 얻었고, 1806년에 베오그라드가 함락되었다. 이 도시는 혁명군들에게 항복한 후 독립 세르비아의 수도로 선포되었다.

이제 그리스 민족주의자들의 희망이 솟아오르기 시작했다. 그리스에서 민족주의자들의 비밀 결사가 조직되어 오스만의 지배에서 해방되는 것을 목표로 하게 되었다. 서유럽의 지성인들은 그리스의 독립를 부추겼다. 저명한 영국 시인 바이런(George Gordon Byron, 1788-1824) 경을 비롯하여 많은 사람들이 친(親)그리스주의(philhellenism, 그리스가 민족 국가로 부활하는 것은 그리스의 고전 문화를 회복하는 일과 같다고 여기는 운동)에 영향을 받았다.

1821년 3월에 폭동이 일어났지만 지도자들의 불화로 큰 효과를 보지 못하다가 결국 실패로 끝났다. 바이런 경은 그리스로 가서 반란에 가담하여 갓 조직된 그리스 해군에게 경제적 지원을 했다. 그러나 오스만은 이집트로부터 병력 지원을 받아 그리스 남부 지역의 반란을 진압했고, 1827년 7월 이 반란은 진퇴양난에 놓이게 되었다.

그러나 이 독립 혁명은 이제 강국들의 관심사가 되었다. 러시아, 영국, 프랑스가 모두 이 지역으로 해군을 파견했다. 오스만의 해군 대부분은 1827년 10월 나바리노 만(灣)에 수장되었다. 이제 증강 병력이나 군수품을 수송할 수단이 없어진 오스만 군대는 근거지를 잃기 시작했다. 그리하여 결국 중부 그리스에서 퇴각하였고, 러시아, 영국, 프랑스의 중재로 일련의 회담을 거쳐 1830년대에 새로운 그리스 국가가 만들어졌다.

앞서 지적했듯이 오스만의 지배는 발칸 반도 전체에 종교적 긴장을 증가시켰다. 오스만 제국의 종교는 수니파 이슬람교였다. 반면에 오스만에 정복당한 유럽 지역의 종교는 대부분 기독교 정교회였다. 그래서 독립 전쟁은 종교적 요소를 가질 수밖에 없었다. 그리스 독립 전쟁은 정교회가 국가의 공식 종교로 복귀하는 신호였다. 민족주의 운동은 교회와 긴밀한 연대 가운데 진행되었는데, 이것으로 인해 장기간의 오스만 점령기 동안에 그리스의 언어와 문화가 보존될 수 있었다는 것이 많은 사람들의 견해이다. 1789년 프랑스 혁명은 가톨릭을 원수로 여긴 반면, 1821년 그리스 혁명은 정교회를 동지로 여겼던 것이다.

기독교의 확장 : 선교의 시대

교회는 항상 선교를 했다. 그렇더라도 18세기에 새로운 선교의 시대가 시작되었다고 보는 것이 일반적이다. 이때 특히 중요한 역할을 한 나라는 영국이다. 19세기의 학자들이 보기에 20세기는 기독교의 세기가 될 것 같았다. 19세기 말에 나온 일련의 승리주의적 대회들과 저작들은 다음 세대 안으로 세계가 반드시 회심할 거라고 자신 있게 선포했다. 제1차 학생 자원 운동 국제 대회가 1891년에 클리블랜드에서 열렸는데, '세계 복음화를 이 세대에'가 모토였다. 당시로서는 최대 규모의 학생 대회였던 이 대회는 위대한 선교 시대의 전형적인 확신 가운데 진행되었다. 그러나 이 시대는 1918년 제1차 세계대전의 발발로 막을 내렸다.

처음부터 문화에 대한 관심이 컸다. 한편으로는 영국의 경제적 문제 및 제국적 야심이 작용하고 다른 한편으로는 종교 문제가 작용하여 서로 얽힘으로써 계속 복잡한 양상이 유지되었다. 많은 선교사들이 서구 문화의 수용과 기독교 신앙의 전파는 보조를 같이한다고 보았다. 물론 모든 영국 선교사들이 그런 것은 아니다. 이러한 시각 때문에 필연적으로 기독교가 본질상 서양 종교라는 인식이 강해졌다.

이것은 인도와 중국 같은 아시아 지역에서 특별히 민감한 문제였다. 인도의 경우, 개신교 최초의 중요한 선교는 마드라스에서 남쪽으로 200킬로미터 가량 떨어져 있는 코로만델 해안에 위치한 트랑케바르를 거점으로 이루어졌다. 독일 루터교 선교사 가운데 1706년 트랑케바르에 선교부를 세우고 1719년까지 이끈 바르톨로메우스 치겐발크(Bartholomäus Ziegenbalg)와 1750년부터 1787년까지 선교부를 지휘한 크리스티안 프리드리히 슈바르츠(Christian

Friedrich Schwartz)가 유명하다.

그러나 이 지역에서 정치적 영향력을 키워 간 나라는 영국이었다. 따라서 영국 선교사의 활동을 선호했다. 이러한 선교사들 가운데 첫 번째 선교사는 침례교 선교사 윌리엄 케리(William Carey)로, 그는 1793년 벵골에서 사역을 시작했다. 예수회를 억압하려는 교황 클레멘스 14세(Clemens XIV)의 결정이 이러한 사역에 적지 않은 도움이 되었다. 1773년 7월 21일 공포된『도미누스 아크 레뎀프토르 노스테르』(Dominus ac Redemptor noster, 우리의 주님이신 구세주)라는 교서는 예수회의 모든 기능과 사역을 공식적으로 종결시켰다. 따라서 예수회의 인도 선교 활동도 끝났다. 그러나 예수회가 공식적으로 해체된 후, 예수회 선교사들은 그들을 본국으로 송환하려는 포르투갈의 노력에도 불구하고 적어도 50명이 인도에 남아 선교 활동을 계속했다.

따라서 영국 선교회와 선교사들은 다른 유럽 기관의 큰 반대 없이 인도에서 활동할 수 있었다. 그럼에도, 이들은 영국 당국으로부터 전혀 지원을 받지 못했다. 예를 들면, 동인도회사는 이들의 활동을 반대했다. 이들이 인도 원주민들 사이에 나쁜 감정을 불러일으켜 영국과 인도의 무역을 위협할 수 있다는 것이 그 이유였다. 그러나 동인도회사 칙허법(Charter Act, 영국 의회가 1813년 7월 13일에 통과시킨 법)은 동인도회사가 활동할 수 있는 조건을 수정했다. 새로운 법은 영국 선교사들의 신분을 보호했으며, 인도 아대륙에서 선교 활동을 해야 하는 제한된 수준의 자유를 주었다. 그 결과는 필연적이었다. 역사가 스티븐 찰스 닐(Stephen Charles Neill)이 "1813년 이후, 기독교 선교는 지나치게 정부를 의존한다는 오명에서 완전히 자유로운 적이 한 번도 없었다."라고 말한 대로였다.

또한 새로운 법으로 인해 캘커타에 성공회 주교 관할권이 생기게 되었다. 1823-1826년 캘커타 주교를 지낸 레지널드 히버(Reginald Heber, 1783-1826) 아래 선교 사역이 상당히 확대되었는데, 성공회에게만 허용되었다 (루터교 선교사들이 이 지역에서 계속 활동하려면 성직 수임을 다시 받아야 했다). 1833년에 추가로 개정된 동인도회사법은 선교 사역에 대한 이전의 몇몇 제한 조치를 풀었다. 종교적 긴장은 피할 수 없었다. 1857년에 일어난 봉기, 곧 동시대의 영국 저자들이 일반적으로 '인도 반란'(Indian Mutiny)이라 부른 사건은 서구화에 대한 분노가 커진 결과였다.

중국에서도 서양 선교사들의 노력의 결실은 제한적이었다. 1840년의 아편 전쟁이 미친 많은 영향 가운데 하나는 중국이 적어도 서양의 몇몇 태도에 대해 문을 열었다는 것이다. 중국은 19세기에 이를 때까지 서양으로부터 격리되기를 선택했지만 19세기에 이르자 무역에 대한 관심이 커지면서 서양 선교사들에게 문을 열었다. 이 선교사들 가운데 제임스 허드슨 테일러(James Hudson Taylor, 1832-1905)를 특별히 언급할 필요가 있다.

허드슨 테일러는 처음에는 중국 전도회(Chinese Evangelization Society) 선교사였다. 그러나 이 조직에 만족하지 못하여 1865년에 중국 내지 선교회(China Inland Mission)를 세웠다. 이 선교회는 여러 면에서 특별했다. 독신 여성 선교사를 받아들인 것과 초교파적 성격 때문만은 아니었다. 허드슨 테일러는 중국 선교사들이 맞닥뜨리는 문화적 장벽을 인식하고 그것을 제거하기 위해 자신이 할 수 있는 일을 실천했다. 한 예로 선교사들에게 서구식 복장이 아니라 중국 복장을 하라고 요구했다.

허드슨 테일러가 중국 문화를 수용하려고 노력했음에도 불구하고 서구의 복음화 노력은 효과가 미미했다. 기독교는 서구의 것으로, 따라서 중국의 것이 아닌 것으로 여겨졌다. 1894-1895년 전쟁에서 중국이 일본에게 패한 것은 외국인들이 이 나라에 상주한 직접적인 결과라고 대부분 인식했다. 이것은 1899-1900년의 의화단의 난으로 이어져 외국의 투자와 종교 활동을 강력히 반대하게 했다.

아시아 선교가 제한적인 성공을 거두었다면, 다른 지역, 특히 아프리카와 호주에서는 이를 보충하는 큰 성공을 거두었다. 아프리카에서 선교에 대한 관심이 커진 것은 18세기 말이다. 특히 노예 무역의 잔혹성에 대한 반발과 관련이 있었다. 18세기 말 19세기 초에 아프리카에서 활동한 영국의 주요 선교 단체로는 침례교 선교회(Baptist Missionary Society, BMS), 런던 선교회(London Missionary Society, LMS), 교회 선교회(Church Missionary Society, CMS) 등이 있었다. 침례교 선교회는 1792년에 설립되었고, 처음 명칭은 복음 전파를 위한 특별 침례회(Particular Baptist Society for the Propagation of the Gospel)였다. 런던 선교회는 1795년에 설립되었으며, 처음 명칭은 선교회(Missionary Society)였다. 교회 선교회는 1799년에 설립되었고, 처음 명칭은 아프리카와 동양을 위한 교회 선교회(Church Missionary Society for Africa and the East)였다. 이들 선교회는 특정 지역에 특별히 집중했다. 침례교 선교회는 콩고 분지에, 런던 선교회는 마다가스카르를 포함하여 남부 아프리카에, 교회 선교회는 서부 아프리카와 동부 아프리카에 집중했다.

이 모든 선교회는 개신교였으며, 일반적으로 시각이 매우 복음적이었다. 가톨릭 선교 그룹들이 이 지역에 진지하게 발을 들여놓기 시작한 것은 19세기 중반이었다. 프랑스 혁명의 충격과 그 여파가 가톨릭교회를 심하게 흔들어 놓았다. 1815년 빈 회의(나폴레옹 전쟁 이후 유럽 재편을 논의한 국제회의-역자 주)가 유럽의 미래 모습을 정비한 후에야 교회는 선교에 눈을 돌릴 수 있었다.

19세기에 사하라 이남 지역은 식민주의(colonialism)의 중요성이 커지고 있었다는 것이 큰 특징이었다. 벨기에, 영국, 프랑스, 독일이 이 시기에 이 지역에 식민지를 건설했다. 이들 유럽 국가들의 지배적인 기독교 형태는 상당히 다양했다. 따라서 아프리카에도 상당히 다양한 형태의 교회가 세워졌다. 19세기가 끝날 무렵, 성공회와 가톨릭과 루터교는 모두 견고하게 뿌리를 내렸다. 남아프리카에서는 네덜란드 개혁교회가 특히 유럽 정착민 사이에서 강한 영향을 미쳤다. 그러나 여기서 꼭 짚고 넘어가야 할 사실은 배경이 전혀 다른 그 외의 선교사들도 이 지역에서 활동했다는 것이다. 예를 들면, 적어도 115명의 흑인 미국 선교사들이 1875-1899년에 아프리카에 파송되어 활동했다.

호주의 발견이 포함되어 있는, 18세기 제임스 쿡(James Cook) 선장의 항해 보고서는 지금까지 알려지지 않은 이 지역의 복음화에 대한 새로운 관심을 불러일으켰다. 1795년, '남쪽 바다'(South Sea)의 섬들, 즉 호주와 오세아니아 전체(뉴질랜드를 포함하여 폴리네시아, 미크로네시아, 멜라네시아의 모든 섬)에 선교사를 파송하는 것을 주목적으로 하는 런던 선교회가 설립되었다. 이 지역에 처음으로 선교사가 파송된 것은 1796년 8월이었다. 이때 30명의 선교사가 배를 타고 타히티로 떠났다. 이들의 선교는 상당한 어려움에 부딪혔다. 영국과 타히티의 매우 다른 성적 관습만이 문제가 아니었다. 그러나 이들의 선교는 이 지역에서 기독교를 세우려는 지속적인 노력의 첫걸음이었다.

이 지역의 지리적 특징 때문에 복음화를 위한 가장 믿을 만한 수단 가운데 하나인 선교부를 설립할 수 없었다. 게다가 선교 센터를 세우고 유지하기에는 섬들의 인구가 너무 적었다. 사용할 수 있는 가장 효과적인 전략은 선교선(宣敎船)을 활용하는 것이었다. 이렇게 해서 유럽 선교사들은 현지 전도자들과 목회자들과 교사들을 가르치고 감독할 수 있었다.

이 지역의 가장 중요한 기독교 선교부는 호주와 뉴질랜드에 있었다. 이 선교부들은 마침내 이 지역의 선교 활동의 대부분을 지원하는 기지 역할을 하게 되었다. 기독교가 호주에 들어온 것은 1788년이었다. 기독교가 호주에 처음 들어갈 때의 여건은 좋지만은 않았다. 뉴사우스웨일스에 도착한 배는 그곳에 건설 중이던 죄수 유형지에 죄수들을 이송하고 있었다. 윌리엄 윌버포스(William Wilberforce, 1759-1833)는 영국 해군 당국을 설득해 죄수를 이송하는 배에 군목도 함께 태우게 했다. 다음 세기에 영국에서 호주로 이주하는 사람들이 급격히 늘어나면서, 다양한 형태의 영국 기독교가 호주에 뿌리를 내렸다. 1897년 '부시 형제단'(Bush Brotherhoods)의 형성으로 호주 대륙 내지의 복음화를 위한 기초가 놓였다.

뉴질랜드에 처음으로 선교사가 들어간 것은 1814년이었다. 뉴질랜드의 기독교 확립에 가장 크게 기여한 사람은 1841년에 뉴질랜드 선교 주교로 임명된 성공회 주교 조지 셀윈(George Selwyn, 1809-1878)이다. 그는 뉴질랜드에 있는 동안 기독교의 발전에, 특히 교육 분야에 두드러진 영향을 미쳤다. 그는 1867년에 영국으로 돌아갔다.

위대한 선교의 시대에 관한 이 개괄은 어떻게 기독교가 유럽의 울타리를 벗어나 세계 종교가 되었는지를 이해하는 데 도움이 된다. 16세기 이슬람교의 확장으로 기독교가 유럽 대륙에 갇히기는 했지만, 서유럽 국가들이 해양을 향한 야심을 키우면서 기독교가 세계로(그러나 분명히 서구식으로) 확산될 수 있었다.

여러 사건들이 증명하듯이, 이러한 서양의 영향이라는 유산은 득실이 뒤섞여 있었다. 20세기 말과 21세기 초, 기독교에서 가장 주목할 만한 발전 가운데 하나는 '토착화' 과정이다. 다시 말해, 기독교가 라틴 아메리카와 아시아와 아프리카 많은 지역에서 서양적 기원에서 벗어나 각 지역의 뚜렷한 문화유산에 훨씬 더 맞는 형태로 발전한 것이다.

가톨릭의 변화

프랑스 혁명의 충격이 가신 후, 가톨릭은 이전의 신뢰를 어느 정도 회복하기 시작했다. 낭만주의(Romanticism)의 등장은 가톨릭에 대한 관심을 다시 일으켰다. 특히 독일과 프랑스에서 그러했다. 1802년에 나온 프랑수아르네 드 샤토브리앙(François-René de Chateaubriand, 1768-1848)의 『기독교의 정수』(The Genius of Christianity)는 기독교 신앙에 대한 새로운 관심을 키우는 데 큰 역할을 했다. 이러한 관심은 19세기 문화의 많은 부분에서 나타난다. 낭만주의를 토대로 가톨릭 신앙을 변호한 저자들로는 이탈리아의 알레산드로 만초니(Alessandro

Manzoni, 1785-1873)와 독일의 프리드리히 레오폴트 추 슈톨베르크-슈톨베르크(Friedrich Leopold zu Stolberg-Stolberg, 1750-1819) 등이 있다. 합리주의(rationalism)가 과거의 파국을 이끌었다는 인식이 널리 퍼지면서 기독교가 예술적 영감과 문화적 탁월성의 주요 근원이라고 보는 새로운 공감대가 형성되었다.

가톨릭은 프랑스 혁명과 그 여파 때문에 새롭게 할 필요가 있었다는 데는 의심의 여지가 없다. 1814년 나폴레옹 시대가 끝난 이후의 가톨릭을 살펴보는 게 도움이 될 것이다. 비록 가톨릭이 선교를 통해 남미, 일본, 인도 등에서 가톨릭 공동체를 세웠다 하더라도, 이 단계에서 가톨릭은 주로 유럽 종교였다. 그 영역은 북서쪽으로 벨기에라는 새로운 국가, 남서쪽으로는 스페인, 북동쪽으로는 오스트리아, 남동쪽으로는 이탈리아까지였다. 1억의 유럽 가톨릭 인구 가운데 대부분은 합스부르크 제국과 이탈리아와 프랑스에 살고 있었다.

교황 피우스 7세(Pius VII, 재위 1800-1823)는 1814년 5월에 로마로 돌아온 후 교회를 새롭게 했다(1808년 나폴레옹은 로마를 점령한 후 이듬해 교황령을 프랑스에 병합시켰으며, 이에 저항하던 교황 피우스 7세는 포로로 잡혀 1814년까지 유배 생활을 했다-역자 주). 그 일은 엄청난 일 같았다. 그럼에도 그는 이 일을 해냈다. 이러한 노력의 토대를 놓은 것은 교황청 국무원장인 에르콜레 콘살비(Ercole Consalvi) 추기경이었다. 그는 빈 회의 기간에 여러 나라와 협약을 맺었다. 1814년에는 유럽 전역의 가톨릭을 재건할 목적으로 교회 특별 사업 추진회(Congregation for Extraordinary Ecclesiastical Affairs)가 설립되었다. 이러한 조치가 성공적이었다는 것은 1850년에 전통적으로 프로테스탄트가 강한 영국과 같은 지역에 가톨릭 체제가 다시 세워진 사실로 알 수 있다.

가톨릭은 이 기간에 미국에서도 주요 세력이 되었다. 혁명으로 세워진 미국을 지배한 것은 프로테스탄티즘이었지만, 아일랜드와 이탈리아에서 건너오는 이민자의 물결로 19세기가 지나면서 종교적 세력 균형이 바뀌기 시작했다. 대주교 존 캐럴(John Carroll, 1735-1815)은 신자가 급격히 증가하는 가톨릭이 사회적으로 수용되도록 많은 노력을 기울였다. 1840년대에는 250만의 아일랜드 가톨릭 신자들이 미국의 동부 연안으로 이주했다. 그 결과 보스턴과 뉴욕 같은 동부 도시의 인구가 폭발적으로 늘었다.

미국 가톨릭이 이 신생 국가의 삶에서 중요한 세력으로 부각된 것은 부분적으로 가톨릭 신자들의 민족적 충성심 때문이었다. 이들은 가톨릭을 자신들의 정체성의 핵심으로 보았다. 따라서 이들이 유럽에서 왔다는 사실은 미국 역사에서 이처럼 중요한 시기에 이민자들의 종교적 시각을 형성하는 데 결정적인 역할을 했다. 1842년에 설립된 노터데임 대학교를 비롯하여 주요 가톨릭 교육기관들이 설립됨으로써 가톨릭이 중요한 지적 세력으로 등장할 기초를 마련했다.

교황이 19세기에 가톨릭에서 주요 인물로 다시 등장한 것은 적어도 부분적으로는 나폴레옹 전쟁의 여파 때문이었다고 할 수 있다. 프랑스 혁명이 일어나기 수십 년 전, 가톨릭 신자들은 대체로 교황을 무시했다. 교황을 자신들과는 상관없는 존재로 여겼기 때문이다. 그러나 나폴레옹이 교황을 아주 심하게 대한 것이 오히려 가톨릭 신자들과 유럽 정부 모두에게 교황이 다시 신망을 얻는 계기가 되었다. 심지어 국가가 지배하는 교회 운동의 중심지인 프랑스에서조차 교황에 대한 새로운 존중심이 일어났다.

교황권이 가톨릭 안에서뿐 아니라 그 너머에서까지 지도적 위치를 회복할 수 있는 상황이 마련되었다. 교황권의 확대를 주장하는 운동은 '교황권 지상주의'(ultramontanism)로 알려져 있으며 그 자체로 더 많은 주목을 받는다. 그것은 이 운동이 이제 살펴볼 제1차 바티칸 공의회와의 관계에서 갖는 중요성과 관련이 깊다.

제1차 바티칸 공의회 : 교황 무오성

1840년대 말 프랑스, 이탈리아, 독일에서 일어난 혁명 운동으로 가톨릭 국가들의 정치적 안정에 대한 관심이 높아졌다. 특히 교황의 위치에 관한 관심이 높아졌다. 교황 피우스 9세(Pius IX)는 1869년에 제1차 바티칸 공의회를 소집하여 민족주의자와 자유주의자, 유물론자들로부터 교회를 지키려 했다. 이들은 가톨릭 신앙의 주요 사항에 도전했고, 이탈리아를 포함하여 유럽의 여러 지역에 있는 학교들과 재산에 대한 교회의 통제권을 빼앗아갔었다. 당시 이탈리아는 정치적으로 불안정했음에도 불구하고 1,000여 명의 주교와 수도원장들 가운데서 750명이 로마로 찾아와 공의회에 참석했다.

이 공의회는 두 가지 중요한 문서를 내놓았다. 하나는 『데이 필리우스』(Dei Filius, 하나님의 아들)로, 이성과 신앙 사이의 조화와 후자의 우월성을 재주장하는 것이었고, 다른 하나는 『파스토르 아이테르누스』(Pastor aeternus, 영원한 목자)로, 교황의 무오 교리를 제시한 것이었다. 『데이 필리우스』는 시대의 도전에 비추어 가톨릭의 근본적인 교리들을 재확인했다. 부분적으로 이성의 최종 권위에 대한 믿음 때문에 하나님의 계시 개념을 거부하는 합리주의가 대두된 것을 고려하여, 이 공의회는 한편으로는 신앙의 합리성과 다른 한편으로는 더 깊은 실상을 꿰뚫어 볼 수 없는 이성의 무능력을 재확인했다.

그러나 대부분의 역사가들은 이 공의회에서 이루어진 가장 중요한 결정은 『파스토르 아이테르누스』로 교황 무오성 교의를 확정한 것이라고 생각한다. 이 교리에 의하면, 교황은 '전 교회에 대하여 완전하고 지고한 관할권'을 가지고 있다. 교황이 '권위를 가지고 말할 때, 즉 자신의 지고한 사도권을 빌려 모든 그리스도인의 목자와 교사로서 자신의 직임을 행사할 때, 그가 온 교회가 지켜야 할 신앙 또는 도덕에 대한 교리를 규정할 때', 그는 '신적 구속자께서 그의 교회가 신앙이나 도덕에 대한 교리를 규정하는 일에서 누리기 원하셨던 무오성'을 가진다.

이 교황 무오성 개념은 가톨릭교회 내에서 많은 지지를 받았다. 그러나 전체의 지지는 아니었다. 이 주제는 이 공의회에서 처음 논의된 것은 아니었고, 1870년에 있었던 논쟁에서 제기되었던 것이다. 이 교의는 상당한 우려를 야기했다. 특히 독일에서 그러했다.

오토 폰 비스마르크(Otto von Bismarck, 1815-1898)는 1864년에 프로이센의 재상에 임명되었다. 그는 독일 통일 정책을 시행했으며, 1871년에 프랑스-프로이센 전쟁이 끝난 후에는 더욱 강력하게 시행했다. 비스마르크는 교황 무오성 교리는 독일 프로테스탄트들에 대한 모욕이며, 이제 등장하고 있는 독일 국가의 권위에 대한 잠재적 위협으로 간주했다(독일은 본래 여러 독립국으로 나뉘어 있었으나 프랑스-프로이센 전쟁을 거치면서 하나의 국가로 통합되었다-역자 주). 비스마르크는 1870년대에 독일 가톨릭을 차별하는 정책을 폈다. '문화 투쟁'(Kulturkampf)은 결국 1886년에 흐지부지되어 버렸다.

그러나 반종교적 정서가 유럽의 다른 지역에서, 특히 프랑스에서 커지고 있었다. 프랑스에서는 1901년의 결사법(Association Law, 프랑스 대부분의 수도회를 탄압하고 재산을 몰수하는 역할을 한 법-역자 주)과 1905년의 정교분리법(Separation Law, 교회와 국가의 분리를 규정한 법-역자 주)이 사실상 교육을 포함한 공적인 생활에서 종교를 제거해 버렸다.

이탈리아에서는 비토리오 에마누엘레(Vittorio Emanuele, 1820-1878)가 왕위에 오른 후 교황의 입지가 어려워졌다. 그는 사실상 바티칸, 라테라노 궁전, 카스텔 간돌포를 제외하고는 모든 교황령을 몰수했다. 교황 보장법(Law of Papal Guarantees)은 교황의 독립과 안전은 보장했지만, 그럼에도 교황의 권리를 제한했다. 1929년 이 법은 교황에게 호의적인 라테라노 조약으로 대체되었다. 바티칸은 아주 작은 규모이긴 하지만 지금까지 독립국가로 남아 있다.

신학적 수정주의 : 모더니즘의 도전

제1차 바티칸 공의회에 모인 주교들을 사로잡은 관심사 가운데 하나는 모더니즘의 대두이다. 모더니즘은 교회의 안녕에 대한 일련의 위협으로 그려지고 있었다. 그러면 이 운동은 어떤 것이었으며, 왜 그런 불안감을 주었을까?

모더니즘은 계몽주의의 지적 문화에 의해 가톨릭 내에 형성된 일단의 태도를 가리키는 것으로 이해하면 좋을 것이다. 알프레드 루아지(Alfred Loisy, 1857-1940)와 조지 티럴(George Tyrrell, 1861-1909)은 가장 영향력이 큰 가톨릭 모더니즘 작가이다. 1890년대에 루아지는 성경의 창조 기사에 대한 전통적인 관점을 비판하는 사람으로 자리매김을 하면서 교리의 진정한 발전은 성경 안에서 분별할 수 있다고 주장했다. 그의 가장 유명한 저서 『복음과 교회』(The Gospel and the Church)는 1902년에 출판되었는데, 이때까지 그의 견해는 가톨릭교회로부터 신랄한 비판을 받고 있었다. 이 중요한 저서는 2년 먼저 나온 책, 『기독교란 무엇인가?』(What Is Christianity?)에 제시된 자유주의 프로테스탄트 아돌프 하르나크(Adolf von Harnack, 1851-1930)의 견해에 대한 직접적인 반응이었다. 기독교의 기원과 본질에 대한 하르나크의 견해는, 기독교는 나사렛 예수와는 느슨한 연관만을 가지고 있다는 주장에 근거한 것이었다.

루아지는 예수님과 교회 사이에 근본적 불연속성이 있다는 하르나크의 견해를 거부했다. 그러나 기독교 기원에 대한 하르나크의 자유주의 프로테스탄트의 설명에는 의미 있는 양보를 했고, 여기에는 복음서 해석에 있어서 성경 비평의 역할과 타당성을 수용하는 것도 포함되었다. 그의 저서가 가진 세 가지 특징을 자세히 살펴볼 필요가 있다.

1. 『복음과 교회』는 가톨릭의 학문 연구과 신학적 사색에서 성경 비평이 가지는 진정한 자리를 인정했다. 루아지의 비판은 이것이 그 시대의 합리주의 정신을 수용하는 것이라고 보았다.

2. 루아지는 제도적 교회가 진정 세상을 위해 하나님이 의도하신 것으로 간주되어야 하는지 의문을 제기했다. 『복음과 교회』에서 가장 유명한 문장은 이 점을 분명하게 보여준다. "예수님은 하나님 나라를 선언했는데, 실제로 나온 것은 교회였다."
3. 이 책은 기독교 교리는 하나의 확정되고 항구적인 묶음으로 사도들에게 전달되기보다는 오랜 시간에 걸쳐 발전되었다고 시사한다. 이 견해는 영국의 가톨릭 저자 존 헨리 뉴먼(John Henry Newman, 1801-1890)이, 약간의 주의 사항을 덧붙이긴 했지만, 이미 주장했던 것이다. 그러나 이것은 진화론자들의 사고방식을 받아들인 것이며, 따라서 공인된 가톨릭 전통과는 불일치하는 것으로 간주되었다.

영국 예수회 저자 조지 티럴도 루아지를 따라 전통적 가톨릭 교의를 급진적으로 비판했다. 그는 『갈림길에 선 기독교』(Christianity at the Crossroads, 1909)에서 루아지와 마찬가지로 기독교의 기원에 대한 하르나크의 설명을 비판하면서, 예수님에 대한 하르나크의 역사적 재구성을 "깊은 연못의 바닥에 비친, 자유주의 프로테스탄트의 얼굴 모습"이라고 일축했다. 이 책에는 루아지의 책을 옹호하는 내용도 있는데, 그 책과 저자에 대한 로마 가톨릭의 공식적 적대감은 전반적으로 로마 가톨릭의 입장에 대한 자유주의 프로테스탄트의 방어라는 인상을 주며 또 "모더니즘은 단순히 프로테스탄트화하고 합리화하는 운동이다."라는 주장이었다.

부분적으로, 이런 생각은 주류 프로테스탄트 교파들 가운데 모더니즘의 영향력이 증가하고 있음을 반영한다. 영국에서는 1898년에 자유주의 신앙 사상 증진을 위한 성직자 연합이 세워졌고, 1928년에는 모던 성직자 연합으로 이름을 수정했다. 특별히 이 집단과 교류한 사람들 가운데는 헤이스팅스 래시들(Hastings Rashdall, 1858-1924)이 있는데, 그의 책 『기독교 신학에서의 대속 개념』(Idea of Atonement in Christian Theology, 1919)은 영국 모더니즘의 일반적 분위기를 잘 보여준다.

래시들은 초기의 자유주의 프로테스탄트 저자들의 저작을 무비판적으로 수용하여, 중세 저자 피에르 아벨라르와 상통하는 대속 이론이 대속적 희생 개념에 호소하는 전통적 이론들보다도 모던주의 사고 형태에 더 잘 맞는다고 주장했다. 대속에 대한 이 강력한 도덕 혹은 모형 이론은 그리스도의 죽음을 거의 배타적으로 하나님의 사랑에 대한 증명이라고 해석했는데, 이는 1920년대와 30년대에 영국에 특히 성공회에 상당한 영향을 주었다.

미국의 모더니즘 출현 과정도 유사한 양상을 보였다. 19세기 말과 20세기 초에 자유주의 프로테스탄트가 성장했는데, 이것은 보다 보수적인 복음주의 입장에 대한 직접적인 도전으로 여겨졌다. 뉴먼 스미스(Newman Smyth)의 책 『가는 프로테스탄티즘과 오는 가톨릭』(Passing Protestantism and Coming Catholicism, 1908)는 로마 가톨릭의 모더니즘은 교의 비판과 교리 발전에 대한 역사적 이해에 있어서뿐 아니라 여러 면에서 미국 프로테스탄티즘의 멘토가 될 수 있다고 주장했다. 모더니즘의 태도에 자극을 받아 근본주의가 대두되면서 상황은 갈수록 양극화되었다.

1893년 교황 레오 10세(Leo X)는 가톨릭 모더니즘의 몇몇 측면들에 대해 비판을 했지만, 그의 후임자 피우스 10세(Pius X)는 1907년 9월에 전적으로 정죄했다. 피우스는 회칙, 『파스켄디 도미니키 그레기스』(Pascendi Dominici Gregis, 주님의 양떼를 먹임)에서 가톨릭교회는 지금 교회 밖의 비판자들 못지 않게 교회 안의 원수들로부터 위협을 받고 있다고 선언했다. 모더니즘은 평신도들로부터 나왔든 사제들로부터 나왔든, '교회의 모든 원수들 가운데서 가장 치명적이다.'라는 것이었다.

가톨릭 교육기관과 권위 있는 자리 그리고 교회 안의 영향력으로부터 모더니즘을 제거하려는 피우스의 노력은 1914년 그가 죽음으로 끝났다. 그리고

1914년 9월 베네딕투스 15세(Benedictus XV)가 교황으로 선출되면서 모더니즘에 대한 조직적 노력은 중단되었다. 베네딕투스는 이 현상에 대한 이전의 정죄 내용을 강력하게 재확인했지만, 그것을 이행하는 데 그쳤다. 이때에 이르자 모더니즘을 반대하는 힘은 줄어들었다.

빅토리아 시대의 신앙 위기

모더니즘을 살펴보면서 분명해진 것처럼, 유럽의 많은 나라들에서 종교적 신념은 19세기에 쇠퇴와 불확실의 시기를 거쳤는데, 특히 19세기 말에 그러했다. 이 단원에서는 영국에서 일어난 일을 살펴볼 것이다. 물론 당시 미국이나 유럽의 다른 사회 상황과 비슷하겠지만, 경제, 군사, 문화 강국인 영국의 위치 때문에 이런 발전은 특히 중요하다.

19세기 초에는 이런 신앙 위기가 나타날 조짐이 보이지 않았다. 대중은 종교적으로나 정치적으로 급진적인 변화를 원하지 않았다. 물론 프랑스 혁명의 극단주의를 1790년대와 1800년대 초의 일부 젊은 급진주의자들이 환영했지만, 그런 열정은 곧 사라져 버렸다. 시인 윌리엄 워즈워스(William Wordsworth, 1770-1850)는 폭력과 그로 인한 유혈극에 점차 염증을 느끼면서 부패한 제도를 폐지하려는 초기의 열정을 보여준다. 영국에서는 혁명 때문에 무신론이 지지자를 확보하지 못했다. 대부분의 영국인들은 반종교적 견해가 사회를 불안정하게 하므로 무책임하다고 보는 것 같았다.

그러나 영국 문화 안에 더 깊은 세력이 작용하여 신앙을 더 멀리하는 새로운 태도가 나타날 여건을 조성하고 있었다. 그런 세력 중 하나가 산업혁명이었다. 산업혁명은 다른 나라들보다 영국에서 더 빨리 그리고 더 급속하게 전개되었다. 농촌 교회는 대체로 농촌 공동체의 삶에 깊이 뿌리를 내리고 있었지만, 농촌에서 도시로 이주하는 사람들이 많아지면서 노동 계급과 교회 사이의 단절이 생겼다. 도시 교회들은 종종 급증하는 산업 노동자 공동체들과 연결되지 못했다.

두 번째 세력은 성경 비평의 등장으로, 이것은 19세기 후반에 점차 중요해졌다. 1860년에 출간된 에세이집 『에세이와 비평』(Essays and Reviews)은 일곱 명의 자유주의 성공회 저자들의 성경에 대한 비판적 태도 때문에 물의를 일으켰다. 이 글들 가운데서 가장 논란이 심했던 것은 벤저민 자우엣(Benjamin Jowett)의 '성서 해석에 관하여'(On the Interpretation of Scripture)라는 글로, 성경은 '여느 다른 책과 같이' 읽어야 한다고 주장했다. 이 에세이집이 준 충격이 특히 컸던 이유는, 찰스 다윈(Charles Darwin)의 『종의 기원』(Origin of Species, 1859)이 인간 기원에 대한 성경 기사의 신뢰성에 대한 논쟁을 시작한 1년 후에 출판되었기 때문이다.

그러나 어쩌면 가장 저명한 성경 비평 옹호자는 성공회의 식민지 주교, 존 윌리엄 콜렌조(John William Colenso, 1814-1883)일 것이다. 콜렌조는 구약의 사실적 신뢰성에 대해 의문을 제기하던 수많은 저자들 가운데 한 사람이었다. 콜렌조는 『비판적으로 고찰한 오경과 여호수아서』(The Pentateuch and the Book of Joshua Critically Examined, 1862)에서 구약 역사서 기사의 정확성에 의문을 제기했다. 그는 모세가 오경을 기록했는지를 문제 제기하면서 역사서의 영적 가치가 역사적 정확성을 의미하는 것은 아니라고 주장했다. "나도 전적으로 믿는 바이지만 그것은 하나님의 뜻과 성품에 대한 계시를 우리에게 전달해 준다. 그러나 그것이 역사적 사실이라고 간주할 수는 없다." 식민지 주교의 펜에서 나온 이런 견해는 빅토리아 왕조의 영국에서 물의를 일으켰다. 성경은 신뢰할 수 있다는 기본 사상에 대한 도전으로 여겨졌기 때문이다.

세 번째 갈등의 영역은 과학이 대중에 미치는 영향력이 증가했다는 데 있다. 과학은 점차 문화적 권위로서 종교에 대해 독립적이며 비판적인 것으로 여겨졌다. 다윈주의(Darwinism) 논쟁은 이런 논의가 크게 증가되게 했다. 오랜 시간이 지난 후 과학은 미래에 관한 것, 종교는 과거에 관한 것이 되었다. 이런 인식은 과학과 신앙 사이의 항구적인 '전쟁'을 주장하는 저작들이 출판되면서 더욱 강화되었다. 그런 책들로는 존 윌리엄 드레이퍼(John William Draper)의 『종교와 과학 사이의 갈등의 역사』(History of the Conflict between Religion and Science, 1874), 앤드루 딕슨 화이트(Andrew Dickson White)의 『기독교 세계의 신학과 과학의 전쟁사』(History of the Warfare of Science with Theology in Christendom, 1896) 등이 있다.

빅토리아 시대의 기독교는 이런 일들에 대해 여러 방법으로 대응했다. 1830년대에 일어난 옥스퍼드 운동은 독일의 신약학에 대해 비판하면서 영국 국교회 안에서 '고교회'(high church) 운동의 갱신을 위한 프로그램을 전개했다. 일부에서는 이후 1920년대에 미국 프로테스탄트 근본주의와 연결된 몇몇 주제를 기대하면서 이런 문화적 추세로부터 이탈할 것을 주장했다.

그러나 영국 기독교 주류의 대세적 반응은 이런 문화적 추세를 종교적으로 수용하는 노력을 하자는 것이었다. 빅토리아 시대의 교회가 생물학과 지질학, 사회학, 고고학, 비교종교학을 성경 연구와 조화시키려는 경향은 변화하는 문화적 상황에 실용주의적으로 반응한 것이다. 많은 교회 지도자들은 이런 변화에 저항하면 조직된 종교가 영국 사회 안에서 문화적 주변화와 고립화를 강화할 뿐이라고 믿었다.

오순절 운동 : 미국에서 시작된 세계적 신앙

장로교회, 감독교회, 감리교회 등 미국 사회에 존재하는 기독교 교파의 대부분은 유럽에서 시작된 것이다. 그러나 미국이 가진 종교적 기업가 정신으로 인해 수많은 교파와 종교 단체가 미국에서 시작되었다. 이들 중 대다수는 후에 어떻게 변화되었든 상관없이 기독교에서 시작했다. 조셉 스미스(Joseph Smith, 1805-1844)는 1820년대에 뉴욕에서 기독교 원시주의의 한 형태인 몰몬교를 창시했다. 메리 베이커 에디(Mary Baker Eddy, 1821-1910)는 1879년 매사추세츠 주에 '크리스천 사이언스'를 설립했다. 여호와의 증인은 찰스 테이즈 러셀(Charles Taze Russell, 1852-1916)이 1870년대에 펜실베이니아 주에서 창설한 성경 학도 운동에서 나왔다. 그러나 미국에서 배태된 기독교 형태 가운데 가장 유명한 것은 오순절 운동이다.

오순절 운동의 출현 1단계는 20세기 첫날, 즉 1901년 1월 1일에 캔자스 주 토피카의 벧엘 성경대학에서 일어났다. 이 학교는 감리교 감독교회 목사였던 찰스 파햄(Charles Parham, 1873-1929)에 의해 그 전해 10월에 설립되었다. 파햄은 학생들에게 그리스도인의 삶에서 성령께서 계속 역사하신다는 증거를 신약에서 연구해 보라고 요구했다.

이 요구는 많은 사람들에게 공허하고 핵심이 없는 것으로 보였다. 당시의 신학은 프로테스탄트 신학의 본류에서 널리 가르치는 은사 중지론(cessationism)이 대세였다. 이 견해에 의하면 '방언을 말하는 것'과 같은 성령의 적극적 은사는 신약 시대에 속한 것이며 따라서 이제는 주어지지 않는다. 그러므로 은사 중지론자의 해석틀에 따라 신약을 읽으면 그런 영적 현상은 과거의 일로 이미 결정이 난 것이 된다. 파햄은 그렇게 확신하지 않았다. 그의 경건 운동 전통 내부에서는 카리스마적인 현상처럼 보이는 것에 대한 보고서가 돌고 있었다. 그는 학생들에게 그들의 견해를 물었던 것이다.

학생들은 성경 본문을 곧이곧대로 읽으면 그런 카리스마적 은사가 여전히 가능한 것으로 보인다고 보고했다. 이런 명쾌한 보고에 감명을 받은 파햄과 그의 학생들은 그 은사가 다시 주어지기를 소원하면서 1900년 12월 31일에 철야 기도를 했다. 20세기 첫날인 다음날 저녁 11시에 학생들 가운데 한 사람인 애그니스 오즈먼(Agnes Ozman, 1870-1937)이 그런 체험을 했다고 보고했다. 며칠 후 파햄 자신을 포함하여 다른 사람들도 같은 체험을 했다.

파햄과 그의 학생들은 이 명백한 '방언 은사'의 회복에 대해 다른 사람들에게 이야기하기 시작했다. 1905년에 파햄이 하는 말을 들은 사람들 가운데 아프리카계 미국인 설교자 윌리엄 시모어(William J. Seymour, 1870-1922)가 있었는데, 그는 당시 남부의 분리주의 정책 때문에 반쯤 열린 문을 통해 파햄의 강의를 들을 수밖에 없었다. 백인 우월론으로 유명했던 파햄은 안타깝게도 이런 인종 차별의 벽을 깨뜨리는 일을 전혀 하지 않았다. 감명을 받은 시모어는 1906년 4월에 로스앤젤레스 아주사 스트리트 312번지에서 당시 창고로 사용되던 허물어져 가는 교회당을 사용하여 사도 신앙 선교회(Apostolic Faith Mission)를 창립했다.

다음 2년에 걸쳐 아주사 스트리트에서 '방언을 하는 것이' 특징인 주요한 부흥이 일어났다. '오순절 운동'이라는 말이 이 운동을 가리키는 데 사용되기 시작했다. 이 명칭은 '오순절'(행 2:1-4, 신약에 의하면 초대 교회 제자들이 방언을 처음으로 체험한 날)을 암시한다. 악명 높은 짐 크로 분리법으로 미국 문화에 무자비한 인종 차별이 시행되던 때였지만, 아주사 스트리트 선교회는 인종 차별 문제를 무시했다. 한 흑인 목사가 백인, 흑인, 히스패닉계로 구성된 다양한 사역팀을 인도했다.

오순절 운동은 전적으로는 아니지만 주로 이 캘리포니아 지역 거점에서 시작되어, 급속하게 미국 전역으로 퍼져 나갔다. 특히 사회적으로 소외된 사람들에게 호소력이 컸고, 특히 시모어의 중요한 개념, 즉 황홀경 평등주의 교회론을 통해 퍼져 나갔다. 대체로 이것은 백인과 아프리카계 미국 그리스도인 집단에게 호소력이 크고 잘 받아들여지는 양상을 보였다. 그러나 찰스 파햄은 시모어와 아주사 스트리트에서 선포되고 실행되는 인종 포용주의에 들일 시간이 없었다. 파햄은 특히 인종 간 교제를 강조하는 데 자극되어 아주사의 현상을 통제하려고 했다. 파햄은 나중에는 앵글로색슨계 프로테스탄트들은 잃어버린 이스라엘 지파들의 고귀한 후손이라고 가르치기도 하고, KKK단을 극찬하는 말을 하기도 했다. 그는 시모어와 화해하지 못하고 결국 부끄러운 죽음을 맞이했다.

그러나 오순절 운동은 급속하게 미국의 뿌리를 초월하여 세계적 신앙이 되었다. 이에 대해서는 나중에 자세히 살펴볼 것이다.

20세기, 1914년-현재

1914년 6월 28일, 오스트리아-헝가리 왕위 계승자인 오스트리아의 프란츠 페르디난트(Franz Ferdinand) 대공을 세르비아의 민족주의자가 암살했다. 이 사건은 전대미문의 파괴를 가져온 세계대전의 서막이었다. 유럽의 열강들은 동맹 관계로 얽혀 있어서 한 나라가 선전 포고를 하면 사실상 유럽 전체의 싸움이 되었다. 한편에는 영국과 프랑스, 러시아가 있었고, 다른 편에는 독일과 오스트리아-헝가리, 이탈리아가 있었다.

세계대전은 전 세계 기독교에 큰 영향을 주었다. 1914년 당시에도 기독교는 절대적으로 서구의 종교였다. 이 전쟁은 한편으로는 국가와 교회 사이, 그리고 국가 내의 단체들, 예를 들어 선교 단체와 교회 사이 등의 관계를 깨뜨렸다. 그리하여 독일과 영국 교회 사이의 경우, 의미 있는 협력 관계를 복원하는 데는 오랜 시간이 걸렸다.

세계대전은 '세계 기독교'라는 개념에도 종지부를 찍었다. 이 개념은 프랑스 혁명의 여파로 유럽이 파편화하면서 대체로 신뢰성을 잃고 있었다. 그래서 결코 회복할 수 없는 치명상을 입은 것으로 여겨지고 있었다. 유럽의 기독교 국가들은 과거에 유례없이 치열한 싸움을 했다.

러시아의 상황은 특히 중요했다. 러시아는 곧 기술적으로 우월한 독일에 압도당하여 화친을 청해야 했다. 이로 인해 기존의 국제적 긴장이 폭발 직전에 이르게 되었다. 이러한 상황이 러시아 혁명의 촉발제가 되었다는 것이 일반적인 생각이다. 이것은 분명 유럽을 포함한 전 세계 기독교에게는 20세기에 일어난 일들 가운데서 가장 중요한 것이었다.

그러나 세계대전은 표면적으로는 종교 전쟁이 전혀 아니었다. 종교적 문제나 종교적 신념이 중요한 요인이 된 것이 아니라는 말이다. 이 전쟁은 국가들 간의 전쟁으로 주로 민족주의자의 목표와 관심사에서 비롯된 것이었다. 프랑스-프로이센 전쟁 이후로 유럽은 복잡한 동맹 관계가 얽히고설켜 있었다. 이것은 한 세력이 유럽 대륙에서 지배권을 장악하지 못하게 하려는 것이었다. 결과적으로, 열강을 묶어서 평형 상태를 유지함으로써 갈등을 예방하려던 메커니즘이, 한동안은 효과적이었지만, 통제불가능한 전면전을 부추길 잠재력을 가지고 있었던 것이다.

20세기의 기독교 역사를 설명하려면 세계대전의 여파로 대두된 불안정과 환멸을 반드시 고려해야 한다. 특히 세계대전 기간에 일어난 두 가지 일이 20세기 기독교의 진로를 결정하는 데 중요한 영향을 미친 것으로 나타났다.

1915년 아르메니아 대학살

20세기 기독교 역사는 지중해 동부의 그리스도인들에게 충격을 안겨 준 대재앙으로 시작되었고, 이 재앙은 앞으로 일어날 일들에 대한 불길한 징조였다. 쇠락한 오스만 제국은 세계대전에 휘말렸고 그 이후 중동 지역과 그 외의 지역에서 오스만 제국의 지배력에 반기를 드는 일련의 반란이 이어졌다. 오스만 제국의 영토는 주로 이슬람 지역과, 아르메니아 그리스도인들을 비롯한 수많은 비이슬람 민족들의 고향이었다. 아르메니아 사람들은 301년에 기독교 신앙을 받아들였으므로 자신들을 그 지역에서 가장 오래된 기독교 민족이라고 여기고 있었다. 그런데 1915년에 일련의 대학살과 강제 추방이 일어났고 약 100만에서 150만 명이 목숨을 잃은 것으로 알려져 있다. 이 사건을 지금은 '아르메니아 대학살'이라고 부른다.

1915년의 사건은 마른하늘에 날벼락 같은 사건이 아니었다. 1895-1897년에도 터키 여러 도시들에서 아르메니아 그리스도인들의 대학살이 여러 차례 일어나 약 20만 명이 살해되었다. 1915년 4월의 대학살은 특히 그리스도인을 향한 것이라기보다는 비이슬람 소수인 전반을 대상으로 한 것이었지만 가장 심각한 피해를 입은 것은 아르메니아인들이었다. 이 사건들은 커뮤니케이션과 개입이 사실상 불가능한 전쟁 상황에서 오스만 제국 깊은 곳에서 일어났다. 그래서 이런 참극을 막을 수가 없었다.

이 대량 학살이 세계 기독교에 미친 영향은 복합적이었다. 지역적으로는 대재앙이었다. 중동의 그리스도인들은 이 사건에 경악하여 망연자실했다. 그들 중 다수는 이슬람 치하의 종교적 소수였으므로 이 사건이 일반화되어 자기 지역의 이슬람 권력도 그리스도인들을 억압할까봐 두려워했다.

많은 사람들은 기독교 국가들로 흩어지는 것이 안전을 확보하는 유일한 길이라고 결론을 내렸다. 그 결과 오늘날 가장 큰 아르메니아인 공동체가 미국에 존재하게 되었다.

1915년의 어두운 날에 아르메니아인들은 러시아에 도움을 구했다. 이 대국은 정교회의 수호자가 아니었던가? 이 나라의 엄청난 자원이 이 절박한 상황에 처한 사람들에게 동원되었다면 얼마나 좋았을까! 그러나 1917년에 아무도 예상하지 못한 사건이 발발했다. 러시아 혁명이 일어나 제정 러시아를 전복하고 전혀 새로운 국가 이데올로기를 도입한 것이다. 이제 러시아는 정교회의 나라가 아니었다. 남은 것이라곤 종교를 자기들의 영토에서 아니, 가능하면 더 멀리 추방하는 데 혈안이 된 나라뿐이었다.

1917년 러시아 혁명

정치 철학자 카를 마르크스(Karl Marx)는 기독교를 포함하여 종교의 기원은 사회 경제적 소외에 있다고 주장했다. 사람들은 빈곤으로 인한 슬픔과 고통, 그리고 권리 박탈로 인한 소외의 무게를 감당할 수 없어서 종교를 찾아 위로를 얻으려 한다는 것이다. 마르크스의 말에 의하면 종교는 인민의 아편이다.

자본주의하의 삶의 고통을 달래며 급진적인 사회적, 정치적 변화를 등한시하는 마약과 같다는 것이다.

마르크스가 보기에 종교는 급진적인 사회 변화가 이루어지면 소멸될 것이었다. 공산주의 혁명을 통하여 자본주의를 제거하면, 자본주의가 만들던 고통이 사라질 것이고, 그러면 그것과 함께 종교의 위로도 사라질 것이다. 마르크스는 종교의 기원과 지속적 호소력은 자본주의의 폐해 앞에서 위로하고 달래 주는 능력에 있다고 주장했다. 이처럼 종교는 자본주의의 불평등에 저항하여 세계 변화의 유일한 수단인 사회 경제적 변혁을 일으키려는 인간의 의지를 약화시킨다는 면에서, 간접적으로 자본주의를 지원한다.

마르크스의 사상은 자본주의의 심장부(독일, 영국 등의 서유럽 국가들이나 미국)에서는 큰 영향을 주지 못했다. 그의 사상은 소수의 학자들과 사회 비평가들의 관심은 끌었으나 정말로 중요한 사람들, 실제로 권력을 가진 사람들은 그의 사상을 받아들이지 않았다.

1917년의 러시아 혁명은 이 상황을 되돌릴 수 없을 정도로 완전히 바꿔 놓았다. 성공을 위해 힘을 기꺼이 사용하려 했던 한 나라가 마르크스의 사상을 진지하게 받아들여 실천에 옮겼다. 블라디미르 레닌(Vladimir I. Lenin, 1870-1924)에게 종교는 러시아의 지배 계층이 농민을 억압하는 도구였다. 소련(Soviet Union)은 이제 종교의 완전한 제거를 이데올로기적 목표로 삼는 최초의 국가가 되었다.

1917년 러시아 혁명은 두 단계로 일어났다. 초기 단계는 황제의 통치에 대한 봉기로 1917년 초 상트페테르부르크에서 일어났고, 그 후에 러시아의 수도로 이어졌다. 이 '2월 혁명'(서양력으로는 1917년 3월에 발생)은 세계대전에서 러시아인이 많이 죽은 데 대한 반발과 차르의 정책에 대한 환멸 때문에 일어났다. 이런 혼란스러운 상황 가운데서 두마(제정 러시아의 의회)의 구성원들이 권력을 잡고 임시 정부를 선언했다. 차르와 그 가족은 가택에 연금되었다. 이 단계에서 혁명주의자들의 의도는 붕괴된 러시아 제국에 자유 민주주의를 도입하는 것이었다.

그러나 레닌이 이끌고 마르크스 사상을 주입받은 보다 급진적인 집단이 세력을 규합하고 있었다. 볼셰비키파(볼셰비키는 러시아로 '다수파'라는 의미)는 '10월 혁명'(서양력으로는 1917년 11월에 발생)으로 기회를 잡아 노동자 국가를 세웠다. 내전이 일어나 볼셰비키의 적군(赤軍)이 외국군과 국내의 볼셰비키 반대파로 이루어진 백군(白軍)과 싸웠다. 1924년에는 차르와 그의 가족들이 처형되고 볼셰비키에 대한 저항은 사라졌다(러시아 제국의 마지막 황제 니콜라이 2세와 그의 가족이 처형된 시점은 일반적으로 1918년 7월로 알려져 있으나, 원서 그대로 기재하였다-편집자 주).

레닌은 늘 지적, 문화적, 물리적으로 종교를 제거하는 것을 사회주의 혁명의 핵심으로 여겼으며, 1917년 10월의 볼셰비키 혁명 훨씬 이전부터 무신론을 그의 이데올로기의 핵심 요소로 밝혔다. 그는 혁명의 대의가 러시아에서

화보 4.10 1919년 3월, 한 집회에 참석한 볼셰비키 수장 블라디미르 레닌. 마르크스주의 이론의 혁명적 실천자로서 러시아 공산당을 창설하고 혁명을 지도하여 소비에트 사회주의 공화국 연방(소련)을 건설하였으며 소련 최초의 국가 원수를 지냈다.

전개되는 과정을 소개하면서 "우리의 선전은 필연적으로 무신론의 선전을 포함한다."라고 썼다. 레닌은 토론을 통해 사람들을 기독교에서 끌어내리려고 시도하면서 '18세기 프랑스 계몽주의자들과 무신론자들의 문헌을 번역하여 널리 퍼트리는 것'이 필요하다고 제안했다. 그러나 종교가 완강하게 저항하는 것이 이내 명백해지자 현수막에서 탄환까지, 팸플릿에서 교도소까지 온갖 억압 수단들이 소련의 종교주의자들을 향해 쏟아졌다.

처음에는 러시아에서 유력한 종교 집단인 정교회에 초점이 집중되었다. 1918년 1월 23일, 레닌은 교회 재산을 박탈하고, 사립학교나 공립학교나 소규모 그룹에서 종교를 가르치는 것을 금지하는 법령을 공포했다. 영국 수도원에 대한 헨리 8세의 억압을 소련에 그대로 옮겨 놓은 것처럼, 레닌은 교회와 수도원의 재산을 몰수했으며 저항하는 사람은 누구든 처형했다.

이 무신론 전쟁의 주인공은 전투적 무신론자 연맹(League of Militant Atheists)이라는 다양한 정치 세력들로 이루어진 반관제적 연합체로 1925년부터 1947년까지 활동했다. 이 집단은 '종교에 대항하는 투쟁은 사회주의를 위한 투쟁이다.'라는 슬로건 아래, 사회적, 문화적, 지적 조종을 통해 종교의 신뢰성을 무너뜨렸다. 세심하게 조율된 이 전쟁은 신문과 잡지, 강의, 영화 등을 사용하여 종교의 신앙과 행위는 비합리적이고 파괴적이라고 소련 시민들을 설득했다. 선한 소련 시민들은 과학적, 무신론적 세계관을 받아들여야 한다고 그들은 선언했다.

예배당은 종종 다이너마이트를 사용하여 파괴하거나 폐쇄했고, 성직자들을 투옥하거나 추방하거나 처형했다. 소련의 독재자 스탈린(Iosif V. Stalin, 1879-1953)의 반종교 정책 결과로 제2차 세계대전 직전에는 6,376명의 러시아 정교회 성직자만 남아 있었다. 혁명 이전에는 66,140명이었던 것과 비교해 보라. 1938년 2월 17일에는 55명의 성직자들이 처형당했다. 1917년에는 러시아에 39,530개의 교회가 있었지만 1940년에는 단 950개의 교회만 제 기능을 하고 있었다.

스탈린의 종교 탄압은 기독교에만 국한되지 않았다. 그는 종교를 강제로 제거해야 한다는 자신의 이데올로기적 신념에 따라 다른 종교도 탄압했다. 유대인에 대한 공격은 소련 시대 내내 그치지 않았다. 특히 소련의 남동부 자치 공화국들에서 힘을 얻고 있는 이슬람 분리주의 운동을 두려워한 스탈린은 이슬람을 강력하게 탄압했다.

러시아 혁명이 기독교 역사에 미친 장기적인 영향은 엄청났다. 초기에는 소련에서만 기독교가 핍박을 받았다. 그러나 제2차 세계대전에서 소련 군대가 세력을 얻게 된 후 동유럽이 소련의 영향력 아래로 들어갔고, 이것은 기독교 교회와 신자들에 대한 탄압 정책으로 이어졌다.

미국 : 근본주의 논쟁

근본주의(fundamentalism)는 1920년대의 세속 문화 발전에 대한 종교적인 반발로 미국 보수 기독교에서 대두되었다. 세계대전의 영향은 미국 문화가 전통적인 기독교, 특히 프로테스탄트와 결별하는 것으로 나타났다. 부분적으로 이것은 소비재의 대량 생산과 소비자 중심주의 및 신용 경제로 가는 추세에 대한 반응이었다. 많은 사람들은 이 추세가 물질주의를 조장하는 것으로 보았다. 미국의 많은 종교인들은 국가가 이 새로운 세속 가치를 수용하여 자기 부인이라는 과거의 가치로부터, 그리고 프로테스탄트 노동 윤리로부터 떠나 일종의 자기 탐닉과 물질주의로 나아가고 있다고 보았다.

'근본주의'라는 말은 이슬람교와 유대교 안의 송교 운동을 가리키는 말로 널리 사용되고 있지만, 이 말의 원래의 그리고 올바른 의미는 미국 프로테스탄트 내의 한 운동을 가리키는 것이다. '근본주의'라는 말은 일련의 역사적인 사건들을 통해 나타나게 되었는데, 1910년대에 한 작은 미국 출판사가 12권으로 된 시리즈를 출판한 것이 계기가 되었다. 이 시리즈에는 평범하게 『근본적인 것들』(The Fundamentals)이라는 제목이 붙여졌는데, 이는 보수적인 프로테스탄트의 입장에서 '신앙의 기본'을 탐색하려는 의도였다.

우선 근본주의는 반계몽주의와 반지성주의, 그리고 현재 많은 사람들이 연상하는 정치적 극단주의의 색채가 있었다. 이것은 미국 프로테스탄트 주류의 가장자리에 있었던 운동으로, 문화가 반기독교적 방향으로 나아가고 있다고 생각하여 기독교 유산을 안전하게 지키려 했던 운동이다. 근본주의자들은 처음에는 자신들이 단순히 성경적 정통으로 돌아간다고 여겼다. 이 점을 당시 영국의 저명한 모더니즘 작가 커숍 레이크(Kirsopp Lake, 1872-1946)는 이 점을 인정하며, 근본주의를 "한때 모든 그리스도인들이 지지하던 신학이 부분적으로 그리고 교육되지 않은 상태로 생존한 것"이라고 묘사했다.

그러나 근본주의는 금세 논쟁적인 단체로 바뀌었다. 이는 급속도로 반발하는 운동이 되어, 주장하는 것 못지않게 반대하는 것이 특징이 되었다. 그리고 집요한 설득이 또 하나의 특징이 되었다. 근본주의 공동체는 자신들을, 믿지 않고 갈수록 세속화하는 문화에 맞서 자신들의 분명한 신앙을 지키는 마차 방호벽이라고 여겼다.

이런 극단화의 부정적 결과는 1920년대 미국 장로교의 고통스러운 역사에 잘 나타난다. 1922년에, 전통적 교리를 현대의 과학과 문화 지식에 맞추어 수정해야 하는지를 놓고 격렬한 논쟁이 벌어졌다. 보수파가 이기는 것 같았다. 이에 반발하여 헨리 에머슨 포즈딕(Henry Emerson Fosdick, 1878-1969)이 1922년 5월에 '근본주의자들이 승리해야 하는가?'(Shall the Fundamentalists Win?)라는 제목의 논쟁적인 설교를 했다. 포즈딕은 동정녀 탄생에 대한 믿음은 불필요하고, 성경 무오성에 대한 믿음은 방어 불가능하며, 재림 교리는 불합리하다며 근본주의의 핵심 신앙을 거부했다. 이 설교는 노련한 홍보 전문가에 의해 다시 쓰여졌고, 석유왕 존 록펠러 2세(John D. Rockefeller, Jr., 1839-1937)의 기금 지원을 받아 출간되었다(바로잡자면, 존 록펠러 2세의 생몰 연도는 1874-1960이다. 원서에 기재된 생몰 연도는 록펠러 2세의 아버지인 1대 록펠러의 것이다-편집자 주). 그리하여 이 설교는 약 13만 부가 배포되었다. 이내 보수 측에서 격렬한 반격이 이루어졌다. 클래런스 에드워드 매카트니(Clarence Edward Macartney, 1879-1957)는 '불신이 승리해야 하는가?'(Shall Unbelief Win?)라는 제목으로 이에 대한 대답을 내놓았다.

상황은 급속하게 양극화되었다. 중간 지대가 없어서 관용이 불가능한 것 같았다. 타협이나 해결책이 없었다. 장로교인들은 '믿지 않는 자유주의자'가 될지 아니면 '반발하는 근본주의자'가 될지를 결정하지 않을 수 없었다. 교회가 분열되었다. 다른 방안들과 더 침착한 의견들도 있었지만 극도로 정치화된 분위기여서 의견이 들려지지 않았다. 보수 장로교 권에서는 '반대론' 때문에 문제를 매우 단순주의식으로 보았다. 즉 믿지 않는 문화가 이기거나 복음이 이기거나 둘 중 하나였다. 대안은 없었다.

보수주의자들은 곧 포즈딕과 같은 모더니스트들의 영향력이 자신들의 교단 안에서 커가는 것을 막을 길이 거의 없음을 깨달았다. 모더니즘의 침투는 불가피하게 보였다. 그 결과 근본주의자들 가운데서 부패한 교단들에서 분리하자는 주장이 커지게 되었다. 교단을 내부에서 개혁하는 일은 불가능하고, 오직 한 가지 가능성은 교단을 박차고 나와 교리적으로 순결한 새 단체를 만드는 것이었다. 이런 분리주의적 방법은 미국 프로테스탄트가 시작될 때도 있었다. 로드아일랜드 식민지 창설자 로저 윌리엄스(Roger Williams, 1603경-1683)는 순결한 분리주의 교회의 주도적인 옹호자 가운데 한 사람으로, 신자는 배도한 교회와 세속 국가로부터 분리할 의무가 있다고 주장했다.

모더니즘을 상대로 한 근본주의 전쟁은 이를 옹호하는 사람들로 세속 문화와 대체로 배도한 주류 교회로 여기는 것들에 대해 폐쇄적이고 경계적이며 방어적인 태도를 갖게 만들었다. 분리주의가 앞에 놓인 유일한 길로 보였다. 만일 문화와 주류 교단들이 바뀌거나 개혁되지 않는다면, 광야에서 외치는 소리가 되는 길 외에는 선택할 것이 없었다.

근본주의가 주요 대적 가운데 하나로 생각한 것이 다원주의였다. 『근본적인 것들』에 실린 글들 가운데 몇 개는 실제로 과학 이론으로서 진화론을 지지했지만, 다윈의 진화론에 대한 근본적 반대는 금세 정통 근본주의를 판가름하는 리트머스 시험지가 되었다. 일부 학자들은 이런 반대가 나온 주된 이유는 다원주의가 전통적인 성경 해석 방법을 위협하기 때문이라고 하지만, 당시 세속 문화의 특징을 나타내는 것으로 보였던 것에 대한 반발로 생각하는 것이 유익할 것이다.

다윈의 진화론에 대한 반발은 공립학교의 교육과정에서 진화론을 제외시키라는 수많은 근본주의자들의 요구로 이어졌다. 이것은 1925년의 그 유명한 스콥스(John T. Scopes, 1900-1970)의 '원숭이 재판'으로 이어졌다. 고등학교의 과학 교사였던 존 스콥스는 테네시의 공립학교에서 진화론 교육을 금지하는 새로운 법에 불복했다고 기소되었다. 미국 시민 자유 연맹(American Civil Liberties Union)은 스콥스를 지지했고, 윌리엄 제닝스 브라이언(William Jennings Bryan, 1860-1925)은 원고인 세계 기독교 근본주의 협회(World Christian Fundamentals Association)의 변호사 역할을 했다. 이 일은 결국 근본주의에게는 재앙의 홍보가 되었다.

이 재판을 기독교와 무신론 사이의 '사생 결투'로 여긴 브라이언은 저명한 불가지론자 변호사 클래런스 대로(Clarence Darrow, 1857-1938)에게 압도당했다. 대로는 브라이언을 피고측 증인석에 세운 다음 진화에 대한 그의 견해를 심문했다. 브라이언은 자신이 지질학과 비교종교학, 고대 문명에 대한 지식이 없음을 시인하지 않을 수 없었다. 어쨌든 브라이언은 법정 심리에서 승리했고, 스콥스는 100달러의 벌금형을 받았다. 그러나 주 최고 법원은 세부 사항을 근거로 스콥스에 대한 판결을 뒤집어 그가 자유롭게 걸어 나가게 했다. 브라이언은 재판 5일 후에 죽었다.

그러나 이보다 더 중요한 재판이 신문에서 일어나고 있었다. 신문에서는 브라이언을 생각 없고 배우지 못했으며 반발하는 사람이라고 했다. 근본주의는 테네시 주 농촌 오지에서는 통할지 몰라도 세련된 도시에서는 설 자리가 없었다. 특히, 기자이면서 문학가인 멩컨(H. L. Mencken)은 근본주의자들을 불관용적이고, 낙후되었으며, 무지하고, 주류 미국 문화에서 벗어나 있다고 묘사하였다.

그때 이후로 근본주의는 종교 운동 못지않게 문화적 고정 관념이라는 인식이 자리잡았다. 그래서 주류 프로테스탄트 내의 고학력자와 문화 엘리트들의 지지를 기대할 수 없게 되었다. 이때 입은 상처는 결코 회복될 수 없었다. 근본주의는 제2차 세계대전 후 새로운 형태의 복음주의가 나타난 이후에 비로소 초기의 동력과 신뢰성을 어느 정도 회복하게 되었다.

1930년대 독일 교회의 위기

독일은 세계대전 패배로 경제적으로 약화되고 민족적으로 치욕을 당했다. 다른 나라의 경제는 1920년대에 점차 회복되기 시작했지만 독일은 정치적, 경제적 침체에 머물러 있었다. 독일이 지불해야 할 배상금과 걷잡을 수 없는 인플레이션 때문에 상황은 매우 나빴다.

민주 의회는 군주제를 종식하도록 했지만, 바이마르 공화국은 국민의 기대와 소원을 충족시키지 못했다. 1920년 3월에 우익 민족주의자들이 정부를 전복하려는 첫 번째 시도가 일어나 불안한 정국이 형성되었고, 이것은 1930년대까지 계속되었다. 1923년 11월 아돌프 히틀러(Adolf Hitler)와 소수 나치당의 '맥주홀 폭동'은 처절히 실패했다.

1929년에는 상황이 심각해졌다. 독일 경제는 그 해 초부터 이미 나빠지고 있었다. 검은 목요일로 불리는 1929년 10월, 월 스트리트의 붕괴는 전대미문의 세계적 슬럼프의 시작이었다. 이것은 바이마르 공화국의 정치적 안정에는 치명적이었다. 연쇄적인 사건들로 인해 '나치'로 널리 알려진 히틀러의 국가 사회주의 독일 노동자당이 정치적으로 승리했다. 그리하여 1933년 히틀러는 독일의 총리에 오른다.

히틀러 치하에서 독일 교회는 상당한 변화에 직면했다. 국가 사회주의는 어떤 면에서도 기독교 철학이 아니었다. 그 기원은 아직도 제대로 이해되지 않는다. 그러나 오랫동안 존재하던 독일 문화에 관한 민족주의적 신념, 특히 범게르만 동맹의 중앙 유럽 지배 역할에 대한 신념이 반영된 것이었다. 히틀러의 프로그램은 독일 교회를 포함하여, 독일인의 삶 거의 전부를 통제하는 것이었다. 그런데도 히틀러는 스탈린과 달리 무력과 억압 수단을 사용하지 않고도 교회의 순종을 끌어낼 수 있으리라 믿었다.

독일 교회는 처음에는 나치의 지배를 환영했는데, 그 부분적 이유는 나치가 소련 내부의 지원을 받고 있는 이상 국가 무신론에 대한 방어를 약속했고, 종교에 새로운 문화적 역할을 제공하는 것 같았기 때문이다. 독일 교회의 활동은 히틀러의 국가 재건 및 통일 프로그램에 긍정적으로 반응하는 방향으로 전개되었다.

그러나 독일 그리스도인들의 연합은 오래 지속되지 못했다. 1933년 9월부터 분열이 시작되었는데, 유대인(유태인)은 교회의 직분을 맡지 못하게 하는 소위 '아리아인 조항'(Aryan clause) 때문이기도 했다. 나치당의 강한 반유대적 수사법으로 인해 히틀러를 지원하는 것을 독일 정치 현실을 일시적이고 실용주의적으로 수용하는 것이라고 보는 사람들과 기독교를 완전히 재건하려는 사람들이 분열되었다.

신학자 카를 바르트(Karl Barth)와 디트리히 본회퍼(Dietrich Bonhoeffer)는 개인이나 국가의 삶 중심에 하나님 외의 것을 두는 모든 정치 시스템을 비판하는 급진적 신학 비평을 전개했다. 고백교회(Bekennende Kirche, 나치즘과의 타협을 거부하는 독일 프로테스탄트 교회 내의 운동) 지도자들은 1934년 늦은 5월에 바르멘에 모여 『바르멘 선언』(Barmen Declaration)으로 알려진 문서를 발표했다. 이 문서는 교회는 '지배적인 이데올로기적, 정치적 확신'에 따라 교회의 사상을 조정해서는 안 된다고 선언했다. 교회는 예수 그리스도와 성경 본문에 증언된 대로 기독교의 뿌리에 충실해야 한다는 것이었다. 그러나 그런 항거는 전체주의 국가의 수사법적이며 정치적인 힘 앞에서 성공하지 못했다.

아돌프 히틀러의 반유대인 태도와 정책은 결국 홀로코스트로 표현되었다. 이 정책은 제2차 세계대전 이후 기독교과 유대교 사이의 관계를 결정하는 데 중요한 역할을 한 인종 몰살 프로그램이었다. 나치는 제2차 세계대전 중에 다른 사람들도 국가의 원수로 판정하여 가스실로 보냈지만, 제3제국의 제도적 반유대주의 정책 대상인 유대인들은 훨씬 더 많은 숫자가 가스실로 보내졌다. 히틀러는 아르메니아 대학살 사건을 통해 전면전 상황에서 이루어지는 행위는 국제적인 관심 대상이 되지 않는 것을 보았기에, 자신의 인종 말살 프로그램이 국제적인 비난의 대상이 되지 않을 것이라고 생각한 것 같다.

홀로코스트는 제2차 세계대전 이후 유대교와 기독교 사이의 관계에 큰 영향을 미쳤고, 기독교가 히틀러의 전시 정책과 사업에 순응한 것을 어떻게 보아야 하는지에 대한 어려운 문제를 제기했다. 이것은 또한 1948년 5월 이스라엘 국가가 건립되는 데도 중요한 요인이 되었다.

1960년대 후기 기독교 유럽의 출현

1900년에는 세계 10대 기독교 인구 국가 중 다섯 개(영국, 독일, 프랑스, 스페인, 이탈리아)가 서유럽에 있었다. 나른 세 개 국가(러시아, 폴란드, 우크라이나)는 동유럽에 있었다. 한마디로 유럽은 기독교 신앙의 심장부요 초점이었다. 여기에 견줄 곳은 북미뿐이었다. 오늘날의 상황은 근본적으로 달라졌다. 2005년 유럽에서는 단 한 나라만이 최대 기독교 인구 국가 목록에 들어갔다. 서유럽 국가들은 모두 세속화되어 다음과 같은 네 가지 특징을 드러내고 있다.

1. 교회 출석자 수가 급격하게 줄어들었다. 정기적으로 교회에 출석하는 사람은 서유럽 인구의 10% 이하이다.
2. 국가와 지역의 정책은 정규적으로 교회의 관심사를 고려하지 않는다.
3. 학교와 병원, 사회 복지는 대체로 국가가 관리하고 교회의 통제를 받지 않는다.
4. 대중, 특히 젊은 사람은 기독교 신앙의 핵심에 대한 지식이 거의 없다.

현재 서유럽은 세계에서 가장 세속적인 지역이다. 어떻게 해서 이렇게 되었을까? 1600년부터 1900년까지 세계 선교의 주역이었던 지역이 어떻게 후기 기독교 사회가 되었을까? 이 질문은 신앙 갱신과 부흥이 이루어지는 세계 모든 지역에서 제기되는 문제이다. 왜 서유럽만 예외가 되었을까? 왜 미국과 같은 다른 지역이 아니라 유럽에서 이런 일이 일어났을까?

아직 만족스러운 답은 제시되지 않았다. 일부 사회학자들은 프로테스탄트 사상이 자연과 사회를 비신성화한 결과, 막스 베버(Max Weber)의 용어에 따르면 탈주술화한 결과, 자연과학, 세속주의, 무신론이 출현했다고 주장한다.

피터 버거(Peter Berger)는 프로테스탄티즘이 "실제에 있어서 신성한 것에 대한 시야가 엄청나게 위축되는 일"을 야기했다고 시사한다. 그는 프로테스탄트들은 자신들이 "성스러운 존재와 세력이 끊임없이 침투하는" 세상에 살고 있다고 여기지 않는다고 주장한다. 오히려 그들은 세상이 "근본적으로 초월적인 신적인 것과 근본적으로 '타락한' 인간으로 양극화"되어 성스러운 특징이나 관계가 없는 것으로 이해한다는 것이다.

버거의 주장에 의하면, 이와 반대로 가톨릭은 자연 및 그 안에 있는 인간의 위치를 상징적으로 이해함으로써 세속화하는 힘을 가지고 있다. 그러나 프로테스탄티즘은 자신이 하는 일을 깨닫지 못하고 모더니즘을 형성하여 결국 프로테스탄티즘이 유럽의 심장부에서 이런 안타까운 일을 당하도록 만드는 세력이 들어오도록 수문을 열어 주었다.

지금은 세속화라는 주제가 의심을 받지만, 1960년대에는 널리 지지를 받았다. 이로 인해 많은 교회들은 갈수록 세속화하는 세상에서 자신의 미래가 어떻게 될지를 진지하게 질문하게 되었다. 이 문제를 다루는 가장 의미 있는 시도가 제2차 바티칸 공의회이다. 이 회의에서 가톨릭은 그런 문화 추세에 맞서서 강력하고 현실적인 전략을 입안하려고 했다. 이 이정표적인 회의는 다음 단원에서 살펴본다.

제2차 바티칸 공의회

가톨릭교회는 전후 서구 문화, 특히 서유럽의 문화를 휩쓸 것으로 보이는 급격한 사회 문화적 변화를 잘 인식했다. 가톨릭 신앙이 이런 새로운 문화 상황과 연결되기 위해서는 분명히 신학적 재구축과 재형성이 필요했다. 그러나 1939년에 즉위하여 1958년 사망 시까지 재위한 교황 피우스 12세(Pius XII)는 이런 문제를 다루는 일이 급하다고 생각하지 않았다. 교황청은 개혁을 원하는 분위기가 아니었다.

피우스 12세가 죽자 1958년 10월에 요한네스 23세(Johannes XXIII)가 교황으로 선출되었다. 선출시 78세였던 요한네스 23세는 '과도기 교황' 역할을 할 것으로 기대되었다. 중대한 변화를 기대하지 않고 오직 임시적인 교황 역할을 할 것이라 여겼다. 그러나 요한네스 23세는 즉위 3개월 만에 전후 세계의 현실에 대한 교회의 내응책을 강구하기 위해 공의회를 소집하겠다고 기습적으로 발표함으로써 교회의 기득권층을 놀라게 했다. 바티칸의 일반적 분위기는 교회 안에 몇 가지 '살림살이 조치' 정도가 필요하다는 것이었다. 개혁적인 공의회 발표는 전혀 기대 밖의 일이었다.

이 개혁 갱신 과정을 가리키는 이탈리아 말은 '아조르나멘토'(aggiornamento)로 '현대화'라는 의미였다. 이 말은 여러 면에서 이 공의회의 표어가 되었다.

요한네스 23세는 종종 교회가 창문을 열어 신선한 공기가 들어오게 해야 할 필요가 있다고 역설했다. 그는 그런 창문 열기가 교회에 새로운 오순절의 시작이 되기를 바란다는 소망을 표현했다.

이 공의회는 바티칸에서 숙의 과정을 거쳤고, 요한네스 23세 때인 1962년 10월 11일에 시작되어 파울루스 6세(Paulus VI) 때인 1965년 12월 8일에 끝났다. 요한네스 23세가 1963년 6월 3일에 사망했지만 공의회에 영향을 주지 않았다. 파울루스 6세가 즉시 선임자의 프로젝트를 계속하겠다는 의사를 밝혔던 것이다.

이 공의회가 이룬 업적은 무엇일까? 아조르나멘토 개념이 실제로 어떻게 실현되었을까? 이 공의회는 가톨릭교도인 존 F. 케네디(John F. Kennedy)가 미국 대통령으로 선출됨으로써 가톨릭 안에 자신감이 넘치는 시대적 배경 가운데서 개최되었다. 아마 이 자신감이 공의회가 세상에서의 교회 역할을 담대하게 선언하게 하는 데 기여했을 것이다. 여기서는 모든 가톨릭교회는 주변에서 보이는 모든 현상들과 대화할 것을 촉구했다. 가톨릭은 1920년대와 1930년대의 미국 근본주의와 같아서는 안 된다는 것이었다. 가톨릭은 자신들만의 소굴로 도피해서는 안 되며 세상으로 들어가야 한다. 여러 면에서 이런 적극적이고 건설적인 정신과 자신만만한 참여는 이 공의회의 가장 눈에 띄는 특징 가운데 하나이다.

그러나 이 결정은 정당한 평가를 받아야 한다. 이 공의회는 교황의 권위나 지위에 의문을 제기하지 않고 주교들의 협력 관계를 재확인했다. 주교들이 교회를 다스리고 인도하는 중요한 역할을 강조한 것이다. 그리고 평신도의 역할을 새롭게 강조하여 그들의 사회 정치적 환경에 참여할 것을 격려했다. 다른 교회들을 향한 가톨릭교회의 태도도 더 편안하고 긍정적으로 되었다. 비록 다른 교회들이 가톨릭에서 분리하여 나갔지만 기독교 단체임을 인정하는 태도를 취했다.

다른 그리스도인들을 향한 이런 새로운 관대함은 다른 신앙 전통들과 긍정적이고 존중하는 관계를 맺는 것으로 이어졌다. 이와 관련하여 중요한 것은 가톨릭교회가 특히 그리스도의 죽음에 대한 책임이 있다고 함으로써 유태인에 대한 편견을 조장하는 데 관여했음을 인정한 것이다. 이것은 세계 유태인을 향해, 특히 홀로코스트의 후유증 가운데서 이루어진 중요한 화해의 제스처였다.

이 공의회의 중요한 결정 가운데 하나는 전례 헌장인『사크로상툼 콩킬리움』(Sacrosanctum concilium, 문자적으로는 '거룩한 공의회', 공식적으로는 '공의회 헌장'으로 번역할 수 있다) 개혁 칙령이다. 이것은 1963년 12월 4일 압도적 다수결로 승인되었다. 찬성이 2,147표, 반대가 4표였다. 이 개혁 칙령은 예전 갱신의 기초를 놓았다. 중요한 결정 중 하나는 예전을 현지에 맞도록 바꾸는 작업에 관한 것이었다. 이런 중요한 발전은 현지어 역 성경을 인정하는 의지를 보였다.

이 공의회의 급진적인 결정들에 대해 아일랜드와 같은 보수적인 가톨릭 세계는 의심의 눈초리를 보냈다. 이런 저항을 관찰한 많은 사람들은 '공의회의 정신'이 자신의 방식에 고착되어 있고 옛 사고와 행동 방식에 사로잡혀 있는 이전 세대의 주교들이 새 세대에게 길을 열어 주기 전까지는 실현될 수 없을 것이라고 결론을 내렸다. 그렇지만 제2차 바티칸 공의회가 가톨릭의 삶과 사상의 이정표가 되어 세상에 참여하는 새로운 방식을 보여주었다는 데는 의심의 여지가 없다.

기독교와 미국 민권 운동

남북전쟁은 미국 내에서 여러 가지 긴장을 고조시켰다. 그 가운데서 이전 남부의 노예주(州)들은 주법과 지방법을 통해 인종 차별을 합법화하고 있었다. 1876년에서 1965년 사이에 시행된 '짐 크로 법'(Jim Crow laws)은 남아프리카 공화국에서 1950년대와 60년대에 '아파르트헤이트'(apartheid, 아프리칸스어로

'차별'이라는 의미)라는 이름으로 실시되었던 인종 차별 정책과 유사한 인종 차별을 강요했다. 이런 법은 남부의 여러 주들이 모든 공동 시설에서 인종 차별을 할 수 있는 근거를 제공했다.

개별 행동가와 운동가도 중요하지만, 미국에서 민권 운동이 성공하는 열쇠는 남부 주(州)의 흑인 교회였다는 것이 일반적인 의견이다. 이런 것은 이전에 노예제가 실시되던 공동체에서 가장 중요한 사회 정치적 세력이 나타났음을 보여준다. 이 교회들은 제1, 2차 세계대전 기간 동안 사회적으로 소외되어 있었지만, 사회를 변화시킬 능력을 가진 아프리카계 미국인들을 대규모로 동원하는 데 필요한 자금과 구조와 대규모 회원을 가진 유일한 조직체였다.

민권 운동 수사법의 강한 종교적 색채는 미국의 자유주의가 1930년대의 전성기에 민권의 법제화와 정책화에 성공하지 못했음을 부분적으로 반영했다. 결국 정치적 자유주의의 이데올로기는 풀뿌리 차원의 종교적 관점과 세계관에 굴복하고 말았다.

민권을 위한 투쟁은 대부분 종교적 투쟁으로 이해되었다. 이스라엘이 애굽의 노예 생활에서 해방되는 구약의 이야기에 담긴 위대한 주제를 반영하고 있다는 것이다. 민권 운동을 위한 대규모 정치 집회는 종종 교회의 봉사의 구조와 색채를 조롱했는데, 이는 그것을 남부 지역의 역사에 깊이 뿌리박혀 있는 종교적, 사회적 시각의 자연스러운 연장으로 본 부분적인 이유도 있다.

민권 운동이 우리에게 친밀해지는 계기가 된 사건은 1955년에 일어난 몽고메리 버스 보이콧 운동이다. 1955년 12월 흑인 여성 로자 파크스(Rosa Parks, 1913-2005)가 앨라배마 주 몽고메리의 대중교통 버스에서 백인 남자에게 자리를 양보하기를 거부했다는 이유로 짐 크로 법에 의해 체포되었다.

이 체포 사건과, 그 배후에 있는 흑인에 대한 차별 태도에 항거하는 운동이 흑인 침례교 목사 마틴 루터 킹(Martin Luther King, Jr., 1929-1968)의 지도로 이루어졌다. 이 보이콧은 1년 이상 계속되었고 전국적으로 알려졌다. 1956년 미국 연방 지방 법원은 몽고메리의 모든 대중교통 버스에서 인종 분리 구역을 금하도록 판결했다.

이 일로 고무된 킹은 남부 전체의 버스에서 인종 차별을 철폐하기 위한 여론화 운동을 벌였다. 1957년 초 일련의 집회를 가진 후에 킹은, 특히 흑인 교회의 사회적 자본을 동원하여 기존의 인종 차별법에 도전할 목적으로 남부 기독교 지도자 회의를 열었다. 이 운동에 대해서는 논란이 많았다. 많은 목사와 교회 지도자들은 흑백을 막론하고 교회는 정치적 행동보다는 회중들의 영적, 목회적 필요에 관심을 집중해야 한다고 생각했다.

그러나 이런 정치적 정적주의 경향에도 불구하고 교회는 비폭력 저항 운동에 점차 참여했다. 앨라배마 주 버밍햄에서 캠페인이 성공을 거둔 후 1963년 8월 워싱턴에서 대규모 행진을 벌였다. 케네디 정부는 버밍햄에서 경찰이 데모대에게 과잉 행위를 한 것을 매체들이 보도한 데 힘을 얻어 남부의 법들을 해지하기 시작하여 전부는 아니었지만 남부 지역의 인종 차별 대부분을 종식시켰다.

민권 운동은 두 가지 분야의 발전을 통해 교회가 미국 정치에 재진입하게 한 것으로 유명하다. 첫째는 킹의 사회적 행동 프로그램이 특정 정당의 관심사라기보다는 신학적 관점의 변화와 갱신에 기초한다는 점이다. 킹은 공화당이나 민주당 어느 당과도 연합하지 않고, 정치 체제 밖에서 움직였다.

수사법의 걸작으로 회자되는 1963년 8월 28일의 킹의 연설 '나에게는 꿈이 있습니다.'(I Have a Dream)는 정의와 자유에 대한 구약의 비전에 깊이 뿌리내리고 있어서, 변화를 위한 행동에 대해 신학적 근거를 제시해 주었다. 그 연설에는 이사야 40장의 예언 주제가 스며들어 있었으며, 그것은 소망과 비전을 결합한 것이었다.

화보 4.11 1963년 노예 해방 100주년을 기념하는 워싱턴 대행진 때 링컨 기념관 계단에서 연설하는 마틴 루터 킹 목사. 이때의 연설이 바로 유명한 '나에게는 꿈이 있습니다.'로 인종 차별 철폐와 인종 간의 공존이라는 감동적인 메시지를 담고 있다.

둘째, 킹의 성공은 교회가 원칙을 타협하지 않고 정치적 논쟁과 직접적 행동에 참여할 수 있음을 분명히 보여주었다. 민권 운동은 교회와 그리스도인 지도자들이 정치적으로 참여하는 것이 종교적으로 수용 가능하게 해주었다.

갱신된 신앙 : 요한네스 파울루스 2세와 소련의 붕괴

제2차 세계대전 이후 유럽의 상황은 복합적이었고 가톨릭교회에 특별한 문제를 던져 주었다. 소비에트 블록의 형성은 동유럽의 많은 가톨릭 지역이 예기치 않게 공산주의자의 지배 아래 들어가고 교회와 종교인들의 활동에 엄격한 제약이 가해지는 것을 의미했다. 서구에서는 1960년대에 대두된 전통적 구조의 권위와 신념들에 대한 급진적 문제 제기로 인해 많은 가톨릭 사상에 대해 도전하는 환경이 조성되었다.

제2차 바티칸 공의회에서는 서구에서 가톨릭에 대해 제기된 문제들 일부를 해결하려는 조치가 이루어지기 시작했다. 물론 그것들은, 특히 인공 피임에 있어서는 상당한 저항이 있기도 했다. 그러나 소련과 동유럽 위성 국가들의 영향력은 더 큰 문제를 일으켰다. 교황이 이 상황에 개입할 수 있는 여지가 거의 없는 것 같았다. 영향력이 실용적인 요인들(예를 들면 군사력)을 의지하고 있는 것 같았기 때문이다. 교황 피우스 12세가 비난하자 소련의 지도자 스탈린은 이런 개입을 하찮은 일이라며 묵살해 버렸다. "교황은 도대체 몇 개 사단이나 가지고 있는데?"

교황 파울루스 6세는 1978년 8월에 서거했다. 파울루스 6세는 선임자인 요한네스 23세와 마찬가지로 이탈리아인 교황으로서 다른 기독교 교회와의 관계를 개선하고 세상을 향해 교회의 문을 열기 위해 열심히 노력했다. 누가 그의 후계자가 될지 불분명했다. 일부는 주세페 시리(Giuseppe Siri) 추기경을 선호했다. 그는 제노바의 보수적인 대주교로, 제2차 바티칸 공의회를 비판한 것으로 볼 때 교회를 더 보수적인 방향으로 이끌 것 같았다. 결국 교황 선출을 위한 콘클라베는 이탈리아인 알비노 루차니(Albino Luciani)를 선출했고, 그는 '요한네스 파울루스 1세'(Johannes Paulus I)라는 이름을 교황명으로 삼았다. 곧 그는 제2차 바티칸 공의회의 결정 사항들을 실천하는 데 관심을 가진 개혁적인 교황이 될 것이 분명해졌다.

요한네스 파울루스 1세는 즉위 33일 만인 1978년 9월 29일에 급작스런 죽음을 맞이했다. 예상치 못한 그의 죽음은 그가 살해된 것이 아닌가 하는 억측을 낳았다. 물론 역사가들은 설득력이 없다고 간주한다. 교황 선출을 위한 콘클라베가 다시 소집되었다. 처음에는 추기경들이 전통주의자 계열과 개혁주의자 계열로 나뉘어 전통을 선호하는 주세페 시리 지지자와 개혁적인 피렌체 대주교 주반니 베넬리(Giovanni Benelli) 지지자로 구분되었다. 베넬리가 선출될 가능성이 높았지만, 경쟁자 중 누구도 충분한 지지를 확보하지 못했다. 그래서 후보자들 사이의 타협이 시도되었다.

콘클라베는 크라쿠프의 대주교 카롤 유제프 보이티와(Karol Józef Wojtyła)를 선출함으로써 외부 세계를 깜짝 놀라게 했다. 보이티와는 자신이 '요한네스 파울루스 2세'(Johannes Paulus II)로 알려지기를 원한다고 선언했는데, 그것은 그의 선임자에 대한 존경의 표시이면서 동시에 그의 개혁 계획을 계속할 것임을 시사하는 것으로 해석되었다. 요한네스 파울루스 2세는 선출 당시 58세로, 근래 역사상 가장 연소한 교황에 속했다.

이 지명 사건은 세계적으로 큰 관심을 불러일으켰지만, 가장 큰 영향은 보이티와의 고국에서 나타났다. 그가 선출될 때 폴란드는 소비에트 블록에 속해 있었고 유럽에서 가장 독실한 가톨릭 국가 중 하나였다. 공산주의 정권은 가톨릭을 억누를 수 없음을 알고 그 영향력을 제한하는 데 노력을 집중했다. 폴란드인 교황의 선출(비이탈리아인 교황이 선출된 것은 거의 500년 만이었다)은 폴란드에서 민족적 자부심이 넘치게 하였고 이 나라 가톨릭의 정체성이 새로운 의미를 갖게 했다.

1979년 6월 목회 방문차 조국 폴란드를 방문한(이 목적으로 폴란드에 총 9회 방문했는데 그 중 첫 번째 방문이었다) 요한네스 파울루스 2세는 열광적인 환영을 받았다. 국가의 분위기가 변화되자(이 원인의 일부는 가톨릭의 부흥에 있었다) 공산주의 정권에 대한 저항이 커졌다. 획기적인 사건으로 1980년 8월 레흐 바웬사(Lech Wałęsa, 1943-)의 주도하에 그단스크 레닌 조선소에서 연대 자유 노조가 결성되었다. 1981년 12월의 계엄령으로 이 운동의 지역 지도자들을 투옥시켰지만 이 운동을 진압하지는 못했다.

폴란드에서 일어난 사건은 소비에트 블록 전체에서 이와 비슷한 일들이 일어나게 하는 기폭제가 되었다. 중앙의 통제가 약해지기 시작했는데, 소련 공산당 총서기인 미하일 고르바초프(Mikhail S. Gorbachev) 때 특히 그러했다. 고르바초프는 1985년 총서기로 선출되자마자 **페레스트로이카**(perestroika, 개혁)와 **글라스노스트**(glasnost, 개방) 정책을 시행했다. 원래의 의도는 소련의 경제를 과도한 관료주의로부터 해방시키려는 것이었지만, 이 움직임은 소련과 그 위성 국가들에서 공산당의 지배력을 약화시키는 것으로 끝나고 말았다.

종교는 더 이상 억눌러지지 않는다는 것이 갈수록 분명해졌다. 한 예로, 1988년 2월 적군(赤軍) 합창단이 바티칸의 교황 앞에서 '아베 마리아'(Ave Maria)를 공연했다. 같은 해 미하일 고르바초프는 러시아와 우크라이나 기독교 천 년 기념식을 승인하고 장려했다. 3년 후 소련은 사라졌다. 소련은 1991년 12월 25일 공식적으로 해체되었고, 15개의 공화국들은 독립된 주권 국가가 되었다. 10년도 되지 않아서 정교회는 이 새로운 러시아 연방 내에서 주요한 영적, 정치적 세력으로 재확립되었다.

미하일 고르바초프는 요한네스 파울루스 2세가 없었다면 철의 장막을 걷어 내는 일은 불가능했을 거라고 했다. 교황이 붕괴의 유일한 원인이라는 의미가 아니라면 이 말은 옳다. 많은 요인들이 작용했겠지만, 사람들은 이 카리스마적인 교황에 의해 적잖게 영향을 받은 종교의 부흥이 소비에트 블록을 해체한 요인들 가운데 하나라고 주장한다. 요한네스 파울루스 2세는 다른 견해, 즉 공산주의는 내부의 모순 때문에 붕괴했다는 의견을 취했다. "하나님의 섭리로 공산주의가 몰락했다고 하는 것은 지나치게 단순한 생각입니다. 분명히 공산주의 체제는 스스로 무너졌습니다."

요한네스 파울루스 2세의 재위 기간 중에 가톨릭은 많은 변화를 겪었다. 이 중에는 서방 국가에서 사제와 출석 교인수가 감소한 것과 라틴 아메리카와 아시아, 아프리카에서 복음주의와 오순절파가 수적 강세를 보인 것, 그리고 지역 교구들로의 권력 분산에 대한 논쟁 등이 있다. 요한네스 파울루스 2세는 처음에는 개혁주의자로 여겨지기도 했지만, 그의 통치는 전통적인 교황의 자세에 대한 재강조와 가톨릭과 다른 교회들과의 관계 개선이 널리 알려져 있다. 그러나 그의 재위 기간 중 일어난 가장 큰 사건은 소련의 붕괴와 동유럽에 새로운 질서가 태동한 것이라고 많은 사람들은 말한다.

교회의 기득권에 대한 도전 : 페미니즘과 해방신학

제2차 세계대전에 이은 급속한 사회 변화는 전통적 기독교 신앙과 관습에 대한 도전으로 이어졌다. 그 중 가장 중요한 것 하나는 문화적, 정치적 파워 그룹으로부터 해방된 집단을 추구하는 '해방주의' 운동이다. 이 단원에서는 그런 두 가지 그룹, 즉 원래 '여성 해방 운동'으로 알려졌던 페미니즘과 라틴 아메리카의 해방신학을 살펴볼 것이다.

서구에서 유일신 종교에 대한 가장 유명한 비판들 가운데 하나가 페미니스트 운동에서 나타났다. 이 운동은 유대교, 기독교, 이슬람교에 스며 있는 하나님이 남성이라는 근본적인 개념은 그들의 가부장적 문화와 연관되어 있다고 주장한다. 이런 개념들은 여성이 자신의 정체성과 권위를 주장하는 문화에서는 더 이상 옹호될 수 없다는 것이다.

역사적으로 선행하는 사건들이 있었지만(한 예로 20세기 초에 여성의 투표권을 주장했던 여성 참정권 운동이 있다) 페미니즘은 1960년대 말에 나타났다. 일부 페미니스트들은 특정 정치적, 사회적 문제에 집중했지만 또 어떤 사람들은 서구 문화에 만연한 이데올로기인 성적 지배를 무너뜨릴 필요를 주장하면서 많은 정치 구조와 문화 신념과 관습의 배후에 이 이데올로기가 있음을 보여주었다.

최근에 들어서는 이 운동이 더욱 다양하게 되었는데 그것은 다양한 문화와 인종 집단에 속한 여성들이 다양한 접근법을 받아들였기 때문이기도 하다. 그래서 북미의 흑인 여성의 글은 '여성의 경험'이라는 개념이 보편적인 것이 아니라 성과 계급에 의해 형성된 가치라는 것을 나타내기 위해 '검은 여성주의'(black womanism)이라는 말로 표현된다.

기독교에 대한 페미니즘의 영향은 주로 서구에서 이루어졌고 크게 두 가지로 전개되었다. 첫째, 이 운동은 교회 안에서 특히 성직자들 가운데서 여성의 대표권을 확대하려는 노력으로 전개되었다. 이 캠페인은 성경을 근거로 여성 안수를 주장하는 다른 활동들과 함께 이루어졌다. 이들은 신약은 복음의 새로운 질서를 근거로 모든 사회적, 성적, 권력적 관계에 대해 의문을 제기했다고 주장했다. 일부 교파에서는 제2차 세계대전 전부터 여성 안수를 시작했다. 예를 들어, 구세군에는 1878년에 41명의 여성 사관과 49명의 남성 사관이 있었다. 전통의 중요성을 강조하는 교파들(가톨릭과 정교회)과 신약이 여성의 리더십을 금한다고 해석하는 교회들은 그런 주장에 대항했다.

둘째, 이 운동에서는 전통적인 기독교 언어는 남성의 역할 모델과 언어로 기울어져 있음을 보여준다고 주장했다. 『아버지 하나님을 넘어서』(Beyond God the Father, 1973)의 저자 메리 데일리(Mary Daly)와 『신학과 페미니즘』(Theology and Feminism, 1990)의 저자 대프니 햄프슨(Daphne Hampson)을 비롯한 일단의 후기 기독교 페미니스트들은 기독교는 남성 심볼의 하나님과 남성 구세주, 남성 지도자와 사상가로 점철된 오랜 역사를 볼 때 여성에게 불리한 방향으로 기울어 있으며, 따라서 구제가 불가능하다고 주장했다. 그들은 이런 억압적인 환경에서 떠나야 한다고 주장했다. 『아프로디테의 웃음』(Laughter of Aphrodite, 1987)의 저자 캐럴 크라이스트(Carol Christ)와 『하나님 변화시키기』(Changing of the Gods, 1979)의 저자 나오미 룻 골든버그(Naomi Ruth Goldenberg)와 같은 이들은 고대의 여성 종교를 재발견하고(아니면 새로 만들어 내고) 동시에 전통적 기독교를 버림으로써 여성은 종교적 해방을 맞을 수도 있다고 주장했다.

다른 페미니스트들은 기독교를 거칠게 거부하는 데 반발하여 기독교 전통을 보다 섬세하고 깊이 있게 해석힐 것을 주장했다. 페미니스트 작가늘은 여성이 신약 시대 이래로 기독교 전통의 형성과 발전에 얼마나 적극적으로 기여했으며 기독교 역사 내내 얼마나 중요한 리더십 역할을 했는지를 강조한다. 실제로 많은 페미니스트 작가들은 이제까지 대부분의 기독교 교회와 역사가들(주로 남성)의 주목을 받지 못했던 수많은 믿음의 여성들을 인정함으로써 기독교의 과거를 재평가할 필요가 있음을 보여주었다.

그리스도가 남성이라는 점은 페미니스트 작가들의 특별한 논의 주제였다. 그들은 이 점이 때로 남성만이 올바른 하나님의 형상일 수 있거나 오직 남성만이 하나님에 대한 적절한 역할 모델이나 유비를 제공할 수 있다는 신념에 대한 신학적 기초로 사용되어 왔음을 지적했다. 이에 대해 페미니스트 작가들은 그리스도의 남성성은 그가 유대인인 것과 같이 그의 정체성에 맞춘 것이라고 주장했다. 그것은 그의 정체성의 본질적 측면이 아니라 역사적 실제에 맞춘 요소라는 것이다. 따라서 교회에서든 사회에서든 이것이 남성의 여성 지배의 근거가 될 수 없는 것은 마치 유대인의 이방인 지배나 목수의 배관공 지배가 합법화될 수 없는 것과 마찬가지이다.

1960년대에 라틴 아메리카에서 해방신학이 대두된 것도 중요하다. 제2차 세계대전의 여파로 전 세계에 극적으로 전개된 것 가운데 하나는 마르크스주의가 전파된 일이다. 동유럽과 중앙 아시아의 많은 곳에서는 마르크스주의가 강요되었지만, 라틴 아메리카와 아프리카, 아시아에서는 기존 사회 질서에 환멸을 느끼고 근본적인 변화를 원하던 집단들에게 영감을 주는 사상이었다. 마르크스주의는 사회 변혁을 약속하는 세계관을 제공했다. 물론 그것은 하나님이 없는 세계관이었다. 이것은 식민주의와 제국주의의 족쇄를 벗어던지고 해방을 얻을 수 있는 방법을 제공하는 것 같았다.

라틴 아메리카에서 마르크스주의는 금세 주도권을 장악하여, 쿠바에서는 1965년부터 혁명의 모형과 기초 기능을 했다. 피델 카스트로(Fidel Castro)는 1959년 폭력 혁명을 통해 미국의 지원을 받는 쿠바 대통령 풀헨시오 바티스타(Fulgencio Batista y Zaldívar) 정권을 무너뜨리고 1961년에 쿠바가 공산주의 국가임을 선언했다. 브라질에서는 마르크스주의가 지역의 상황에 맞추어 변형되었다. 이는 카이오 프라도(Caio Prado) 같은 이론가들이 마르크스주의가 이 나라의 병에 대한 치료책으로 사회 경제적 비전을 제시할 수 있게 함으로써 가능하게 되었다. 이 지역의 일부 저명한 가톨릭교도들은 이 비전이 반영한 사회적 문제를 해결하는 일이 중요함을 인식하고, 복음의 사회 변혁적 비전을 강조하기 위해 '해방신학'을 개발했다.

해방신학은 1968년 라틴 아메리카의 가톨릭 주교들이 콜롬비아 메데인에서 대회를 개최하면서 나타났다. 이 대회는 교회가 종종 그 지역의 억압적인 정부 편에 섰다는 것을 인정하고 앞으로는 가난한 자의 편에 설 것을 선언함으로써 지역 전체에 충격파를 보냈다.

이 주제는 해방신학으로 선택되고 발전되었다. 교회는 가난한 자와 억압받는 자에게로 향한다. 이것은 기독교 진리와 실천 이해를 위한 참된 근원이다. 라틴 아메리카의 상황에서 교회는 가난한 자의 편에 선다. 하나님은 가난한 자의 편이라는 사실은 더 많은 통찰을 준다. 가난한 자는 기독교 신앙을 해석하는 데 있어서 특히 중요한 위치를 차지한다는 것이다. 모든 기독교 신학과 선교는 아래로부터의 관점에서, 즉 가난한 자의 고통과 고난에서 시작해야 한다.

해방신학은 두 가지 근거를 들어 마르크스 사상을 사용하는 것을 옹호했다. 첫째, 마르크스주의는 '사회 분석의 도구'로서 라틴 아메리카 사회의 현재 상태와 가난한 자들의 끔찍한 상황을 치유할 수단에 대한 통찰을 준다. 둘째, 이것은 현재의 불공정한 사회 시스템을 해체하고 더 평등한 사회를 창조하기 위한 정치적 프로그램을 제공한다. 그러므로 해방신학은 자본주의를 비판하고 사회주의를 긍정한다. 하나님이 가난한 자를 사랑하시고 돌보신다는 사실은 복음의 근본적인 측면이지, 라틴 아메리카의 상황에서 나오거나 순전히 마르크스주의의 정치 이론에 기초한 첨부된 선택 사항이 아니다.

해방신학은 1960년대와 그 이후 20여 년 동안 라틴 아메리카 여러 곳에서 이루어진 혁명 열기에 대한 중요한 반응이었다. 그때 이후로 해방신학의 호소력은 줄어들었는데, 그 이유는 그 초점이 요원한 목적에 있었기 때문이기도 하고, 라틴 아메리카의 가난한 자들을 위한 다른 종교적 대안, 즉 오순절 운동이 대두되었기 때문이기도 하다. 그러나 해방신학의 이념은 아직도 살아 있다. 2013년 아르헨티나 출신의 호르헤 마리오 베르고글리오(Jorge Mario Bergoglio)가 교황으로 선출된 것에 대해 사람들은 한편으로는 가난한 자에 대한 교황의 관심이 새로워질 것이며 다른 한편으로는 자본주의에 대해 사정을 잘 아는 비판이 있을 것이라고 여겼다.

서구를 넘어간 기독교 : 신앙의 세계화

근대 초기 유럽의 위대한 선교 모험은 처음에는 가톨릭교회가, 후에는 프로테스탄트가 담당했다. 이로 인해 기독교 신앙의 지리적 범위가 크게 확대되었다. 양적, 수적으로 보면, 기독교의 중심은 1900년과 2000년 사이에 서구에서 떠났다.

이제 기독교는 남반구의 우세한 종교가 되었다. 이 지역의 인구 증가를 20세기의 복음 전도와 선교 성공과 함께 살펴보면, 기독교는 수적으로 인구가 많아지는 지역에서 비율적으로 증가하는 종교가 되었다. 예를 들어, 1900년에는 아프리카의 인구가 1천만 명이고 그 중 9%가 기독교인이었지만, 2005년에는 4억 명이고 그 중 46%가 기독교인이다.

한국의 사례는 특히 중요하다. 한국은 아시아 국가로서 단 한 세기 만에 기독교인이 다수를 차지하는 국가가 되었다. 20세기 초에는, 필리핀이 아시아에서 유일하게 기독교가 우세한 나라(프로테스탄트는 소수이고 가톨릭이 우세한 가톨릭 국가)였다. 가톨릭은 1880년대에 한국에 자리잡았지만 아주 작은 공동체에 불과했다. 한국의 기독교 성장 과정을 추적해 보면 두 명의 미국인 프로테스탄트 선교사가 나온다. 감리교인 헨리 아펜젤러(Henry Appenzeller, 1858-1902)와 장로교인 호레이스 언더우드(Horace Underwood, 1859-1916)다. 두 사람은 기독교가 한국 사회에 정착하는 수단으로 교육을 적극적으로 추진했다. 1907년경에는 오순절 형태의 부흥이 일어났고 자국민 가운데서 회심이 크게 일어났다.

한국은 공산주의의 북한과 민주주의의 남한으로 분열되었고 이어 1950년 6월 25일에 한국 전쟁이 발발했다. 전쟁 종료 이후에 이루어진 선교 단체들의 적극적인 구호 프로그램 참여는 기독교가 발전하는 강력한 자극제가 되었고, 이것은 1960년대에 이루어진 한국 교회의 사회적 행동 프로그램으로 더욱 강한 영향을 미쳤다.

오늘날 한국은 아시아 국가 전체에 선교사들을 파송하고 있으며, 시드니에서 로스앤젤레스, 멜버른에서 뉴욕에 이르기까지 서구의 주요 도시들에 흩어진 한국인들에게도 선교사들을 파송해 가고 있다. 이런 일들은 이제 교회의 네트워크와 긴밀하게 연결되어 있는데, 이는 점점 더 공동체 행동, 상호 지원, 영적 양육 등을 위한 구심점이 되어 가고 있다. 1979년에 한국 교회는 93명을 해외 선교사로 파송했는데, 1990년에는 그 수가 1,645명, 2000년에는 8,103명으로 증가했다.

중국에서는 1949년에 공산주의 혁명이 있었음에도 불구하고 기독교 인구가 갈수록 많아지고 있다. 중국 기독교의 지도자 우야오쭝(吳耀宗, 1893-1979)은 기독교가 서구 제국주의나 서구 문화의 유입 도구라는 인상을 주지 않으려는 의도로 삼자 애국 운동을 시작했다. 이 운동은 '자치(自治), 자양(自養), 자전(自傳)'의 '삼자'(三自) 전략을 내세웠는데, 이것은 중국 교회에서 외세를 제거하여 교회는 새로 세워진 중화 인민 공화국에 헌신해야 한다는 새 공산 정권을 안심시키기 위한 수단이었다.

1990년부터는 기독교가 중국에서 사실상 모든 형태로 성장하기 시작했다. 이렇게 발전한 이유는 완전히 이해할 수 없다. 중국 정부는 이런 상황 전개에 대해, 특히 바티칸과 더 나은 관계를 가지기 위해 실용주의적인 태도를 취한 것 같다. 어떤 사람들은 앞으로 몇 십 년 지나면 중국이 최대의 기독교 인구를 가진 국가가 될 것이라고 하지만, 제대로 이해하지 못한 현상에 대해 그런 억측을 하는 것은 지혜롭지 못한 일이다.

아프리카에서는 기독교가 내생적 가치와 관습에 맞추어 적응했다. 제2차 세계대전 이후 식민 세력이 떠나감에 따라, 아프리카 교회의 지도력은 점차 유럽인에게서 아프리카인에게로 옮겨졌고, 따라서 식민지 교회가 지역의 관습과 전통에 맞추어 변화되었다. 그러나 다수의 내생적 교회들은 유럽의 교파와 역사적 관련 없이 나타나기 시작했다. 이들 아프리카 독립 교회(African Initiated Churches, AICs)는 남아프리카와 서아프리카, 콩고 분지, 중부 케냐에서 가장 우세하고 수가 많다. 아프리카 독립 교회는 크게 세 부류로 분류할 수 있다.

1. 에티오피아 교회 및 아프리카 교회. 아프리카 독립 교회 중에서 예언이나 성령의 특별한 나타남을 주장하지 않는 교회들을 남아프리카에서는 '에티오피아' 교회 또는 '에티오피아식' 교회라 하며 나이지리아에서는 '아프리카' 교회라 한다. 대체로 이런 교회들은 다른 두 부류의 교회보다 먼저 시작되었고, 주로 유럽 선교 단체가 설립한 교회들에 대한 정치적, 행정적 반발로 생겨났다. 예를 들어, 그들은 보통 정해진 예전을 읽고 대개 검은색의 유럽식 성직자 복장을 하며 유아 세례식을 하고 다른 아프리카 독립 교회에 비해 덜 열정적이거나 감정적인 예배 형식을 가지고 있다.
2. 예언-치유와 성령 교회. 이 교회들은 역사적, 신학적 뿌리를 오순절 운동에 둔 교회로서 성령의 능력의 역사를 강조한다. 아프리카 독립 교회 중에서 가장 큰 집단으로 아프리카 최대의 교회들이 여기에 속한다. 여기에는 중앙아프리카의 킴방구파 운동(Kimbanguist movement)과 아프리카 사도 교회, 서아프리카의 알라두라(Aladura)와 해리스파 교회들, 남아프리카의 시온 기독교 교회와 아마나자레타(Amanazaretha)가 포함된다.
3. 새 오순절 교회. 이 그룹의 교회는 보다 최근에 시작되었고(대부분 1980년 이후에 시작됨) 성령의 능력과 은사를 강조한다. 이들은 현재 아프리카에서 가장 빨리 성장하는 교회로, 1975년 이후 아프리카의 종교 상황에서 폭

발적 성장을 나타냄으로써 아프리카 프로테스탄티즘의 특성에 대한 이전의 가정들에 대해 문제를 제기하고 있다. 여기에 속하는 것으로는 나이지리아의 깊은 삶 교회, 짐바브웨 아프리카인 하나님의 성회, 남아프리카의 그레이스 바이블 교회가 있다.

결론

이 기독교 역사 개관은 가장 기초적인 주제만 제공할 뿐이다. 훨씬 더 자세하게 살펴보아야 한다. 다행히 유용한 자료들이 많으므로, 이 분야를 더 탐구하기 원한다면 활용할 수 있다. 출발점으로 삼을 수 있는 자료들을 '심층 연구를 위한 추천 도서'에 제시해 두었다.

이런 역사 분석을 통해 분명히 알 수 있는 것은 복잡한 역사를 가진 기독교는 세계 각 지역마다 아주 다른 방식으로 발전되고 동일한 지역에서도 아주 다른 형태로 나타난다는 것이다. 다음 장에서는 오늘날 접하게 되는 다양한 형태의 기독교를 살펴볼 것이다.

제5장

기독교 교파들
현대 기독교의 여러 형태들

앞장에서는 1054년 동서 교회의 대분열, 16세기 개신교의 출현, 오순절 운동의 발생, 제2차 바티칸 공의회 등의 이정표가 되는 사건들을 중심으로 기독교의 발전을 살펴보았다. 이 복합적인 역사가 의미하는 바는 현대 기독교가 교회 정치와 예배 방식, 문화적 배경 등의 이해 차이로 다양하게 나누어졌다는 것이다. 이제부터는 현대 세계에 존재하는 기독교의 주요 형태들을 살필 것이다.

'교파'(denomination)라는 말은 교회 집단을 지칭하기 위해 널리 사용된다. 이런 관행은 널리 퍼져 있고 특히 매체에서 그러하지만, 보편적으로 받아들여지는 것은 아니다. 이 말은 원래 16세기 종교개혁의 결과로 나타난 다양한 프로테스탄트 집단을 지칭하기 위해 사용되다가 루터교나 감리교와 같이 '자치적인 교회 집단'을 의미하는 것이 되었다. 가톨릭이나 정교회는 자신을 교파로 생각하지 않는다. 이 둘은 기원을 사도 시대에 둔 교회로 여긴다. 그러나 '교파'라는 말이 기독교 교회 집단을 가리키는 말로 널리 사용되었기 때문에 이 장에서는 그런 우려에도 불구하고 사용할 것이다.

가톨릭

가톨릭은 세계에서 단연 가장 큰 기독교 집단이며, 다음 세대에도 가장 성공적인 기독교 집단일 것으로 널리 기대된다. 일부에서는 과거 역사와 현재 정치에서 로마의 중심적인 역할을 강조하기 위해 '로마 가톨릭'(Roman Catholicism)이라고 부르기도 하지만, 단순하게 '가톨릭'(Catholicism)이라고 부르는 경향이 커지고 있다. 이 책에서는 이 관행을 따를 것이다. 현재 가톨릭은 미국에서도 가장 큰 종교 집단이다. 가장 근접한 라이벌이라 할 수 있는 남침례교(Southern Baptists)와 비교할 때도 수적으로 네 배나 된다. 최근 통계에 따르면, 지난 몇 십 년 동안 미국의 가톨릭은 완만한 성장세를 보였다. 가톨릭은 세계에서 가장 널리 퍼진 기독교 집단으로 계속 확산되고 있다. 어디서나 문제에 부딪힐 것을 예상할 수 있음에도 가톨릭의 역사를 볼 때 가톨릭은 이러한 문제를 잘 직면하고 필요에 맞추어 적응할 것이다.

그러나 가톨릭의 미래는 한때 의심스러워 보였다. 이 점을 이해하려면 두 세기 전으로 돌아가 1789년의 프랑스 혁명 이후 서유럽의 가톨릭교회 상황이 어떠했는지를 살펴보아야 한다. 19세기가 조심스럽게 열릴 무렵 로마 가톨릭의 미래는 매우 의심스러웠다. 프랑스 혁명은 프랑스에서 교회의 영향력과 존재를 사실상 제거해 버렸다. 프랑스 혁명은 그 중심 사상과 혁명군의 활동을 통해 확산되었는데, 당시까지 가톨릭 유럽이었던 지역에도 진격했다. 상황은 암울했다. 나폴레옹 시대는 유럽에서 가톨릭의 모든 역할에 종지부를 찍는 것 같았다. 그러나 나폴레옹이 패배하고 1815년 빈 회의를 통해 유럽이 재편되면서 상황은 안정되기 시작했다.

이 시기에 가톨릭은 남미와 일본과 인도 같은 지역에서 성장하고 있었지만 여전히 일차적으로 유럽 종교였다. 이런 상황은 유럽의 정치적, 경제적 영향력이 확장됨에 따라 가톨릭이 아메리카와 아시아, 아프리카에 자리잡게 되면서 변하기 시작했다. 미국의 경우 가톨릭의 확장은 주로 19세기에 아일랜드와 이탈리아 같은 유럽 가톨릭 국가의 이민을 통해 이루어졌다. 1960년에는 존 F. 케네디(John F. Kennedy)가 미국 대통령으로 취임했는데, 많은 사람들이 이것을 가톨릭이 미국의 사회 구조 안에 정착하기 시작했음을 보여주는 것이라고 여겼다.

가톨릭의 현재 상태와 형태를 살필 때에는 제2차 바티칸 공의회의 업적을, 특히 서구의 급격한 사회 변화기에 제기된 개혁과 갱신 과제를 염두에 두어야 한다. 지금은 대부분 1960년대를 서구 문화의 세속적 낙관주의의 절정기로 본다. 그런 맥락 안에서 기독교의 적실성 문제는 상당히 중요하게 되었다. 요한네스 23세(Johannes XXIII)는 이런 문제 전반을 꿰뚫어 보고 교회의 아젠다를 '현대화'하기 위해 제2차 바티칸 공의회를 소집했다. 이 공의회는 1962년 10월에 시작되었다. 그리고 1962년에서 1965년까지 가을마다 열린 네 번의 회기에는 전 세계에서 2,450명 이상의 추기경들이 로마에 모여 가톨릭교회의 미래의 방향을 논의했다.

이 공의회는 현대 세계에서 기독교 신앙과 가톨릭교회의 위치를 규정하는 데 도움을 주었다. 특히 교회 자체의 본질과, 교황과 주교들 사이의 관계, 그리스도인과 비그리스도인 사이의 관계, 가톨릭과 다른 그리스도인들과의 관계 등을 중점적으로 논의했다. 전도가 비그리스도인들의 정체성과 진실성을 존중하면서 이루어져야 함을 강조했다.

사회 정의에 대한 관심은 로마 가톨릭교회로 하여금 지구촌 인권 갈등의 전면에 나서도록 했다. 이것은 최근 수십 년 사이에 교회가 한 역할, 특히 필리핀의 마르코스(Ferdinand E. Marcos) 대통령 축출이나, 인도네시아 불법 합병으로부터의 동티모르 해방, 남미 군사 독재 치하의 해방 투쟁 등에서 몇몇 저명한 주교가 목숨을 희생하며 수행한 역할을 통해 알 수 있다.

제2차 바티칸 공의회 이후 가톨릭교회는 자신들을 신적 임명을 받은 위계적 결사체로 보기보다는 신자들의 공동체로 보게 되었다. 교회 생활에서 평신도에게 갈수록 중요한 자리가 주어졌다. 이 공의회는 또한 레오 13세(Leo XIII)를 따라 신앙 생활의 사회적 측면을 강조했는데, 여기에는 인권과 인종 관계, 사회 정의 등이 포함되었다. 교회 안에서는 '협력 관계' 개념이 더 중요해졌다. 이것은 교회란 회원 교회들의 공동체로 권위가 교황에게 집중되지 않고 주교들에게 어느 정도 분산되어 있다는 개념을 표현한 것이다.

제2차 바티칸 공의회는 가톨릭 역사의 한 랜드마크이다. 이것이 다음 천 년 동안 기독교 발전에 어떻게 영향을 미칠지 두고 보아야 할 것이다. 많은 가톨릭교도들은 이로 인한 새로운 환경을 환영했지만, 다른 사람들은 가톨릭의 전통적 가르침과 관습의 핵심 사항들을 저버렸다고 느꼈다. 현대 가톨릭교회에는 이런 긴장의 잔재가 남아 있다. 그러나 이것은 창조적 긴장으로 미래에는 건강한 자기 성찰 과정이 될 것으로 보인다.

다른 긴장들도 가톨릭 내에서 중요한 것으로 대두되었다. 점차 기독교는 개발 도상 세계의 종교가 되어 가고 있고, 그 무게 중심은 적어도 수치상으로 보면 서방 세계에서 떠나 아프리카와 아시아의 신진 국가들로 향하고 있다. 다른 기독교 교회에서도 거의 동일한 패턴이 나타나고 있다. 그러나 로마 가톨릭에는 몇몇 특별한 일들이 나타나고 있는데, 그 중 하나가 사제가 되기를 원하는 남자의 수가 급격하게 감소하는 것이다. 이 현상은 최근까지 서유럽 가톨릭의 보루였던 아일랜드 공화국에서 특히 현저하게 나타난다. 아동 학대 혐의는 사제의 위신에 심각한 타격을 주었다. 현재 아일랜드 교회는 심각한 사제 부족 현상에 직면하고 있다. 이와 유사한 패턴이 서구 세계 전체에서도 감지된다. 그러나 개발 도상국에서는 사정이 훨씬 고무적이다.

이것은 개발 도상 세계의 아젠다가 점차 가톨릭을 지배하게 되고, 서구의 전통적 아젠다는 덜 중요하게 된다는 것을 의미한다. 2013년에 아르헨티나 출신 교황이 선출된 것은 대체로 현대 가톨릭에서 남반구의 중요성을 반영하는 것으로 보인다. 일부 관찰자들은 이런 양상은 지난 두 세기 동안 가톨릭이 자신을 서구 신앙으로 보던 데서 결정적으로 옮겨 갔음을 보여주는 것으로 해석한다. 가톨릭교회는 다음 세대에도 세계 기독교에서 주요한 역할을 계속할 것으로 널리 기대되고 있다.

가톨릭은 복합적이기 때문에 가톨릭의 뚜렷한 특징을 요약하기는 힘들다. 그러나 다음과 같은 점이 중요하다.

1. 전통적으로 가톨릭교회는 교회 정치를 교황과 추기경과 주교에 초점을 맞춘 강력한 위계적 정치로 이해했다. 교황은 가톨릭 세계 전체에서 주교 임명에 상당한 영향력을 가지고 있다. 추기경단은 교황이 죽은 후 비공개 회의를 열어 계승자를 선출한다. 추기경은 사제 또는 주교로 교황이 임명하며, 특별한 행정적 책임을 맡는다.

2. 부분적으로 교황의 중요성 때문에, 로마는 가톨릭에서 특히 중요한 곳이다. 개신교도들은 이 교회를 말할 때 흔히 '로마 가톨릭'이란 말을 사용하는데, 이것은 로마가 가톨릭의 중심지로서 갖는 중요성을 보여준다. 바티칸은 가톨릭의 영적, 정치적 심장부로 널리 인식되는 곳으로, 가장 최근의 두 공의회 즉 제1차 바티칸 공의회(1869-1870)와 제2차 바티칸 공의회(1962-1965)가 열린 곳이기도 하다. 로마는 역사적으로 초기 기독교와 깊은 관련이 있기 때문에(일반적으로 사도 바울과 베드로가 로마에서 순교하여 그곳에 묻혔다고 믿는다) 많은 가톨릭 신자들이 로마를 순례한다.

3. 일반적으로 교회는 그 구조가 신적 실재(divine reality)에 기초하는 가시적인 신적 제도로 여겨진다. 제2차 바티칸 공의회를 통해 이러한 교회관이 수정되었지만 현대 가톨릭에서도 여전히 중요하다. 교회의 가르치는 역할, 즉 교도권(敎導權, magisterium)에는 특별한 중요성이 부여되어 있다. 트리엔트 공의회는 어느 누구도 '성경의 참의미와 해석을 판단해야 하는

거룩한 어머니 교회(Holy Mother Church)가 견지했고 견지하는 의미에 반하는' 성경 해석을 할 자유가 없다고 결정했다. 이러한 결정 뒤에는 그리스도인의 삶과 교회 내의 권위에 대한 집단적 개념이 있다. 이것은 20세기 현대 서구 문화의 특징이 된 개인주의와 첨예하게 대조된다.

4. 가톨릭 성직자는 가톨릭의 모든 삶에서 중요한 역할을 한다. 가톨릭 성직자는 결혼을 할 수 없다는 것이, 가톨릭이 다른 기독교와 현격하게 차이나는 점이다. 정교회와 개신교는 사제 또는 목사의 결혼을 허용한다. 남성만이 가톨릭 사제가 될 수 있다. 여성들에게도 몇몇 목회 및 전례(典禮)와 관련된 책임이 부여되지만(자세한 부분은 곳에 따라 다르다), 가톨릭교회는 지금도 남성에게만 사제권을 부여한다.

5. 가톨릭은 매우 전례적이다. 바꾸어 말하면, 교회가 사용하는 예배 형식이 고정되어 있고 중앙에서 결정되는데, 이것은 교회가 기도하고 예배하는 방식과 교회가 믿는 내용이 분리될 수 없다는 확신을 반영한다. 이 확신은 렉스 오란디 렉스 크레덴디(lex orandi lex credendi, 기도의 법이 곧 신앙의 법)라는 라틴어 슬로건으로 표현된다. 전례는 교회의 신앙과 가치관에 대한 공적 진술로 인식되며, 사도적 전승과의 연속성을 유지하는 수단으로 인식된다. 제2차 바티칸 공의회 때까지 가톨릭 전례는 라틴어로 진행되었다. 비록 라틴어로 진행되던 전례의 본래 의미를 정확히 전달하기 위해 번역에 세심한 주의를 기울여야 했지만 이제는 각 지역 언어를 사용하는 것이 허용되었다.

6. 가톨릭은 매우 성례적이며, '성례전의 경륜'(sacramental economy, 그리스도의 죽음과 부활이 낳은 그리스도의 유익이 성례를 통해 교회에 전달된다고 보는 견해)을 상당히 강조한다. 개신교는 두 가지 성례만 인정하지만 가톨릭교회는 일곱 가지 성례를 인정한다. 교회의 정규적인 전례 생활에서 볼 때, 가장 중요한 성례는 그리스도의 몸과 피가 임재하는 것으로 이해되는 미사(mass)이다.

7. 수도원 생활은 가톨릭 정신의 형성과 표현에 있어서 계속 중요한 역할을 한다. 비록 전통적인 수도회는 쇠퇴했지만, 여전히 수도원은 평신도를 위한 피정(避靜) 센터와 같은 필수적인 역할을 수행하고 있다. 이러한 부분과 관련해서 예수회 창설자 이그나시오 데 로욜라(Ignacio de Loyola)의 체험과 교육 정신에 기초를 둔 이그나시오 영성(Ignatian spirituality)에 대한 관심이 커지고 있다는 사실이 특히 흥미롭다. 수도회가 갖가지 차원의 교육기관의 설립과 운영에서 하는 역할도 주목해야 한다.

8. 가톨릭은 일반적으로 성자(聖者)들의 역할을, 특히 성모 마리아의 역할을 강조한다. 가톨릭은 성자들과 마리아가 산 자와 죽은 자를 위한 중보자 역할을 한다고 이해한다. 마리아의 원죄 없는 잉태 교리는 마리아가 인간의 공통 상황인 원죄를 갖지 않은 채 잉태했다고 말한다. 이것은 마리아를 가톨릭의 삶과 신앙에서 높은 위치에 올려놓은 신학적 근거가 된다. 그럼에도 가톨릭 저자들은 마리아에게 합당한 '존경'(veneration)과 하나님과 그의 아들 예수 그리스도에게 합당한 '예배'(worship)의 차이에 조심스럽게 주의를 기울인다.

동방정교회

보통 간단하게 '정교회'(Orthodoxy)라 하는 '동방정교회'(Eastern Orthodoxy)는 그리스 정교회든 러시아 정교회든 지중해 동쪽 교회와 강한 연속성을 유지하는 기독교를 보여주며 그 전례와 교리는 초대 교회로 직접 거슬러 올라간다. 정교회는 동유럽, 특히 러시아와 그리스에서 수적으로 가장 우세하다. 따라서 이 지역에서 국가적 정체성을 형성하는 데 중요한 영향을 미쳤다. 그러나 정교회는 이민을 통해 북미와 호주에도 깊이 뿌리를 내렸다. 예를 들면, 호주 멜버른은 세계에서 그리스 정교회가 가장 강한 지역 가운데 하나이다.

정교회의 특징은 다음과 같다.

1. 초대 교회와의 역사적 연속성 의식이 매우 강하다. 따라서 정교회는 파라도시스(paradosis, 전통)를, 특히 그리스 교부의 저작을 매우 중요하게 여긴다. 니사의 그레고리우스(Gregorius)와 고백자 막시무스(Maximus)와 '아레오바고 관리 디오누시오'(행 17:34)라는 이름을 필명으로 사용한 위(僞) 디오니시오스(Pseudo-Dionysius)와 같은 사람들을 특히 중요하게 여긴다. 전통은 본질적으로 변하지 않지만 각 세대의 새로운 도전을 이겨 낼 수 있는 살아 있는 실체로 인식된다. 이것은 정교회가 사용하는 고정된 전례 형식에 반영된다.
2. 정교회는 일곱 개의 세계 공의회(Ecumenical Council)만을 인정한다. 정교회는 제2차 니케아 공의회(787) 이후로는 그 어떤 공의회의 권위도 인정하지 않는다. 비록 다양한 문제를 다루기 위해 지역 공의회를 소집하지만 이것들이 이전의 공의회와 동일한 권위를 갖는다고 보지 않는다.
3. 정교회는 서구 가톨릭에서 나온 권위 개념, 특히 교회의 권위가 교황에게 집중되는 개념을 강하게 거부한다. 20세기 서구 신학자들은 정교회 교회에서 강하게 나타나는 '보편성'(catholicity) 개념에 주목한다. 이러한 보편성은 흔히 소보르노스트(sobornost)라는 러시아어로 표현되는데, 타 언어에는 이 단어의 의미를 정확히 표현할 수 있는 단어가 없다. 이 용어는 보편성이라는 일반적 개념을 표현하지만, 교회의 교제를 통해 이루어지는 신자들의 '일치'(unity)도 표현한다. 세르게이 불가코프(Sergey N. Bulgakov, 1871-1944)와 알렉세이 호먀코프(Aleksey S. Khomyakov, 1804-1860)의 저작들에서 가장 잘 나타나는 이러한 개념은 교회 개별 구성원의 특성과 교회 단체 생활의 전체적인 조화 양쪽 모두를 존중하려 한다. 이것은 '협의'(conciliarity) 개념과 관련이 있다. 러시아어 소보르(sobor)는 '회의'

(council) 또는 '모임'(assembly)을 의미한다. 이러한 협의를 통해, 권위가 교황과 유사한 한 사람에게 집중되는 것이 아니라 모든 신자들에게 분산되는 방식으로 교회의 삶이 다스려진다.

4. 정교회 신학 사상의 특징은 성령이 성부에게서만 나온다는 주장(서구 교회는 성부와 성자에게서 성령이 나온다고 주장한다)과 구원을 신화(神化, deification)로 이해하는 것이다. 이것은 종종 '하나님이 인간이 되신 것은 인간이 하나님이 되게 하기 위해서이다.'(God became human, in order that humans might become God)라는 신학적 모토로 요약된다. 이러한 신학 사상은 동방 기독교의 전통, 즉 교부 시대뿐 아니라 현대 그리스 정교회와 러시아 정교회의 신학적 전통에서 나타나는 많은 구원론 고찰의 밑바탕을 이루고 있다. 이 모토가 암시하듯, 성육신 교리와 구원에 대한 이러한 이해는 특별히 깊은 관계가 있다. 아타나시우스(Athanasius)에게 있어, 구원은 인간이 하나님의 존재에 참여하는 것이었다. 성육신을 통해 인간에게 신적 로고스(divine Logos)가 부여되었다. 아타나시우스는 보편적 인간 본성(universal human nature)이 존재한다는 그의 믿음에 근거하여, 로고스가 단순히 예수 그리스도라는 특정 인간 존재만이 아니라 전체적인 인간 본성을 띠었다고 결론 내린다. 그 한 가지 결과로, 모든 인간은 성육신의 결과인 신화에 참여할 수 있다. 인간 본성은 하나님의 존재를 공유하려는 목적으로 창조되었다. 로고스의 강림을 통해 이러한 능력이 최종적으로 실현되었다.

5. 정교회에서는 성상(聖像, icon), 즉 예수 그리스도와 마리아와 그 밖의 신앙 위인들의 그림을 사용하는데 이는 정교회에서 특별한 중요성을 갖는다. 정교회는 하나님의 아들의 성육신을 강하게 강조한다. 이것은 기도와 영성에 영향을 미친다고 이해된다. 성상은 '이해의 창'(windows of perception)으로 신자는 이 창을 통해 신적 실체를 어렴풋이 파악할 수 있다.

6. 수도원은 계속 정교회 정신을 표현하고 수호하는 데 중요한 역할을 한다. 에게 해로 길게 뻗은 아토스 산의 수도원은 현존하는 가장 중요한 수도원일 것이다. 대부분의 주교들이 수도원 출신이다.
7. 정교회 성직자는 가톨릭 성직자와는 달리 성직 수임 전에 결혼했다면 결혼을 허용한다. 그러나 주교들은 일반적으로 독신이다. 이들은 대부분 수도원 출신이기 때문이다. 정교회는 남성에게만 사제직을 허용하며 여성 사제를 인정하지 않는다. 주로 전통의 연속성 때문이며 이 문제에 대해 특별한 논쟁이 제기되지 않는다.

개신교

'개신교'(Protestantism)라는 용어는 16세기 유럽의 종교개혁에 역사적 기원을 둔 교회들을 가리키는 데 널리 사용된다. 대부분의 개신교 교회들이 초대 교회와의 역사적, 신학적 연속성을 강조한다는 점에서, 개신교라는 용어는 오해의 소지가 있다. 개신교라는 용어는 보편(catholic) 개념과 상충되지 않는다는 점이 강조되어야 한다. 보편(catholic)과 가톨릭(Catholic)의 철자상의 차이는 매우 중요하다. '가톨릭'(Catholic)은 '특정한 방법으로'(in a particular way) '보편적'(catholic)인 것인데, 개신교는 이것을 거부한다.

예를 들면, 성공회와 루터교 저자들은 자신들의 삶과 사상은 초대 교회의 삶과 사상의 연속선상에 있다는 것을 특히 강조하면서 그들의 '보편적' 신뢰성을 주장한다. 이와 비슷하게, 1536년에 제네바의 종교개혁자 존 칼빈(John Calvin, 1509–1564)은 종교개혁이 교부의 전통과는 무관하다는 비판에 맞서 종교개혁을 강력하게 변호했다. 이제 우리는 16세기에 시작된 각 분파에 역사적 기원을 둔 교회를 가리키는 개신교라는 용어의 일반적 용례를 살펴볼 것이다.

개신교는 특히 유럽 몇몇 지역 국가와 밀접한 관련이 있다. 예를 들면, 루터교는 스칸디나비아 반도의 국가와 밀접한 관련이 있고, 다양한 형태의 장로교는 스코틀랜드와 네덜란드에서 영향력이 있으며, 성공회는 영국에서 영향력이 있다.

부분적으로는 이러한 관계 때문에, 보다 일반적으로는 이들과 주류 종교개혁 사이의 연속성 때문에, 이들 교회는 기독교 신앙을 고백하기에는 너무 어린 유아에게도 세례를 준다. 이것은 믿음을 고백하는 그리스도인들에게만 침례를 주어야 한다고 주장하는 침례교와 다른 점이다.

복음주의는 최근까지 유럽 대륙에서는 세력이 상대적으로 작았지만, 이제 영어권 서구 개신교 교파들 가운데서 중요한 세력이 되었다. 이제는 복음주의 색채가 뚜렷한 수많은 독립 교회들이 나타났는데, 남미와 남아프리카에서 특히 그러하다.

은사 운동도 여러 주류 개신교 교회들의 삶에서 중요하게 되었고 가톨릭에서도 그 영향력이 느껴진다. 하나님의 성회(Assemblies of God) 등 은사를 특히 강조하는 교파들도 세계 개신교에서 중요성이 커지고 있다. 이제 다섯 개의 주요 개신교 교파를 중점적으로 살필 것이다. 복음주의와 은사 운동의 급격한 성장은 개신교의 수적 성장이 점차 주류 개신교 교파 밖에서 이루어지고 있음을 의미함을 알아야 한다.

모든 개신교 교파들은 사역자들의 결혼을 허용한다. 최근에 와서는 대부분의 개신교 교파에서 교회 안의 전임 사역을 위해 여성의 안수를 허용하고 있다. 그러나 강조해야 할 점은 전부는 아니라는 것이다. 그 외에 개신교가 가톨릭과 구분되는 특징은 다음과 같다.

1. 교황의 권위를 부정한다. 교황을 개인적으로 존경하는 교인이 있겠지만 교황이 도덕적, 교리적 비중이 있다고 생각하지는 않는다.

2. 개신교는 두 가지 성례만 인정하고 두 종류의 성찬을 모두 시행한다. 바꾸어 말하면, 평신도는 성찬식 때 포도주와 떡을 모두 받을 수 있다. 그러나 감리교는 전통적으로 성찬식 때 포도주 대신 발효되지 않은 포도주스를 사용해야 한다고 주장한다.
3. 개신교는 일단의 특징적인 가톨릭 신앙을 거부하거나 교파의 공식적 가르침이 아니라 순전히 선택에 달린 개인의 사적인 신앙으로 취급한다. 여기에는 연옥, 성자들의 중보, 성모 마리아에 대한 모든 형태의 신앙 등이 포함된다.
4. 제2차 바티칸 공의회 때까지, 가톨릭교회는 전례문을 라틴어로 낭송했다. 이것은 종교개혁자들의 견해와 대조되는 것이다. 종교개혁자들은 모든 공적 예배는 설교와 성경 봉독을 포함하여 보통 사람들이 이해할 수 있는 언어로 진행해야 한다고 주장했다.

이러한 역사적, 신학적 사항들에 흥미를 느끼는 독자들은 이러한 사항들뿐 아니라 그 외의 것도 더욱 자세히 다루는 종교개혁의 역사와 신학에 관한 책을 읽어 보기 바란다.

이제는 몇몇 주류 개신교 교파들에 대해 간단히 살펴본 다음 두 가지 중요한 운동, 즉 오순절파와 복음주의에 대해 살펴볼 것이다. 이 둘은 주류 개신교와 연결되어 있으면서도 구별된다.

성공회

성공회(Anglicanism)는 16세기 종교개혁 때 나타난 에클레시아 앙리카나(*ecclesia Anglicana*, 영국 국교회)이 뚜렷한 특징을 나타낼 때 흔히 사용되는 용어이다. 영국의 영향력이 처음에는 아일랜드와 스코틀랜드의 합병을 통해, 뒤이어 17세기에는 북미, 18세기 말에는 인도 아대륙(亞大陸), 19세기에는 사하라 사막 이남

아프리카의 식민지화를 통해 전 세계로 확대되면서, 성공회의 영향력이 미치는 지역도 크게 확대되었다. '기도 중인 대영제국'(the British empire at prayer)이라는 성공회에 대한 풍자는 적어도 한 가지 진리를 담고 있다. 성공회는 일단 영국의 존재나 통치에 복속된 지역 밖에서는 비교적 영향력을 미치지 못했다는 것이다.

성공회의 주요 특징은 다음과 같다.

1. 성공회는 감독교회(episcopal church)이며, 감독제를 초대 교회와의 역사적 연속성을 나타내는 수단으로 본다. 이것은 성공회의 보다 보편적인 측면에 특히 중요하다.
2. 영국의 캔터베리를 역사적, 영적으로 중요하게 여긴다. 597년에 교황 그레고리우스 1세(Gregorius I)는 캔터베리의 아우구스티누스(Augustinus)를 잉글랜드로 보내 그곳을 복음화하게 했고, 아우구스티누스는 캔터베리를 활동 기지로 삼았다. 캔터베리의 대주교는 교황과 같은 권력은 없지만 성공회의 영적 수장으로 여겨진다. 성공회의 모든 주교는 10년마다 캔터베리에 모여 램버스 회의(Lambeth Conference, 캔터베리 대주교의 관저인 램버스 궁전에서 모인다고 해서 이렇게 불린다-역자 주)를 연다. 이 회의의 목적은 지난 10년간 성공회가 걸어온 길을 되돌아보고 미래를 계획하는 것이다.
3. 성공회의 신학을 뚜렷이 특징짓는 것은 엘리자베스 1세(Elizabeth I) 때 만들어진 『39개조 신앙 고백』(Thirty-Nine Articles, 1563)이다. 성공회는 이것이 구속력이 있다고 여기지는 않지만, 많은 이들은 성공회의 신학적 정서의 기초가 된다고 생각한다.
4. 성공회는 매우 전례적이며, 그 중심에는 '성공회의 영성'을 고정된 전례적 형태로 구현한 『공동 기도서』(Book of Common Prayer, 1662)가 있다. 전 세계의 성공회 교회는 공통된 교회 구조를 가지며 이것을 공유한다. 그

러나 1970년대에 아주 중요해진 전례 개정 과정을 통해 성공회 교회는 영국, 캐나다, 미국, 호주에서 서로 다른 전례 형식을 갖게 되었다. 따라서 성공회의 신학적 수렴성은 상당히 약화되었다.

5. 호주와 캐나다 같은 나라들이 식민지 이미지를 벗으려는 경향이 점차 강해지는 것과 맞물려 성공회의 분권화 경향이 커지고 있다. 이에 따라 성공회의 정체성에 대해 국가적이거나 인종적인 접근을 발전시키려는 관심이 새롭게 일어났다. 전통적 양식에 있어서, 성공회는 후식민지 시대에 신뢰성을 유지하기에는 지나치게 '영국적'이거나 '식민지적'이라고 인식되었다. 그 결과, 성공회는 지역의 관심과 자원을 반영하면서 점점 더 다양해졌다. 이러한 경향은 앞으로도 계속될 것이다.

6. 비영어권 지역에도 작게나마 존재하기는 하지만(예를 들면, 아프리카의 프랑스어권), 성공회는 영어권에서 강하다.

침례교

침례교(Baptists)의 기원은 17세기로 거슬러 올라간다. 종교개혁의 보다 급진적인 진영들은 교회가 혼합된 단체가 아닌 신자들의 순수한 결사체여야 한다고 늘 주장했다. 17세기 특히 영국에서, 회중은 자신의 신앙을 분명하게 공개적으로 고백하는 사람들로만 구성되어야 하고 이렇게 자신의 신앙을 고백한 사람들에게만 침례를 주어야 한다는 사상이 점점 더 큰 지지를 받았다. 이것은 유아 세례를 허용하는 영국 국교회와 상충되었다.

이 운동은 영국에서 19세기에 힘을 얻었는데, 설교를 통해 수많은 청중을 인도한 스펄전(C. H. Spurgeon, 1834-1892) 같은 위대한 설교자들이 큰 역할을 했다. 1792년에 윌리엄 케리(William Carey, 1761-1834)가 세운 침례교 선교회(Baptist Missionary Society)는 선교에 상당한 노력을 기울였다. 침례교회가 북미에 세워졌으며, 미국에서 침례교는 공적 생활에 상당한 영향력을 미칠 만큼 성장했다. 현대 미국 기독교에서 남침례회(Southern Baptist Convention)는 가장 중요한 세력이다. 남침례회의 여섯 개 신학교는 교단의 뚜렷한 특징을 형성하는 데 아주 중요한 역할을 해왔다. 20세기에 가장 유명한 개신교 그리스도인 빌리 그레이엄(Billy Graham, 1918-)이 바로 침례교인이다.

남침례회는 1845년 5월 조지아 주 오거스타에 설립되었다. 그때까지 그 지역의 침례교 회중들은 전국적 혹은 지역적 구조를 가질 필요를 느끼지 않았고 '교파'에 소속할 생각도 없었다. 그러나 중앙 집권화된 교파가 더 효율적이고 더 힘이 있어서 사회적, 정치적 영향력을 더 크게 발휘할 수 있을 것이라는 인식이 커지고 있었다. 남침례회는 지역 침례 회중의 자율권을 침해하지 않기 위해 본질적으로 회중주의적인 교회 정치 모델을 채택했다. 이렇게 해서 개별 회중의 자치와 독립이 인정되었다.

이것은 교리와 권징, 교회 헌법 등의 문제에 있어서 지역 침례교 회중의 정책이 상위 조직에 의해 뒤집힐 수 없다는 것을 의미한다. 지역 교회보다 상위의 권위를 갖는 조직이 없기 때문이다. 이런 회중 자치의 원리는 1851-1858년 사이에 2대 총회장인 하우얼(R. B. C. Howell)에 의해 열렬히 지지받았다. 개별 회중들이 옳다 여기는 대로 총회와 제휴할 수도 제휴하지 않을 수도 있었다. 이런 지역의 독립성은 그 이후, 특히 20세기 후반의 침례교 생활의 역학 관계를 이해하는 데 필수적이다.

침례교는 세계적으로 다양하기 때문에 그 특징을 요약하기가 어렵다. 그러나 다음과 같은 특징은 침례교를 이해하는 데 도움이 될 것이다.

1. 침례교는 신자들에게만 침례를 주어야 한다고 주장한다. 유아 침례는 옳지 않다고 여긴다. 이것은 침례교의 가장 두드러진 특징일 것이다. 몇몇 침례교회는 침례에 대해 열린 태도를 취하여 성인 침례와 유아 침례를 모두 받아들인다. 그럼에도 성인 침례(신자 침례)를 강조하는 것은 분명하다.

2. 미국 남부의 침례교인들은 신학적으로 보수적인 경향이 있으며, 성경의 역할에 높은 가치를 부여한다. 미국 남부 지역을 가리키는 '바이블 벨트'(Bible Belt)라는 말은 침례교회의 생활에서, 특히 설교에서 성경이 차지하는 중요성을 반영한다. 복음주의(evangelicalism)라는 용어가 때로는 의심을 사기도 하지만(어떤 사람들은 이 말을 양키, 즉 북부의 방언으로 본다) 남부 침례교인들이 점점 더 복음주의적인 경향을 띠고 있는 것은 분명하다.

3. 침례교회는 제단을 중앙에 두고 설교단을 옆쪽에 두는 전통적인 교회 건축 양식을 의도적으로 피한다. 이러한 건축 양식은 회중의 주의를 성찬식에 집중시키는 효과가 있다고 본다. 그러나 침례교는 성경 봉독과 성경 본문에 대한 설교가 가장 중요함을 강조하기 위해 설교단을 중앙에 두는 경향이 있다.

4. 침례교인들은 고정된 전례에 비판적인 경향이 있다. 전례는 신앙을 순전히 정형적으로 표현하게 하는 건강하지 못한 것이며 목사와 회중의 즉석 기도를 막는다고 본다.

5. 침례교 성직자를 가리켜 '목사'(minister) 또는 '목회자'(pastor)라 부른다. 전자는 '종'(servant)을 의미하는 라틴어에서 파생했고, 후자는 '목자'(shepherd)를 의미하는 라틴어에서 파생했다. '신부'(priest)라는 말은 전혀 사용하지 않는다. 감독교회 형태의 교회 정치를 거부한다.

루터교

루터교(Lutheranism)는 1520년대에 마르틴 루터(Martin Luther, 1483-1546)의 독일 교회 개혁에서 직접 유래한 개신교이다. 루터교는 처음에 독일 북동부에 제한되어 있었다. 그러나 점지적인 확장으로 스칸디나비아와 발트 해 연안 국가들에 뿌리를 내렸다. 루터교가 1530년대 말에 영국에서 기독교의 지배적 형태가 될 수도 있었다는 초기의 암시들이 있기는 하다. 그러나 루터교는 기대대로 영향력을 가지지 못했다. 루터교는 선교에, 특히 인도 선교에 적극적이었다.

그러나 루터교가 가장 크게 확산된 이유는 스칸디나비아와 독일의 루터교인들이 북미로 이주했기 때문이다. 스웨덴의 루터교인들이 미네소타에 정착한 것은 이러한 현상을 보여주는 특히 좋은 예이다. 루터교인들은 비슷한 과정을 거쳐 호주에도 정착했다. 그 결과, 현재 루터교인들은 주로 독일, 스칸디나비아, 발트 해 연안, 특히 미국의 북부 여러 주에 집중되어 있다. 북미와 유럽의 루터교는 지난 세기 동안 다소 다른 목표를 추구했다. 이들의 상황이 다르기 때문이었다. 그러나 루터교 세계 연맹(Lutheran World Federation) 결성으로 루터교의 공통된 정체성과 목적 의식을 심는 데 상당한 성공을 거두었다.

루터교의 특징은 루터 개인의 개혁 프로그램의 중심 주제를 어느 정도 반영한다. 루터의 프로그램은 필요한 경우 교리적 변화와 그 밖의 변화를 추구하지만, 중세 교회와의 연속성을 강조했다.

1. 루터교는 매우 전례적인 교회로 전례를 과거와의 역사적 연속성을 확고히 하고 교리적 정통을 유지하는 도구로 본다.
2. 루터교를 신학적으로 규정하는 것은 『아우크스부르크 신앙 고백』(Augsburg Confession, 1530)과 『협화 신조』(Formula of Concord, 1577)이다. 따라서 루터교 신학교나 출판사에서는 '아우크스부르크'와 '협화'라는 용어를 자주 사용한다.
3. 루터교는 다른 개신교 교단과 달리 성례를 강조한다. 성례 강조는 루터에게까지 거슬러 올라간다. 루터교는 세례에 대해 원인론적 접근을 채택하여, 세례는 "구원에 필수적이고 효과적이다."라고 주장한다. 이것은 세례를 은혜를 받기 이전의 필수 단계가 아니라 은혜의 한 상징으로 보는 경향이 있는 다른 개신교 교단들(특히 침례교)과 대조된다.

4. 대부분의 루터교는, 특히 유럽 국가들의 루터교는 감독교회 형태의 교회 정치를 사용한다.
5. 마르틴 루터의 근본적인 강조 사항(이신칭의 교리나 율법과 복음 사이의 변증법적 관계 등)이 루터 신학을 고백하는 곳에서, 특히 이것을 가르치는 신학교에서 중요한 역할을 한다.

감리교

감리교(Methodism)는 영국 국교회의 한 운동이었으나 나중에 하나의 교단이 되었다. 감리교의 기원은 특히 감리교 운동의 창시자이자 초기 지도자였던 존 웨슬리(John Wesley, 1703-1791)와 관련이 깊다. 웨슬리의 의도와는 반대로, 감리교는 영국 국교회에서 떨어져 나왔다. 초기 감리교인들이 특히 강조한 것은 개인적인 거룩이었다. '감리교인'(Methodist)이라는 용어는 본래 웨슬리와 그 진영의 헌신과 훈련의 방법론적 특징에서 나온 별명이었다.

영국 감리교의 초기 역사는 개신교의 특징이기도 한 분파성을 보여준다. 중요한 교리 문제가 아닐지라도, 교회 헌법과 권징 등 일련의 문제를 놓고 분열이 발생했다. 영국 북동부에서 일어난 논쟁은 결국 1797년에 개혁 감리회(Methodist New Connection)의 구성으로 이어졌다. 10년 후에는 원시 감리회(Primitive Methodists)가 웨슬리 교단은 부흥에 대한 열정을 상실했다고 생각하여 분열되었다. 1815년에는 영국 서부 농촌 지역의 한 웨슬리회 설교자가 바이블 크리스천 교회(Bible Christian Church)를 창립했다. 이 교단은 특이하게 여성 설교자를 많이 활용했다.

그러나 영국의 감리교는 과거의 논쟁을 일소하고 화해하는 개신교의 역량을 보여주기도 했다. 1857년에 감리교 그룹들이 연합하여 연합 감리교 자유 교회(United Methodist Free Churches)를 만들었다. 1907년에는 이들이 개혁 감리회 등과 뭉쳐서 연합 감리교회(United Methodist Church)가 되었다. 1932년에는 웨슬리 감리회(Wesleyan Methodist Association), 원시 감리회, 연합 감리교회가 합병하여 영국 감리교회(Methodist Church in Great Britain)를 세웠다.

일반적으로, 감리교는 주로 영어권 세계에서 강하다. 이런 점에서는 성공회와 비슷하다. 다양한 연합 기구 때문에 감리교는 캐나다와 호주를 비롯한 세계 여러 지역에서 더 이상 하나의 뚜렷한 교파로 존재하지 않는다. 세계 감리교 협의회(World Methodist Council) 형성으로 주류 감리교는 세계 기독교계에서 하나의 뚜렷한 실체를 갖게 되었다.

1. 감리교는 태동 때부터, 평신도의 역할을 강조했다. 이것은 '평신도 설교자'에게서 나타나며, 감리교의 교회 정치 여러 부분에서도 나타난다.
2. 감리교는 복음이 개인의 변화뿐 아니라 사회 변화까지 포함한다고 보았다. 따라서 개인적인 신앙과 사회적 행동을 연결하기 위해 상당한 노력을 기울였다.
3. 웨슬리 시대 이후로, 감리교의 신학적 특징은 '은혜의 낙관주의'(optimism of grace, 웨슬리는 우리의 죄성으로는 불가능하지만 하나님의 큰 은혜로 '성화의 완성'이 죽기 전에도 가능하다고 보았다 – 역자 주)로 가장 잘 표현된다. 이것은 개혁주의 교회들이 이 문제에 대해 취하는 칼빈주의적인 접근과 대조된다.
4. 일부 감리교회들, 특히 미국의 감리교회는 감독교회 형태의 교회 정치를 채택한다.
5. 근래 들어 감리교는 몇 차례 교단을 합병했다. 호주 연합 교회는 1977년 호주 감리교회, 호주 장로교회, 호주 회중교회 연합의 대다수 교회가 연합하여 태동했다. 캐나다에서는 1925년에 캐나다 감리교회를 포함하여 네 개의 개신교 교단이 합병하여 캐나다 연합 교회가 설립되었다. 미국에서는 1968년에 감리교회와 복음주의 연합 형제교회가 연합하여 연합 감리교회가 설립되었다.

장로교 및 그 밖의 개혁교회

루터교회가 역사적으로 루터에게서 기원했다면, 개혁교회는 칼빈에게서 기원했다. 개혁된 형태의 기독교는 곧 서유럽에 뿌리내렸고, 여기서부터 북미로 확산되었다. 유럽에서는 스코틀랜드와 네덜란드가 개혁 사상에서 특히 중요한 중심지로 부각되었다. 영국에는 장로교회(Presbyterianism)와 회중교회(Congregationalism)라는 두 개의 중요한 개혁주의 전통이 있었다. 이것은 교회 정치의 서로 다른 두 형태를 말한다.

장로교회는 '장로'라는 의미의 헬라어 프레스뷔테로스(presbuteros)에서 온 이름이며, 회중 구성원의 대표 집단에 의해 시행되는 교회 정치 형태를 가진다. 이런 형태의 교회 정치는 개신교 교파들 전체에서 나타나지만, '장로교회'라는 말은 특히 16세기 말과 17세기 초 존 칼빈의 신학을 추종하여 영국과 스코틀랜드에서 나타난 교회들을 말한다.

19세기에 네덜란드가 식민지 정책을 편 결과, 개혁주의 기독교의 형태들이 남아프리카, 남미 북동부, 동남아시아에 뿌리내렸다. 미국에서는 프린스턴 신학교가 설립되어 개혁주의 사상과 실천을 이끄는 중심지가 되었다. 최근에는 한국의 기독교가 급속하게 성장한 결과로 개혁교회의 삶을 이끄는 중심지가 되었다. 1875년에 기원하여 1970년에 현재의 형태를 갖춘 개혁교회 세계 연맹(World Alliance of Reformed Churches)은 다양한 개혁교회들이 동일한 정체성을 유지하도록 돕는 역할을 한다.

개혁교회 안에도 다양성이 존재하기 때문에 개혁교회의 특징을 일반화하기는 어렵다. 그러나 개혁교회의 일반적인 특징 가운데 중요한 몇 가지를 들면 다음과 같다.

1. 개혁교회는 일반적으로 '장로'(presbyters 또는 elders)가 다스린다. '장로교'를 의미하는 단어(Presbyterianism)도 여기서 나왔다. 어떤 개혁교회는 목회

와 가르치는 책임을 가진 목사를 장로로 여긴다. 어떤 개혁교회는 장로를 교회의 행정과 정치와 관련된 구체적인 책임을 가진 조력자로 간주한다. 그리고 목사라는 말은 안수받은 성직자를 가리킨다.
2. 개혁교회 예배는 전통적으로 하나님의 말씀 낭독과 설교를 상당히 강조한다. 정기적으로 성찬식을 하지만 자주 하지는 않는다. 성찬보다 설교를 강조하는 것은 개혁교회의 정기 주일 예배에서 분명하게 나타난다.
3. 서구의 영어권과 이들의 영향을 받는 지역에서『웨스트민스터 신앙 고백』(Westminster Confession, 1647)이 개혁주의 신앙을 신학적으로 정의한다. 그 결과 개혁주의 신학교와 출판사는 '웨스트민스터'라는 단어를 빈번하게 사용한다.
4. 대부분의 개혁교회는 예정(predestination)에 있어서 하나님의 주권을 강조한다. 이것은 웨슬리 감리교의 '낙관적인' 시각과 대조된다.

오순절파

오순절파(Pentecostalism, 오순절 운동)의 기원은 복합적이다. 그러나 대개 20세기의 첫날인 1901년 1월 1일로 거슬러 올라간다. 찰스 파햄(Charles Parham, 1873-1929)은 이보다 몇 달 전에 캔자스 주 토피카에서 벧엘 성경대학을 열었다. 그와 관련해 특히 흥미로운 점은 사도행전 2장 1-4절에 묘사된 방언 현상이다. 대부분의 그리스도인은 방언을 초대 교회에 일어났으나 더 이상은 일어나지 않는 현상으로 여겼다. 1901년 1월 1일, 파햄의 한 학생이 방언을 체험했다. 며칠 후, 파햄도 방언을 체험했다.

파햄은 방언 은사의 분명한 회복에 대해 가르치기 시작했다. 그의 가르침을 들은 사람들 가운데 미국의 흑인 설교자 윌리엄 시모어(William J. Seymour, 1870-1922)가 있었다. 시모어는 1906년 로스앤젤레스 아주사 스트리트 312번지에 사도 신앙 선교회(Apostolic Faith Mission)를 창립했다. '오순절 운동'이라는 용어가 이 운동에 붙여지기 시작했다. 이 이름은 '오순절'(행 2:1-4, 신약에 의하면 초대 교회 제자들이 방언을 처음으로 체험한 날)에서 왔다.

이 운동은 미국에 급속히 번졌는데 특히 소외된 사람들에게 호소력이 있었다. 이상하게도, 백인과 아프리카계 미국인 그룹 양쪽 모두 이 운동에 매료되었고 이 운동을 받아들였다. 오순절 운동을 전통적인 기독교 신학으로 생각할 수 있지만, 방언에 대한 강조와 예배 형식 때문에 다른 기독교 그룹과는 완전히 다르다. 오순절 운동은 예배 형식이 매우 체험적이고 예언과 치유, 축사를 포함한다. 이런 예배는 지적인 세련미가 없기 때문에 주류 교단과 학계로부터는 무시당했다. 그러나 제2차 세계대전 후, 오순절 운동이 새롭게 확산되기 시작했다. 이로써 20세기 후반의 거대한 성장을 위한 길이 놓이게 되었다.

오순절 운동이 폭넓게 대중의 관심을 끌게 한 사건이 1960년 캘리포니아의 반 누이스에서 일어났다. 이 지역 감독교회 교구 목사인 데니스 베넷(Dennis Bennett)은 회중에게 자신이 성령으로 충만함을 받았으며 방언을 했다고 말했다. 당혹감에서 분노까지 반응은 다양했다. 지역의 감독교회 감독은 즉시 자신이 관리하는 교회들에게 방언을 금지했다. 그러나 주류 교단 목회자들이 베넷과 동일한 체험을 했다는 사실이 곧 분명해졌다. 이들은 골방에서 나왔다. 그리고 자신들은 진정으로 신약에 기록된 현상을 체험했다고 믿는다고 밝혔다. 그리고 이러한 체험을 통해 교회가 갱신될 것이라고 했다.

1960년대 말에 이르자, 방언과 같은 은사에 기초한 갱신이 성공회, 루디교, 감리교, 장로교에서 일어났다. 무엇보다 중요한 사실은 점점 커지는 은사 운동이 로마 가톨릭교회에서도 전개되기 시작했다는 것이다. 이제 이 운동에 대해 '오순절'(Pentecostal)이라는 용어를 사용하는 것이 문제가 되었다. 하나님의 성회와 같이 방언을 특히 강조하는 교회 그룹을 가리키는 용어로 익숙해졌기 때문이다. 따라서 오순절 운동의 사상과 체험을 기초로 주류 교회 내에서 일어나는 운동을 가리키는 용어로 '은사'(charismatic)를 사용하게 되었다. 주류 교회 안에서 일어난 은사 갱신은 정형을 탈피한 새로운 예배 형식으로, 경배 찬양의 폭발적 증가로, 역동적 예배에 대한 새로운 관심으로, 전통적이며 전례적 예배에 대한 반감의 확산으로 이어졌다.

주류 교회 안의 은사주의 그룹을 포함하여 오순절 운동은 제2차 세계대전 이후로 상당히 바뀌었다. 가장 두드러진 변화는 거대한 성장의 물결이 몰아닥친 것이다. 현재 전 세계에는 5억 정도의 오순절파 교인이 매우 광범위한 지역에 분포되어 있다. 오순절 운동은 일차적으로 미국의 흑인 문화에서 기원했지만, 이제는 남미와 아시아와 아프리카와 유럽에 뿌리를 내렸다.

오순절 운동이 이렇게 큰 인기를 얻는 이유는 무엇일까? 오순절 운동이 전 세계적으로 강한 호소력을 가지며 성장한 데는 두 가지 요소가 중요한 역할을 한 것 같다. 첫째, 오순절 운동은 하나님에 대한 직접적이고 즉각적인 체험을 강조하며, 많은 사람들이 매력을 느끼지 못하고 이해하지 못하는 다소 메마르고 지적인 기독교 형태를 피한다. 따라서 오순절 운동이 라틴 아메리카의 노동자 계층을 깊이 파고들었다는 사실은 의미가 깊다. 왜냐하면 오순절 운동은 따분하고 학문적인 문화의 도움 없이도 거룩한 것을 전할 수 있기 때문이다. 둘째, 오순절 운동은 문화적 장벽을 효과적으로 극복하게 해주는 언어와 커뮤니케이션 양식을 사용한다. 오순절 운동은 자신의 삶의 비전을 이야기와 간증과 노래로 전달하는 '말'(oral)의 종교라 할 수 있다.

복음주의

복음주의(evangelicalism)는 1945년 이후 주류 개신교에서 아주 중요해졌다. 복음주의적 성향이 뚜렷한 몇몇 새로운 개신교단들이 새롭게 형성되었다. 그러나 나타난 패턴을 보면 복음주의가 주류 교파들 안에서 일어나는 하나의 운동임을 보여준다. 따라서 개혁교회 내의 복음주의자들은 교회 구조를 포함해 개혁교회의 많은 특징을 유지하면서 이것들을 적어도 복음주의의 몇몇 특징으로 보충한다. 이와 비슷하게, 성공회 내의 복음주의자들은 성공회 안의 복음주의의 특징을 유지하면서 성공회의 많은 특징(감독교회 형태의 교회 정치와 고정된 전례의 사용)을 받아들인다.

일반적으로 받아들여지는 복음주의의 주요 특징 네 가지는 다음과 같다.

1. 복음주의는 성경을 매우 강조한다. 이것은 복음주의의 설교 스타일에서 분명하게 나타난다. 이러한 강조는 교회 생활에서의 소그룹 성경 공부와 개인적인 신앙 생활에서의 정기적인 성경 읽기의 중요성 같은 복음주의 생활의 다른 부분에도 영향을 미친다.
2. 복음주의는 예수님의 십자가를 특히 강조한다. 예수님이 복음주의에서 가장 중심에 있지만 복음주의는 그 가운데서 예수님이 십자가에서 당하신 구원의 죽음을 강조한다. 복음주의 찬송가와 찬양에 십자가가 특히 잘 나타난다.
3. 복음주의는 개인적인 회심의 필요성을 강조한다. 복음주의는 '유명론'(唯名論, nominalism)의 위험을 상당히 강조한다. '유명론'이라는 말은 '개인적인 변화 없이 단순히 형식적이거나 외적으로 기독교의 가르침을 받아들이는 것'을 의미한다. 복음주의의 가르침은 그리스도인들이 거듭나야 한다는 점을 강조한다(요 3:1-16).
4. 복음주의 교회와 복음주의자들은 전도에 집중한다. 다시 말해, 다른 사람들을 기독교 신앙으로 인도하는 데 집중한다. 빌리 그레이엄은 전도로 유명해진 20세기의 훌륭한 복음주의자 가운데 한 명이다. '복음주의'(evangelicalism)와 '복음 전도'(evangelism)가 비슷한 철자 때문에 자주 혼동된다는 데 주목해야 한다. 전자는 운동을 가리키며 후자는 행동을, 특히 이 특정 운동과 관련된 행동을 가리킨다.

에큐메니컬 운동과 세계 교회 협의회

이 책의 분석으로 분명히 드러나듯이 기독교는 내부 분열에 대한 공정한 짐을 지고 있다. 라틴어권 서방 교회와 헬라어권 동방 교회의 결별은 1054년의 공식적 대분열 전부터 진행되고 있었다. 16세기의 종교개혁은 로마 가톨릭과는 물론 서로 의견을 달리하는 개신교 교회들(재세례파, 성공회, 루터교회, 개혁 교회)이 출현하는 것으로 이어졌다. 개신교는 내재적으로 파편화하는 성향을 가진 운동이었다. 현재 세계에는 최소한 20,000개의 개신교 교파가 있는 것으로 추정된다.

교회가 이런 차이점들을 극복하고 다시 연합할 수 있을까? 아니면 최소한 보다 협력적인 관계까지라도 이를 수 있을까? 제2차 세계대전 후 추진력이 생기기 시작한 에큐메니컬 운동(ecumenical movement)의 저변에는 이런 목표가 깔려 있다. '에큐메니컬'(ecumenical)이라는 말은 '알려진 거주 세계'라는 뜻의 고대 헬라어 오이쿠메네(oikoumene)에서 온 것이다. 교회들 사이의 관계를 개선하려는 비공식적 노력이 상당 기간 동안 있어 왔지만, 20세기에 일어난 사건들은 에큐메니컬 운동에 새로운 동력을 주었다. 아르메니아 대학살 이후 1920년에 정교회 총회에서 국제 연맹과 유사한 '교회의 교류'(fellowship of churches)를 촉구하는 회칙을 발표했다.

제2차 세계대전이 끝난 후에는 전시에 적대 관계였던 국가들(특히 프랑스와 독일)을 화해시켜 유럽을 재건하여 밝은 미래를 갖게 하자는 연합된 노력이 있었다. 교회들 안에서도 이에 상응하는 운동이 일어났다. 이것은 하나님이 주신 운동으로, 이를 통해서 기독교의 연합을 추구하고 성취해야 하지 않을까? 제2차 세계대전 이후에 세계 교회 협의회(World Council of Churches, WCC)가 창설된 것은 바로 이런 배경에서였다. 본부를 제네바에 두기로 한 결정의 부분적인 이유도 이 스위스의 도시가 전쟁 전에 국제 연맹을 유치했고 전쟁 후에도 많은 국제기구들을 유치한 데 있었다.

WCC의 첫 회의는 1948년 8월에 암스테르담에서 열렸는데, 전후 유럽을 위한 희망의 신호등으로 여겨졌다. 이 조직을 시작하기 위한 계획은 1936년으로 거슬러 올라가지만, 제2차 세계대전으로 인해 일이 지연되었고 그 잠재적 중요성이 부각되었다. 서구의 주류 개신교 교회는 협력에 동의하고 계속 그렇게 하기로 했다. 자유주의와 진보주의 그리스도인들과 보수적인 그리스도인들 사이에는 분명한 긴장이 있었지만, 이런 잠재적 난관은 대회 조직자들의 능란한 대응을 통해 완화될 수 있었다.

그러면 WCC란 무엇인가? 처음부터 이것은 개신교 단체라는 것이 분명했다. 가톨릭과 정교회는 옵서버를 파견할 수도 있었다. 초기에는 완전한 회원 자격이 개신교에 제한되어 있었기 때문이다. 비록 초기에 이 새 단체는 자신을 '우리 주를 하나님과 구세주로 받아들이는 교회들의 친교회'라고 정의했지만, 분명 설명이 필요했다. 이 단체는 교파의 지도력 구조 등과 같은 다른 문제들을 어떻게 할 것인가? 이런 문제들이 1950년 토론토에서 열린 제2차 WCC에서 다루어졌고, 후속 회의들을 통해 발전되었다.

토론토 회의에서 발표한 바에 의하면, 그 목적은 "교회들이 서로 교류하게 하고 교회 일치에 대한 논의를 촉진한다."라는 것이었다. 이 단체의 초기 의도는 신학적 대화와 영적 친교를 통해, 에큐메니컬 예배와 일치의 필요성을 고취시키고 기독교 일치의 필요성을 확고하게 확신하게 하는 것이었다.

WCC는 회원 교회들 위에 존재하는 일종의 '메가처치'(megachurch)가 아님을 늘 분명히 했다. 이 단체의 정관은 회원 교회의 권위를 박탈할 수도 있는 어떤 역할도 배제한다. "세계 교회 협의회는 교회들에 대한 법을 만들지 않는다." WCC이 총회나 중앙위원회 모두 '회원 교회들에 대한 헌법적 권위'를 전혀 갖지 않는다. 그리하여 WCC의 배태기부터 교회론적 다원주의가 그 구조와 사고에 자리잡고 있었다. 이것은 '교회들의 친교회'로 회원들의 가시적 일치라는 목표를 향해 협력하도록 격려한다. 그러나 회원들에게 그런 연합을 부과하기 위해 기획된 일이 전혀 없었다.

분명 이것은 반갑고 필요한 움직임이었지만, 서구 교회들의 상황이 변화하기 시작한 것은 전혀 아니었다. 1970년대와 1980년대에 이르자 서구 문화가 점차 세속화하고 기독교 신앙에 대해 적대적이라는 의식이 커졌고, 이로 인해 많은 그리스도인들은 기독교 집단들 사이의 적대감을 종식하고 생존 문제에 집중할 수 있을지 의문을 갖게 되었다. 나아가 기독교가 전통적 이슬람 세계로 확장되고, 이슬람교는 이민을 통해 서구 세계에서 뚜렷한 성장세를 보임에 따라, 많은 그리스도인들은 이것이 다음의 주요한 충돌 영역이 될 것이라고 예견했다.

이런 잠재적 위협 앞에서 그리스도인들이 연합해야 하지 않겠는가? 미래의 생존은 연합에 달려 있지 않을까? 벤저민 프랭클린(Benjamin Franklin)이 『독립 선언서』(Declaration of Independence)에 서명하면서 지적한 유명한 말처럼 "우리는 정말 모두 함께 매달려야 한다. 그렇지 않으면 거의 확실하게 우리는 모두 각기 매달릴 것이다."

그러나 WCC의 역사는 온전히 즐거운 것만은 아니었고, 많은 사람이 이 단체가 전쟁 직후의 큰 기대에 부응하지 못했다는 확신을 갖게 했다. 이 단체는 회원들을 결합시키는 일에도 어려움을 겪었다. 이 조직은 1960년대와 1970년대에 점차 자유주의적인 입장을 향해 표류했고 따라서 원래부터 보수적인 회원들을 소외시켰다. 이 단체는 아프리카의 무장 해방 운동을 지원했는데, 이것은 기독교는 억압에 대해 비폭력적으로 저항해야 한다고 생각하며 마틴 루터 킹(Martin Luther King, Jr.)을 본으로 여기는 사람들을 경악하게 했다.

1990년에 이르자 주류 교회들 안에서 '가시적 일치'에 대한 열정이 줄어들어 가는 것이 현저히 나타났다. 그러나 그것은 WCC의 사상과 정책의 상징적 특징이었다. 시간이 흐르면서 이 비전은 상당히 비현실적인 것으로 교회 생활의 현실을 고려하지 못했음이 분명해졌다. 대부분의 풀뿌리 그리스도인들이 원하는 것은 다른 교파의 동료 그리스도인들과도 잘 협력하는 관계였다. 그들은 자신의 교파가 다른 교파를 집어삼키거나 그 반대가 되는 것을 원하지 않았다. 그들은 개인적 차원과 제도적 차원에서 다른 그리스도인들과 나은 관계를 원했다. 그리하여 21세기에는 아래로부터의 풀뿌리 연합 운동이 대두되어 위로부터의 연합 운동은 줄어들게 되었다.

WCC는 이제 세계 기독교에서 상징적이고 주변적인 역할을 하고 있다. 그러나 이 기구를 낳은 에큐메니컬 비전은 사라지지 않았다. 단지 방향이 바뀌어 주도권이 개인과 자발적인 조직으로 넘어갔을 뿐이다. 20세기 말에 이르자 새로운 에큐메니컬 동맹이 풀뿌리 차원에서 나타나고 있었고, 그리하여 옛 방식인 위로부터의 연합 운동은 사그라들고 주변화했다.

미국 개신교 교파주의의 쇠퇴

미국의 종교 풍경은 사실상 그 기원인 유럽의 사고 구조와 습관에 의해 형성되었다. 개신교 교파는 본질적으로 유럽의 현상으로, 16세기에서 18세기까지 서유럽의 교회 생활과 논쟁의 변천 양상을 반영한다. 서유럽의 일반적인 상황을 반영하는 종교적 연대와 소속 방식이, 그리고 종종 영국의 특정 종교 생활 여건이 정착민들과 선교사들에 의해 아프리카와 아메리카, 아시아, 호주로 수출되었기 때문이다. 그 결과 네 대륙에서 나타나는 교회 생활은 다소의 차이는 있을지 몰라도 서유럽의 역사적 상황에 의해 형성되었다.

개신교 교파는 처음에는 미국에서 번성하는 듯했다. 아마 유럽에서 온 이주민들이 자신의 교회에 충성했기 때문일 것이다. 그러나 제2차 세계대전이 본질적으로 정적인 미국의 상황에 변화를 가져다 준 전기가 된 것 같다. 1950년대 동안 미국의 전통적인 개신교 교파는 높은 성장률을 보였다. 회중교회, 감독교회, 감리교회, 장로교회는 매년 교인 수가 성장했다고 보고했다. 각 교파는 자신의 주권과 기득권을 강력하게 옹호했다. 1956년에 이루어진 한 조사에 의하면 감독교회 교인의 80%가 다른 기독교 집단과 함께 예배하는 것은 잘못이라고 믿고 있었다. 이보다 한 해 먼저 이루어진 갤럽 여론 조사에 의하면 미국의 성인 인구의 96%는 부모와 동일한 교파에 소속되어 있었다. 그들의 교회 출석 습관은 세대가 바뀌어도 변하지 않았던 것이다. 그러나 1990년에 이르면 이들 주류 개신교 교파의 다수가 하락세를 보여서, 미국의 인구 성장이 폭발적이었던 1965년에 비하면 교인 수가 5분의 1에서 3분의 1 정도로 줄었다. 이런 숫자적 감소는 미국의 인구에서 차지하는 비율로 보아도 현저한 감소이다.

　미국의 기독교 교파는 근대 초기 유럽 문화의 극히 일부가 제도적으로 표현되어 현존하는 것에 지나지 않는다. 그러나 근대의 미국 종교 생활이 유럽의 모델, 그것도 이제는 본국에서 실패한 상황인 모델에 의존해야 하는가라는 의문을 제기하는 미국인들이 많아지고 있다. 미국의 교회들과 개인들은 점차 교파로 자신을 규정하기를 꺼린다. 많은 교회들은 지역에 맞추어 이름을 지음으로써 교파색을 교묘하게 누그러뜨리고 있다. 이런 현상은 신학교의 이름에도 나타난다. 지금의 덴버 신학교는 이전에는 덴버 보수주의 침례신학교였다. 버지니아 신학교도 이전에는 버지니아 개신교 감독교회 신학교였다. 이런 변화는 교파적 정체성을 포함시키는 것을 마케팅에 긍정적으로 여기지 않는다는 것을 의미한다.

　1990년대에는 일부 강한 기업가 정신을 가진 개신교도들의 전통적인 교파 구조의 제도적 타성에 대한 좌절감이 커졌다. 이들은 그들을 지역의 관심사나 혁신에는 관심과 반응이 없는 관료주의로 간주했다. 물론 교파 구조에 대한 좌절감이 특별히 새로운 것은 아니다. 1920년대에 벌어진 근본주의 논쟁에서 중요한 역할을 했던 뉴욕의 위대한 설교자 헨리 에머슨 포즈딕(Henry

Emerson Fosdick, 1878-1969)은 역사적 기독교 조직체를 떠나 자신만의 독립적인 운동을 시작하고 싶다는 놀랄 만한 말을 한 적이 있다. 포즈딕은 교회에 대한 충성을 요구하는 사람들을 무시하고 자신은 오로지 그리스도께만 충성한다고 주장했다. 그러나 그는 좌절감에도 불구하고 자신의 교파를 세우지 않았다. 물론 그의 개인적인 평가는 교파의 미래가 불안정하다는 것이었다.

그러나 1990년대부터는 미국의 개신교가 점차 시장 지향적이거나 시장에 의해 형성되는 성장을 뚜렷이 보이기 시작했다. 이에 대한 한 좋은 예가 시카고 근교에 있는 윌로우크리크 커뮤니티교회이다. 이런 대형 교회들은 강력한 기업가 정신을 지닌 개인에 의해 설립되고 이끌어지는 경향이 있다. 그들의 신학적 비전은 개신교의 노동 윤리로 고양되고 배양된 '할 수 있다.'라는 정신과 결합하여, 전통적인 교파 구조 밖에서 그들의 목적을 성취하게 만들었다. 이것은 1960년대의 신학적, 문화적 소용돌이의 여파 때문에 더욱 그러했다. 그들은 마르틴 루터(Martin Luther)와 같이 그들의 모교회 밖에서 일하기를 원하지 않았지만, 새로운 문화적 상황의 필요와 현실 때문에 대안이 없었던 것으로 보인다. 그 결과 주류 교파들이 대체로 무시했던 필요를 채우고 교회가 일하며 발전하고 조직화하는 방법에 대한 새로운 방식을 제시하는 새로운 방안이 물결처럼 몰려오게 되었다.

이런 발전을 위한 신학적 기반은 개신교 역사가 시작될 때에 이미 마련되고 있었다. 존 칼빈(John Calvin)은 『기독교 강요』(Institutes of the Christian Religion, 1559)에서 참된 교회는 그 제도적 역사나 연결성으로 결정되지 않고, 설교와 성례의 올바른 실천으로 결정된다고 주장했다. 20세기 말 미국의 상황에서, 이것은 바른 설교와 바른 성례에 기초한다는 조건하에서 새로운 교회와 새로운 교파가 설립될 수 있음을 의미하는 것으로 해석되었다. 기업가 정신을 가진 개인은, 특정 사역에 대한 비전에 고무되어 자신만의 회중이나 심지어 교파까지도 시작할 수 있는 것이다.

그 결과는 필연적이다. 소비자중심주의 정신이 출현할 것이다. 이를 통해 신자들은 자신의 필요와 신념, 혹은 열망에 부응하는 지역 교회를 찾고 선택할 수 있다고 느끼게 되었다. 그리고 그들이 꼭 맞는 것을 찾지 못하면 그들 스스로 세울 수도 있었다. 가톨릭은 개신교가 내재적으로 분열하는 성향이 있음을 비판하면서, 그것이 근본적인 교회 연합에 대한 관심 결여를 의미한다고 했다.

물론 이런 회중 수 인플레이션은 분명히 문제가 있지만, 두 가지 근본적인 강점이 있어서, 이것이 미국과 그 외 지역의 개신교를 형성하는 데 결정적으로 중요한 역할을 했다.

1. 회중 수의 인플레이션은 개신교가 급격한 사회 문화적 변화에 대처할 수 있게 한다. 그렇지 않으면 교회는 지나간 시대의 현실에 갇힐 수 있다. 기업가 정신을 가진 목사와 설교자는 새로운 상황에 맞추어 쉽게 복음의 비전을 개조할 수 있고, 그렇게 함으로써 개신교가 시간의 틀에 사로잡히는 것을 막을 수 있다. 이런 상황은 개신교로 하여금 보통 '파라처치'(para-church)의 역할를 하게 되는 자원 단체를 구성하여 특정 사역자가 특정 집단을 위해 일하게 함으로써 필요에 대응할 수 있게 한다.

2. 회중 수의 인플레이션은 개신교 교회로 하여금 교파의 지도자들이 근본적으로 그 구성원들을 접촉할 수 없는 상황에 대처할 수 있게 한다. 즉 대체로 그 교파에 소속된 회중의 다수가 받아들이지 않는 신학적 문제나 문화적 경향을 다룸으로써, 개신교는 회중에게 첫째, 지도자에게 저항할 권한을 주고, 둘째, 그들을 교체할 권한을 주며, 셋째, 다른 곳에서 재건할 권한을 주면서도 여전히 기독교 교회로 남아 있을 수 있게 한다. 일부 개신교 교파는 회원들의 그런 책임에 대해 방호막을 치려고 하지만, 원칙적으로 이런 근본적인 권리는 이 운동의 핵심 정체성의 일부이다. 개

신교 신자는 한 교파를 떠나 다른 교파에 가입할 수 있다. 그래도 여전히 개신교도이다.

루이스(C. S. Lewis)의 '순전한 기독교'의 개념이 여기에 영향을 끼친 것 같다. 루이스가 그의 책 『순전한 기독교』(Mere Christianity, 1952)에서 제시한 이 사고방식은 교파적 정체성의 중요성을 약화시키는데, 그것은 다양한 기독교 교회는 그 바탕이 되는 공통적인 기독교의 핵심을 단순히 다르게 실현한 것일 뿐이라고 주장하기 때문이다. 루이스의 『순전한 기독교』는 본질을 중시하고 다른 것들은 중요성 면에서 부차적인 것으로 치부하는 기독교를 위한 선언이었고 앞으로도 그럴 것이다.

그러나 루이스의 '순전한 기독교'는 단순히 교파의 중요성을 거부하는 것이 아니다. 그것은 보다 제도화된 기독교에서 쉽게 일어나는 권력과 특권의 남용에 대한 절묘한 비판이기도 하다. 평신도로서 그는 평신도의 중요한 역할을 인정하고 성직자나 교회의 제도에 어떤 특권도 허용하지 않는 기독교의 대변자 역할을 했다.

결론

이 장에서는 현대 기독교의 형태를 살펴보면서 특별히 전 세계에 설립된 교회의 유형들에 집중했다. 그러나 이것으로는 기독교를 완전하고 직질하게 설명할 수 없다. 하루하루 살아가는 그리스도인의 삶은 어떠한가? 그리스도인의 삶은 어떤 모습인가? 다음 장에서는 그리스도인의 일상적인 삶을 상세히 살필 것이다. 물론 복합적이고 풍성한 이 주제를 제대로 다룰 수 있으리라고는 기대하지 않는다. 그래도 최소한 독자들이 어떤 기대를 할 수 있을지, 그 역사와 의미에 대해서 어느 정도 설명할 수 있을 것이다.

제6장

신앙 생활
실제 삶으로서의 기독교

이 책 앞부분에서 특히 기독교의 가르침과 역사에 초점을 맞추면서 기독교를 여러 측면에서 살펴보았다. 이러한 접근은 독자들에게 기독교가 무엇인지 이해시키는 데 도움이 된다. 그러나 한 가지 큰 단점도 있다. 기독교가 단지 일단의 사상일 뿐이라는 유익하지 못하고 깊은 오해까지 일으키는 인상을 심어 줄 수 있다. 기독교가 일단의 핵심 신앙을 기초로 하는 것은 분명하다. 하지만 이런 신앙이 그리스도인 개개인의 삶과 가치관에, 기독교 공동체들이 행동하고 예배하는 방식에, 그리고 기독교가 존재하는 문화에 중요한 영향을 미친다는 것을 반드시 알아야 한다.

이 책의 마지막 두 장에서는 현대 세계에서 이루어지는 그리스도인의 삶을 살펴볼 것이다. 일단의 사상이나 역사적 영향력이 아니라 살고 체험하는 실재로서 기독교는 어떤 것인가? 기독교는 문화에 어떻게 영향을 미치는가? 이 두 장은, 그리스도인은 아니지만 현대 지구촌 문화에서 중요한 존재와 영향력인 기독교에 대하여 기본적인 이해를 원하는 사람들에게 특히 유익할 것이다.

이 두 장의 목표는 그리스도인의 삶을 자세하게 탐구하는 것이 아니라 개관하는 것이다. 여기서 다루는 주제들을 상세하게 다루는 연구서들이 많이 있다. 그런 것들은 현대 기독교의 신앙과 삶의 다양한 면들을 더욱 상세하게 설명하면서, 이 운동을 결합시키는 공통된 주제와 신념과 태도도 밝혀 준다.

신앙 생활 탐구로 들어가는 문

기독교는 단순한 일단의 사상이 아니라 삶의 방식이기 때문에, 다양한 방식들을 만나게 된다. 그러므로 이런 출입문 5개, 또는 기독교에 접근하는 5가지 사항을 간단히 살펴보도록 하자.

1. **경전.** 전부는 아니지만 대부분의 종교는 특별히 중요하게 여기는 경전을 가지고 있다. 기독교의 중요한 경전은 '성경'이다. 다소 억압적인 이슬람 국가를 제외하고 세계 거의 모든 곳에서 성경을 서점에서 공개적으로 살 수 있다. 성경은 교회 예배와 개인 경건의 시간에 읽을 수 있다. 성경의 많은 부분은 곡이 붙여져 있다. 그 중 가장 유명한 것이 헨델(Georg Friedrich Händel)의 '메시아'(Messiah)로, 그리스도의 강림을 말하는 일련의 성경 본문을 음악으로 만든 것이다.

2. **예배.** 많은 사람들은 교회 예배에 참석함으로써 기독교 신앙을 접한다. 그리스도인이 아닌 사람들은 그리스도인 친구나 친지의 결혼식이나 장례식에 참석함으로써 이런 경험을 하게 된다. 이런 예배를 위한 책을 흔히 '예전'이라고 하는데 기독교의 핵심 신념과 가치들을 보여주는 중요한 것이다.

3. **건축물.** 예배를 위해서든 혹은 관광을 위해서든 교회를 방문할 경우, 교회당의 물리적 구조는 기독교를 이해하는 데 중요한 역할을 한다. 중세의 대성당 같은 이전의 기독교 교회는 대체로 글을 모르는 문화에 기독교 신앙을 전달하려는 의도로 설계되었다. 많은 성당은 십자가 형태를

취함으로써, 신앙 생활과 사상, 예배에서 십자가가 중심 위치에 있음을 상기시키려 했다. 세례반을 종종 교회의 주 출입구 가까이에 배치함으로써 세례가 교회에 들어오는 수단이라는 사상을 상징하려 했다. 스테인드글라스 창문은 신앙의 비밀로 들어가는 창문의 역할을 했다. 교회의 벽에는 종종 복음서의 장면들을 그려 놓았는데, 이는 예배자들의 신앙의 기초가 되는 사건들을 기억하게 하기 위한 것이었다. 간단히 말하면, 교회 건물은 기독교 신앙을 구현한 것이다. 이 장에서는 교회 건물이 이런 식으로 '읽힐' 수 있는 몇 가지 방법을 살펴볼 것이다.

4. **음악**. 기독교는 하나님을 공적으로 예배하는 일을 강조한다. 이것 때문에 여기에 수반하는 음악을 발전시키려는 관심이 생겨났다. 예배에 사용하기 위해 고안된 다양한 음악으로는 수도원의 단선 성가에서부터 복잡한 음악 구조를 지닌 베르디(Giuseppe Verdi)의 '레퀴엠'(Messa da Requiem)이나 베토벤(Ludwig van Beethoven)의 '장엄 미사'(Missa Solemnis), 그리고 활기차고 자유로운 현대 경배 찬양, 특히 복음주의와 오순절파 전통의 경배 찬양에 이르기까지 다양하다. 엄청난 양의 성경에 곡이 붙여졌다. 이런 것들은 예배의 일부나 인간의 문화 활동의 일부로 정기적으로 공연된다. 다시 말하지만 음악은 기독교의 핵심 가치와 사상을 나타내는 중요한 역할을 한다.

5. **미술**. 그리스도인들은 처음부터 신앙을 소통하고 유지하는 데 있어서 시각 예술의 중요성을 인식했다. 성경과 그림 둘 다 복음서의 핵심 장면들을 묘사하는 데 사용되었다. 역사상 가장 잘 알려진 이미지들은 이런 주제들로 영감을 받았다. 그 예가 미켈란젤로(Michelangelo di Lodovico Buonarroti Simoni)의 '아담의 창조'(Creation of Adam)와 레오나르도 다빈치(Leonardo da Vinci)의 '최후의 만찬'(Last Supper)이다. 십자가 사건은 이것이 기독교 사상과 경건에서 차지하는 중심적인 위치 때문에 미술에 있어서

도 특히 중요했다. 정교회가 사용하는 성상은 이미지가 그리스도인의 경건에서 중요한 역할을 하는 가장 친숙한 방법에 해당한다.

이 마지막 두 장에서는 이런 출입문들 가운데 일부를 선택하여, 삶으로 실천되는 신앙으로서 기독교는 어떤 것인가를 탐구할 것이다. 먼저 그리스도인이 소속한 기관인 교회의 삶에 대해 살펴볼 것이다. 각 교파마다 상당한 차이가 있기는 하지만, 다음에 소개하는 자료들은 거의 대부분의 교파에 적용 가능한 것들이다.

기독교 공동체 : 교회 생활

그리스도인 생활의 핵심에는 예배 공동체가 있다. 외부에서 기독교를 접하는 사람들은 다양한 예배를 통해 기독교를 경험할 가능성이 높다. 이 예배의 방식은 매우 다양하다. 금빛 찬란한 성당 안에서 이루어지는 호화롭고 장식이 많고 정교한 러시아 정교회의 예배에서부터, 임시로 마련된 교회 건물 안에서 드려지는 무형식적이고 기타로 인도되는 라틴 아메리카의 오순절파 예배까지 다양하다.

그리스도인이 아닌 사람들이 경험할 가능성이 높은 예배로는 결혼식과 장례식, 그리고 성탄절의 '아홉 가지 말씀과 캐럴'(Nine Lessons and Carols) 예배일 것이다. 그러므로 여기에서 시작하여 좀 더 많은 설명을 함으로써 이런 예배가 기독교로 들어가는 출입구가 되게 할 것이다.

기독교 결혼식

기독교 결혼식의 기본 구조는 아주 단순하다. '예전'(liturgy, 예배의 교본을 가리키는 말)은 신부와 신랑이 인간 증인과 하나님 앞에서 결혼에 동의하는 것으로 구성된다. 이것은 그들의 연합을 하나님이 축복하시기를 구하는 행위이다. 이 예배의 기본 구조는 일부는 모든 그리스도인들이 공유하는 신학적 고려 사항들에 의해 결정되고 일부는 법적, 문화적 요인들에 의해 결정되는데 후자는 지역에 따라 달라질 수 있다. 기독교는 오랫동안 그 독특한 사상을 주요한 문화 규범들과 능숙하게 조화시켜 왔다.

그러므로 기독교의 사상과 함께 다른 곳에 기원을 둔 관습이 있을 것을 기대해야 한다. 예를 들어, 넷째 손가락에 반지를 끼우는 것은 기독교에서는 별 의미가 없는데, 대체로 기독교가 채택한 옛 로마의 전통이라고 받아들여진다. 즉 남자가 여자에게 약혼식 때 주는 혼전 반지 전통을 받아들였다는 것이다. 결혼반지를 축복하고 그것을 신부의 손가락에 끼우는 관습은 11세기부터 시작된 것으로 본다.

기독교의 결혼 예배는 결혼은 두 개인의 자발적인 헌신이며, 이것은 피조 세계에 대한 하나님의 규례의 일부라는 것을 강조한다. 흔히 창세기의 한 본문을 읽는데 이것은 "여호와 하나님이 이르시되 사람이 혼자 사는 것이 좋지 아니하니"(창 2:18)라고 하신 점을 밝히기 위해서이다. 인간은 교제를 위해 창조되었다. 사람들과 그리고 하나님과 교제하기 위해 창조되었다. 많은 기독교 결혼 예전은 예수님이 갈릴리 가나의 혼인 잔치에 참석하신 사실(요 2장)을 언급한다. 그런 예전의 한 예로 스코틀랜드 성공회의 2007년 결혼 예배를 들 수 있는데, 이런 사상들이 예식에 스며들어 있다.

우리가 하나님 앞에 모인 것은 ○○과 ○○의 결혼의 증인이 되고, 하나님께 그들을 축복해 주실 것을 구하며, 그들의 기쁨에 함께 하기 위함입니다. 우리 주 예수 그리스도는 친히 갈릴리 가나의 혼인 잔치에 참석하셨고, 지금은 그의 영으로 우리와 함께 계십니다.

성경은 결혼은 창조 때에 하나님이 주신 선물이며, 그의 은혜의 수단이요, 남자와 여자가 한 몸이 되는 거룩한 비밀이라고 가르칩니다. 남편과 아내가 평생 사랑 가운데 서로 자신을 주면서 그리스도가 그의 교회와 연합하는 것처럼 사랑 가운데 연합하는 것이 하나님의 뜻입니다.

이 간단한 결혼 예식 발췌문은 결혼에는 더 깊고 영적인 의미가 있다는 기독교 신앙을 근거로 한다. 그리스도인들에게는 결혼을 통한 남녀의 연합이 신자와 예수 그리스도 사이의 영적 연합을 상징한다. 기독교 영성 작가들은 종종 나사렛 예수와 신자 사이의 '영적 결혼'에 대해 말한다. 예를 들어, 마르틴 루터(Martin Luther)는 신앙을 그리스도와 신자를 연합시키는 '결혼반지'라고 함으로써, 쌍방 사이에 존재하는 인격적 관계와 선물의 상호 교환 둘 다를 설명했다. 루터는 그리스도가 신자의 죄와 죄책을 받으시고, 신자에게 그의 의와 영생이라는 선물을 주신다고 했다.

화보 6.1 16세기 베네치아파의 주요 화가였던 파올로 베르네세의 '가나의 혼인 잔치.' 가로로 10미터가 넘는 큰 화폭에 화려한 채색, 무대처럼 잘 짜여져 있는 구성, 정중앙의 그리스도를 중심으로 펼쳐진 생동감 넘치는 인물들의 묘사가 어우러진 대작이다.

기독교 장례식

기독교 장례식의 중심 주제는 부활의 소망 선포, 죽은 자의 삶을 기리고 하나님의 보살핌에 맡기는 것이다. "그리스도인이 장례식을 하는 이유는 예배와 찬양, 그리고 생명의 창조자요 의로운 자의 소망이신 하나님께로 돌아간 그 생명의 선물에 대해 하나님께 감사하기 위함이다."

『공동 기도서』(Book of Common Prayer, 1662)에 제시된 성공회의 전통적 장례식을 보면 처음부터 끝까지 부활에 대한 소망으로 가득 차 있다. 죽은 사람의 정체성이나 업적에 대해서는 거의 언급하지 않는다. 대부분 부활에 대한 소망을 강조하는 내용이다. 사실 예전에서는 죽은 사람의 이름이 전혀 언급되지 않고 단순히 '우리의 형제' 또는 '우리의 자매'로만 불린다. 장례식은 사제가 교회 마당 문에서 상주를 만나 그리스도인의 소망이 명시되어 있는 요한복음 말씀을 말하는 것으로 시작된다.

"예수께서 이르시되 나는 부활이요 생명이니 나를 믿는 자는 죽어도 살겠고 무릇 살아서 나를 믿는 자는 영원히 죽지 아니하리니 이것을 네가 믿느냐"(요 11:25-26).

그 다음에는 고린도전서 15장, 즉 바울이 부활의 중요성과 그것이 그리스도인에게 주는 의미를 강조하는 장을 읽는 것으로 진행된다. 이 말씀에는 다음 내용이 들어 있다.

"이 썩을 것이 썩지 아니함을 입고 이 죽을 것이 죽지 아니함을 입을 때에는 사망을 삼키고 이기리라고 기록된 말씀이 이루어지리라 사망아 너의 승리가 어디 있느냐 사망아 네가 쏘는 것이 어디 있느냐 사망이 쏘는 것은 죄요 죄의 권능은 율법이라 우리 주 예수 그리스도로 말미암아 우리에게 승리를 주시는 하나님께 감사하노니 그러므로 내 사랑하는 형제들아 견실하며 흔들리지 말고 항상 주의 일에 더욱 힘쓰는 자들이 되라 이는 너희 수고가 주 안에서 헛되지 않은 줄 앎이라"(고전 15:54-58).

마지막으로 시신이 무덤으로 내려질 때 사제는 이런 말을 한다. 이때도 소망이 주제이다.

자비로우신 전능자 하나님께서는 우리의 사랑하는 형제의 영혼을 자신에게로 데려가시기로 하셨습니다. 그러므로 우리는 주 예수 그리스도를 통하여 영원한 생명을 얻을 부활을 확신하고 소망하면서 그의 몸을 땅에 묻습니다. 흙은 흙으로, 재는 재로, 티끌은 티끌로 돌아갈지어다.

부활 소망이라는 주제는 종종 적절한 상징물을 통해 강조되기도 한다. 예를 들어, 가톨릭 의식에서는 교회 입구에서 관을 맞이하여 그 신자의 세례를 기억하는 성수를 뿌리는데, 이것은 그 신자가 사망에서 생명으로 옮겼음을 확증하는 것으로 여겨진다(롬 6:1-4). 그 다음에 유족들이 관위에 보를 덮는데, 이는 그리스도인의 부활 소망에 대한 표시로 그 위에 성경과 같은 기독교의 상징물을 두기도 한다.

이런 근본적인 주제들과 함께 부차적인 주제들도 첨부된다. 예를 들어, 가톨릭 밴쿠버 내교구에서 제시한 지침 또는 예전 규범을 보자. 삶과 죽음에 있어서 신자의 평등함이 강조되고 있음을 주목하라.

관은 장례식 동안 닫아 두고, 세례복을 기억나게 하는 보로 덮어야 한다. 이것은 그리스도 안에서 이 생을 너머 새로운 생명으로 들어간 사람의 위엄을 나타내는 표이다. 보는 기독교의 상징들로 장식할 수도 있다. 이런 예전적 의미 외에도 보는 매우 실제적인 목적이 있다. 겉치레를 방지하여 가난한 자들이 당황하지 않게 하며 하나님 앞에서 그리스도인들이 평등함을 강조하는 것이다.

'보'는 관을 덮는 소박한 천이다. 여기서 보는 세례를 기억나게 하는 것으로 해석된다.

가톨릭 전통 밖에도 이와 같은 관습이 사용된다. 예를 들어, 텍사스 주 오스틴의 제일 연합 감리교회는 다음과 같은 이유로 유족들에게 장례식에서 보를 사용할 것을 권장한다.

제일교회는 황금색 새틴 십자가가 가로 세로 전체에 걸쳐 장식되어 있는 하얀 장례용 보를 준비해 놓고 있습니다. 이것은 용서로 죄를, 소망으로 두려움을, 생명으로 죽음을 덮는 하나님의 능력을 상징합니다. 이 보는 여러분이 사용할 수 있으며 꽃 장식 대용으로 적합합니다.

아홉 가지 말씀과 캐럴 예배

영국 케임브리지에서 성탄절 때에 이루어지는 아주 친숙한 기독교 예배 중 하나로 텔레비전과 라디오를 통해 전 세계에 방송되는 것이 있다. 이 예배는 어떤 것일까? 어떻게 해서 시작되었을까? 이것은 기독교에 대해 어떤 것을 말해 줄까?

빅토리아 시대에 이르러 성탄절이 영국의 국가 종교 절기로 제도화되었다. 크리스마스 트리를 장식하는 관습은 빅토리아(Victoria) 여왕의 부군인 앨버트(Albert of Saxe-Coburg and Gotha) 공이 그의 고향인 독일에서 들여온 것이다. 크리스마스 카드는 새로 설립된 국가 우편 서비스의 도움으로 배포되었고, 소설가 앤서니 트롤럽(Anthony Trollope)이 우편함이라는 새로운 도구를 발명하면서 광범위하게 사용되었다. 빅토리아 시대에는 크리스마스 캐럴 작시가 폭발적으로 늘어났다. 일부 널리 알려진 캐럴은 이 시기에 나온 것이다.

19세기 말에 이르러 성탄절이 점차 중요한 절기가 되면서 영국 국교회에서 제공하는 공식적 의식이 없다는 것이 분명해졌다. 성탄절이라는 절기가 국민의 의식에서 갈수록 비중이 커짐에 따라 이때를 위한 특별 교회 예배를 마련하여 대중화하는 크리스마스 캐럴과 성경 읽기를 결합시켜 달라는 요구가 커졌다. 『공동 기도서』에는 성탄절을 위한 특별 예배가 포함되어 있지 않았다. 16세기에는 성탄절을 특별히 중요한 절기로 보지 않았다는 사실을 반영한 것이었다. 그러나 대중이 이 절기를 중요시함에 따라 이때를 위한 특별 예배를 요구하게 된 것이다.

1880년에 그런 예배가 크리스마스이브를 위해 고안되었다. 에드워드 화이트 벤슨(Edward White Benson)이 영국 남서부에 있는 트루로 교구의 주교로 재직할 때 만든 것이었다. 형식은 단순하고 우아했다. 예배는 아홉 곡의 캐럴과 아홉 가지 말씀(lesson, 예배 때 읽어 주는 성경 본문)으로 되어 있었다. 말씀은 성가대원에서 시작하여 주교에게서 마무리되는 상향식 순서로 다양한 교회의 직분자들이 읽었다. 벤슨은 후에 캔터베리의 대주교가 되었고, 그 예배를 케임브리지 킹스 칼리지에서 새로운 형식으로 각색했다.

이 특징적인 케임브리지 형식의 기원은 1918년 크리스마스이브이다. 이때는 세계대전의 트라우마와 폐허 가운데서 이루어진 최초의 성탄절 절기였다. 에릭 밀너화이트(Eric Milner-White)는 전시 동안 육군으로 섬기다가 막 케임브리지 킹스 칼리지의 교목과 학장으로 임명된 상태였다. 그는 완악하고 회의적인 전후 세대에 적합하고 매력적인 예배를 마련해야 할 필요성을 절감했다. 그러던 중 성탄절 이야기가 기독교 예배에 사용될 수 있다는 것을 깨닫게 되었다. 밀너화이트는 킹스 칼리지의 오랜 합창 전통을 활용하여 아홉 가지 말씀과 캐럴 형식을 개발했는데, 그것이 영향을 끼쳐 널리 알려지게 되었다.

예배의 기본 구조는 1919년 이래로 변하지 않았다. 골격은 전 회중이 부르는 아홉 곡의 크리스마스 캐럴과 킹제임스 성경에서 발췌한 아홉 가지 성경 본문 읽기로 이루어진다. 이것들은 성탄절의 주제를 반영하는 합창과 어우러진다. 예배를 시작하는 간구 기도는 성탄절의 공적 읽기를 위한 장을 마련한다. "우리가 불순종한 첫날부터 이 거룩한 아기로 인하여 영광스러운 구속이 이루어지기까지 하나님의 사랑의 뜻을 담은" 성탄절 이야기를 읽는다는 것이다. 예배를 끝맺는 짧은 기도는 예배 내내 성경 읽기와 찬양으로 재확인한 그 위대한 주제의 의미를 요약하는 내용이다. 여는 기도는 그리스도인의 입장에서 성탄절이 의미하는 바를 분명히 밝힌다.

그리스도 안에서 사랑하는 여러분, 이 크리스마스이브에 우리가 즐겁게 그리고 주의 깊게 자신을 준비하여 천사들의 메시지를 다시 듣게 되기 원합니다. 마음과 생각으로 베들레헴으로 가서 일어난 일을 살펴보고 목자들과 박사들과 함께 성모의 품에 안긴 아기에게 경배합시다. 이제 성경에서 우리가 불순종한 첫날부터 이 거룩한 아기로 인하여 영광스러운 구속이 이루어지기까지 하나님의 사랑의 뜻을 담은 이야기를 읽고 주목합시다. 그리고 온 교회와 함께 순결하고 낮아지신 성모께 드려진 이 예배가 찬양 캐럴로 즐겁도록 합시다.

이 예배의 근본적인 주제는 단순하다. 그리스도는 오래전에 약속하신 세상의 구주요, 성육신한 하나님이요, 세상을 구원하기 위해 우리 중 하나로 세상에 들어오신 분이라는 것이다.

이제까지 우리는 기독교 공동체 밖의 사람들이 경험할 가능성이 있는 세 가지 예배를 살펴보았다. 그러면 그리스도인의 주된 예배는 무엇인가? 교회는 매주 일요일에 무엇을 하는가? 다음 단원에서는 정규 기독교 예배의 기본 주제를 살펴볼 것이다.

기독교 예배

신약에는 예배 형식에 관한 분명한 암시가 있다. 사도행전은 초기의 그리스도인들이 정기적으로 모여 "사도의 가르침을 받아 서로 교제하고 떡을 떼며 오로지 기도하기를 힘쓰니라"라고 말한다(행 2:42). 신약은 '떡을 떼는 일' 외에 세례가 예수 그리스도에 대한 개인적인 헌신의 표시이자 기독교 공동체에 들어가는 표시로 중요함을 강조한다. 찬송과 감사의 중요성도 몇몇 구절에서 확인할 수 있다. "시와 찬송과 신령한 노래들로 서로 화답하며 너희의 마음으로 주께 노래하며 찬송하며 범사에 우리 주 예수 그리스도의 이름으로 항상 아버지 하나님께 감사하며"(엡 5:19-20). 오늘날 교회들이 접하는 예배 형식의 기원은 신약에까지 거슬러 올라갈 수 있다.

기독교 예배는 특히 한 주의 하루(일요일)와 관련이 있다. 그리스도인들은 한 주의 첫날을 특히 중요하게 여겼다. 이 날은 예수님이 죽은 자 가운데서 다시 살아나신 날이기 때문이었다. 유대교 예배는 특히 한 주의 일곱째 날(안식일 즉 토요일)과 관련이 있었지만 최초의 그리스도인들은 이러한 전통적인 유대교 관습을 유지하지 않았다.

일요일은 하나님의 새로운 창조의 첫날로 인식되었고, 따라서 모든 중요한 공적 예배에 적합한 날이었다. 순교자 유스티누스(Justinus)는 165년경에 쓴 글에서 이러한 전통에 대한 중요한 증언을 한다.

일요일이라 불리는 날에, 도시나 시골에 사는 모든 사람들이 한 곳에 모인다. 그리고 사도들의 언행록이나 선지자들의 글을 시간이 허락하는 데까지 낭독한다. 낭독이 끝나면, 사회자가 설교를 하면서 사람들에게 이러한 글에 제시된 덕을 따르라고 권하고 요청한다. 그런 후에 모두가 함께 일어나 몇 가지 기도를 한다. 이 기도가 끝나면, 떡과 물로 희석한 포도주를 준다. 그런 후, 사회자가 자신의 능력대로 기도하고 축사하며 사람들은 '아멘'으로 화답한다. 축사한 음식을 참석한 모든 사람들에게 나누어 주며, 참석하지 못한 사람들에게는 집사들이 가져다준다.

그리스도인의 삶을 유지하는 데 있어 예배는 중요한 역할을 한다. 특히 그리스 정교회 전통에서, 교회의 공예배는 천국의 문지방 가까이에 가서 그 문을 통하여 천국 예배를 얼핏 보는 것을 상징한다. 그리스 정교회의 전례는 천국 예배에 사로잡힌다는 개념과, 인간 시각의 한계를 넘어 천국 예배를 언뜻 볼 때 일어나는 경의로운 신비감을 기린다.

이러한 예배의 신비를 매우 존중하게 하는 성경 본문이 있다. 이사야서 6장에서 부름을 받은 선지자는 '지성소'에 들어가 절정의 경험을 하게 된다.

"웃시야왕이 죽던 해에 내가 본즉 주께서 높이 들린 보좌에 앉으셨는데 그의 옷자락은 성전에 가득했고 스랍들이 모시고 섰는데 각기 여섯 날개가 있어 그 둘로는 자기의 얼굴을 가리었고 그 둘로는 자기의 발을 가리었고 그 둘로는 날며 서로 불러 이르되 거룩하다 거룩하다 거룩하다 만군의 여호와여 그의 영광이 온 땅에 충만하도다 하더라 이같이 화답하는 자의 소리로 말미암아 문지방의 터가 요동하며 성전에 연기가 충만한지라 그때에 내가 말하되 화로다 나여 망하게 되었도다 나는 입술이 부정한 사람이요 나는 입술이 부정한 백성 중에 거주하면서 만군의 여호와이신 왕을 뵈었음이로다 했더라"(사 6:1-5).

많은 신학자들이 이 본문에서 중요한 통찰을 이끌어 낸다. 인간은 천국의 예배 자체를 볼 수 없다는 것이다. 천국의 예배는 피조된 것들(피조된 의식, 성찬의 떡과 포도주, 전례 자체 등)을 통해 투영됨으로 사람의 능력에 맞게 조절되어야 한다.

따라서 예배에 참여한다는 것은 거룩한 곳(출 3:5), 엄밀하게 말해 인간이 설 권리가 없는 곳에 서는 것이다. 신성한 예배의 전례가 땅에서 거행될 때마다, 천국과 땅 사이의 경계가 허물어지며, 땅 위의 예배자들은 천사들이 행하는 영원한 천국의 전례에 참여한다. 이러한 땅 위의 예배가 진행되는 동안, 예배자들은 천국의 문지방으로 옮겨지는 신비로운 기회를 얻는다. 거룩한 곳에서 거룩한 것들에 참여하면서, 예배자들은 한편으로 자신의 유한함과 죄성을 알게 되며, 다른 한편으로 하나님의 영광을 새롭게 보게 된다. 이것이 바로 이사야의 환상에 나오는 투영의 패턴이다.

예배와 천국의 연결은 흔히 음악을 통해 강화된다. 고딕 양식의 교회가 천국의 광활함을 표현하고 예배자로 하여금 천국의 예배를 시각화할 수 있게 했듯이, 음악을 지혜롭게 활용하면 이에 못지않은 효과를 얻는다는 주장이 많다. 음악을 듣지 않고, 순전히 말로만 설명하기는 힘들다. 그러나 세르게이 라흐마니노프(Sergey V. Rachmaninoff, 1873-1943)의 '저녁 기도'(Vespers)나 조반니 피에를루이지 다 팔레스트리나(Giovanni Pierluigi da Palestrina, 1525경-1594)의 모테트 '마리아 하늘에 오르셨으니'(Assumpta est Maria)와 이 곡을 기초로 한 '마리아 승천 미사'(Missa Assumpta est Maria)를 들어 보면 어떻게 천국의 환상이 예배에서 음악을 통해 전달되는지 알 수 있다.

문지방(liminality) 개념, 즉 거룩한 곳의 문지방에 서서 금지된 천국의 영역을 들여다본다는 개념은 정교회의 교회 구조에서, 특히 하나님의 신비에 대한 깊은 경외감 때문에 성소와 제단이 회중석과 떨어져 있는 배치에서 가시적으로 나타난다. 예배에 관한 글에서, 크리소스토무스(Chrysostomus)를 비롯한 그리스 교부들은 이 거룩한 곳에 대한 의식의 전례적 의미에 거듭 주목한다. 제단은 '두려운 단'(terrifying table)이다. 떡과 포도주는 예배자들이 두렵고 떨림으로 받아야 하는 그리스도의 몸과 피라는 두려운 제물이다. 정교회에서는 성찬과 천국 예배의 체험이 특히 밀접한 관련이 있다고 본다.

일반화는 모두 위험하며 반드시 아주 조심스럽게 다루어야 한다. 그러나 일반화는 특히 복잡한 문제를 이해하려고 애쓰는 사람들에게는 매우 유익하기도 하다. 다음은 기독교 예배에서 접하는 다양한 요소이다. 기독교 예배의 유형은 매우 다양하며, 여기서 논의하는 모든 요소가 모든 유형의 예배에 모두 나타나는 것은 아니다. 그러나 이것들은 현대 예배를 탐구하는 출발점으로서 유익하다. 외부에서 기독교에 접근하는 독자라면 단순히 기독교 예배에 관한 글을 읽기만 하는 것은 매우 제한적인 가치밖에 없음을 알아야 한다. 예배는 체험을 요구한다. 그러므로 예배의 구조와 리듬과 호소력을 제대로 알려면, 예배에 관한 글을 읽는 데 그치지 말고 가까운 교회의 예배에 직접 참여해 이것을 보충하길 바란다.

기도

기도는 모든 기독교 예배에서 핵심적인 요소이다. 기도의 형태는 다양하다. 기도에는 개인의 사적인 기도와 교회의 공적인 기도가 있다. 기도는 감사의 형태를 띨 수 있는데, 여기서는 개인으로든 교회 전체로든 받은 축복에 대해 하나님께 감사한다. 가장 중요한 기도는 '간구 기도'(petitionary prayer)일 것이다. 간구 기도에서는 회중이나 개인이 하나님께 구체적으로 구한다. 이러한 유형의 기도는 예수님의 가르침에서 찾아볼 수 있는데, 예수님은 이런 기도를 인간의 요구에 비유하셨다.

찬양

성경은 신자들에게 하나님을 찬양하라고 끊임없이 요구한다. 찬양은 처음부터 기독교 예배의 한 요소였다. 현대 기독교에서, 찬양은 특히 찬송가(hymns)와 경배 찬양(worship songs)과 관련이 있다. 찬양은 다양한 형태의 음악으로 만들어지며, 회중의 문화적 선호를 염두에 두는 경우가 많다.

많은 고전 찬송가들이 18세기에 아이작 와츠(Isaac Watts), 존 웨슬리(John Wesley), 찰스 웨슬리(Charles Wesley) 등에 의해 만들어졌다. 찬송가는 그리스도인의 생활과 사고에서 아주 중요하다. 따라서 가장 유명한 찬송 가운데 하나인 '나 같은 죄인 살리신'(Amazing Grace)의 작사자 존 뉴턴(John Newton, 1725-1807)에 대해 좀 더 살펴보겠다.

존 뉴턴은 유명한 찬양집 『올니 찬송가』(Olney Hymns)의 주요 작사자인데, 여기 실린 많은 찬송이 지금도 널리 불리고 있다. 뉴턴은 한동안 노예 무역을 한 후 회심했다. 그는 1764년 영국 국교회 사제가 되어 올니 마을에서 섬겼다. 1779년, 뉴턴은 찬송집을 출판했는데 이 찬송집 때문에 아주 유명해졌다. 뉴턴은 이 찬송집을 쓰면서 자신의 목적은 신실한 그리스도인들의 믿음을 북돋우고 위로하는 데 있다고 했다. 이 찬송집에서 가장 유명한 곡이 바로 하나님의 놀라운 은혜를 찬송하는 '나 같은 죄인 살리신'이다.

나 같은 죄인 살리신 주 은혜 놀라워
잃었던 생명 찾았고 광명을 얻었네.

성경 봉독

성경 봉독은 기독교 예배의 중요한 부분이다. 많은 교회들이 미리 짜인 성경 봉독 프로그램(lectionary, 교독문)을 활용하는데, 이 프로그램의 목적은 교회의 정규 예배를 통해 성경 전체를 다 읽는 것이다. 어떤 교회에서는 목사가 어떤 때 어떤 성경 구절을 봉독할지 결정한다. 그러나 원칙은 동일하다. 하나님의 말씀을 듣고 거기에 반응하는 것이 기독교 예배의 한 부분이다. 이러한 반응은 때로 특정 교리를 믿는 형태로 나타난다. 어떤 때는 특정 방식으로 행동하거나 어떤 일을 해야 함을 인정하는 것일 수도 있다.

초대 교회에서는 복음서를 읽는 게 우선이었다. 복음서 낭독은 예수 그리스도의 말씀과 행위에 대한 공적인 선포로 인식되었다. 많은 교회에서 복음서가 낭독될 때 회중은 일어나서 듣는데, 이것은 예수 그리스도의 복된 소식이 교회 및 각 교인의 삶과 예배의 중심임을 표현하는 한 방식이다. 이러한 의식은 점차 두세 단락을 낭독하는 형태로 발전했다. 구약의 한 단락, 신약 서신서의 한 단락, 복음서의 한 단락을 읽는 것이 전형적이다. 많은 교회에서, 성경 봉독이 끝나면 설교자가 봉독된 구절을 설명하거나 적용한다. 이제 여기에 관해 살펴보자.

설교

많은 기독교 예배에는 연설이 포함되며 이것을 때로는 '설교'(homily)라고도 한다. 이것은 성경에 기초를 둔 짧은 말로, 회중이 세상에서 기독교 신앙을 따르며 사는 법에 대해 생각할 거리를 제공하는 것을 목적으로 한다. 어떤 사람들은 다른 용어(sermon)를 사용하기도 하는데, 이 단어는 '말'을 뜻하는 라틴어 세르모(sermo)에서 온 것으로 기독교 신앙에 대한 더 방대한 탐구와 진술 또는 적용을 가리킨다. 이 설교는 흔히 어떤 성경 본문이나 성경의 주제 혹은 신조의 한 조항에 대한 주석 형태를 띤다.

설교 방식은 매우 다양하다. 일부 설교자들은 설교를 주로 교리 교육(회중에게 신앙에 대해 가르치는 것을 목표로 한다)으로 보는가 하면, 또 어떤 설교자들은 훈계(그리스도인으로서 더 나은 삶을 살거나 일부 기독교의 기본 가르침 또는 원리를 마음에 새기도록 권면하는 것을 목표로 한다)로 본다.

설교는 많은 기독교 전통에서 예배의 정규적인 부분이지만, 종교개혁 시기에는 특히 중요하게 여겼다. 성경의 적합성에 대한 새로운 강조, 특히 '만인제사장설'에 대한 종교개혁자들의 강조 때문에 성경을 아는 평신도를 만드는 과업이 목표였다. 존 칼빈(John Calvin)과 같은 저자에게서 드러나는 성경에 근거한 설교에 집착하는 것은 이런 관심을 반영한다.

일부 예배에서는 말씀을 암송하거나 성경 본문을 노래하는 것에 초점이 맞추어지기도 하지만, 설교는 예배의 핵심 부분이다. 반면에 성찬은 '말씀의 사역'과 '성례의 사역' 모두를 포함하므로 설교와 성례가 서로 보완적인 역할을 하면서도 다르게 나타난다. 그리스도인의 삶에서 성례가 하는 역할에 대해서는 이 장의 뒷부분에서 살펴볼 것이다.

신앙 고백 : 신조 암송

공식적인 예배에서는 대부분 신조들 가운데 하나(보통은 사도신경이나 니케아 신조)를 소리내어 암송한다. 이런 신조들은 신자들로 하여금 그들의 신앙의 기본 주제들을 기억하게 하여 거짓된 가르침을 물리칠 수 있게 한다. 신조 암송은 또한 강한 '소속감'을 갖게 하는데, 그것은 신조가 현대의 기독교 공동체와 고전기의 기독교 공동체 사이의 기본적 연속성을 확언하기 때문이다.

신조란 개신교든 정교회든 가톨릭이든 모든 그리스도인들에게 공통적인 신앙 진술문을 말한다. 신조는 모든 그리스도인들에게 보편적인 의미를 갖는 것으로, 특정 역사적 교회의 개별 신앙 진술문이 갖는 특별한 중요성을 초월한다고 여겨진다. 그래서 성공회 신자에게는 『39개조 신앙 고백』(*Thirty-Nine Articles*)이 성공회 신앙을 특별히 정의할 때 상당한 비중을 갖지만, 장로교인에게는 『웨스트민스터 신앙 고백』(*Westminster Confession*)이 이와 비슷한 비중을 차지한다. 그러나 이 두 문서가 이들 교회의 공적 예배에 흡수될 수는 없다. 그 신조들의 보편적 권위를 인정하지 않기 때문이다.

그러면 왜 그리스도인들은 이런 신조를 암송하는가? 부분적으로는 그것이 개인 신자들로 신조의 내적 논리와 기본적인 주제들을 받아들이게 함으로써 신앙의 주요 사항들에 대한 이해의 기본 틀이 되게 하기 때문이다. 그러나 일체 의식이 작용할 수도 있다. 이런 특정 내용의 말을 암송한다는 것은, 이전 세대의 그리스도인들이 자신의 신앙을 표현하기 위해 사용했던 말을 사용함으로써 과거의 교회와 연결되게 한다. 신조 암송은 교육 행위일 뿐 아니라 과거 그리스도인과의 단결 행위이다. 이것은 깊은 역사적, 영적 의미를 가진 더 큰 구도 위에서 자신의 위치를 보게 한다.

성례

일반적으로, 성례(sacrament)는 외적인 의식이나 상징으로 생각될 수 있으며, 하나님의 은혜를 신자들에게 전달하거나 나타내는 방식이다. 성례를 가장 간단하게 정의하면 내적인 영적 은혜에 대한 외적인 물리적 상징이라고 할 수 있다. 신약은 실제로 '성례'라는 말을 구체적으로 사용하지 않는다. 그 대신 하나님의 구원 행위 전체를 가리키는 말로 뮈스테리온(musterion, 신비)이라는 헬라어를 사용한다. 이 말은 헬라어 본문에서 현재의 성례(세례 등)를 가리키지 않았다. 그러나 초대 교회의 역사에 비춰 볼 때, 그리스도 안에서 이뤄지는 하나님의 구원 역사의 '신비'와 세례와 성찬의 '성례'가 초기부터 연결되었던 것이 분명하다. 이제 각각에 대해 살펴보자.

배경과는 상관없이 대부분의 그리스도인들은 성례를 하나님의 은혜와 임재를 나타내는 중요한 상징으로 여긴다. 기독교에서는 '성례'나 '성례의 신비'라는 말이 널리 받아들여지지만, 일부 개신교도들은 '성례 의식'(ordinance)이라는 말을 선호했다. 루터에게 있어, 성례는 상징이 덧붙여진 약속이었다. 성례는 이러한 약속의 실체와 진실성을 우리에게 재확인시켜 주려는 표였던 것이다. 성찬의 떡과 포도주와 세례의 물은 그 배후에 있는 영적 실체에 대한 눈에 보이고 만질 수 있는 상징이었다. 떡과 포도주는 복음이 주는 삶의 풍성함을, 물은 씻음을 가리킨다.

성례의 이러한 영적 역할은 전통적으로 토마스 아퀴나스(Thomas Aquinas, 1225-1274)가 썼다고 보는 '주를 경배하나이다'(Adoro te devote)라는 유명한 찬송에 분명하게 나타난다. 이 찬송의 세 절을 보면서 전체적인 주장에 주목해 보라.

> 진정 이 보이는 것들 아래에 감추어져 계시는
> 보이지 않는 하나님을 경배하나이다.
> 내 온 마음을 주께 바치오니
> 주를 묵상하면서 온전히 주께 드리나이다.
>
> 오, 우리 주의 죽으심을 기념하는 것이여.
> 인간에게 생명을 주는 생명의 떡이여.
> 내 영혼이 주를 의지하여 살게 하소서.
> 늘 주의 감미로움을 맛보게 하소서.
>
> 이제 감추어져 계신 예수님을 내가 보옵니다.
> 내가 간절히 원하는 것을 채워 주소서.
> 주의 얼굴을 드러내시어
> 주의 영광을 보는 기쁨을 누리게 하소서.

첫 개념은 비록 하나님의 임재가 실체가 아닌 그림자에 불과해도 성례는 하나님의 임재를 분별하는 수단이라는 것이다. 그러니 성례는 그것이 가리 키는 실체의 상징일 뿐이더라도 예배자의 생각을 하나님께 집중시키는 힘이 있다. 보다 구체적으로 말하면, 성례는 우리에게 그리스도의 구원의 죽음을 상기시키며, 그 죽음이 인간에게 미치는 유익을 상기시킨다. 성례는 또한 장 차 천국에서 하나님의 얼굴을 보게 될 것을 생각하게 하는 역할도 한다. 따라 서 성례는 십자가의 고통과 고난을 상기시킬 뿐 아니라 그리스도인의 소망을

'눈에 보이며 손으로 만져지는 방식'으로 상기시킨다.

16세기 개신교 신학자 존 칼빈은 성례를 하나님이 인간의 연약함에 맞추신 것으로 간주되는 방식을 강조했다. 인간은 하나님의 임재와 약속에 대한 재확인이 필요하다. 세례는 신자의 죄가 씻어졌다는 약속을 확인해 주고, 성찬은 그리스도를 믿는 사람들은 그의 죽음과 부활이 주는 유익을 누린다는 약속을 확인해 준다. 칼빈에게는, 성령께서 인간의 시각, 촉각, 미각을 통해 신자들의 신앙을 강하게 해주시는 것이었다. 성례는 외적인 상징으로, '우리의 신앙의 연약함을 붙들어 주기 위해 우리에게 주시는 하나님의 선에 대한 약속'을 하나님이 확인하고 인치시는 수단이다.

세례

'세례'(baptism, 침례)라는 단어는 '씻다.' 또는 '깨끗하게 하다.'라는 뜻의 헬라어 밥티제인(*baptizein*)에서 왔다. 신약에서, 세례는 처음에는 세례 요한이 요단강에서 회개의 상징으로 베푼 세례를 가리킨다. 예수님 자신도 요한에게 세례를 받으셨다. 그리스도인들이 세례를 받아야 하는 이유는 부활하신 그리스도가 제자들에게 세상 모든 민족을 제자로 삼아 아버지와 아들과 성령의 이름으로 세례를 주라고 명령하셨기 때문이다(마 28:17-20). 신약에서, 세례는 기독교 공동체에 들어가는 조건이자 공동체 구성원이 되었다는 상징으로 이해된 것이 분명하다.

사도행전에서 베드로는 구원을 받으려면 어떻게 해야 하는지 알고 싶어 하는 사람들에게 다음과 같은 말로 설교를 끝맺는다. "회개하여 각각 예수 그리스도의 이름으로 세례를 받고 죄 사함을 받으라 그리하면 성령의 선물을 받으리니"(행 2:38). 바울의 글에서, 세례는 하나의 의식으로 인정되며 신학적으로 그리스도와 함께 죽고 다시 사는 것으로(롬 6:1-4), 그리스도로 옷입는 것으로 해석된다. "너희가 다 믿음으로 말미암아 그리스도 예수 안에서 하나님의 아들이 되었으니 누구든지 그리스도와 합하기 위하여 세례를 받은 자는 그리스도로 옷 입었느니라"(갈 3:26-27).

신약은 세례가 성인에게 베풀어진 것으로 말하는 것 같지만, 얼마 안 되어 유아 세례도 시행되었다. 바울은 세례를 영적으로 할례에 상응한다고 보면서(골 2:11-12), 둘 사이의 평행성이 유아들에게 확대될 수 있음을 암시한다.

초대 교회는 새 언약의 세례와 옛 언약의 할례가 분명히 관계가 있다고 보았다. 이러한 개념에 대한 암시가 신약에 나타난다. 초대 교회는 할례가 언약의 상징으로

화보 6.2 고전적인 이상주의를 바탕으로 종교에 관한 주제를 우아하게 묘사한 것으로 유명한 이탈리아 초기 바로크 양식 화가 귀도 레니의 '세례받으시는 그리스도.'

이스라엘 백성이라는 것을 증명하듯이 세례는 교회라는 언약 공동체에 속했다는 상징이라고 주장했다. 이스라엘이 남자 아기에게 할례를 행했다면, 교회가 유아에게 세례를 베풀지 말아야 할 이유는 없다.

보다 일반적으로, 믿는 부모들이 믿음의 가정에 아이가 태어난 것을 축하해야 할 목회적 필요성이 있었던 것 같다. 유아 세례는 부분적으로는 이러한 관심 때문에 생겼을 것이다. 그러나 유아 세례의 역사적 기원과 사회적, 신학적 이유는 분명하지 않다는 점을 강조하지 않을 수 없다.

그렇지만 2세기 말에는 유아 세례가 널리 퍼져 있었다. 2세기에 오리게네스(Origenes)는 유아 세례를 보편적인 관습이라고 여기며, 누구에게나 그리스

도의 은혜가 필요하다는 사실을 근거로 유아 세례를 정당화한다. 후에 아우구스티누스도 비슷한 주장을 폈다. 아우구스티누스(Augustinus)는 그리스도는 모두의 구주시기 때문에 유아를 비롯해 모든 사람은 적어도 부분적으로 세례가 주는 구속이 필요하다고 했다. 그러나 테르툴리아누스(Tertullianus)는 유아 세례를 반대했다. 그는 유아 세례는 이들이 '그리스도를 알 때'까지 연기해야 한다고 주장했다.

유아 세례는 적어도 두 단계에서 기독교 입교 과정으로 이어진다. 첫째는, 유아 때의 세례이다. 유아는 신앙이 없지만 교회의 신앙을 의지하며, 그를 기독교 환경에서 양육하고 가정에서 기독교 신앙을 가르치고 구현하려는 부모의 헌신을 의지한다. 둘째는, 견진성사(confirmation, 입교)이다. 이때 아이는 스스로 신앙을 고백할 수 있다. 가톨릭 전통에서, 세례는 지교회 사제가 시행하는 반면에 견진성사는 주교가 전체 교회의 대표자로서 시행한다. 그러나 정교회는 항상 세례와 '성유식'(chrismation)이라 불리기도 하는 견진성사 사이의 연속성을 주장한다. 따라서 동일한 사제가 세례를 주고 견진성사를 행한다.

성찬

공적 예배에서 떡과 포도주를 사용하는 기독교 의식의 기원은 예수님께로 직접 거슬러 올라간다. 신약을 보면, 예수님은 교회가 그를 기념하여 떡과 포도주를 사용하는 의식을 계속 행할 것을 기대하시는 것이 분명하다.

이것은 예수님이 배신당하기 전에 제자들과 함께 떡을 떼고 포도주를 마시던 그 마지막 만찬을 기억하게 할 뿐만 아니라, 떡을 떼고 포도주를 붓는 것은 십자가에서 그의 살이 찢기고 피가 쏟아진 것을 상징한다.

성찬은 하나님의 구원 행위를 기념하는 유대교의 유월절 식사와 밀접한 관련이 있다. 요한복음에 따르면, 세례 요한은 예수 그리스도를 "세상 죄를 지고 가는 하나님의 어린 양"이라고 선포했다(요 1:29). 하나님의 어린 양 이미

화보 6.3 후기 르네상스 시기의 베네치아파 화가인 야코포 바사노의 '최후의 만찬.' 유명한 레오나르도 다 빈치의 '최후의 만찬'보다 60년 앞서 나온 작품으로 제자들의 자유로운 자세, 개와 고양이의 등장 등 보다 분방한 화풍을 보여주고 있다.

지는 자신의 백성을 애굽의 포로 상태에서 구원하신 하나님의 성실하심을 회상하는 이스라엘의 유월절을 떠올리게 한다(출 12장). 유월절 어린 양은 하나님이 그 백성을 계속해서 돌보시며 역경과 고난 가운데서 그들을 지키신다는 것을 보여주는 상징으로 죽음을 당한다. 예수님을 이러한 하나님의 어린 양으로 생각하는 것은 예수님이 하나님의 위대한 구원 행위, 그의 백성을 죄의 결박과 사망의 두려움에서 해방하는 것을 포함하는 구원 행위와 관계가 있다고 본다는 뜻이다.

그리스도인들은 성찬에 대한 예수님의 분명한 명령을 초기부터 순종했던 것이 분명하다. 사도행전은 제자들이 예수님의 죽음과 부활이 있은 지 불과 몇 주 후에 '떡을 떼었다.'라고 말한다. 바울은 고린도전서에서 이 의식을 아주 엄숙하게 말하면서 자신이 독자들에게 가장 중요한 것을 전해 주고 있음을 분명히 한다. 순교자 유스티누스(Justinus)는 165년경에 쓴 글에서, 일반적인 성찬식에서는 성경을 읽고 설명한 후 감사 기도를 드리고 떡과 포도주를 나누었다고 말한다. 포도주는 항상 물로 희석해서 사용했다는 데 주목하라.

왜 이렇게 했는지는 분명하지 않다. 아마도 포도주를 받는 사람들의 탈수를 막기 위한 실제적 조치였을 것이다. 여기에 대한 신학적인 설명도 곧 나타났다. 그 가운데 하나는 포도주와 물을 섞은 것은 예수 그리스도와 그의 백성이 섞인다는 것을 상징한다는 것이다.

형태는 다양하지만 이러한 근본적 패턴이 현대의 기독교에까지 전해졌다. 그러나 그리스도인들이 이 시점에서 주목해야 할 한 가지 중요한 차이가 있다. 일반적으로, 가톨릭은 사제들만 성찬의 떡과 포도주를 받을 수 있다고 가르쳤다. 개신교에서는 평신도도 떡과 포도주를 받을 수 있다. 가톨릭이 성찬식에서 평신도에게 포도주를 금하는 규정이 어디서 비롯되었는지 분명하지 않다. 포도주를 엎지르는 것을 막기 위한 실제적 목적 때문이었을 수도 있다. 제2차 바티칸 공의회가 평신도가 떡뿐 아니라 포도주도 받도록 장려하길 원했던 것은 분명하지만, 이것은 원칙이 아니라 예외로 남아 있다. 정교회에서는 사제와 평신도 모두 떡과 포도주를 받을 수 있다. 정교회는 포도주를 몇 방울 떨어뜨린 떡을 스푼으로 받는다(또 어떤 전통에서는 떡은 따로 받고 포도주만 스푼에 받아 삼키게 한다). 서양의 일반적 관습은 떡을 직접 떼어 주는 것이다.

그리스도인들은 떡과 포도주에 초점을 맞춘 성례를 가리키는 가장 적절한 이름을 합의하지 못했다. 이 의식을 가리키는 데 사용되는 주요 용어로는 다음 네 가지가 있다.

1. 미사(mass). 이 용어는 '일종의 의식'이라는 뜻일 뿐인 라틴어 미사(missa)에서 왔다. 고전기 서구 교회의 주요 의식은 떡을 떼는 것이었다. 따라서 이 용어는 특히 이 하나의 의식을 가리키게 되었다. 미사는 이제 로마 가톨릭 전통과 특별한 관련이 있다.
2. 성만찬(Eucharist). 이 용어는 '감사를 드리다.'라는 뜻의 헬라어 유카리스테인(eucharistein)에서 왔다. 감사라는 주제는 떡을 떼는 일에서 중요한 요소

이다. 따라서 이것은 이 의식의 아주 적절한 이름이다. '성만찬'이라는 용어는 특히 그리스 정교회 전통과 관련이 있지만 다른 곳에서도 나타난다. 정교회는 성만찬 전례로 주로 두 가지 형식을 사용하는데, 『크리소스토무스 전례』(Liturgy of St. John Chrysostom)와 『바실리우스 전례』(Liturgy of St. Basil)이다. 이 둘은 많은 면에서 비슷하다.

3. 성찬(Holy Communion). 이 용어는 '교제'나 '나눔'의 개념을 나타낸다. 이것은 예수님과 교회, 그리스도인 개개인 간의 교제 관계를 강조한다. 이 용어는 개신교 진영에서, 특히 영국의 종교개혁에서 기원한 교회에서 사용된다.

4. 주의 만찬(Lord's Supper). 이 용어는 '최후의 만찬'에 대한 기념으로 떡을 뗀다는 의미를 담고 있다. 주의 만찬에 참여한다는 것은 예수님이 십자가 죽음을 통하여 신자들을 위해 이루신 모든 것을 감사함으로 회상한다는 뜻이다. 이 용어는 개신교 진영에서, 특히 영국의 종교개혁에서 기원한 교회에서 사용된다. 이 용어는 간단하게 '만찬'(supper)으로 부르기도 한다.

교회력과 절기

처음부터 그리스도인들은 근본적인 기독교 신앙과 그 근거가 되는 역사적 사건을 반영하는 '시간 짜기'(structuring time) 방법을 발전시켰다. 이러한 시간 짜기에는 몇 가지 이유가 있었던 것 같다. 기독교가 역사적 사건에 근거한다는 사실이 시간 짜기의 일차적인 기초였다. 예를 들면, 성금요일과 부활절은 연간 월력에서 특정한 위치를 차지했다. 오순절과 승천일은 이러한 연간 구조에 쉽게 덧붙여졌다. 따라서 기독교 교회력의 구조는 기독교의 중요한 몇 가지 핵심 사건을 반영한다.

기독교 교회력은 교육에도 중요했다. 교회력은 교회가 1년 중 특정한 때에 특정한 주제에 집중할 수 있게 해주었다. 교회는 기독교 신앙의 큰 주제들을 항상 가르치고 설교했지만, 교회력은 적절한 때에 특정 사상이나 주제를 강조할 수 있게 해주었다. 오순절은 성령과 그가 하시는 일을 기념하는 시간이었다. 성금요일은 특히 그리스도의 죽음의 의미를 묵상하기에 적절한 시간이었다. 부활절은 부활의 주제를 펼치고 그리스도인의 삶에 적용하도록 해주었다.

그러나 세 번째 이유도 주목해야 한다. 신약은 "세월을 아끼라"(엡 5:16)라고 말한다. 시간은 단순히 그리스도인의 존재를 표시하는 것이 아니다. 시간은 그리스도인들이 성장하고 발전할 무대를 제공한다. 따라서 시간 짜기는 영적 성장을 독려하며, 시간이 지나면서 기독교의 기본 사상을 강화하고 이것들이 그리스도인의 지성과 상상력과 마음에 더 깊은 영향을 미치게 하는 수단으로 인식된다. 따라서 그리스도인의 하루나 한 주나 한 해를 짜면 신앙의 몇 가지 근본 주제를 더욱 강하게 떠올릴 수 있다.

기독교의 시간 짜기에서 가장 분명한 발전은 한 주의 첫날인 일요일을 그리스도의 부활을 기념하는 날로 정한 일이었다. 바울 서신은 그리스도인들이 일요일에 모임을 가졌으며, 안식일(토요일)을 휴일로 지키는 유대교 전통을 깼다는 것을 분명하게 전제한다. 321년, 로마 황제 콘스탄티누스(Constantinus I)는 기독교로 개종한 후 일요일을 제국의 공식적인 휴일로 제정했다.

따라서 기독교 저자들은 일요일을 하나님의 선하심 가운데서 육체적인 쉼과 영적 재충전을 위해 떼어 놓은 '공간'으로 이해했다. 이 점을 강조한 저자로는 존 웨슬리와 찰스 웨슬리의 어머니인 수잔나 웨슬리(Susanna Wesley, 1669-1742)가 있다. 그녀는 바쁜 생활 중에 하나님을 위한 공간을 만드는 것이 얼마나 중요한지 알았다. 수잔나에게 있어, 일요일은 하나님이 바로 이 목적을 위해 창조하신 공간이었다. 따라서 기쁘고 유익하게 이 날을 사용해야 했다.

또한 초기 기독교 공동체들은 수요일과 금요일을 금식일로 정했다. 특히 수요일과 금요일을 금식일로 선택한 이유는 분명하지 않다. 후대의 설명에 따르면, 수요일을 금식일로 정한 것은 그리스도가 수요일에 배신당하셨기 때문이고, 금요일을 금식일로 정한 것은 그리스도가 금요일에 십자가에 달리셨기 때문이었다. 금요일에 육류 대신 물고기를 먹는 관습은 지금도 가톨릭 진영에서 널리 지켜지고 있는데, 이것은 이러한 초기의 발전을 반영한다.

이제 기독교 교회력 가운데 가장 중요한 부분을 살펴보자. 이미 강조했듯이, 기독교는 단지 일단의 사상이 아니다. 기독교는 생활 방식이다. 그 삶의 일부는 풍성하게 짜인 주기적인 패턴으로 이루어진다. 이 패턴은 기독교 신앙의 다양한 면을 순차적으로 부각하여 특별한 관심을 갖게 한다. 이러한 절기 가운데 기독교 밖의 사람들에게 가장 친숙한 날은 예수님의 탄생과 부활을 기념하는 날이다. 여기서는 기독교 교회력에 나오는 주요 절기에 초점을 맞춰 절기의 종교적 기초를 설명하고 이러한 절기에 덧붙여진 몇몇 관습을 살펴볼 것이다.

기독교 세계 안에서도 절기를 지키는 방식에 큰 차이가 있다. 일반적으로, 복음주의와 은사주의 그리스도인들은 비교적으로 절기를 중시하지 않는다. 그러나 가톨릭과 정교회의 그리스도인들은 절기를 상당히 강조한다. 실제로, 승천일과 사순절과 같은 절기를 어느 정도로 중요하게 생각하느냐는 그들이 받아들인 기독교의 형태를 가늠하는 유용한 지표이다.

기독교의 절기는 몇 가지 범주로 나눌 수 있다. 중요한 차이라면 날짜가 고정된 절기냐 아니면 유동적인 절기냐 하는 것이다. 고정된 절기는 매년 날짜가 같다. 서구 교회에서 성탄절은 언제나 변함없이 12월 25일이다. 다른 절기들은 매년 날짜가 바뀌는 사건들과 연관되어 결정된다, 예를 들면, 부활절 날짜는 보름달과 연관해서 결정되는데 3월 21일과 4월 25일 사이에 위치한다. 그 밖의 절기는 다음과 같이 부활절 날짜에 따라 결정된다.

재의 수요일(Ash Wednesday)	부활절 40일 전(주일은 제외)
세족의 목요일(Maundy Thursday)	부활절 직전 목요일
성금요일(Good Friday)	부활절 직전 금요일
승천일(Ascension Day)	부활절 후 40일째 되는 날(항상 목요일)
오순절(Pentecost)	부활절 후 50일째 되는 날(항상 주일)
삼위일체 주일(Trinity Sunday)	오순절 후 첫째 주일

성인(聖人) 개인에게 초점을 맞춘 절기도 있다. 그 가운데 몇몇은 지역이나 직업과 관련이 있다. 예를 들면 다음과 같다.

성 데이비드(St. David)	웨일스의 수호성인, 3월 1일이 축일
성 패트릭(St. Patrick)	아일랜드의 수호성인, 3월 17일이 축일
성 체칠리아(St. Cecilia)	교회 음악의 수호성인, 11월 22일이 축일
성 크리스토퍼(St. Christopher)	여행자들의 수호성인, 7월 25일이 축일

각각의 경우, 성인들과 특정 직업과의 연계는 대개 그들의 삶에서 일어난 사건과 관련이 있다. 자신의 본래 모습과는 분명한 연관 없이 연결된 성인들도 있다. 예를 들면, 성 발렌티누스(St. Valentinus)이다. 그는 3세기에 로마에서 순교한 로마의 그리스도인으로 추정된다. 그러나 2월 14일인 그의 축일은 이제 몇몇 서구 사회에서 로맨스와 단단히 연결되어 있다.

절기 외에 금식이나 참회의 시간으로 지키는 기간이 있다. 강림절과 사순절이다. 많은 그리스도인들이 한때 특히 중세에 이 기간 동안 행했던 금식의 전통을 더 이상 지키지 않지만, 이 기간을 개인적인 묵상이나 참회의 시간으로 중요하게 여기는 그리스도인들도 있다.

정교회는 부활절에 초점을 맞추어 크게 세 부분으로 구성되는 전례력

(liturgical year)을 따른다. 이 세 부분을 가리켜 트리오디온(triodion), 펜테코스타리온(pentekostarion), 옥토에코스(oktoechos)라 한다. 트리오디온은 부활절 전의 10주로서 부활절 준비 기간으로 볼 수 있다. 펜테코스타리온은 부활절 기간 전체를 가리키는데, 부활절과 오순절 후의 주일(삼위일체 주일) 사이의 기간을 포함한다. 옥토에코스는 1년 중 이 두 기간을 제외한 나머지 기간을 말한다.

이제 서구 기독교 교회력의 하이라이트를 살펴볼 차례이다. 이는 많은 교회의 예배와 기도 방식에 중요한 영향을 미친다. 그뿐 아니라 사회 전반까지 스며들 때가 많다. 각각의 경우, 절기나 시즌의 기초를 살펴보고 그 절기와 연관된 몇몇 관습도 간략히 살펴볼 것이다. 여기서 다루는 절기는 알파벳순이 아니라 시간순이다. 서구의 기독교 교회력은 강림절로 시작한다.

강림절

'강림절'(Advent)이라는 말은 '옴'(coming)이나 '도착'(arrival)을 뜻하는 라틴어 아드벤투스(adventus)에서 왔다. 강림절은 성탄절 직전의 기간을 말한다. 그리스도인들은 이 기간에 그리스도가 오신 배경을 회상한다.

전통적으로, 성탄절을 온전히 준비하기 위해 네 번의 주일을 구별한다. 첫 번째 주일을 '강림 주일'이라 하고 마지막 주일을 '강림절 넷째 주일'이라 한다. 네 번의 주일 동안 흔히 '강림의 관'(advent crowns)을 만든다. 강림의 관은 나무나 금속 틀에 네 개의 촛대를 둔 형태이다. 강림절 기간에 주일마다 하나씩 너해 촛불을 밝힌다. 어떤 교회는 이 기간에 침회의 필요를 상징히기 위해 성직자가 자주색 옷을 입기도 한다(이것은 사순절에도 해당되는 관습으로, 이때도 참회의 의미가 있다).

엄밀하게 말해, 강림절은 예수님의 두 '강림' 또는 '오심', 즉 비천한 모습으로 세상에 오신 초림과 마지막 때에 영광 중에 재판장으로 오실 재림의 관계에 초점을 맞춘다.

성탄절

성탄절(Christmas)은 날짜가 바뀌지 않는 고정된 절기로 항상 12월 25일이다. 그런데 유럽 중동부를 비롯한 세계 일부의 정교회에서는 1월 7일을 성탄절로 지킨다. 왜 이런 차이가 있을까? 그 대답은 장기간에 걸쳐 그레고리우스력이 도입되었기 때문이다. 그레고리우스력은 이전의 율리우스력을 대치한 것인데, 율리우스력은 지구의 태양 공전 시간을 1년의 길이로 정확하게 반영하지 못했다. 그래서 율리우스력의 부정확성 때문에 생긴 시간을 보완하기 위해 10일을 빼야 했다. 그레고리우스력으로 12월 25일은 율리우스력으로 1월 7일이다. '구월력파'라는 말은 때로 성탄절 기념 등의 예전 목적으로 율리우스력을 사용하는 사람들을 가리킬 때 사용된다.

여기서 반드시 강조해야 할 점은 예수님이 12월 25일에 태어나셨다는 뜻으로 이해된 적이 없다는 것이다. 오히려 이 날짜는 예수님의 정확한 탄생 날짜와는 상관없이 그의 탄생을 기념하기 위해 선택되었다. 이 날짜를 선택한 목적은 4세기경 로마에서 지역의 이교도 축제를 대신할 것을 그리스도인들에게 제공하기 위해서였을 것이다. 북반구에서 나온 많은 기독교 저작에서는 성탄절과 관련하여 겨울과 눈의 이미지를 연상하지만 성탄절 날짜는 실제로 중요한 것이 아니다.

성탄절의 중심 주제는 예수님의 탄생이다. 많은 교회가 특별한 캐럴이 있는 예배를 통해 그의 탄생을 기념한다. 그 가운데 가장 유명한 예배는 케임브리지의 킹스 칼리지에서 시작된 '아홉 가지 말씀과 캐럴'(Nine Lessons and Carols) 예배이다. 아홉 가지 말씀 즉 아홉 가지 성경 본문 읽기는 이스라엘을 부르심에서 시작해 예수 그리스도의 강림으로 절정에 이르는 하나님의 구속 사역의 과정을 따른다. 이러한 예배 패턴은 이제 기독교 세계 전체에서 사용되고 있으며 많은 비그리스도인들도 친숙하게 여긴다. 여기에 대해서는 본장 앞부분에서 자세히 살펴보았다.

성탄절과 관련해 많은 관습이 있다. 그 중 유명한 것이 19세기에 시작된 '산타클로스'이다. 산타클로스는 아이들의 수호성인으로 알려진 네덜란드의 성 니콜라스(St. Nicolas)가 미국식으로 변질된 형태이다. 성 니콜라스의 축일은 12월 6일로 이 날 아이들에게 선물을 준다. 나중에 뉴욕으로 불리게 된 뉴암스테르담에 정착한 네덜란드 사람들이 이 관습을 신세계에 들여왔고 이 관습은 신세계에 뿌리를 내리며 성탄절에 유입되었다. 크리스마스 트리를 장식하는 관습은 독일에서 기원했으며, 1840년대에 빅토리아 여왕의 부군인 앨버트 공이 영국에 들여왔다. 독일에서 이 관습이 생기게 된 기원은 선교사들이 나무신들(tree-gods)에 관한 이교도 신앙과 부딪쳤던 초기 독일 기독교로 거슬러 올라간다.

현현절

'현현절'(Epiphany)이라는 다소 생소한 이름은 '나타남'(manifestation)이나 '알림'(making known)을 의미하는 헬라어 에피파네이아(epiphaneia)에서 왔다. 현현절은 1월 6일이다. 동방 교회의 현현절은 특히 예수님의 세례와 관련이 있다. 그러나 서구 교회의 현현절은 동방 박사들이 아기 예수를 방문한 사건과 관련이 있다. 현현절은 예수님의 정체성과 중요성이 세상에 '알려지는' 긴 과정의 시작으로 이해된다. 동방 박사의 방문(마 2:1–11)은 이후에 갈릴리와 유대에서 이루어지고 부활에서 절정에 이르는 예수님의 사역을 미리 내다보며 인성하고 예배한 것으로 여겨진다.

기독교 세계는 현현절을 다양한 방식으로 지킨다. 프랑스에서는 현현절을 맞이하여 아몬드 크림으로 속을 채운 페이스트리 케이크 갈레트 데 루아(galette des rois, '왕의 케이크'라는 의미)를 먹는다. 이탈리아에는 산타클로스처럼 아이들에게 선물을 갖다 주는 베파나(Befana) 할머니의 선물을 기다리는 풍습이 있다. 스페인에서는 현현절을 지킬 때 전통적으로 과자와 선물을 준다. 이때 먹는 왕관 모양의 빵 로스콘 데 레예스(roscón de reyes, '왕의 달콤한 빵'이라는 의미)는 과일이 많이 들어간 빵으로 보통 빵 속에 작은 아기 예수 인형이 들어가 있다. 전통적으로 이 절기의 이브에는 아이들이 신발을 벗어 놓고 밤에 선물로 채워지게 한다. 스페인과 이탈리아에서는 현현절에 선물을 받는 관습이 이제는 성탄절에도 선물을 받는 것으로 확대되었다.

사순절

사순절(Lent)은 부활절 7주 전인 재의 수요일(Ash Wednesday)에 시작된다. '재의 수요일'이라는 용어는 설명이 필요하다. 구약에서는 회개나 참회의 상징으로 얼굴과 옷에 재를 뒤집어쓰는 모습이 이따금 나온다(에 4:1; 렘 6:26). 사순절은 회개의 기간이다. 그러므로 재를 뒤집어쓰는 것은 내적 참회나 회개의 태도에 대한 적절한 외적 표현으로 인식되었다. 따라서 교회사 초기에 특히 중세 시대에 사순절 첫날에는 사제들과 평신도들이 머리에 재를 뒤집어썼다. 보다 최근에는 전년의 사순절 기간 중 종려 주일(Palm Sunday)에 건넸던 종려나무 십자가를 태워서 재를 만든다. 어떤 교회는 이 기간에 성직자가 자주색 옷을 입음으로써 회개의 주제를 상징적으로 표현한다.

사순절은 부활절 준비 기간으로, 과거에는 대개 금식 기간으로 여겨졌다. 사순절은 예수님이 갈릴리에서 공생애를 시작하시기 전에 광야에서 40일을 보내신 기간을 나타낸다. 예수님이 40일을 금식하셨으니 그를 따르는 자들도 금식할 것을 권고했다. 따라서 부활절 이전 40일간의 금식이 장려되었다. 이러한 금식의 기원은 4세기까지 거슬러 올라간다. 더 이른 시기에는 2-3일 정도의 보다 짧은 금식을 권했다. 금식의 정확한 성격은 지역과 시대마다 달랐다. 일반적으로, 서구 교회는 금식을 주로 음식 섭취를 줄이고 육류 대신 생선을 먹는 것으로 이해했다. 일반적으로 금식보다는 경건한 독서나 교회 출석에 더 강조점을 두었다.

그런데 사순절의 기간에 대해 짚고 넘어갈 것이 있다. 재의 수요일부터 부활절까지 실제로는 46일이다. 그렇다면 어떻게 해서 40일의 금식이라 한 것인가? 해답은 기독교 역사 매우 초기에 확립된 전통에 있다. 전통에 따르면, 매주 주일은 예수님의 부활을 기념하는 날이었다. 이런 이유에서, 주일에는 금식이 금지되었다. 따라서 46일은 40일의 금식일에 재의 수요일과 부활절 사이에 들어 있는 여섯 번의 주일을 합친 것이다.

사순절과 관련된 가장 흥미로운 관습 가운데 하나는 사순절이 시작되기 전날에 관한 것이다. 앞에서 말했듯이, 사순절은 수요일에 시작된다. 그러므로 사순절이 시작되기 전날은 이러한 공식적인 금식 기간 이전의 마지막 날이었다. 영국에서는 이 날을 가리켜 '참회의 화요일'(Shrove Tuesday)이라 불렀으나 지금은 '팬케이크 데이'(Pancake Tuesday)로 더 잘 알려져 있다. 이런 이름은 사순절 직전에 식료품 저장고를 비우는 관습에서 기원했다. 달걀, 밀가루, 우유, 그 밖의 식료품을 처리하는 가장 간단한 방법은 팬케이크를 만드는 것이었다.

몇몇 유럽 국가와 그 식민지에서는 이 날을 가리켜 '마르디 그라'(Mardi Gras)라고 하며, 유명한 카니발들이 열린다. 브라질 리우데자네이루의 카니발도 그 가운데 하나이다.

성주간

사순절의 마지막 주는 일반적으로 '성주간'(Holy Week)으로 불리며, 종려 주일(Palm Sunday, 부활 주일 바로 전 주일)로 시작되고 부활절 전 날 끝난다. 이 주간은 대개 그리스도의 고난과 죽음을 묵상하는 기간으로 구별된다. 이 주간을 '고난 주간'(Passiontide)이라고도 한다. 가톨릭에서 상당히 중요해진 경건을 위한 보조 자료 가운데 하나는 '십자가의 길'(Stations of the Cross)이다. 여기에는 그리스도가 마지막 성금요일에 겪으신 열네 가지 사건이 포함된다.

1. 그리스도가 본디오 빌라도에게 사형 선고를 받으시다.
2. 그리스도가 십자가를 지시다.
3. 그리스도가 십자가의 무게를 못 이겨 처음으로 쓰러지시다.
4. 그리스도가 어머니 마리아를 만나시다.
5. 구레네 시몬이 예수님의 십자가를 대신 지다.
6. 베로니카가 예수님의 얼굴을 닦다. '베로니카'(Veronica)라는 이름은 복음서에 나오지 않지만 빌라도행전과 같은 초기 외경 문헌에 나타난다. 베로니카는 예수님께 혈루증을 치유받은 여인이며(마 9:20-22), 예수님이 재판 받을 때 빌라도 앞에 나와 그의 무죄를 주장했다.
7. 그리스도가 십자가의 무게를 이기지 못해 두 번째 쓰러지시다.
8. 그리스도가 예루살렘 여인들에게 권면하시다.
9. 그리스도가 십자가의 무게를 못 이겨 세 번째 쓰러지시다.
10. 그리스도의 옷을 사람들이 벗기다.
11. 그리스도가 십자가에 달리시다.
12. 그리스도가 죽으시다.
13. 그리스도의 시신을 마리아에게 주다.
14. 그리스도가 장사되시다.

많은 교회가 이 열네 장면을 벽에 그려 넣는데, 어떤 교회는 이런 장면을 묘사한 그림을 이 기간에 벽에 걸어 놓는다. 예배자들은 교회를 돌면서 각 그림 앞에 서서 묵상하고 기도한다.

성주간은 특히 나흘이 중요하다.

종려 주일(Palm Sunday)

세족의 목요일(Maundy Thursday)

성금요일(Good Friday)

성토요일(Holy Saturday)

항상 주일에 있는 부활절은 성토요일 바로 다음날이다. 부활절은 사순절에 속하지 않으며, 금식 기간이 끝났다는 표시이다.

종려 주일은 부활절 바로 전 주일이다. 종려 주일에 교회는 예수님의 예루살렘 입성을 기념한다. 예수님이 예루살렘에 들어가실 때 사람들은 길에 종려나무 가지를 깔았다(마 21:1–11). 성주간의 시작을 알리는 이 날은 종려가지로 만든 십자가를 회중에게 나눠 주는 의식으로 유명하다.

세족의 목요일은 요한복음에 나오는 예수님의 마지막 행적 가운데 하나인 제자들의 발을 씻겨 주신 사건(요 13:1–15)에 초점을 맞춘다. 회중의 발을 씻겨 주는 의식은 중세 교회의 전례에서 중요한 부분이었으며, 그리스도의 본을 따르는 성직자의 겸손을 상징했다. '세족'(洗足, Maundy)이라는 낯선 용어는 이러한 중세의 의식과 관련된다. 중세 시대에 교회는 라틴어로 예배를 드렸

화보 6.4 영국 빅토리아 시대를 대표하는 화가 포드 매독스 브라운의 '베드로의 발을 씻기시는 예수.' 예수님의 파격적 행동에 어수선해진 제자들의 표정을 자연주의적인 세부 묘사로 표현하고 있다.

다. 종려 주일의 전형적인 예배는 요한복음 13장 34절에 기록된 예수님의 말씀으로 시작되었다. "새 계명을 너희에게 주노니 서로 사랑하라 내가 너희를 사랑한 것같이 너희도 서로 사랑하라." 라틴어로 이 구절은 **만다툼 노붐 도 보비스**(mandatum novum do vobis)로 시작한다. '세족'(Maundy)이라는 단어는 **만다툼**(mandatum, 계명)이라는 라틴어 단어가 와전된 것이다.

영국에서는 종려 주일에 겸손을 실천하는 상징으로, 군주가 몇몇 신하의 발을 씻어 주는 의식을 행했다. 나중에 이 의식은 군주가 영국 전 지역의 성당에서 노인 대표들에게 특별히 주조한 동전을 나눠 주는 '세족의 돈'(Maundy Money)이라는 의식으로 바뀌었다.

성금요일은 예수님이 십자가에서 돌아가신 날이다. 이 날은 교회력에서 가장 엄숙한 날이다. 이 날 교회는 모든 장식을 제거한다. 루터교회에서는 이 날 복음서의 수난 기사를 읽었다. 후에 이것은 요한 제바스티안 바흐(Johann Sebastian Bach, 1685–1750)가 작곡한 '수난곡'으로 발전한다. '마태 수난곡'(St. Matthew Passion)과 '요한 수난곡'(St. John Passion) 모두 성금요일을 지키는 데서 기원했다. 성금요일 12시부터 오후 3시까지 세 시간 동안 예배를 드리는 관습은 18세기에 시작되었다. '십자가의 세 시간'은 대개 한동안의 침묵이나 기도나 찬송과 함께 '가상칠언'(架上七言)을 묵상하는 형태를 띤다.

성금요일 행사도 전 세계적으로 드라마틱하고 다양하게 치러진다. 그 가운데 가장 유명한 것은 독일 바이에른 주 오버아머가우라는 작은 마을에서 10년마다 열리는 그리스도의 고난과 죽음을 재연하는 공연일 것이다. 마을 사람들은 1633년의 전염병에서 자신들을 구해 주신 하나님의 은혜에 감사하는 한 방법으로 10년마다 그리스도의 수난과 죽음을 공연했다. 여섯 시간 동안 계속되며 약 700명이 참여하는 이 공연은 관광객에게 크게 인기가 있다. 아시아에서는 유일하게 기독교가 지배적인 필리핀이 특별한 열정으로 성금요일을 지킨다. 전국의 마을과 시내에서는 젊은이들이 그리스도의 십자가형을 재현하는데, 기독교 신앙에 대한 헌신의 표로 짧은 시간이지만 직접 십자가에 못 박혀 매달리기까지 한다.

성토요일은 사순절의 마지막 날로 부활절 바로 전날이다. 특히 동방정교회에서는 이 날 '부활절 철야 예배'(Paschal Vigil)를 드린다. 이 예배는 늦은 밤에 시작해서 부활절로 바로 이어지며 빛과 어둠의 이미지를 다양하게 사용한다.

부활절

부활절(Easter)은 예수님의 부활을 기념하는 날이며 기독교 교회력에서 가장 의미 있는 절기이다. 부활절은 종교적으로 아주 중요하다. 첫째, 부활절은 예수님이 부활하신 구주와 주라는 점을 확증한다. 정교회 전통에서는 흔히 교회 성상(聖像)이나 그림으로 이것을 표현한다. 성상과 그림은 죽은 자 가운데서 다시 살아나시고 승리하신 그리스도(Christos pantokrator, 전능하신 그리스도)가 온 우주의 통치자이심을 보여준다. 둘째, 부활절은 그리스도인의 소망, 즉 그리스도인은 죽은 자 가운데서 다시 살아날 것이며 더 이상 죽음을 두려워할 필요가 없다는 근본 신앙을 확인해 준다. 이 두 주제가 부활절 찬송과 전례를 주도한다. 『다윗의 노래』(Lyra Davidica)로 알려진 18세기의 찬송집이 좋은 예이다.

전통적인 기독교 시에서도 비슷한 주제를 찾아볼 수 있다. 영국 시인 조지 허버트(George Herbert, 1593-1633)의 시는 이 점을 잘 설명해 준다. 그에게 있어, 부활절은 그리스도와 함께 부활하리라는 신자의 소망과 관계된 것이었다.

일어나라, 마음이여.
네 주께서 부활하셨다.
지체 없이 그를 찬양하라.
네 손을 잡아 일으키시니
너도 그처럼 부활하리라.

그리스 정교회는 **크리스토스 아네스테**(Christos aneste, 그리스도께서 부활하셨습니다)라고 인사하고 **알레토스 아네스테**(Alethos aneste, 그가 정말로 부활하셨습니다)라고 화답하는 전통적인 부활절 인사를 나누는데, 지금은 기독교의 다른 전통들에서도 친숙해졌다.

2015-2025년 부활 주일 날짜

2015	4월 5일	2021	4월 4일
2016	3월 27일	2022	4월 17일
2017	4월 16일	2023	4월 9일
2018	4월 1일	2024	3월 31일
2019	4월 21일	2025	4월 20일
2020	4월 12일		

일단 부활절 날짜가 결정되면, 다른 모든 절기가 결정된다. 종려 주일은 부활절 1주 전이다. 성금요일은 부활절 이틀 전이다. 오순절은 부활절 7주 후이고, 삼위일체 주일은 부활절 8주 후이다. 그래서 2000년에는 네 절기의 날짜가 다음과 같이 정해졌다.

종려 주일	4월 16일
성금요일	4월 21일
부활절	4월 23일
오순절	6월 11일
삼위일체 주일	6월 18일

기독교 세계는 부활절을 다양한 방법으로 지킨다. 가톨릭과 정교회는 특히 빛과 어둠의 상징을 중시한다. 고대 교회는 신자들이 어둠에서 빛으로, 사망에서 생명으로 옮겨졌음을 보여주는 한 방법으로 부활절에 세례를 베풀었다. 서구 문화에 널리 퍼져 있는 부활절 계란 풍습은 계란이 새로운 생명의 상징이라는 데서 출발한 것으로 보이며, 기독교 복음이 주는 새생명을 가리킨다.

교회의 전례와 찬송은 예수 그리스도가 죽은 자 가운데서 다시 살아나셨다는 부활 메시지의 중요성을 특히 강하게 증거한다. 비잔틴 전례에 포함되어 있는 '부활절 트로파리온'(Troparion of Easter, 짧은 부활절 찬송이나 시)은 부활절 사건의 의미를 전 세계에 분명하게 제시한다.

그리스도께서 죽은 자 가운데서 부활하셨네!
죽으심으로 죽음을 이기셨네!
죽은 자들에게 생명을 주셨네!

승천일

승천일(Ascension)은 항상 목요일인데 부활절에 기념하는 일련의 사건들의 결말이다. 승천일은 그리스도가 죽은 자 가운데서 다시 살아나시고 제자들에게 사명을 맡기신 후 최종적으로 승천하신 것을 기념한다. 신학적으로, 승천은 부활하신 그리스도가 제자들에게 자신을 나타내시는 기간이 끝났음을 말한다. 그리스도가 부활 후에 제자들에게 나타나신 것은 복음서에 자세히 기록되어 있고 서신서에 암시되어 있는데, 그리스도는 부활 후 즉시 자신을 제자들에게 보이셨다. 승천일에는 '승귀'(exaltation)라는 주제가 중요하다 예수님이 승귀하셔서 하나님 우편에 계시는 것으로 이해되기 때문이다.

오순절

오순절(Pentecost)은 교회가 사도들이 성령을 선물로 받은 것을 기념하는 절기이다. 사도들이 성령을 받은 후, 형성기의 교회는 폭발적으로 부흥했다. 성령은 그리스도인의 사고와 삶에 아주 중요하다. 최근에, 세계 각지에서 일어난 은사주의 운동으로 성령의 특별한 역할에 대한 인식이 높아졌다.

오순절은 부활절 후 50일째 되는 날이다. 누가가 자신의 복음서와 사도행전에서 제시하는 예수님의 죽음과 부활에 관한 기사에는 부활에서 성령 강림에 이르기까지 연속되는 일련의 사건이 나온다. 부활 후, 예수님은 여러 차례 제자들에게 나타나시어 성령을 선물로 주겠다고 약속하셨다. 이 선물은 '아버지께서 약속하신 것'으로 표현되며, 전도와 선교를 위해 주시는 능력과 관련되었다.

요한복음에 따르면, 예수님은 제자들을 떠나신 후에 성령의 선물을 주겠다고 약속하신다. 기본 주제는 예수님이 더 이상 육체적으로 제자들과 함께 하지 않으실 때 그들에게 그의 말씀과 일을 상기시키기 위해 성령을 주신다는 것이다. 요한복음이 성령을 가리켜 '보혜사'(Counsellor)라고 명명하는 것을 주목하라. 헬라어 파라클레토스(parakletos)는 '위로자'(Comforter)나 '옹호자'(Advocate)로도 번역될 수 있다.

오순절에 기념하는 구체적인 사건은 사도행전에 기록된 성령 강림이다. 누가는 제자들이 모였을 때 어떻게 성령 충만을 받았는지 증언한다. 누가는 성령 강림을 말하면서 이 사건이 미친 영향에 초점을 맞춘다. 제자들은 힘을 얻어 복음을 전했고, 그들과 청중을 갈라놓는 언어의 장벽을 무너뜨렸다. 신학적으로, 성령 강림은 '바벨탑'(창 11:1-32)의 반전으로 볼 수 있다는 점에서 구원의 구도에서 중요한 역할을 한다.

오순절은 기독교 교회력에서 중요한 절기이다. 많은 기독교 전통에서, 오순절은 부활절 다음으로 중요하다. 오순절은 영국의 오래된 저작에서 때로

'휫선'(Whitsun, 문자적으로 white Sunday)으로 부르는데, 성직자들이 오순절에 흰 옷을 입는 전통 때문이다.

삼위일체 주일

기독교 교회력에서 중요한 마지막 절기는 오순절 바로 다음에 오는 삼위일체 주일(Trinity Sunday)이다. 삼위일체 주일은 삼위일체(하나님은 성부와 성자와 성령으로 계시된다)라는 기독교의 특별한 교리를 기념함으로써 부활절과 관련된 일련의 사건을 완결한다. 삼위일체 주일은 성령 강림을 기념하는 오순절 바로 다음에 온다. 초대 교회는 삼위일체 교리를 교회 절기와 연결하지 않았다. 예를 들면, 정교회 월력에는 삼위일체와 직접 연관된 절기가 없다. 삼위일체 주일은 중세 시대부터 중요해졌고, 마침내 1334년 교황 요한네스 22세(Johannes XXII)가 공식적으로 제정했다. 삼위일체 주일은 기독교 교회력에서 중요한 마지막 절기이다. 다음 해 강림절 전까지 한 해의 나머지 기간을 가리켜 '삼위일체 주일 이후 주일들'(Sundays after Trinity)이라 한다.

수도원의 하루

기독교 교회력이 시간 짜기의 가장 중요한 방법 가운데 하나라는 데는 의심의 여지가 없다. 그러나 살펴볼 것이 더 있다. 수도원 운동은 부분적으로 콘스탄티누스의 회심으로 교회가 세속화된 데 대한 반작용이라 할 수 있다. 수도원은 부분적으로 쉼 없는 기도를 위해 설립되었다. 쉼 없는 기도는 세상에서 활동하기로 선택한 사람들에게는 계속 문제가 되기 때문이었다. 점차적으로, 수도원 운동은 수도원 밖에서는 불가능한 지속적인 기도를 목표로 하는 하나의 이상으로 여겨졌다.

수도원은 지속적인 기도를 강조했기 때문에 하루를 재구성해야 했다. 점차적으로 나타난 패턴은 낮에 일곱 번 기도하고 밤에 한 번 기도하는 것이었다. 이러한 기도 시간을 가리켜 '일과'(日課, offices)라 했는데, 이것은 '의무'(obligation)를 뜻하는 라틴어 오피시움(officium)에서 왔다. 이 패턴의 성경적 기초는 시편에 있다. 예를 들면, 시편 119편 164절은 낮에 일곱 차례 기도하라고 권한다. 또한 많은 시편이 밤 기도를 언급한다. 수도원에서 낮에 일곱 번, 밤에 한 번 기도하는 패턴은 점차적으로 제도화되었다.

밤에 기도하는 것은 여덟 시간의 잠에 익숙한 현대인들에게는 낯설고, 심지어 비인간적으로 보일 수도 있다. 인간의 수면 패턴은 인공 조명이 도입된 결과 변화되었다는 것을 알아야 한다. 인간의 삶이 해가 뜨고 지는 것에 좌우되던 옛날에는 사람들이 짧은 시간씩 나누어 자는 습관이 있었다. 그래서 '첫째 잠', '둘째 잠'이라고 하기도 했다. 이런 짧은 잠 사이의 시간에 사람들은 먹거나 기도했다. 수도원의 기도 주기는 이런 옛 수면 패턴에 맞추어져 있었다.

수도원 일과의 패턴이 정확하게 어떻게 발전되었는지는 알 수 없다. 그러나 다음과 같은 요소가 작용했을 것으로 보인다.

1. 일상적인 교회 생활에서 이른 아침과 저녁에 집단적으로 기도하는 것이 이미 널리 퍼져 있었다. 이러한 일과를 가리켜 '아침 기도'(Matins)와 '저녁 기도'(Vespers)라 불렀다. 이 이름은 각각 '아침'과 '저녁'을 뜻하는 라틴어에서 나왔다. 수도원은 이러한 정규적인 기도 패턴을 보다 엄격하게 적용했던 것 같다. 이러한 두 번의 기도 시간을 흔히 '주요 일과'라고 불렀다.

2. 중요한 두 번째 요소는 로마의 고전적인 하루 일과의 구조였다. 이 구조 때문에 기도 시간은 제3시, 제6시, 제9시, 즉 오전 9시, 정오, 오후 3시로 구체화되었다. 이러한 기도 시간을 가리켜 각각 '3시 일과'(Terce), '6시 일과'(Sext), '9시 일과'(None)라고 불렀다. 이 이름들은 '셋째', '여섯째', '아홉째'를 의미하는 라틴어에서 왔다.

3. 두 번의 일과가 더 있었다. '마지막 기도'(Compline)는 잠자리에 들기 전에 갖는 마지막 기도 시간이었다. '새벽 기도'(Prime)는 이른 아침의 기도 형태로, 수도사들이 밤 기도 후에 잠자리에 들어 아침 9시에야 일어나는 것을 걱정한 카시아누스(Johannes Cassianus)가 도입한 것으로 보인다. 두 일과의 이름 역시 각각 '끝'과 '첫째'를 의미하는 라틴어에서 왔다.
4. 밤 기도 시간은 지역의 예배 패턴과 개인 훈련에 대한 이해에 따라 매우 다양했던 것 같다. 하루를 세 시간씩 여덟 등분하면, 밤 기도 시간은 새벽 세 시가 된다. 그러나 여기에 대해서는 어느 정도 변동이 있었던 것 같다.

여기서 기본 핵심은 수도원의 하루가 조직적으로 체계화되어 분할되어 있었으며, 여기에는 기도와 성경, 특히 시편 읽기 시간이 포함되었다는 것이다. 시편 148편, 149편, 150편을 특히 빈번하게 읽었다. 일과 기도의 패턴은 개인과 단체의 영성을 기르는 데 중요한 틀로 인식되었으며, 수도사들에게 지속적인 기도의 이상을 성취할 기회를 주는 동시에 성경에 빠져들 시간을 주었다. 수도원 영성에서 매우 중요한 부분인 성경의 내면화는, 몇몇 수도원 전통이 수도사 개개인이 각자의 독방에서 개인적인 경건을 쌓는 것을 강조한 데서 기인했을 뿐 아니라, 부분적으로는 수도원의 기도 일과를 통해 성경을 풍성하게 활용한 데서 기인했다.

이러한 일과의 일부분이 수도원 전통 밖에서도 중요하게 남아 있다. 그 탁월한 예가 복음주의의 '큐티'(Quiet Time)이다. 큐티는 매일 일정한 시간을 정해 혼자 성경을 읽고 묵상하며 기도하는 시간을 말한다. 많은 복음주의자들에게, 이른 아침은 성경 읽기로 하루를 시작할 수 있는 이상적인 기회이다. 현대 생활의 압박으로 이러한 관습이 다소 약화되기는 했지만, 기본 원칙은 변하지 않았다. 큐티를 장려하고 돕는 도구들이 많다. 전형적인 방식은 그 날의 본문을 배정해 주고 그 본문에 대한 짧은 신앙적 설명이나 묵상을 제시해 기도를 돕는 것이다. 이와 비슷하게, 디트리히 본회퍼(Dietrich Bonhoeffer, 1906-1945)는 개인 성경 공부와 묵상을 위해 매일 시간을 떼어 놓는 일이 매우 가치 있다고 강조했다. 『신도의 공동생활』(Life Together, 1938)이라는 저서에서, 본회퍼는 말씀에서 도전을 받고 영감을 얻는 '홀로 말씀과 함께 하는 시간'의 중요성을 설명한다.

순례와 그리스도인의 삶

기독교 신앙으로 인해 새로운 의미나 구조를 갖게 된 것은 시간뿐만이 아니다. 많은 그리스도인들에게 신앙은 특정 장소의 중요성을 새롭게 인식하게 해주었다. 구약과 연관된 장소의 중요성을 지적하면서, 월터 브루그먼(Walter Brueggeman)은 '장소'에 대해 다음과 같이 설명했다. 이것은 순례 현상을 이해하는 데 도움이 될 것이다.

장소란 역사적 의미를 지닌 공간으로, 그곳에서 지금도 기억되는 어떤 일이 일어났고, 세대를 초월하여 연속성과 정체성을 제공한다. 장소는 정체성을 확립하고, 소명을 확인하며, 운명을 내다보게 한 중요한 연설이 이루어진 공간이다.

많은 기독교 전통들은 성지나 그곳으로 여행하는 것에 특별한 영적 의미를 부여한다. 다시 말하지만 이것이 기독교 내에서 일치된 경향은 아님을 유의해야 한다. 일반화는 위험할 수 있지만, 개신교는 대체로 '성지' 개념에 대해 긍정적이기보다는 비판적인 것 같다. 이 단원에서는 이런 개념의 몇 가지 측면과 그런 장소의 영적 의미를 살펴볼 것이다.

구약의 저자들은 예루살렘 성을 거룩한 곳으로 여겼으며, 예루살렘과 성전은 이스라엘 종교의 중심지였다. 하나님이 예루살렘을 거처로 택하셨다고 이해했다. 그러므로 예루살렘 성과 성전은 이스라엘의 다른 지역이 가지지 못한 종교적 의미가 있는 구별된 곳이었다. 이스라엘 역사 초기에는 실로와 미스바 같은 곳이 종교적으로 특히 중요한 곳으로 여겨졌다. 가나안 정복 시기에는 이곳에 제단을 쌓았다.

그러나 예루살렘에 세워진 성전은 최고의 의미를 지닌 것으로 간주되었다. 일부 구약 본문은 예루살렘이나 성전을 하나님이 '거하시는 곳'이라고 했다. 그 결과 예루살렘은 점차 이스라엘의 미래 소망에서 특별한 역할을 하게 되었다. 하나님을 아는 지식이 예루살렘으로부터 열방에 전파될 것이다(사 2:2-4; 미 4:1-3). 예루살렘에서 하나님을 예배함으로써 세계 열방이 참된 연합을 이루게 될 것이다(사 19:23; 슥 8:3). 현대 유대인의 유월절은 다음 해에 이 절기를 예루살렘에서 지키기를 바란다는 소망을 표현하면서 끝난다.

그러므로 예루살렘은 유대교에서 특별하다. 기독교 신앙의 토대가 되는 중심적인 사건들, 즉 예수님의 죽음과 부활이 예루살렘에서 일어났다는 것을 감안하면, 이 특별 장소에 대한 구약의 이해를 신약이 이어받을 것을 기대할 수 있다. 그러나 그렇게 하지 않았다. 예루살렘이 구약에서 가졌던 특별하고 신성한 위치를 신약은 인정하지 않는다. 신약은 이 성의 신학적 중요성이 아니라 역사적 중요성을 인정한다. 분명히 '새 예루살렘'이라는 주제가 그리스도인의 소망 선언문으로 발견된다(히 12:22; 계 21:2). 그러나 이 선언문은 예루살렘 성이 현재 영적 의미를 지니는 것을 합법화하는 것으로는 해석되지 않는다.

예루살렘의 의미는 첫 세 세기 동안 기독교 저자들에 의해 상세히 다루어졌다. 이것은 이 주제가 그리 중요한 것이 아니었음을 의미한다. 4세기에 아주 다른 두 가지 견해가 나타났다. 가이사랴의 유세비우스(Eusebius, 260경-339)

는 신약의 영성은 물리적인 것('이스라엘 땅'이나 '예루살렘 성' 같은 것)이 아니라 영적인 것과 관련되며, 이런 물리적인 것은 기껏해야 편의를 위한 물리적 상징에 불과하다고 주장했다. 예루살렘의 키릴루스(Cyrilus, 320경-386)는 이와 반대로 예루살렘을 여전히 '거룩한 성'이라고 했다. 물론 교회 정치가 이 논쟁에 뛰어들 가능성이 명백했다. 키릴루스는 자기의 성의 특권을 유지하는 데 관심이 컸던 반면에, 유세비우스는 새로운 성인 로마가 하나님의 특별한 은총을 받았다고 주장했다.

이 기간에 나온 중요한 문서로 순례의 영적 중요성을 설명하는 것이 『에게리아의 순례기』(Peregrinatio Egeriae)이다. 1884년에 발견된 이 문서는 381년에서 384년 사이에 기록된 것으로 추정되는데, 사실상 한 여인의 개인적인 성지 여행 일기로, 자신이 관찰한 모든 것을 기록하고 있다. 이 글은 이 당시 성지의 예전 관습에 대한 목격담으로 해석되지만, 순례의 유익에 대한 중요한 증언도 된다.

다음의 장소들은 기독교 역사에 있어서 영적 중요성을 가진 곳으로 대두되었다.

1. **예루살렘**. 최후의 만찬, 예수님의 십자가 죽음과 부활의 무대이다.
2. **로마**. 베드로와 바울이 순교하고 장사된 곳으로 추정된다.
3. **캔터베리**. 1170년에 토머스 베켓(Thomas à Becket)이 순교한 곳이다. 제프리 초서(Geoffrey Chaucer)의 『캔터베리 이야기』(Canterbury Tales)는 이 캔터베리를 순례하면서 나눈 외설적이거나 도덕적인 이야기들을 담고 있다.
4. **산티아고 데 콤포스텔라**. 스페인 북서쪽에 있으며, 사도 야고보가 묻힌 곳으로 전해진다.
5. **루르드**. 프랑스 남부의 요양지로, 1858년 성모 마리아의 환상이 목격된 곳이다.

화보 6.5 예루살렘, 로마와 더불어 중세 유럽 3대 순례지 중 하나인 산티아고 데 콤포스텔라의 대성당. 스페인 북서부에 위치한 도시 산티아고 데 콤포스텔라에 이르는 순례길의 최종 목적지인 이 성당에는 일찍이 순교한 사도 야고보의 유해가 안치되어 있다고 한다.

성지 순례가 기독교 영성에 어떤 역할을 할까? 이런 질문에 대한 답은 복잡하고 미묘한 차이가 있는데, 이는 기독교 내에서도 신학적인 다양성이 크기 때문이다. 예를 들어, 개신교도들은 일반적으로 '성지 신학'을 전혀 인정하지 않고 마리아에게도 특별한 영광을 돌리지 않는다. 그러므로 루르드 순례는 개신교 영성에는 별 도움이 되지 않는다.

일반적으로 순례의 영성을 이해하고 누리기 위해서는 다음과 같은 요인들을 고려해야 한다.

1. 순례 행위는 상당한 비용과 어려움이 따른다. 그래서 순례는 자기 부인 또는 자기 훈련의 행위이며, 이 장점은 널리 인정된다. 어려움의 정도는 다양한 방법으로 증가될 수 있다. 예를 들어, 중세의 참회자들은 신발 속에 작은 돌을 집어넣어 여행이 더 고통스럽게 했다.

2. 순례는 그 순례지와 관련된 인물의 삶과 가르침을 살펴볼 수 있는 기회가 된다. 예를 들어, 산티아고 데 콤포스텔라 순례는 야고보에 대해 읽을 기회를 주고, 로마 순례는 베드로와 바울의 삶과 가르침을 생각할 기회를 준다.
3. 순례 개념은 신자는 참된 본향을 천국에 둔 자(빌 3:20)로 "땅에서는 외국인과 나그네"(히 11:13)라는 기독교 사상을 강화하는 데 도움이 된다. 세상에 정착하지 않고 천국으로 가는 삶을 살고 있다는 사상이 순례 행위를 통해 구현된다.
4. 어떤 사람들은 순례지 자체가 어떤 영적 성격을 가지고 있어서 여행하면서 그것을 체험한다.

앞에서 언급했지만, 개신교도들은 일반적으로 순례 개념에 대해 회의적이다. 그러나 약간 변형되기는 했지만 많은 개신교 영성에 이 개념이 존재함을 이해할 필요가 있다. 많은 개신교도들은 성지, 즉 신약 성경에 나온 지역들(예를 들면, 아시아의 일곱 교회나 바울이 세우거나 기록한 교회들)을 여행하는 것이 유익하다고 본다. 그러나 이런 여행은 일차적으로 성경을 더 깊이 공부할 수 있게 하거나, 성경 본문이 더 깊은 의미로 다가올 수 있게 한다. 그러므로 성지 순례는 성경을 더 효과적으로 공부하는 데 도움이 되는 것으로 생각한다.

'순례'의 이미지는 제2차 바티칸 공의회가 이것을 교회의 한 모델로 사용함으로써 그 중요성이 새롭게 되었다. '순례 교회'의 개념은 건물과 권력 구조가 연상되는 제도적 교회 개념을 바로잡아 균형을 이루게 하는 데 도움이 된다. 이것은 세상을 통과하여 새 예루살렘으로 여행한다는 주제에 집중하는 최소한의 교회론을 제공한다.

결론

이 장에서는 그리스도인 삶의 몇 가지 측면들을 살펴보았다. 기독교가 문화에 영향을 주는 방법, 예를 들어 부활절이나 성탄절과 같은 휴일과 연관된 관습과 전통 등을 살펴보았다. 그렇지만 기독교가 보다 더 넓게 영향을 주는 면은 없는가? 다음 장에서는 기독교 신앙이 예술과 과학을 포함하여 문화 전반에 주는 영향을 살필 것이다.

제7장

기독교와 문화

기독교는 사적인 신앙인 동시에 공적인 신앙이다. 기독교는 개개인이 생각하고 행동하는 방식에 영향을 미친다. 기독교는 또한 사회 전반에 영향을 미친다. 기독교는 문화를 현저하게 바꿀 잠재력을 가지고 있으나 복합적이다. 기독교 내부에서도 기독교 신앙의 본질에 대한 이해가 다양하고, 또 이 신앙이 개인과 공동체에 영향을 미치는 방법에 대한 이해도 제각각이다.

이런 긴장은 4세기 로마의 기독교에서 드러났다. 로마 황제 콘스탄티누스(Constantinus I)의 회심으로 오래 계속되던 기독교에 대한 억압과 주변화가 끝나고, 주교들은 갑자기 사회적 영향력과 권력을 가진 인물이 되었다. 그리스도인들은 공개적으로 교회를 건축하고 예배를 드릴 수 있게 되었다. 많은 사람들은 이것을 새로운 기회로 보면서 사회를 기독교식으로 바꿀 수단이 될 것이라고 생각했다. 그러나 다른 사람들은 경고했다. 기독교는 사회의 가장자리에 존재하고 움직일 때 가장 진실하다는 것이었다. 권력은 부패했다. 기독교에게 주어진 새로운 사회적 지위가 기독교로 하여금 타협하게 만들 위험이 없을까?

이것은 기우가 아니었다. 기독교가 로마 제국에서 얻은 새 지위는 분명히 문화적 영향력이 커지게 했다. 그러나 기독교가 로마의 새 종교가 되기 위해서는 로마의 통치자가 기대하는 종교가 되어야 한다는 것이 이내 분명해졌다. 기득권층이 된다는 것은 특권을 갖는 것이기도 하지만, 의무도 따른다. 문화적으로 볼 때, 기독교가 제국의 종교가 된다는 것은 많은 로마의 관습을 기독교 안으로 흡수하여 새로운 의미를 부여한다는 것이었다.

아마 이런 것 가운데 가장 흥미로운 것이 '성인 숭배'일 것이다.

전통적인 로마 종교는 죽은 자의 무덤에 음식을 차려 놓고 그에게 경의를 표했다. 이 관습이 곧 기독교로 흡수되었다. 그리스도인들은 저명한 성도나 순교자의 무덤에 모여 그를 기리는 성찬식을 했다. 이 관습은 상대적으로 쉽게 신학적으로 수용되었지만, 그 기원은 신약에 없었음을 주목하는 것이 중요하다. 이런 양상은 결국 전통적인 로마의 관습과 같은 것이 기독교에도 필요함을 의미했다.

기독교와 문화 사이의 복합적인 관계를 보여주는 예는 많다. 이로 인해 몇몇 사람들이 '유랑 중인 공동체'로서 교회 신학을 개발하게 되었다. 이 사상은 영국에서 공화정이 실패한 후 무력감과 씨름하는 청교도들을 붙들어 주었다. 그리고 이 사상은 종교개혁 운동의 급진파를 자극했고, 그들은 진정한 그리스도인이 되기 위해 16세기 유럽에서 어떠한 사회적 인정도 의도적으로 거부했다. 많은 재세례파 저자들은 콘스탄티누스의 회심을 진정한 기독교의 종지부로 보고, 기독교는 특권과 영향력으로 오염되지 않은 새로운 형태로 재건되어야 한다고 믿었다.

그러므로 기독교와 문화의 관계를 일방적으로 일반화하는 것은 위험하고 유익하지 못하다. 일부 그리스도인들은 사회로부터 떨어지는가 하면 다른 그리스도인들은 사회에 참여한다. 어떤 사람들은 사회 참여를 세상 문화를 기독교적으로 변화시키는 수단이라고 생각하지만, 어떤 사람들은 이 과정에서 기독교가 더 세상적으로 될까봐 두려워한다. 그러나 균형을 가지면 이 일을 통해 교회와 사회 모두 유익을 얻을 수 있다. 이 장에서는 이 관계의 몇 가지 면들을 살필 것이다. 먼저 기독교와 문화 사이의 관계를 이해하는 방법에 대해 고찰하기로 한다.

기독교와 문화 : 전반적 고찰

기독교와 문화의 상호 작용의 역사는 매우 복잡하다. 대부분의 기독교 저자들은 문화 참여를 지지하지만, 이런 참여로 인해 신앙이 오염될 것을 두려워하여 사회로부터 격리 또는 불참여를 지지하는 사람들도 있다. 어떤 그리스도인들은 영화 같은 대중오락에 참가하는 것이 적절하지 않다고 주장하는가 하면, 어떤 그리스도인들은 문화 전반에 몰입하여 이해하는 것이 중요하다고 생각한다.

일부 기독교 집단은 의도적으로 스스로를 반문화적으로 규정했다. 그래서 주변 사람들과 구별되는 옷과 관습을 채택했다. 현대 미국의 메노파와 아미시파가 이에 대한 좋은 예이다. 신앙이 주류 문화로부터 분리되고 물리적, 가시적 수단을 사용하여 분명하게 구별될 것을 요구한다고 주장하는 아미시파는 겸손과 세상으로부터의 분리를 장려하는 복장을 채택했다. 아미시 복장은 아주 소박한 스타일로 주로 검은색이다. 그러나 그런 습관은 소수파의 관점이다. 대부분의 그리스도인들은 자신을 세상과 구별할 필요를 느끼지 않는다.

기독교와 문화 사이의 상호 관계의 복잡성을 이해하기 위해서는, 기독교 역사의 첫 단계를 살펴보아야 한다. 1세기 즉 40년대에 로마에 처음으로 자리를 잡은 이후로, 기독교는 법적으로 모호한 지위에 있었다. 한편으로는 법적 인정을 받지 못하여 어떤 특별한 권리도 누리지 못했고, 다른 한편으로는 명시적으로 금지되지도 않았다. 그러나 기독교 신자의 수가 증가함에 따라,

이따금씩 무력으로 억누르려는 시도가 이루어졌다. 때로 이 박해는 지역적이거나 북아프리카와 같은 지역에 국한되었지만, 경우에 따라서는 로마 제국 전체에서 이루어지기도 했다.

그리스도인들은 이런 상황을 어떻게 대처했을까? 콘스탄티누스가 회심하기 전에는, 대부분의 그리스도인들은 기대를 낮추어 종교적 견해를 자기들끼리만 공유했다. 테르툴리아누스(Tertullianus)를 비롯하여 많은 사람들은 기독교는 세속의 영향을 피함으로써 분명한 정체성을 유지해야 한다고 했다. 그는 "아테네가 예루살렘과 무슨 관계가 있는가?"라는 유명한 질문을 했다. 그러나 콘스탄티누스의 회심으로 새로운 가능성이 열렸다.

히포의 아우구스티누스(Augustinus)는 신앙과 문화 사이의 관계에 대한 주류 기독교의 반응을 제시한 사람으로 널리 인정되는데 이는 바른 평가이다. 그의 접근 방식은 어쩌면 고전 문화에 대한 비판적 활용이라고 하는 것이 가장 좋은 설명일 것이다.

아우구스티누스가 보기에 로마에서 기독교가 처한 상황은 출애굽 때에 이스라엘이 애굽의 포로 상태에서 도망하여 나온 상황에 비유할 만했다. 이스라엘은 애굽의 우상들을 뒤에 두고 왔지만, 애굽의 금과 은은 가지고 왔다. 그런 부를 더 적절하게 사용하기 위함이었다. 그것을 해방시킨 것은 더 귀한 목적을 위해 사용하라는 것이었다. 이와 마찬가지로 그리스도인들도 고대 세계의 철학과 문화도 적합할 경우 활용할 수 있으며, 이를 통해 기독교 신앙의 대의에 기여할 수 있다.

아우구스티누스의 근본적인 생각은 이제까지 순전히 이교도들만 사용하도록 갇혀 있던 사고방식이나 글이나 말을 사용하고 그것을 포로된 상태에서 해방시킴으로써 복음에 기여하게 하자는 것이었다. 아우구스티누스는 본질적으로 중립적이면서 소중한 사고방식이나 자기표현이 '하나님의 섭리의 광산'에서 채굴되어 왔다고 주장했다. 문제는 그것이 이교 문화에서 사용되는 방식으로, '부적절하고 불법적으로 간음 행위를 당하여 귀신을 예배하는 데' 사용되어 왔다는 것이다.

이처럼 아우구스티누스의 접근법은 선하고 참되며 아름다운 것은 무엇이든지 복음을 위해 사용될 수 있다는 주장의 기초가 되었다. 이 접근법은 서구 교회에서 지배적이어서, 기독교 저자들이 교회 밖에서 기원한 문학 장르들을 비판적으로 활용할 수 있는 신학적 토대를 제공했다. 이미 교회에 알려져 기독교 용도에 적합한 것으로 널리 인정된 문학 형식들(설교, 성경 주석 등)에 문화적 혈통이 완전히 세속적인 것을 더할 수도 있었다. 그 예로는 드라마와 소설을 들 수 있을 것이다.

화보 7.1 15–16세기 이탈리아 피렌체의 주요 교회와 예배당에 종교화를 그린 화가로 시스티나 예배당의 장식에도 참여했던 산드로 보티첼리의 '수도실의 아우구스티누스.' 20년 전에도 같은 주제로 그린 적이 있다는 사실이 흥미롭다.

그러나 아우구스티누스의 견해가 완전히 받아들여진 것은 아니다. 기독교 역사를 연구해 보면 문화와 교류하는 패턴이 복잡함을 알 수 있다. 어떤 사람은 아우구스티누스에게서, 어떤 사람들은 더 반문화적인 사고방식에서 영감을 얻는다.

어떤 사람들이 보기에는 세상은 기독교 신앙과 관습에 대해 적대적인 환경이다. 하나님 나라의 가치는 세상의 가치와 극명하게 대조된다. 이런 유형의 영성은 기독교 역사 초기 몇 세기 동안 상당히 중요했다. 그때 세속 권력자들은 기독교를 심하게 불신하고 의심했으며, 때로는 적극적으로 박해했다. 그러나 로마 황제 콘스탄티누스가 기독교로 개종하자, 전혀 다른 상황이 전개되었다. 기독교는 급속하게 로마 제국의 공식 종교가 되었다. 많은 사람의 눈에 이것은 세속 문화와의 타협을 초래했다. 주교들은 세속 통치자들의 복장과 관습을 흉내 내기 시작했다. 부와 권력의 상징인 자주색 예복을 입는 것이 그 예이다.

이 새로운 상황은 많은 그리스도인들로 일부 진정한 기독교의 이상이 타협으로 희생된 것으로 여기게 만들었다. 수도원 운동은 교회와 국가 사이에 안일한 적응이 나타나 이 둘을 구별하기 어려워진 데 대한 반란에서 대두된 것이다. 수도원들은 부와 권력으로부터 차단되었으며, 진정한 기독교의 비전이 권장되는 수도원이 진정한 기독교의 중심이라고 여겼다. 수도원 영성에서 나온 많은 작품들은 '세상에 대한 경멸'을 키우는 법에 대해 말한다. 이 말은 세상이 주는 유혹을 알고 거부하는 것을 의미하는데, 그들은 이것이 구원과 영적 성장의 장애물이라 여겼다. 세상에서 벗어나는 것은 개인의 구원을 확보하는, 유일하게 보장된 수단이었다.

개신교 종교개혁은 수도원의 이상을 거부했지만, 급진파는 세상을 버리는 것과 진정한 기독교에 대한 세상의 적대감이라는 두 가지 주제를 채택하여 발전시켰다. 재세례파 저자들은 대안적 기독교 공동체를 주로 농촌에 형성할 필요를 강조했다. 그들은 힘을 사용하기를 거부했기 때문에 세속 권력이나 권위와 함께 하기를 거절했다. 여기서 급진적 저자들과 루터(Martin Luther)나 칼빈(John Calvin) 같은 주류 개혁자들 사이에 긴장이 감지된다. 주류 개혁자들은 사회와 문화에 대해 보다 적극적이고 상호 작용적인 접근법을 격려했기 때문이다. 이들 사이의 태도와 갈등과 유사한 것이 오늘날 북미의 근본주의자들에게서 발견된다.

기독교와 문화 사이의 관계는 이처럼 복잡하다. 일부 그리스도인들은 지역의 문화와 적극적으로 그리고 완전히 상호 작용하는 데 전혀 어려움을 느끼지 않는다. 어떤 사람들은 그런 참여는 어떤 것이든지 기독교의 특징을 손상시키게 될지도 모른다고 두려워한다.

기독교가 문화를 변화시키는 능력은 고대 세계에서도, 현대 세계에서도 볼 수 있다. 3세기 말 많은 로마인들은 로마의 영화와 영향력이 줄게 하는 직접적 원인은 기독교의 성장에 있다고 확신했다. 로마 사회는 기독교를 선호하면서 이전의 종교를 버리고 있었다. 고전적인 이교 문화를 서서히 그리고 돌이킬 수 없는 죽음으로 몰아간 중요한 이유 중 하나는 분명 기독교의 성장이었다. 이와 동일한 패턴을 현대의 중국 문화에서 볼 수 있다. 중국의 젊은 세대 사이에 기독교에 대한 관심이 널리 확산되고 있다. 중국의 젊은 그리스도인들은 '성묘'(후손들은 조상들의 묘를 정리함으로써 그들에 대한 존경을 표해야 할 의무가 있다)와 같은 전통적인 관습이 기독교적이지 않은 사상과 관련 있다고 생각하여 이러한 의식에 의문을 표한다. 이러한 중국의 전통적 관습이 기독교의 성장으로 침식되고 있다. 기독교의 성장 때문에 문화가 바뀌는 경우는 이 외에도 얼마든지 있다. 예를 들면, 아프리카와 동남아시아에서는 전통적인 종교 신앙 및 이와 관련된 의식이 쇠퇴하고 있다.

기독교와 다른 두 유일신 종교인 유대교와 이슬람교 사이의 가장 뚜렷한 차이 하나는 기독교는 음식이나 의복에 관해 신자들에게 종교적으로 요구하지 않는다는 것이다. 유대교와 이슬람교는 특정 음식(예를 들면, 돼지고기)을 부정하다고 여겨 먹지 못하게 한다. 나사렛 예수는 모든 음식이 깨끗하다고 선언하시며, 도덕적, 종교적 정결은 입을 통해 사람의 몸으로 들어가는 것에 있지 않고 사람의 마음에 있다고 하셨다(막 7:18-19).

이와 비슷하게, 유대교와 이슬람교는 엄격한 종교법(코셰르와 할랄)에 따라 정해진 방식으로 짐승을 잡는다. 기독교는 초대 교회의 유대파들이 이러한 요구를 받아들여야 한다고 주장했음에도 불구하고 신자들에게 이러한 요구를 전혀 하지 않았다.

그러나 기독교는 문화와의 상호 관계를 수용한다는 점도 인정해야 한다. 기독교는 주변 문화에 영향을 미치며, 문화도 기독교에 영향을 미친다. 이러한 과정은 아주 자연스럽다. 기독교가 음식이나 의복이나 생활 방식에 관한 엄밀한 규범을 제시하지 않았기 때문에 그리스도인들은 자신의 신앙에 따라 문화의 여러 면들을 활용하고 받아들일 수 있었다. 기독교 확장의 역사가 분명히 보여주듯이, 그리스도인들은 기독교 신앙을 받아들이는 사람들에게 획일화된 문화를 강요하지 않았다. 기독교가 전통문화의 신념과 규범에 대해 관용의 태도를 장려한 것은 분명하다. 이러한 문화의 신념과 규범이 기독교 신앙과 직접적인 관련이 없어 보였기 때문이다. 기독교의 문화적 다양성이 기독교와 이슬람교의 가장 두드러진 차이 가운데 하나일 것이다.

따라서 전통문화의 관습과 행위가 기독교에 많이 들어왔다. 어떤 것들은 거의 보편적으로 수용되었다. 두 가지 예를 들어 보자. 기독교의 주교들과 연관된 전통 색상은 자주색이다. 자주색은 고전 세계에서 사회적 지위의 상징이었는데, 그리스도인들은 기독교 공동체 및 그 밖에서 주교의 중요성을 표현하는 한 방법으로 이것을 받아들였다. 기독교가 중국에서 기원했다면 주교들은 노란색 옷을 입었을 것이다(노란색은 중국에서 전통적으로 황제와 관련이 있었다). 이런 고전 문화를 그리스도인들은 받아들일 만하다고 여겨서 결국 교회 안으로 들어오게 되었다. 두 번째 예는 결혼반지를 신부의 왼손 넷째 손가락에 끼워 주는 의식이다(지금은 서구 문화에 널리 퍼져 있다). 이것은 전통적인 로마 관습이있는데, 그리스도인들이 이것을 받아들여 자신들의 결혼시 관습으로 삼았다.

흥미를 끄는 또 다른 분야는 자신을 기념하기 위해 떡과 포도주를 사용하라는 예수님의 분명한 명령을 따르기 위해 포도주를 공급하는 일에 관한 것이다. 스페인과 프랑스와 이탈리아에 위치한 중세의 큰 수도원은 성찬식의 포도주를 공급하기 위해 포도밭을 일구었다. 포르투갈의 코르크나무 껍질을 이용한 병마개로 포도주를 보존하는 법을 발견한 사람도 수도사 동 페리뇽(Dom Pérignon)이었다.

이제 기독교가 문화에 영향을 미쳤으며 또 계속 미치고 있는 방식들을 살펴볼 차례이다. 주제를 이렇게 제한하는 것은 지면 부족 때문이다. 다음은 기독교와 문화 간의 상호 작용 방식을 보여주는 예일 뿐이다. 절대로 이 짧은 분석이 결정적이라고 생각하지 않길 바란다! 우선 미술, 음악, 문학을 살펴볼 것이다. 기독교는 우리가 세상을 나타내고 반영하는 방식에 어떤 영향을 미쳤는가? 기독교의 상징들이 발전된 과정을 생각해 보자.

기독교의 상징 : 십자가

예수 그리스도라는 분이 기독교 신앙을 어떻게 지배하는지는 이미 살펴보았다. 특히 그리스도인들이 어떻게 해서 예수님의 십자가 죽음을 인류 구원의 기초로 이해하는지도 살펴보았다. 그러므로 십자가는 구원의 상징이다. 또한 십자가는 예수님이 부활로 죽음을 이기셨음을 확증한다는 점에서 그리스도인의 소망의 상징이기도 하다. 사형 도구였던 십자가가 기독교의 핵심인 소망과 변화의 표시가 된 것이다.

십자가는 초기부터, 아마 2세기 말부터 기독교 신앙의 상징으로 널리 인정되어 왔다. 기독교 안에서는 십자가만큼 비중과 권위와 인정을 받는 상징이 없다고 하는 것이 옳을 것이다. 그리스도인들은 세례를 받을 때 십자가 표시를 한다. 교회와 집회 장소에 십자가를 다는 것뿐만이 아니다. 종종 건물 자체를 십자가 모양으로 짓기도 한다. 십자가에 대한 강조가 교회의 구조에도 상당한 영향을 주었다. 기독교 신학이 서구 문화에 가장 큰 영향을 끼친 것도 이 분야일 수 있다. 위대한 중세의 성당이나 교회를 살펴보면 돌로 구현된 신학을 볼 수 있다.

많은 그리스도인들은 위험할 때나 괴로울 때에 십자가 표시를 하면 도움이 되는 것으로 여긴다. 가톨릭, 정교회, 개신교 상관없이 그리스도인의 묘지에는 십자가 표시가 있다. 기독교의 상징의 기원과 발전을 주의 깊게 연구해 보면, 십자가가 초기부터 복음의 상징으로 여겨졌다는 것을 분명히 알 수 있다. 신약의 초기 저작들에서도 '십자가의 메시지'는 기독교 복음의 간단한 요약으로 사용되었다(고전 1:18-25). 이 주제는 후기 저작들에도 반영되었다. 테르툴리아누스(Tertullianus)에게는 그리스도인이 '십자가를 믿는 사람들'이었고, 알렉산드리아의 클레멘스(Clemens)에게는 십자가가 '주님에 대한 최고의 표시'였다.

십자가가 기독교 신앙을 나타내는 최고의 상징으로 세계적으로 받아들여진 마지막 단계는 후에 로마 황제가 된 콘스탄티누스(Constantinus)의 회심이라고 널리 받아들여지고 있다. 콘스탄티누스는 밀비우스 다리 전투(312) 직전 혹은 직후에 십자가 환상을 보았는데, 그 환상은 그의 군사들의 방패에 십자가 표시를 하라는 명령이었다. 그리하여 콘스탄티누스의 통치기 동안 로마에는 다양한 형태의 십자가가 세워졌고 로마의 동전에도 나타나기 시작했다. 십자가 처형은 그 이전의 로마 황제 치하에서 계속되었었다. 콘스탄티누스는 이 관행을 불법화하고 처형에 사용되는 교수대를 더 이상 '십자가'(라틴어로 cruces)로 부르지 말고 '가로보' 또는 '수평 지지목'(라틴어로 patibula)이라고 하라고 지시했다.

초기 그리스도인들은 십자가를 기독교 신앙의 위대한 수제늘을 위한 교육 보조 자료로 여겼다. 이것은 사망의 세상에서 구원과 소망의 실재를 확증하는 것일 뿐 아니라 예수님의 온전한 인성을 확증하는 것이기도 했다. 초기 그리스도인 저자들은 십자가에 더 야심적인 사상을 투입하여 사용하기도 했다. 순교자 유스티누스(Justinus)는 기독교의 십자가와 플라톤의 십자 형태의 우주적 상징 즉 헬라어 문자 키(chi) 사이에 유사성이 있다고 시사했다.

1세기 그리스도인들은 예수님의 십자가 처형 묘사를 꺼렸다는 증거가 있다. 십자가를 표시하는 것과 갈보리 십자가 위의 예수님을 설명하는 것은 전혀 다른 것이다. 이는 특히 벌거벗은 예수님을 설명할 때의 품위와 취향 문제 때문이었다.

그러나 이런 금기는 점차 극복되었다. 동방과 서방 교회의 기독교 미술은 경건 목적을 위해 십자가 처형에 초점을 맞추기 시작했다. 예수님은 진정한 인성이 결여된 순전한 하나님이라는 견해에 대한 반발로, 기독교 지도자들은 예수님의 온전한 인성을 강조하기 위한 한 수단으로 미술가들에게 예수님의 십자가 처형 모습을 그리라고 격려했다. 십자가 위의 예수님 모습보다 더 그의 고난과 죽음을 잘 묘사하는 방법이 어디 있겠는가? 이런 태도는 많은 기독교 작가들이 십자가형을 경건하게 묘사하는 일에 부여했던 중요성을 이해하는 데 도움이 된다. 마티아스 그뤼네발트(Matthias Grünewald)의 '십자가 처형'(Crucifixion, 1515–1516)이 이런 장르의 회화의 좋은 예이다.

십자가 형태의 상징은 그리스도인의 공적, 사적 예배에서도 뚜렷하게 드러난다. 많은 교회들은 십자가 모양으로 지어지고, 지붕과 건물 내부에도 의식적으로 십자가를 표현한다. 많은 그리스도인들에게 특별히 중요한 것으로는 예수님이 못 박혀 있는 십자가상이다. 십자가상의 예수님의 머리 위에는 INRI라는 글이 새겨져 있다. 이는 '유대인의 왕, 나사렛 예수'를 뜻하는 라틴어 문구(Iesus Nazarenus Rex Iudaeorum)에서 각 단어의 첫 글자를 딴 것이다. 이 십자가상은 그리스도인들로 예수님의 고난을 기억하게 하려는 의도로, 그의 십자가 죽음으로 인한 구원의 고귀함과 실제성을 강조한다.

십자가는 기독교 신앙에 물든 역사를 가진 나라들의 상징에도 등장한다. 예를 들어, 영국의 국기 유니언 잭은 세 개의 십자가, 즉 잉글랜드의 성 조지 십자가, 아일랜드의 성 패트릭 십자가, 스코틀랜드의 성 앤드루 십자가가 하나로 통합된 것이다. 십자가 중심의 교차 부위에 원이 둘러쳐진 켈트 십자가는 아일랜드에서 많이 볼 수 있는 형태이다. 특정 국가나 지역을 연상케 하는 십자가 형태로는 로렌 십자가, 몰타 십자가 등이 있다. 이런 기독교의 상징이 국기에 반영된 배경은 2세기로 추적할 수 있을 것이다. 순교자 유스티누스 등은 로마의 승전군이 '깃발과 전리품'을 앞세우고 행진하는 모습에 비교했고, 기독교 저자들도 마찬가지로 그리스도인들은 패배한 사망을 전리품으로 하는 십자가 깃발을 들고 행진한다고 주장했다.

십자가는 가장 친숙하고 가장 많이 만나는 기독교 상징이기는 하지만, 초기 기독교에서는 다른 상징들도 중요했음을 알 필요가 있다. 그 중 물고기 상징은 주목할 만한 가치가 있다. 물고기가 그리스도인의 정체성의 상징으로 사용되었는데, 그 이유는 그것이 교육 보조 자료 역할을 했기 때문이다. '물고기'에 해당하는 헬라어는 익투스(ichthus)이다. 이 단어를 구성하는 다섯 개의 헬라어 문자(ΙΧΘΥΣ, i-ch-th-u-s)가 다섯 단어의 첫 글자를 따서 모은 것으로 여겨졌다. 그 단어들은 예수 그리스도의 정체성과 의미에 대한 그리스도인의 믿음을 나타내는 것이었다.

헬라어 글자	헬라어 단어	우리 말 번역
Ι (iota)	Iesous	예수
Χ (chi)	Christos	그리스도
Θ (theta)	Theou	하나님의
Υ (upsilon)	huios	아들
Σ (sigma)	soter	구주

익투스라는 말은 그리스도인들이 그들의 신앙의 중심으로 여기는 것, 즉 '예수 그리스도, 하나님의 아들, 구주'를 나타낸 것이다. 물고기 표시에 대한 언급은 많은 초기 그리스도인들의 글에서, 특히 묘비에서 볼 수 있다. 익투스

라는 헬라어와 물고기 상징은 모두 그리스도인들이 널리 사용하는 것이다. 만일 당신 앞에서 달리는 자동차 범퍼에 물고기 상징이 붙어 있다면, 아마 그 차는 그리스도인의 소유일 것이다. 만일 어떤 조직이나 인터넷 주소에 익투스라는 말이 들어 있다면, 기독교와 연관이 있다고 보아도 문제가 없다.

기독교 미술

하나님은 비가시적 존재로 유한한 인간은 볼 수 없다. 이런 통찰은 하나님을 초월적 존재로 이해하는 대부분의 종교에서 근본적인 것이다. 그러나 기독교 사상의 전 역사를 통틀어 인간은 하나님을 어떤 방식으로든 그릴 수 있기를 갈망했다. 만일 하나님을 시각화할 수 없다면, 하나님 개념은 추상적, 비인격적이며, 인간의 경험 세계로부터 멀리 계신 분이 될 가능성이 있다는 것이다. 그래서 기독교 영성의 가장 뚜렷한 주제 가운데 하나가 시각화이다. 즉 하나님을 시각적으로 나타내는 방법, 다시 말해서 하나님의 초월성을 훼손하지 않고 묵상할 수 있는 무엇으로 나타내는 방법의 개발이다.

1373년 5월 8일, 영국의 종교 작가 노리치의 줄리언(Julian of Norwich)은 하나님의 사랑에 대한 일련의 환상을 경험했다. 이것은 아주 구체적인 자극에 의해 시작되었다. 줄리언이 병이 들었고, 그녀의 주변 사람들은 그녀가 곧 죽을 것이라고 했다. 그 지역의 교구 사제가 찾아와서 그녀 앞에 예수님이 십자가에 못 박힌 십자가상을 내밀면서 "내가 너의 창조자와 구주의 형상을 가지고 왔노라. 이것을 보라. 그러면 강건해지리라."라고 말했다. 십자가 위의 그리스도 형상은 하나님의 선하심과, 죄인들에 대한 하나님의 놀라운 관용과 은총에 대한 일련의 기나긴 묵상의 출입문이 되었다.

만일 예수님과 예수님의 삶에 대한 묵상이 사람들로 하나님을 더 깊게 알게 한다면, 그리스도의 생애에서 일어난 일을 생생하고 실제적으로 묘사한 것은 그 과정을 더욱더 잘 도울 수 있으리라 사람들은 생각했다. 중세와 르네상스 시대에는 공적, 사적 예배를 위해 종교적 그림을 사용하는 일이 획기적으로 늘어났다. 예수님에 관한 이야기나, 예수님과 그의 어머니의 정적 초상화를 그리기 위해 패널화가 널리 사용되었다. 중세 초기에 가장 많이 나타나는 종교적 형상 두 가지는 성모와 아기 및 십자가 죽음이다. 후기 르네상스 때에는 십자가 죽음에 대한 관심이 다른 종교적 주제들에도 주어졌다.

르네상스 미술가들은 예수님의 생애의 많은 사건들이 중요한 의미가 있다고 여겼다. 천사 가브리엘이 마리아에게 아기를 잉태할 것을 알리는 수태고지와 예수님의 세례, 부활에 대한 관심이 특히 커졌다. 부활하신 예수님이 막달라 마리아에게 나타나신 일(요 20:17)도 많은 고전 작품의 주제였다. 그 한 예가 프라 안젤리코(Fra Angelico)가 1440-1441년에 피렌체 산마르코 수녀원에 그린 프레스코화 '나를 만지지 말라'(Noli Me Tangere)이다.

화보 7.2 도미니쿠스회 소속 수도사이자 사제로 수도원장을 지내기까지 했던 피렌체파 화가 프라 안젤리코의 '나를 만지지 말라'(Noli Me Tangere). 막달라 마리아와 부활하신 그리스도를 그린 일명 '놀리 메 탄게레'는 중세 기독교 미술의 주요 주제 중 하나였다.

그림이 그려진 패널은 단독으로 교회에 전시될 수도 있었지만, 마티아스 그뤼네발트(Matthias Grünewald)의 '이젠하임의 제단화'(Isenheim Altarpiece)처럼 두 폭 혹은 세 폭 패널화로 조합되기도 했다. 이 중 가장 복잡한 것은 다폭 패널화로 후베르트 반 에이크(Hubert van Eyck), 얀 반 에이크(Jan van Eyck) 형제가 1432년 헨트 대성당에 그린 '헨트의 제단화'(Ghent Altarpiece)를 들 수 있다.

그리스도의 탄생화는 오랫동안 기독교 성상 연구에서 중심적인 역할을 했다. 그리스도인들은 늘 구주 탄생의 신학적, 영적 중요성을 인정하고 이 사건을 그림으로 그리는 것이 개인적으로나 집단적으로 유익하다고 여겼다. 서구에서 예수님 탄생을 묘사하는 주된 방법은 마리아와 아기를 그림의 중앙에 배치하는 것이다.

화보 7.3 네덜란드의 화가 형제인 후베르트 반 에이크, 얀 반 에이크의 다폭 패널화 '헨트의 제단화'. 네덜란드 회화 가운데 걸작으로 손꼽히는 이 작품은 헨트에 있는 신트바프 대성당의 제단화로서 제작 도중 후베르트가 사망하자 동생인 얀 반 에이크가 완성한 것으로 보인다.

화보 7.4 '비너스의 탄생'으로 유명한 이탈리아 초기 르네상스 시대의 화가 산드로 보티첼리의 '신비한 탄생.' 하늘에서는 천사들이 고상하게 춤추고 땅에서는 인간과 천사의 만남이 이루어지며 친근한 가축들이 구주의 탄생을 축하하는 독특한 구성의 예수 탄생화이다.

이 방식을 잘 보여주는 것이 산드로 보티첼리(Sandro Botticelli)의 '신비한 탄생'(The Mystical Nativity)이다. 1500년경 그린 이 작품에서 마리아는 신약 시대의 모습이 아니라 화가 시대의 모습으로 그려져 있다. 여기서 보티첼리는 14, 15세기 르네상스 화가들을 따라서 마리아가 당시 귀족 여인의 옷을 입고 있는 것으로 그렸다. 요점은 그리스도가 역사 속으로 들어오는 일은 1세기 팔레스타인뿐만 아니라 모든 시대에도 중요했다는 것이다. 마리아를 르네상스 시대의 여인으로 나타내는 것은 모든 시대는 물론 르네상스 시대를 위한 아기 그리스도가 가진 변화 가능성을 강조하는 수단이었다.

보티첼리는 하늘의 천사가 아기 예수의 탄생으로 일어난 피조계의 변화를 기뻐하는 모습을 그렸다. 이 그림의 아래 부분은 천사들이 새 하늘과 새 땅의 가능성을 기뻐하면서, 인간들과 춤 추는 것이 그려져 있다.

제7장 기독교와 문화 459

흥미로운 것은, 보티첼리가 오랜 전통을 따라 탄생 장면에 소와 나귀를 그려 넣었다는 점이다. 그러나 복음서의 탄생 장면에는 소나 나귀가 언급되지 않았다. 그러면 왜 이런 전통적인 내용이 포함되었을까? 2세기 이후부터, 예수님의 탄생을 설명하는 사람들은 탄생 기사를 이사야 1장 3절의 "소는 그 임자를 알고 나귀는 그 주인의 구유를 알건마는 이스라엘은 알지 못하고 나의 백성은 깨닫지 못하는도다 하셨도다"라는 말씀과 연결지었다.

어떤 경우에는 성탄절과 현현절이 합쳐지기도 했다. 즉 베들레헴 들판의 목자들이 그들의 양과 함께 예수님께 경배하고, 세 사람의 동방 박사 또는 왕이 황금과 유향과 몰약이라는 귀한 선물을 아기 예수께 드리는 장면이 함께 나온다. 전통적으로 동방 박사는 각기 세 가지 선물 중 하나를 가져온 것으로 그려진다(복음서에서는 실제로 몇 사람의 동방 박사가 왔는지 말하지 않는다).

교회와 사적 예배실, 그리고 가정집도 종종 개인의 경건을 격려하기 위한 수단으로 십자가 죽음을 그린 그림으로 장식했다. 기독교 작가들과 미술가들은 늘 이 중심적인 사건과 삶을 변화시키는 그 사건의 의미를 반영할 필요를 인식했다.

가현설 이단(예수님은 단지 인간의 모습만 가졌을 뿐 실제로는 인간이 아니었다는 주장)과는 달리, 정통 기독교는 예수님의 십자가 고뇌와 그로 인한 구원의 사실성을 강조했다. 그래서 이 십자가 고난을 나타내는 일은 값진 구속을 강조하고, 나사렛 예수가 이루신 일에 대한 신자들의 이해를 깊게 하는 역할을 했다. 가현설에 대한 가장 좋은 반박이 예수님의 십자가 고난을 묘사하는 것이었다.

나사렛 예수의 수난에 대한 묘사는 종종 다양한 관심과 강조 사항을 드러내었다. 어떤 미술가는 이 십자가에서 올림을 받아 무리들보다 높은 곳에 계시는 그리스도를 그렸다. 이것은 예수님이 십자가에서 '올림받는' 방법을 강조함으로써 신자들도 그의 십자가와 부활에 의해 천국으로 '올림받게' 될 것을 알리는 것이다. 어떤 사람들은 예수님의 주위에 둘러선 무리들에 초점을 두어, 예수님을 조롱하던 사람들의 분노를 표정으로 묘사한다. 여기서 핵심은 그리스도를 십자가에 못 박은 사람들은 보통 사람들이라는 것이다.

어떤 사람들은 십자가 주변에 서 있는 사람들에게 초점을 맞추기도 한다. 이것의 대표적인 예는 마티아스 그뤼네발트(Matthias Grünewald)가 1510-1515년에 걸쳐 그린 유명한 '이젠하임의 제단화'(Isenheim Altarpiece)이다. 십자가 왼편에는 예수님의 어머니 마리아와 사랑하는 제자 요한, 그리고 막달라 마리아 세 사람이 죽은 예수님을 애도하고 있다. 이것은 나사렛 예수의 죽음이 제자들에게 준 엄청난 충격을 이해하도록 돕기 위한 것이다. 아기 때 품에 안았던 아들이 십자가 위에서 두 팔을 벌린 채 달려 있는 모습을 보는 마리아의 느낌을 신자들로 상상해 보도록 한다.

화보 7.5 마티아스 그뤼네발트의 '이젠하임의 제단화.' 이젠하임에 있는 성 안토니오 수도원의 의뢰로 완성한 총 세 겹의 다폭 패널화이다. 10개의 패널로 구성된 이 제단화는 보통 때는 닫아 두었다가 성령 강림절, 부활절과 같은 특별한 절기가 되면 해당 절기에 맞는 그림을 열어 전시하였다.

이런 것들을 볼 때 복음서의 기사들은 서구 종교 미술에 있어 주된 영감의 근원임이 분명하다. 그러나 일부 개신교 저자들은 이런 상황에 대해 의구심을 가졌다는 점에 주목해야 한다.

성공회와 루터교는 종교 미술이 기독교 경건에 중요한 역할을 하는 것으로 여긴 반면, 개혁주의 전통에서는 이것을 사용하지 않았다. 『하이델베르크 교리문답』(Heidelberg Catechism, 1563)은 하나님의 형상은 신자들에게 필요하지도 유익하지도 않다고 주장한다. 성경적 설교는 종교 미술을 교훈과 경건의 수단으로 여겨야 했다.

대부분의 다른 기독교 전통은 종교 미술을 경건에 유익한 보조 자료로 보고 예배 장소에 적절한 작품을 전시하도록 격려했다. 근래 들어 몇몇 개혁 전통 내의 신학자들도 종교 미술 작품을 사용하여 묵상과 개인 예배를 격려했다는 점도 주목해야 할 것이다. 카를 바르트(Karl Barth)는 그의 책상에 십자가 죽음을 묘사한 그뤼네발트의 '이젠하임의 제단화'를 두고 있었다. 마찬가지로 위르겐 몰트만(Jürgen Moltmann)도 20세기의 신학 명작으로 여겨지는 『십자가에 못 박히신 하나님』(The Crucified God)을 쓸 때 마르크 샤갈(Marc Chagall)의 '노란 십자가'(The Yellow Crucifixion)를 앞에 두고 있었다.

성상

공적 예배와 사적 예배에서 성상을 사용하는 일은, 특히 동방정교회와 관련되기는 하지만 이젠 기독교에 널리 퍼져 있다. '성상'(icon, '형상'을 의미하는 헬라어 eikon에서 유래)이란 휴대 가능한 신성한 형상으로, 주로 비잔틴 미술의 전통과 관습을 따라 목판에 그린 것이다.

성상 사용의 역사는 분명하지 않다. 그러나 그런 신성한 형상 사용의 기원이 팔레스타인과 시리아 지역에 있음을 드러내는 증거들이 충분하다. 아마 최초의 성상은 순교자들의 그림으로 그들의 역사의 몇몇 장면을 그린 것일 것이다. 가이사랴의 바실리우스(Basilius)나 니사의 그레고리우스(Gregorius) 같은 4세기 동방 기독교 저자들의 설교는 이런 관행을 보여주는 중요한 증거가 된다. 그러나 5세기 이후부터는 점차 성상들이 예수 그리스도와 마리아를 묘사하게 되었다.

성상 파괴 논쟁은 성상 생산에 종지부를 찍고 이전의 성상들을 파괴하게 했다. 정교회 저자들은 구약이 종교적 형상 제작과 사용을 금했다는 데는 동의했지만, 이것은 본질적으로 일시적인 조치로 가나안 사람들의 문화에 널리 퍼져 있던 우상 문제를 반영하는 것일 뿐이라고 주장했다. 콘스탄티누스의 회심으로 로마의 이교들이 패퇴하자, 정교회 신학자들은 이것이 더 이상 중요한 문제가 아니라고 주장했다. 나아가 그들은 하나님의 아들의 성육신이 이런 구약의 금지를 더욱 무너뜨렸다고 지적했다. '예수님은 인간에게 보여주신 하나님의 형상이 아닌가?' 이 문제가 '성상 옹호론자' 쪽으로 해결되자, 850년에서 1200년까지 콘스탄티노플에서는 성상 연구의 황금 시대가 찾아왔다. 이 기간 동안 특별한 형태의 성상 그림이 개발되어 비잔틴 미술의 특징이 되었다.

그러면 성상이 이룬 것은 무엇일까? 성상의 목적은 무엇일까? 정교회 그리스도인 저자들은 그들이 심각한 오해로 여기는 것 두 가지, 즉 성상 자체가 예배의 대상이라는 것과 성상은 단지 종교 미술의 한 형태로 그 의미는 종교적 장소의 미화에 있을 뿐이라는 것을 단호하게 거부했다.

정교회에서 성상은 경배나 예배의 대상이 아니며, 예배의 대상은 오로지 나사렛 예수와 하나님뿐이다. 오히려 성상은 존경의 대상이다. 성상은 초월자에게로 나아가는 창으로 보아야 한다. 그것들은 성경과 동일한 진리를 선포하지만, 언어적 형태가 아니라 그림의 형태인 '가시적 복음'으로 여겨져야 한다.

화보 7.6 15세기의 비잔틴-크레타 성상 화가 앙겔로스 아코탄토스의 '카르디오티사의 성모.' 이 성상화가 소재한 비잔틴 크리스천 박물관에는 초기 기독교 미술 양식을 보여주는 성상화, 모자이크화, 프레스코화 등이 다수 보관되어 있다.

그래서 806년에서 815년까지 콘스탄티노플 총대주교를 지낸 니케포루스(Nicephorus I)는 성상은 성경을 이해할 수 있는 개념화 기술이 없는 사람들에게 특히 유익하다고 주장했다. 실제로, 말씀을 듣거나 읽을 때는 잘 이해되지 않는 것이 성상을 볼 때는 쉽게 파악되는 경우가 종종 있다.

따라서 형상과 말씀이 서로 충돌하지 않고 오히려 상호 강화 가능성을 보여준다. 정교회 저자들은 성경의 환상과 그림의 형상이 인간이 초월적 실재에 접근할 수 있는 두 가지 상징적 방법이라고 말하는 경향이 있다. 성상 파괴론자들은 배우지 못한 자와 글을 모르는 자들은 형상과 그 형상이 그리는 실제를 구별하지 못하고 우상 숭배로 빠져든다고 주장하지만, 성상 옹호론자들은 이 사람들에게 성상 사용법을 바르게 가르친다면 성상을 컬러 성경으로 사용함으로써 신적 실체에 다가갈 수 있다고 주장했다.

교회 건축

초기의 그리스도인들은 예배할 곳을 빌려서 사용했다. 기독교가 로마 제국의 공인되고 합법적인 종교가 될 때까지는 별도의 건물을 지을 수 없었다. 그래서 그리스도인들은 개인 집에서 모이거나 이교 사원을 빌려 예배 장소로 사용했다. 그러나 4세기 이후부터는 자신들의 독특한 사상과 신앙을 반영한 집회와 예배 처소를 자유롭게 건축할 수 있었다. 이로 인해 몇 가지 뚜렷한 교회 건축 양식이 발전했다. 그 건축 양식은 하나님의 속성, 하나님의 구원 계획에서 교회라는 제도의 위치, 인간의 궁극적 운명 등에 대한 신념들에 기초한 것이었다.

교회 건축의 황금 시대였던 중세에 있어 교회 건축의 중요성을 이해하기 위해서는 이 당시 교회 제도에 부여된 특별한 가치를 이해하지 않으면 안 된다. 3세기에 카르타고의 키프리아누스(Cyprianus)는 "교회 밖에는 구원이 없다."라는 슬로건을 작성했는데, 그것은 구속의 중재자요 보증자로서 교회의 역할을 이해하는 데 결정적인 영향을 미치게 되었다. 이 함축적인 명제는 여러 가지로 해석이 가능했다. 그 중 중세에 지배적이었던 해석은 로마 제국의 붕괴 후 교회의 제도적 권위 성장에서 직접 연유한 것이다. 구원은 오직 교회의 회원이 되어야만 가능했다. 나사렛 예수가 구원의 소망을 가능하게 했지만, 오직 교회만이 그 구원이 유용하게 할 수 있다. 구속의 섭리는 교회가 독점한다.

교회라는 제도는 인간의 구원 소망의 중재자요 보증자라는 견해는 급속하게 교회 건축에 스며들었다. 로마네스크식 교회의 큰 출입구들은 종종 하늘의 영광을 묘사하는 정교한 조각으로 장식되었다. 오직 교회로 들어감으로써만 이 소망이 성취될 수 있다는 것을 촉각으로 확인하게 하는 것이었다. 교회의 서쪽 문에 새겨진 것은 보통 오직 교회로 들어감으로써만 천국을 얻을 수 있다는 것을 선포하는 내용이었다. 문틀은 이 목적을 위해 그리스도와 동일시되었으며, 지나가는 사람들이나 그 장엄한 장식을 감상하기 위해 선 사람들에게 그 목적을 말해 주었다.

좋은 예를 985년에 세워져 12세기에 크게 발전했던 생마르셀레소제의 베네딕투스회 수도원 교회에서 볼 수 있다. 교회의 출입구는 자기에게로 나아오는 모든 이들에게 다음과 같이 말씀하시는 그리스도를 묘사하고 있다.

> 통과하는 너희여,
> 죄 때문에 울려고 오는 너희여,
> 나를 통과하라.
> 내가 생명의 문이니라.

이 말씀은 분명히 그리스도의 말씀으로 되어 있지만(요한복음 10장에 나오는 '양의 우리의 문'이신 그리스도의 이미지를 떠올리게 한다), 촉각적으로는 교회의 건물과 연결되어 있다. 이것은 종종 교회 입구 가까이 있는 세례반의 물리적 위치를 통하여 시각적으로 강화된다. 그래서 천국에 들어가는 것은 세례와 연관되는 것으로 단언한다.

이와 유사한 주제가 스페인 하카에서 푸엔테 라 레이나로 가는 주요 순례길 가까이에 있는 산타 크루스 데 라 세로스의 베네딕투스회 교회 입구에 새겨진 글에서도 발견된다.

> 나는 영원한 문이다.
> 믿는 자여, 나를 통해 들어가라.
> 나는 생명의 샘이다.
> 포도주보다 나를 더 갈망하라.

12세기에 건립된 것으로 추정되는 산 후안 데 라 페냐의 교회 문에도 이런 메시지가 있다.

이 문을 통하여 모든 신자에게 천국이 열려 있다.

아마 이 주제와 관련하여 가장 유명한 문학적 변형은 이 내용을 반어법적으로 뒤집은 것일 것이다. 단테(Alighieri Dante)의 『신곡』(Divine Comedy) 중 지옥편 제3곡 지옥문 부분을 보면, 지옥 입구에 "모든 소망을 버려라, 들어가는 너희여."라는 글이 새겨져 있다는 유명한 진술이 나온다. 단테의 묘사는 교회 건축의 관행에 익숙한 것을 전제로 그 핵심 주제를 조롱조로 패러디한 것이다.

교회 건축의 중요한 기능 하나는 하나님의 초월성을 강조하는 것이다. 중세 성당의 높이 솟은 첨탑과 끝이 뾰족하게 올라간 아치들은 하나님의 크심을 강조하고 예배자의 생각을 하늘로 향하게 하려는 것이나. 이것이 상징하는 것은 세상에 속한 것에 영원한 것이 부여되는 것으로, 교회 건물은 복음을 통해 제공된 하늘과 땅 사이의 중재를 상징한다. 이렇게 초월적인 세계를 이곳 지상에 나타

화보 7.1 프랑스 고딕 성당 중에서 가장 웅장하고 아름답다고 칭송받는 샤르트르 노트르담 대성당. 1145년 로마네스크 양식으로 지어졌으나 1194년의 화재로 상당 부분이 소실되어 13세기까지 재건 작업을 진행하였다.

제7장 기독교와 문화 467

낸다고 강조하는 것은 특히 고딕 양식의 교회 건축과 관련이 있다. 이에 대해서는 더 논의할 필요가 있다.

'고딕'(Gothic)이라는 말은 16세기에 조르조 바사리(Giorgio Vasari)가 로마네스크와 르네상스 사이의 양식을 가리키기 위해 만든 말인데, 이 양식의 특징은 첨탑과 좁고 긴 문과 창문, 복합적인 구조, 거대한 크기, 특히 북유럽에서 잘 나타나는 큰 스테인드글라스 창문과 조각이 있는 출입문 등이다. 바사리가 이 말을 사용한 것은 로마 문명을 파괴한 고트족의 야만성을 조롱하고 생각하게 하려는 것이었다. 고딕 건축물이 나타난 것은 12세기부터이다. 이때는 서유럽이 정치적으로 안정되어 미술과 건축이 재탄생하는 시기였다.

1130년에서 1230년까지 한 세기 동안, 프랑스에서 약 25개의 고딕 양식 성당이 건축되었다. 이 건축 양식의 현저한 특징 중 하나는 높이와 빛을 의도적, 실용적으로 사용하여 하나님과 천국이 지상에 임재한다는 의식이 생기게 하고 유지되게 하는 것이다. 지지대를 많이 사용함으로써 건물의 무게가 외부의 지지를 받을 수 있게 했다. 그리하여 외벽에 커다란 유리창을 만들 수 있었고, 태양 광선이 건물 안으로 쏟아져 들어오게 했다. 스테인드글라스를 사용함으로써 성당 안에 다른 세상의 찬란함이 비치게 되었고, 그러면서도 동시에 복음의 장면들이 예배자들에게 보일 수 있게 했다. 건물 내부에는 가늘고 긴 기둥을 사용하여 공간감을 극대화했고, 그리하여 천국의 소망을 자극하게 했다.

이렇게 성당은 천국의 광대함과 찬란함을 신자들이 접할 수 있게 하는 성스러운 공간이 되었다. 그 안에서 드리는 예배는 천국의 삶을 미리 체험하는 것으로, 예배자가 다른 세상으로 들어가 그 세상의 즐거움을 맛보는 것이었다.

고딕 성당에 부합하는 '신학'에 대해 말하는 것은 약간 거창하게 보일 수도 있지만, 성당 설계자의 영적인 열망과 천국의 성소를 미리 맛보게 하는 성당의 중요성에 대해서는 의심의 여지가 없다. 이런 가치들의 신학적 중요성은, 파리 근교 생드니의 수도원 교회 복구에 말년 대부분을 쏟은 수도원장 쉬제르(Suger, 1080-1151)의 사상을 고찰하면 잘 알 수 있다. 고전적 고딕 양식의 초기에 속하는 이 건물은 고딕 양식이 강조하는 것들을 대부분 구현하고 있다. 그러나 어쩌면 가장 중요한 것은 복구 과정을 정리한 쉬제르의 책 세 권이 물리적 건축 과정은 물론, 설계에 담긴 영적, 심미적 원리에 대한 통찰을 제공한다는 것이다. 교회의 건축은 인간의 생각으로 하여금 '빛을 통과하여 그리스도가 참된 문으로 계시는 곳인 참빛으로 들어가게' 한다는 것이다. 쉬제르는 건물의 빛을 통하여 인간의 생각이 위로, 그리스도가 보좌에 앉아 계시는 천국의 참빛으로 이끌리기를 바랐다. 교회가 천국 소망을 보장하고 시각화한다는 이 교회 신학을 모두 믿지는 않겠지만, 이것이 중세 이후 문화에 큰 영향을 미쳤다는 것은 의심하지 않는다.

하나님의 초월성에 대한 이런 강조 외에도, 건축물은 특정 기독교 집단이 중요하다고 여기는 것을 반영한다. 그 중에서 세 가지를 특별히 주목할 필요가 있다.

1. 특히 가톨릭에서는, 미사의 중요성을 강조하므로 제단이 특히 주목받게 한다. 교황 그레고리우스 1세(Gregorius I)는 베드로의 무덤 위에 제단을 세우게 함으로써 '제단의 성례'에 대한 강조를 성인의 유물에 대한 존중과 결합시켰다.
2. 동방정교회에서는, '이코노스타시스'(iconostasis) 즉 제단과 회중석 사이를 분리하는 성상 칸막이를 특히 중시했다. 앞에서 보았듯이 성상은 정교회 영성에서 중요한 역할을 한다. 후에는 이코노스타시스가 중요하게 되어, 사실상 평신도의 시선에서 볼 때 제단 전체를 가렸다. 그리하여 이코노스타시스에 걸린 성상은 제단보다 훨씬 중요하게 여겨졌다.

3. 개신교 전통에서는, 설교를 강조하므로 설교단이 물리적으로나 강조의 강도에 있어서나 제단보다 높아졌다. 스위스의 저명한 신학자 카를 바르트는 개혁교회들이 교회 설계와 기타 예전적 수단을 통하여 하나님의 '타자성'을 강조한 방식에 대해 지적한 적이 있다.

설교는 의도적으로 연단보다 높인 설교단에서 이루어지고, 설교단에는 그 단에 오르는 사람들에게 경고하기 위해 큰 성경이 놓여 있다. 또 당당히 말하는 바이지만 설교자는 예복을 입는다. 그렇게 해야 하는 것은, 사람들이 이 특별한 옷을 입은 사람에게 특별한 말씀을 기대한다는 것을 기억하는 데 유익하기 때문이다.

근래에 와서는 교회 건축이 다른 요인들에 의해 영향을 받게 되었다. 예를 들어, 19세기 말 북미의 부흥 운동은 예배를 부분적으로 즐기는 것으로 보았다. 그래서 음악과 예배 공연에 적절한 무대를 갖춘 교회 건물을 설계했다. '교회 기초 공동체'나 '가정 교회'가 대두되면서, 예배가 개인 집이나 임대한 건물에서 드려지는 관계로 예배에 무형식성이 도입되어, 친교, 기도, 예배가 강조되고 건축적인 고려 사항의 중요성은 최소화되었다. 어떤 사람들은 이것을 초기 그리스도인의 관습으로 돌아간 것으로, 후에 나타난 것들보다 더 진실한 것이라고 여긴다.

스테인드글라스

교회 건축과 미술 양식에 대한 그리스도인들의 관심은 여러 포인트에 집중된다. 예를 들어, 예수 그리스도의 십자가 고난의 사실성을 상기시키기 위한 예배의 보조물로 제단화를 사용하는 경우가 있다. 그러나 교회 건물 설계와 관련하여 가장 눈에 띄는 기독교 미술 양식은 스테인드글라스이다. 왜 스테인드글라스를 사용하게 되었을까? 그 의미는 무엇일까?

초기 기독교 건물에는 스테인드글라스가 사용되지 않았다. 창문이 널리 사용되었지만 주로 기능상의 목적, 즉 건물의 채광을 위해 필요했던 것이다.

벽화도 널리 사용되었는데, 이는 그리스도나 성도의 생애의 사건들을 나타내기 위한 것이었다. 이것은 회중의 경건을 고취시키고 설교자와 교리 교육자의 교육 보조 자료 기능을 해야 했으므로 눈에 띄어야 했다. 창문은 햇빛이 교

화보 7.8 페르디난트 호들러의 '제네바 생피에르 대성당에서의 기도.' 존 칼빈이 시무하였던 교회로 유명한 생피에르 대성당 내부를 묘사한 호들러의 그림 좌측을 보면 설교단이 회중석보다 높게 설치되어 있는 것을 알 수 있다.

회 건물 안으로 들어오게 하여 이 경건하고 교육적인 보조 자료를 적절히 보고 이해할 수 있게 했다. 그런데 이 창들은 종종 아주 좁아서 유리로 채울 필요가 없었다.

스테인드글라스를 교회 창문에 처음 사용한 때는 정확히게 알 수 없다. 우리가 알기로는 7세기에 스테인드글라스가 생산되기는 했지만 소규모였다. 위대한 영국 기독교 역사가 비드(Bede)의 고향인 재로에 있는 세인트폴 교회에는 아직도 앵글로색슨 시대에 만들어진, 아주 작고 둥근 스테인드글라스 창이 있다. 이 작은 창문을 보면, 이 미술 양식이 후대에 얼마나 발전했는지를 이해하는 데 도움이 될 것이다.

고딕 건축 양식의 번창으로 스테인드글라스 디자인과 기술이 크게 발전했다. 교회는 더욱 커지고 밝아졌으며 벽은 얇아지고 창문은 커졌다. 그래서 창문을 유리로 채워야 했다. 그렇다면 유리를 이용하여 경건한 이미지를 만들지 못할 이유가 어디 있겠는가? 창문을 벽화를 조명하기 위한 수단으로 여기는 대신, 창문 자체가 성경의 이미지를 나타내게 하지 못할 이유가 어디 있겠는가?

스테인드글라스 창을 만드는 기술은 1100년경에 이르러 서유럽에서 확립되었다. 유리 제조 과정에서 금속염이나 산화물을 첨가하여 유리에 색을 입혔다. 금을 첨가하여 크랜베리 색을 냈고, 은을 첨가하여 노란색과 황금색을 냈다. 한편 코발트는 진청색을 내게 하여 천국을 나타내는 데 이상적이었다.

중세의 스테인드글라스 제조에 관해서 알려진 내용 대부분은 테오필루스(Theophilus)로 알려진 12세기 독일의 수도사가 쓴 『다양한 기술』(On Diverse Arts)이란 책에서 나온 것이다. 테오필루스는 미술가이자 금속 세공인으로서 '이루 말할 수 없는 아름다움'을 가진 창문을 만드는 데 필요한 세부 지침을 제공하기 위해 유리 끼우는 사람과 유리 미술가들이 일하는 모습을 세심하게 기술했다. 그런 다음 스테인드글라스 창을 만드는 데 필요한 세부 지침을 제시했는데, 중세 내내 이 지침이 사용되었다.

간단한 창문을 만들려면, 먼저 나무판에 길이와 너비를 표시하고, 그 다음 원하는 대로 무늬 장식을 그린다. 그리고 넣을 색을 선택한다. 유리를 잘라 그라우트 금속으로 조각을 맞춘다. 납과 땜납으로 연결 부위 양면을 감싼다. 못을 박아 단단하게 고정한 나무틀을 두른 다음, 원하는 곳에 붙인다.

창문이 커짐에 따라 가로막대를 사용하여 창문을 지지하는 더 정교한 수단이 개발되었다.

화보 7.9 스트라스부르 노트르담 대성당의 화려한 장미창. 고딕 양식의 이 성당은 1176년에 착공되었지만 약 700년의 세월을 거쳐 1880년에야 지금의 모습을 갖추게 되었다. 프랑스 문호 빅토르 위고는 이 압도적이고 정교한 성당을 보고 '거대하고 섬세한 경이'라고 묘사한 바 있다.

프랑스에서는 고딕 스테인드글라스의 초기 실례가 북부의 성당들, 곧 생드니 교회(1144년 완공)와 샤르트르 대성당(1194 재건 착공), 랑 대성당(1160 착공), 파리 노트르담 대성당(1163 착공), 랭스 대성당(1211 재건 착공), 아미앵 대성당(1220 착공) 등에서 발견되었다. 이 모두는 화려한 스테인드글라스 창으로 장식되어 있다. 그 중에는 원형 장식창인 '장미창'으로 되어 있는 것이 있다. 이 성당들 중 최고의 건축물은 샤르트르 대성당으로, 1200년경에 제작된 3개의 큰 장미창을 포함하여 원래의 창 152개가 아직도 보존되어 있다. 그 외에 중요한 건축물로는 포르투갈의 에부라 대성당(1186 착공), 캔터베리 대성당, 북유럽 최대의 고딕 성당인 요크 민스터 대성당이 있다.

그러나 중세가 기울면서, 많은 미술가들은 스테인드글라스가 세련되지 못하다고 여기게 되었고, 새로운 기술로 유리에 칠을 할 수 있게 되어 새로운 가능성이 열렸다. 스테인드글라스의 작은 조각들을 조합하여 그림을 만들어 내는 대신, 직접 유리에 그림을 그릴 수 있게 된 것이다. 이제 많은 중세의 스테인드글라스 창들이 교회에서 제거되고 새로운 그림 양식으로 대치되었다.

스테인드글라스가 교회 미술 양식으로 부활한 것은 19세기 후반으로, 특히 라파엘 전파 운동과 관련이 있다. 이에 대한 최고의 실례는 컴브리아 주 브램턴의 세인트마틴 교회를 위해 에드워드 번존스(Edward Burne-Jones) 경이 설계하고 윌리엄 모리스(William Morris)의 공방에서 제작된 '믿음'(Faith), '소망'(Hope), '사랑'(Charity)이라는 세 창문일 것이다. 이 독특한 라파엘 전파의 교회는 건축가 필립 웨브(Philip Webb)가 설계한 것으로 1889년에 세워졌다.

기독교 음악

기독교 예배를 풍성하게 하기 위해서는 다양한 음악 스타일을 도입할 수밖에 없었다. 초기 기독교 저자들은 예배시 음악을 사용하면 기독교적인 예배가 이교화될 수 있다고 염려하여 음악을 사용하는 것을 주저했으나, 기독교 신앙의 도구로서 음악의 가치는 곧 인정되었다.

초기에 음악을 중요하게 사용한 사례는 대개 성경에서 뽑은 말씀을 수도원 예배 때 '찬송가'(canticles)라는 특정 형식으로 사용한 것이었다. 예를 들면, '성모의 노래'(Magnificat, '내 영혼이 주를 찬양하며')는 이른 저녁 기도 때 사용했으며, '시므온의 노래'(Nunc Dimittis, '주재여 이제는 말씀하신 대로 종을 평안히 놓아주시는도다')는 늦은 저녁 기도 때 사용했다. 이들 각각은 라틴어 가사의 첫 부분을 따라 제목을 정했다. 오래지 않아 이러한 핵심 본문을 단지 암송하는 것이 아니라 부르기 위해 단선 성가를 사용했다. 현대에 가장 잘 알려진 성가 형식인 그레고리오 성가(Gregorian chant)는 고품질의 음반으로 제작되는데, 수도원에서 만들어질 때가 많다.

점차적으로, 패턴이 더 복합적이고 화려해졌으며, 성구에 맞는 다양한 감정을 표현하기 위해 점점 더 복잡한 음악 형식이 사용되었다. 이런 방식으로 곡조가 붙여진 가장 중요한 찬송 중에는 다음과 같은 것이 있다.

1. '하루를 끝내기 전 당신께'(Te lucis ante terminum). 늦은 저녁 기도 시간에 부르는 찬송이다. 이 찬송을 통해 신자들은 캄캄한 시간 동안 자신을 하나님의 보살핌에 맡긴다.
2. '이제 내가 영광스러운 신비를 선포하오니'(Pange lingua gloriosi). 중세 찬송으로 토마스 아퀴나스(Thomas Aquinas)의 작품으로 보는 견해가 많은데, 성찬의 의미를 설명한다. 주로 세족의 목요일에 사용된다.
3. '한 아기가 나셨네'(Puer natus). 예수님의 탄생을 축하하는 짧은 찬송이다.

종교개혁으로 음악의 역할에 대한 논쟁이 벌어졌다. 울리히 츠빙글리(Ulrich Zwingli)와 존 칼빈(John Calvin)은 음악이 기독교 예배에 적절하지 않다고 보았다. 그러나 다른 개신교 전통에서는 음악이 계속 중요한 역할을 했다. 마르틴 루터(Martin Luther)는 직접 찬송을 작사했을 뿐 아니라 몇몇 전통적인 찬송에 곡을 붙였다. 그 가운데 가장 유명한 찬송은 '내 주는 강한 성이요'(Ein feste Burg ist unser Gott)이다. 이 찬송은 현대 개신교에서, 특히 루터교에서 널리 불려진다. 영국 국교회는 시편과 그 밖의 찬가에 성가곡을 붙이는 것을 장려했다.

프로테스탄트 안에서 음악이 가장 역동적으로 발전한 것은 감리교의 등장 때문이었다. 존 웨슬리(John Wesley)와 찰스 웨슬리(Charles Wesley)는 찬송에는 기독교의 가르침을 전달하는 무한한 잠재력이 있음을 인식했다. 찰스 웨슬리는 세속적인 가락을 빌려 와 기독교적 목적에 맞게 사용하는 데 앞장섰다. 영국의 유명한 작곡가 헨리 퍼셀(Henry Purcell)은 존 드라이든(John Dryden)이 쓴 '가장 아름다운 섬아, 모든 섬보다 뛰어나도다.'(Fairest isle, all isles excelling)라는 영국을 찬양하는 시에 훌륭한 곡을 붙였다. 찰스 웨슬리는 퍼셀의 오페

라풍의 곡은 그대로 두고 그 가사를 기독교에 맞게 바꾸었다. 이렇게 만들어진 찬송이 유명한 '하나님의 크신 사랑, 하늘에서 내리사'(Love divine, all loves excelling)이다. 프로테스탄트 음악 가운데 가장 유명한 것은 헨델(Georg Friedrich Händel)의 '메시아'(Messiah)일 것이다. 이것은 그리스도의 오심과 뒤이은 영광에 초점을 맞춘 일련의 성경 본문에 곡을 붙인 것이다.

그러나 서구 기독교에서 가장 중요한 음악적 발전은 가톨릭과 연관이 있다. 유럽의 대성당들은 가톨릭의 전례문(liturgical texts)의 기준에 맞는 정교하고 장엄한 음악을 점점 더 요구했다. 이 가운데 가장 유명한 것은 미사 본문들과 레퀴엠이었다. 사실상 유럽의 모든 주요 작곡가들이 교회 음악 발전에 기여했다. 몬테베르디(Claudio Monteverdi), 비발디(Antonio Vivaldi), 하이든(Franz Joseph Haydn), 모차르트(Wolfgang Amadeus Mozart), 베토벤(Ludwig van Beethoven), 로시니(Gioacchino A. Rossini), 베르디(Giuseppe Verdi) 등이 이 부분에서 기여한 대표적인 작곡가들이다. 가톨릭교회가 음악 발전의 가장 중요한 후원자 가운데 하나였다는 데는 의심의 여지가 없다. 또한 가톨릭교회는 전통적인 서양 음악의 발전에도 크게 기여했다.

음악은 현대 기독교에서도 중요한 부분을 차지한다. 과거의 고전들을 현대의 기독교 예배에도 계속 사용한다. 그러나 보다 대중적 스타일의 음악이 기독교 예배에서 특히 복음주의 교회와 은사주의 교회에서 영향력이 점점 더 커지고 있다.

기독교와 문학

"교회는 하나의 몸으로서 예술에 대해 어떤 결정도 내린 적이 없다." 20세기 기독교 문학 형성에 크게 기여한 도로시 세이어스(Dorothy L. Sayers)의 말이다. 그녀의 판단이 옳다는 데는 의심의 여지가 없다. 어떤 기독교 작가들은 문학이 기독교의 비전뿐 아니라 세상과의 교류를 촉진하는 데 크게 도움이 된다고 보고 문학에 대해 매우 긍정적인 태도를 취했다. 그런가 하면 어떤 기독교 저자들은 문학이 기독교 신앙과 맞지 않으며 그리스도인들을 잘못된 길로 인도할 가능성이 있다고 보았다.

초대 교회의 가장 중요한 논쟁 가운데 하나는 그리스도인들이 고전 세계의 거대한 문화유산, 특히 시, 문학 등을 어느 정도까지 활용해야 하느냐는 것이었다. 자신들의 신앙을 설명하고 전달할 때 고전적인 저술 양식을 사용하고 싶어 하는 기독교 저자들은 '시법'(詩法, ars poetica)을 어떤 방식으로 수용할 수 있는가? 이러한 문학적 매개물을 사용하는 것 자체가 기독교 신앙의 본질을 타협하는 것일까? 이것은 너무나 중요한 논쟁이었다. 왜냐하면 기독교가 고전의 유산에 등을 돌릴 것인가 아니면 수정된 형태로라도 활용할 것인가라는 문제가 달려 있었기 때문이다.

교회사 초기에 그리스도인들은 문학을 포함해서 동시대의 이교 문화에 대해 비판적이고 적대적인 태도를 취했다. 테르툴리아누스(Tertullianus)와 크리소스토무스(Chrysostomus) 같은 저자들은 그리스 문학과 라틴 문학에 매우 회의적이어서 교회 안에서 문학의 중요성과 영향을 최소화하려 했다. 반면에 히에로니무스(Hieronymus)와 아우구스티누스(Augustinus)는 비록 문학에 대해 걱정하기는 했으나 상당히 긍정적이었다.

기독교 변증가들은 문학이 기독교 신앙을 더 넓은 세계에 호소하는 데 도움이 된다고 보았다. 복음이 아름답고 힘 있는 말로 제시되지 않는다면, 다시 말해, 신학적 정확성이 시의 서정성과 산문의 수사법으로 보충되지 않는다면, 복음의 분명한 매력이 확대될 수 없을 것이다. 논쟁에서 형식의 무게와 표현의 장엄함은 복음 내용을 전달하고 이해시키는 데 도움이 될 수 있었다. 1300년경에 익명의 저자가 쓴 『세상의 질주자』(Cursor Mundi)는 사람들이 세속 문학을 너무나 많이 읽으므로 종교적 진리를 문학 형식으로 제시하는 것이 이치에 맞다고 주장했다. 그러므로 종교 문학은 읽기에 즐거우면서도 인간의 영혼을 살찌울 것이다. 그러나 이 시대의 다른 작품을 보면, 이런 접근이 낳은 긴장을 찾아볼 수 있다. 예를 들면, 제프리 초서(Geoffrey Chaucer)는 유명한 소설 『캔터베리 이야기』(Canterbury Tales)를 '취소문'(retraction)으로 끝내는데, 여기서 그는 독자들에게 자신이 '세상의 헛된 것을 전하고 쓴 것'을 용서해 달라고 부탁한다.

내포된 의미는 분명하다. 문학 작품은 잠재적으로 헛된 반면에, 교리와 윤리를 가르치기 위해 만들어진 순수한 종교 작품은 받아들일 수 있다는 것이다. 이 점에 대한 초서의 분명한 관심은 '기독교 문학'이라는 개념을 내재적으로 옹호할 여지가 없는가 하는 문제를 야기시켰다. 즐겁고 유쾌하게 하려는 바람이 기독교 교리 및 윤리의 진지함과 충돌할 가능성이 있기 때문이다. 유명한 청교도 작가 리처드 백스터(Richard Baxter)는 이에 대해 좀 더 분명한 시각을 보여준다. 백스터는 문학이 독자들에게 보다 생산적인 일을 할 시간을 오락에 허비하게 만들며, 도덕적 타락을 야기할 잠재력이 있다고 주장했다. 백스터는 픽션을 가장 신랄하게 비판하면서, 픽션은 "젊은이들과 생각 없는 사람들의 마음을 빼앗고 오염시키는" 거짓 문화를 적극적으로 조장한다고 했다.

이러한 긴장을 해소하는 한 가지 방법이 기독교 역사 내내 사용되었는데, 특히 낭만주의 시대에 중요해졌다. 문학의 언어는 독자들의 헌신과 열정을 고취한다고 주장되었다. 이것은 종교 문학을 정당화하기에 충분하지 않았을까? 『서정 민요집』(Lyrical Ballads)의 서문에서, 윌리엄 워즈워스(William Wordsworth)는 "광란의 소설, 역겹고 멍청한 독일 비극들, 무익하고 터무니없는 이야기로 가득한 산문"을 한탄하면서, 자신의 시대가 이러한 유혹에 넘어갔다며 셰익스피어와 밀턴 같은 작가의 언어와 관심사를 회복하자고 촉구했다. 워즈워스가 보기에, 종교와 시는 분명한 관계가 있었다. 실제로 워즈워스의 문학은 점점 더 종교적 색채를 띠었다. 이러한 발전은 성경을 문학으로 보는 발전에 특히 중요하다. 퍼시 비시 셸리(Percy Bysshe Shelley)가 보기에, 성경이 존중되는 것은 성경의 종교적 시각 때문이 아니라 문학적 특징 때문이다.

그러나 문학에 대한 기독교의 관심이 교회 성장과 신앙의 위로에 대한 열망이 낳은 순전히 실용주의적인 결과라고 생각해서는 안 된다. 처음부터, 기독교 저자들은 문학의 실질적인 신학적 기초를 제공하며 문학을 권장하는 '저자로서의 하나님'(God as author)의 개념을 발견했다. 태초에 하나님은 혼돈을 향해 선포된 자신의 말씀을 통해 창조하셨다. 이것은 기독교의 세계 이해에서 말이 중요한 역할을 했다는 뜻이 아닌가? 세계가 말에서 기원했다는 사실과 말, 계시, 본문, 문학, 읽기 및 쓰기 사이에는 가장 본연적인 관계가 있지 않았는가? 따라서 어떤 사람들은 기독교 문학은 기회주의적인 것이 아니라 엄격한 신학에 기초한다고 보았다.

그러나 이것은 '기독교 문학'을 정확히 어떻게 이해해야 하는가라는 어려운 문제를 낳는다. 이 문제에 대한 논쟁은 계속되겠지만, 기독교 문학에 포함될 만한 범주에 대해서는 적어도 어느 정도의 의견 일치가 있다. 기독교 문학은 크게 세 유형으로 나뉜다.

1. 특별히 그리스도인들과 제도로서의 교회를 위해 만들어진 문학 작품들(기도문, 경건 서적, 설교 등). 기독교 신앙은 특정한 글쓰기 양식을 낳았으며, 그리스노인들은 이것을 최고 수준의 탁월한 문화로 발전시키려 했다. 이러한 작품은 기독교 신앙의 필요에 부응하는 것이며 또한 그 본질을 표현하는 것이라 할 수 있다.
2. 기독교 신앙을 구체적으로 표현하지는 않지만 기독교 사상과 가치관과 이미지와 내러티브에 의해 형성되거나 영향을 받은 일반적인 문학 작품(소설, 시 등). 특히,

기독교 시는 아주 뚜렷한 특징을 가진 사상이나 이미지를 표현한다. 따라서 이들 작품을 읽을 때는 이런 것들이 반영된 방식을 이해하는 것이 중요하다. 대부분의 기독교 문학이 그리스도인들의 작품이지만, 저자가 스스로를 그리스도인이라고 여기지 않더라도 기독교의 영향을 받은 것이 분명한 작품도 많다는 데 주목하는 것이 중요하다. 윌리엄 워즈워스(William Wordsworth)와 새뮤얼 테일러 콜리지(Samuel Taylor Coleridge)의 『서정 민요집』(Lyrical Ballads)이 이 범주에 속한다.

3. 기독교의 사상, 개인, 학파, 기관 등과의 상호 작용이 포함된 문학 작품. 이런 작품은 스스로를 기독교의 관찰자나 비평가로 보는 사람들의 작품일 때가 많다. 조지 엘리엇(George Eliot)이나 토머스 하디(Thomas Hardy)가 이 범주에 속한다. 이들의 작품에서는 기독교의 영향이 적어도 글의 주제를 통해 분명하게 나타난다. 그러나 비평 방식도 기독교의 전제(예를 들면, 현실과는 달리 기독교가 무엇이어야 하는가에 관한 전제)를 미묘하게 전용하거나 발전시키거나 수정할 때가 많다.

기독교 문학의 본질과 발전을 자세히 분석하는 것은 이 간단한 장의 논의 범위를 벗어난다. 그러나 대표적인 예를 살펴봄으로써 기독교 문학을 어느 정도 살펴볼 수는 있을 것이다. 이제부터 우리는 20세기 기독교 작가 중 가장 매력적이고 친근한 사람 중 하나로 널리 인정받고 있는 문학 비평가요 소설가인 C. S. 루이스(C. S. Lewis)의 대표작을 살펴볼 것이다. 본래 무신론자였던 루이스는 1920년대에 기독교에 대한 태도를 극적으로 바꾸었다. 루이스가 소년 시절에 버린 신앙으로 돌아온 이야기는 그의 자서전 『예기치 못한 기쁨』(Surprised by Joy)에 자세히 나와 있다. 루이스는 자신이 인간의 이성과 경험에서 발견한 하나님에 관한 단서와 씨름한 후 마침내 지적으로 정직하다면 하나님을 믿고 신뢰할 수밖에 없다는 결론을 내렸다.

회심 후, 루이스는 중세와 르네상스 영문학에 대한 권위자로 명성을 쌓기 시작했다. 1936년에 출판된 『사랑의 알레고리』(The Allegory of Love)는 지금도 『실락원 서문』(A Preface to Paradise Lost)과 함께 걸작으로 꼽힌다. 그러나 루이스는 학문적 저작뿐 아니라 매우 색다른 책들도 썼다. 명료함과 확신을 목적으로, 루이스는 기독교의 합리성을 자신의 세대에 전달하기 위해 여러 권의 책을 썼다. 그 중 하나가 『나니아 연대기』(The Chronicles of Narnia)이다.

이 시리즈의 첫 권은 1950년에 출판되었다. 『사자, 마녀, 그리고 옷장』(The Lion, the Witch and the Wardrobe)은 네 명의 영국 어린이(피터, 수잔, 에드먼드, 루시)가 평범해 보이는 옷장 뒤에서 발견한 나니아 땅으로 독자들을 인도한다. 이 시리즈는 1956년에 『마지막 전투』(The Last Battle)가 출판되면서 완결되었다. 이 시리즈는 조지 맥도널드(George MacDonald)가 19세기에 세운 우화(fairy-tale) 전통에 속한다고 볼 수 있다. 이 시리즈의 성공은 기독교 신앙의 본질을 파악하고 이해하는 데 인간의 상상력이 중요하다는 점을 강조하는 '세례받은 상상력'(the baptized imagination)이라는 루이스의 개념을 널리 알리는 데 크게 기여했다.

루이스는 어린 시절에 이야기는 좋아했으나 기독교에는 관심이 없었다. 그러나 후에 그는 자신이 이해하지도 평가하지도 않은 신앙을 받아들이는 데 이야기가 얼마나 도움이 되었는지를 알고는 경이감을 느낄 정도였다. 그가 20년이나 고민해 왔던 신앙의 경이로움과 즐거움을 이야기가 깨우쳐 줄 수 있었다니? 당연히 루이스는 어린이라면 읽기 좋아할 책을 썼다. 다시 말하면, 그의 상상력을 자극하는 것과, 후에 그가 기독교 신앙을 위한 '상상적 환영사'(imaginative welcome)라고 했던 것을 제시할 수 있게 하는 것을 썼다.

『나니아 연대기』에서는 종교적 상징이 중요한 역할을 한다. 가장 좋은 예는 『새벽 출정호의 항해』(The Voyage of the Dawn Treader)에 나오는 유스터스의 '용의 옷 벗기'이다. 유스터스는 매우 매정한 소년으로 이기심의 전형으로 묘사된다. 우선 그를 사랑하기가 힘들다. 또 그가 탐욕적이고 용 같은 생각을 한 결과 용으로 변했을 때 그를 불쌍히 여기기도 힘들다. 유스터스는 자신의 용 껍질을 벗겨 내려고 광적으로 노력한다. 그러나 한 겹을 벗겨 내면 또 한 겹이 나타날 뿐이었다. 그는 자신에서 벗어날 수가 없었다. 그는 용의 껍질 속에 갇혔다. 그는 용이 되었기 때문이다.

그때 나니아의 고귀한 사자 아슬란(그리스도를 상징하는 존재)이 나타나 발톱으로 유스터스의 용 껍질을 찢어 버린다. 사자의 발톱이 깊이 박히는 바람에 유스터스는 실제로 고통을, "이제까지 경험해 본 어떤 것보다 더 심한 고통"을 겪는다. 마침내 비늘이 제거되었을 때, 아슬란은 벌거벗고 피 흘리는 유스터스를 한 샘에 집어넣어 정결케 하고 새로워지게 한다.

그러면 우리는 이토록 사실적으로 묘사된 이 강력하고 충격적인 이야기에서 무엇을 배워야 하는가? 아슬란이 유스터스의 몸을 찢어 내는 상징이 보여 주는 것처럼, 유스터스는 자신이 통제할 수 없는 힘에 붙들려 있다. 지배하고자 하는 사람은 지배를 당하는 법이다. 용은 죄 자체가 아니라 상징이다. 미혹하고 사로잡고 가두는 죄의 능력을 상징한다. 이것은 오직 구속자만이 찢어 내고 지배할 수 있다. 아슬란은 유스터스를 치유하고 새롭게 하는 분이다. 그를 원래 의도된 대로 회복시키는 분이다. 샘물에 잠기는 것은 자신에 대해 죽고 그리스도로 사는(롬 6장) 세례에 대한 신약의 언어를 차용한 것이다. 유스터스는 아슬란에 의해 샘에 빠져서 새롭게 되고 회복된다.

예상대로, 『사자, 마녀, 그리고 옷장』의 이야기는 독자들의 반응이 나누어지게 한다. 어떤 사람들은 말도 안 되는 유치한 소리라고 한다. 어떤 사람들은 완전히 변화를 주는 것으로 이해한다. 후자에게는 이 이야기가 약하고 어리석은 자들도 어두운 세상에서 고상한 부르심을 받을 수 있으며, 우리의 깊은 직관은 사물의 참의미를 찾는다는 것, 우주의 중심에는 아름답고 놀라운 것이 존재한다는 것, 이 핵심을 발견하고 받아들이고 찬양할 수 있다는 것을 확증한다. 루이스가 옳든 그르든, 그는 기독교의 구조틀에 입각하여 인생의 깊은 문제를 보게 하는 어린이 이야기를 남겼다.

이제까지 기독교가 예술에 영향을 끼친 방식에 대해 살펴보았다. 그러면 문화의 중요한 부분인 자연과학은 어떤가? 이 분야는 상당히 복잡하다.

기독교와 자연과학

종교와 과학은 오늘날 세상에서 가장 강력한 문화적, 지적 세력이다. 어떤 과학자들과 종교인들은 자신들이 생사를 건 싸움을 하고 있다고 본다. 과학과 종교는 서로 싸우고 있는데, 그 전쟁은 둘 중 하나가 없어질 때까지 계속될 것이라는 말이다. 이런 견해는 리처드 도킨스(Richard Dawkins) 같은 교조적 무신론 과학자들이 생각나게 하지만, 종교인들 가운데도 그런 사람이 있다. 예를 들어, 일부 근본주의 그리스도인들과 이슬람교도들은 과학이 그들의 신앙에 위협이 된다고 생각한다. 이런 추세의 대표적인 예는 보수적인 개신교도들이 진화론이 성경의 창조 이야기를 훼손한다고 하여 진화론을 비판하는 것이라고 할 수 있다.

어떤 사람들이 보기에, 종교와 과학 사이의 긍정적인 관계는 아예 개연성이 없다. 정말로 과학과 종교는 생사를 건 싸움을 하고 있는가? 그러나 '과학과 종교의 전쟁'이라는 고정 관념은 19세기 말의 사회적 상황의 산물이므로, 이제는 역사적으로 받아들일 수 없다고 간주한다. 과학과 종교의 상호 작용은 너무도 복잡하고 흥미로워서 그처럼 단순하고 부정확하게 나타낼 수가 없다. 과학의 역사에서 이루어진 엄청난 진보는 서유럽의 기독교와 과학 사이의 관계를 훨씬 더 긍정적으로 보게 만들었다.

자연과학의 출현은 서유럽 기독교의 지적인 환경과 특히 관련이 있다고 종종 이야기된다. 창조 세계에 대한 기독교의 이해는 하나님이 자연에 질서와 합리성, 아름다움을 부여하셨다고 본다. 그 결과 우주는 인간이 발견할 수 있는 규칙성을 가지게 되었다. 자연의 법칙으로 표현되는 이 주제는 자연과학의 출현과 발전에 근본적으로 중요했다. 자연의 규칙성 개념에 대한 이런 종교적 뒷받침은 자연과학이 출현하는 데 역사적으로 중요한 역할을 한 것으로 알려져 있다. 이제 자연을 과학적으로 연구하는 일은 물질 세계에 반영되어 있는 하나님의 지혜를 찾고 영광 돌리는 간접적인 방법으로 보일 수 있게 된 것이다.

이렇게 해서 기독교는 자연에 대한 과학적 연구의 새로운 동기를 만들어 냈다. 어쩌면 일부에서 주장하는 것처럼 이미 있던 동기를 강화한 것일 수도 있다. 한 예로 개신교 저자 존 칼빈(John Calvin)은 볼 수도 만질 수도 없는 하나님의 지혜는 창조된 세계의 아름다움과 규칙성을 통해 분별하고 연구할 수 있다고 주장했다. 이처럼 칼빈은 자연과학자들을 칭송했다. 이들은 하나님이 창조하고 빚으신 것을 통하여 하나님의 아름다움과 지혜를 경험하고 이해할 수 있기 때문이다.

자연에 대한 과학적 연구의 근본적인 동기는 16세기 서유럽 개혁교회의 고백 문서들에 제시되어 있다. 예를 들어, 『벨직 신앙 고백』(Belgic Confession, 『벨기카 신앙 고백』의 관용적 명칭. 벨기카는 벨기에와 네덜란드로 나뉘기 전의 네덜란드 전체를 가리킨다-역자 주)은 자연은 "우리 눈앞에 가장 아름다운 책으로 펼쳐져 있으며, 그 책에서는 크고 작은 모든 피조물들이 우리로 하나님의 보이지 않는 것들을 묵상하도록 인도하는 배우들과 같다."라고 확언했다. 따라서 자연과학자들은 창조 세계에 있는 하나님의 작품을 세밀하게 연구함으로써 하나님을 찬양할 수 있다.

이런 접근법이 어려움이 없는 것은 아니었다. 과학의 진보가 전통적인 종교 신념과 배치되는 것으로 보일 때는 어떤 일이 일어나는가? 예를 들어, 16세기의 코페르니쿠스주의 논쟁은 지구가 우주의 중심에 있다는 전통적인 생각에 의문을 제기했다. 19세기의 다윈주의 논쟁은 인류의 기원과 자연 세계 속에서의 인류의 위치에 대한 전통적 종교의 이해에 의문을 제기했다. 종종 성경 해석의 문제가 가장 중요했다. 특정 성경 본문이 바르게 해석되어 왔는가? 아니면 코페르니쿠스주의와 다윈주의의 논쟁이 이 본문들이 전통적으로 이해되어 온 방식에 대해 의문을 제기하는가?

기독교와 자연과학 사이의 이런 피할 수 없는 긴장과 모순에 대한 지각은 2006년에 유명세를 탄 운동인 신(新)무신론의 핵심 주제이다. 리처드 도킨스(Richard Dawkins)와 대니얼 데닛(Daniel Dennett) 같은 주도적인 신무신론자들은 과학과 신앙은 생사를 건 싸움을 하고 있으며, 과학이 승리할 것이라고 주장했다. 과학과 기독교의 관계에 대한 이런 '전쟁 모델'은 역사적으로 의문의 여지가 많은 것으로, 넓은 지지를 받지 못했다. 상황은 신무신론자들이 말하는 것보다 더 복잡미묘하다.

기독교와 자연과학의 이런 복잡한 관계는 때로는 긍정적이고 공생적이지만, 때로는 긴장과 도전의 관계일 때도 있다. 그러나 과학도 기독교도 고정적이거나 정적이지 않다는 면에서 이 둘 사이의 관계는 변화한다. 과학은 본질상 진보적으로, 새로운 증거에 비추어 새로운 이론과 접근 방법을 개발하고 옛 이론을 폐기한다. 그리고 기독교에 대한 이 간단한 개론서가 보여주듯이 기독교도 세월이 흐르면서 발전되고 수정되며 앞으로도 그럴 것이다.

그러나 이런 복잡성에도 불구하고, 기독교와 자연과학의 관계에 있어서 몇 가지 유익한 점을 찾아볼 수 있다. 첫째, 과학과 기독교 신앙은 서로 다른 차원에서 움직이며, 종종 유사한 문제를 다루지만 대답은 다르게 한다고 할 수 있다. 역사가들은 과학과 종교는 모두 자신의 본래 영역 밖에서 움직일 때는 길을 잃는다고 말한다. 일부 과학자들은 신앙을 버렸다고 선언하지만(최근의 '과학적 무신론'에서 볼 수 있다), 이와 마찬가지로 과학을 버렸다고 주장하는 종교 행동가들도 있다(현대의 '창조론'이 그것이다). 과학은 우리가 세계에 대해 가지는 의문들에 대해 모두 답하지는 않는다. 종교도 마찬가지이다. 그러나 이 둘을 합치면 마치 쌍안경으로 보는 것과 같아, 한 가지 관점만을 고집하는 사람들이 볼 수 없는 것을 보게 해준다. 이처럼 과학과 종교의 대화는 서로 대화하는 상대방의 특이한 정체성과 강점, 한계점을 볼 수 있게 한다. 그리고 종교나 과학이 홀로 제시할 수 있는 것보다 더 깊은 이해를 제공한다.

둘째, 자연과학과 기독교 모두 사물의 의미를 찾는 데 관심이 있다. 기독교는 인간의 상황 변화를 강조하지만, 세상에 대한 설명도 제시한다. 사물은 왜 그렇게 되었는가? 우리가 관찰한 것을 어떻게 설명할 수 있는가? 우리가 보고 경험한 것을 해석해 주는 '더 큰 그림'은 무엇인가? 일반적으로 과학과 종교의 설명은 관찰한 것이 같아도 서로 다른 형식을 취한다. 과학은 주로 '어떻게'라는 질문을 하는 경향이 있는 반면, 종교는 '왜'라는 질문을 한다. 과학은 메커니즘을 밝히려 하고, 기독교는 의미를 탐구하려 한다. 이 두 접근법이 서로 경쟁하는 것으로 볼 필요는 없다. 서로 양립하지 못한다고 볼 필요도 없다. 서로 다른 차원에서 움직이는 것이다.

셋째, 우리는 과학 연구에 의해 제기되는 더 넓은 문제들과, 거기에 답할 능력의 한계에 대한 인식이 과학 공동체 안에서 점차 증가하는 것을 볼 수 있다. 이에 대한 좋은 예가 윤리적인 문제이다. 과학은 무엇이 옳고 무엇이 그른지 결정할 수 있는가? 대부분의 과학자들은 그들의 학문이 근본적으로 도덕과 상관이 없다고 인정한다. 즉 과학의 방법은 도덕 문제와 관련이 없다는 것이다.

수많은 자연과학자들은 세계에 대한 자연과학적 이해를, 그 주제에 대한 윤리적, 심미적, 영적으로 확대하는 것을 허용 혹은 권장하는 접근법을 추가함으로써, 점차 확대하려고 하는 것 같다. 반면 종교는 과학 연구로 제기되었지만 해결되지 않은 문제에 자연과학이 참여하도록 함으로써 점차 중요한 대화 파트너가 되어 가고 있는 것 같다. 예를 들어, 생명공학의 윤리에 관한 논쟁은 종종 과학이 답할 수 없는 중요한 문제('인간 개인이 존재하기 시작하는 때는 언제인가?' 또는 '바람직한 삶의 질이란 무엇인가?'와 같은 문제)를 제기한다.

기독교와 자연과학 사이의 미래 관계는 열려 있고 예측이 불가능하다. 그러나 역사적으로 부정된 '전쟁 모델'로부터 멀어져 보다 함축적이고 생산적인 구조틀을 향하고 있다는 표시들이 보인다. 교황 요한네스 파울루스 2세(Johannes Paulus II)는 1988년 10월 26일에 발간된 바티칸 기관신문 『로세르바토레 로마노』(L'Osservatore Romano)에 게재한 글에서 이 점을 다음과 같이 지적했다. "과학은 종교를 오류와 미신으로부터 깨끗하게 할 수 있다. 종교는 과학을 우상 숭배와 거짓된 절대 진리로부터 깨끗하게 할 수 있다. 각각은 상대를 더 넓은 세계, 둘 다 번창할 수 있는 세계로 이끌어 줄 수 있다."

결론

이 장에서는 기독교와 문화의 관계에서 몇 가지 측면을 간단하게 살펴보았으나, 더 고찰해야 할 것이 매우 많고, 이 일을 더 연구할 수 있게 해줄 중요한 책들도 있다. 기독교 문학, 미술, 음악은 문화적으로 큰 관심과 중요성을 가지고 있으며, 신앙을 지키고 표현하는 일에 있어서 중요한 역할을 한다. 분명 이런 것들은 연구할 가치가 있고 또한 경험하고 누릴 가치도 있다.

"제자들이 안디옥에서
비로소 그리스도인이라 일컬음을 받게 되었더라"

사도행전 11장 26절

맺는 글
심층 연구를 위한 지침

개론서는 어떤 것이든 한계가 있다. 이것은 마치 방대한 풍경을 스케치한 지도와 같아, 중요한 지형지물들을 찾게 해주고 전체 그림과 어떻게 조화되는지를 알 수 있게 해준다. 기독교는 오늘날 가장 크고, 가장 복잡하고, 가장 다양한 신앙이라고 할 수 있다. 그래서 필연적으로 이 간단한 개론서로는 기독교의 역사와 사상, 관습을 제대로 다룰 수 없다. 이것은 대화를 시작하기 위해 나누는 악수 정도로, 당신 자신과 가족들에 대해 소개하는 것 정도로 보면 좋을 것이다.

만일 이 책을 교재로 사용한다면, 더 공부하기 위해서는 다음의 지침이 필요할 것이다. 혼자서 공부할 경우에도 다음의 제안들이 유익할 것이다.

1. 교회 방문. 유럽의 대성당과 같은 오래된 교회가 더 좋다. 그 교회를 '읽기' 위해 가이드북을 활용하라. 교회의 구조와 상징들은 무엇을 나타내는가? 특별히 두 종류의 자료를 추천한다.

    Clive Fewins, *The Church Explorer's Handbook: A Guide to Looking at Churches and Their Contents*. Norwich: Canterbury Press, 2005.

    Richard Taylor, *How to Read a Church: A Guide to Symbols and Images in Churches and Cathedrals*. Mahwah, NJ: HiddenSpring, 2005.

2. **기독교 미술 연구.** 지금은 주요 작품들의 이미지를 인터넷에서 무료로 볼 수 있어서 아주 쉽게 연구할 수 있다. 성육신이나 수태고지, 십자가 죽음, 부활 등과 같은 주제를 선택하여 여러 미술가들이 어떻게 그리고 왜 그것을 표현했는지 살펴보라. 책과 인터넷을 통해 볼 수 있는 작품이 많기 때문에 효과적으로 이 일을 할 수 있고 큰 유익을 얻을 수 있다. 다음 자료를 참고하라.

Richard Harries, *The Passion in Art*. Aldershot: Ashgate, 2004.

David Morgan, *Visual Piety: A History and Theory of Popular Religious Images*. Berkeley, CA: University of California Press, 1998.

3. **기독교 예배 참석.** 특별히 성탄절이나 부활절과 같은 절기에 참석해 보라. 이 책은 당신이 경험하는 것을 이해하도록 많은 정보를 줄 것이다. 그러나 진정으로 중요한 것은 경험이다. 그런 예식에서 경험하는 경이감이나 신비로움은 말로 표현하기가 쉽지 않다. 지금은 인터넷으로도 접근할 수 있지만, 생생한 실제를 직접 경험하는 것이 훨씬 낫다.

4. 관심 있는 기독교 작가 집중 연구. 많은 사람들이 문학 비평가이자 대중 작가인 C. S. 루이스(C. S. Lewis)가 기독교 신앙을 더 잘 이해하는 데 좋은 출발점이 된다고 한다. 그의 작품인 『순전한 기독교』(Mere Christianity)나 『나니아 연대기』(The Chronicles of Narnia), 특히 그 중 첫 권인 『사자, 마녀, 그리고 옷장』(The Lion, the Witch and the Wardrobe)을 읽는 것이 좋다. 먼저 전기를 읽고 그의 작품을 읽어 가기 바란다. 전기를 읽고자 한다면 다음 책을 추천한다.

Alister E. McGrath, *C. S. Lewis—A Life: Eccentric Genius, Reluctant Prophet*. Carol Springs, IL: Tyndale House, 2013.

그리고 루이스의 작품 가운데 재미있고 유익한 것은 다음과 같다.

C. S. Lewis, *Mere Christianity*. London: HarperCollins, 2002.

C. S. Lewis, *The Chronicles of Narnia*. 7 vols. London: HarperCollins, 2002.

그 외에 추천할 만한 좋은 기독교 작가로는 체스터턴(G. K. Chesterton), 그레이엄 그린(Graham Greene), 메릴린 로빈슨(Marilynne Robinson), 도로시 세이어스(Dorothy L. Sayers)가 있다.

그 외에도 당신이 할 수 있는 일들이 많다. 기독교 신학 과목을 수강하거나, 순례 여행을 하거나, 지역 교회의 알파 코스에 참가하거나, 수도원이나 피정(避靜) 센터에 머무를 수도 있다. 그러나 당신이 다음 단계로 어떤 일을 하든, 이 짧은 개론서가 도움이 되기를 바란다. 당신이 어디를 가든 잘 되기를 바란다.

심층 연구를 위한 추천 도서

기독교에 대한 전반적인 소개

Bruyneel, Sally, and Alan G. Padgett. *Introducing Christianity*. Maryknoll, NY: Orbis Books, 2003.

Wagner, Richard. *Christianity for Dummies*. Hoboken, NJ: Wiley Publishing, 2004.

Woodhead, Linda. *Christianity: A Very Short Introduction*. Oxford: Oxford University Press, 2004.

Woodhead, Linda. *An Introduction to Christianity*. Cambridge: Cambridge University Press, 2004.

나사렛 예수와 기독교의 기원

Bauckham, Richard. *Jesus: A Very Short Introduction*. Oxford: Oxford University Press, 2011.

Benedict XVI (Joseph Ratzinger). *Jesus of Nazareth*. New York: Rizzoli, 2009.

Blomberg, Craig. *Jesus and the Gospels: An Introduction and Survey*. Nashville, TN: Broadman & Holman, 1997.

Brown, Raymond Edward. *An Introduction to the New Testament*. New York: Doubleday, 1997.

Dunn, James D. G. *Jesus Remembered: Christianity in the Making*. Grand Rapids, MI: Eerdmans, 2003.

Evans, Craig A. *Jesus and His World: The Archaeological Evidence*. Louisville, KY: Westminster John Knox Press, 2012.

Perkins, Pheme. *Introduction to the Synoptic Gospels*. Grand Rapids, MI: Eerdmans, 2007.

Powell, Mark Allan. *Jesus as a Figure in History: How Modern Historians View the Man from Galilee*. 2nd edn. Louisville, KY: Westminster John Knox Press, 2013.

Rausch, Thomas P. *Who Is Jesus? An Introduction to Christology*. Collegeville, MN: Liturgical Press, 2003.

Sanders, E. P. *The Historical Figure of Jesus*. New York: Penguin Books, 1996.

Stanton, Graham. *The Gospels and Jesus*. 2nd edn. Oxford: Oxford University Press, 2002.

Witherington, Ben. *The Jesus Quest : The Third Search for the Jew of Nazareth*. 2nd edn. Downers Grove, IL: InterVarsity Press, 1997.

Wright, N. T. *Simply Jesus: Who He Was, What He Did, Why It Matters*. New York: HarperOne, 2011.

성경

Bandstra, Barry L. *Reading the Old Testament: An Introduction to the Hebrew Bible*. 4th edn. Belmont, CA:Wadsworth, 2009.

Barton, John, and John Muddiman. *The Oxford Bible Commentary*. Oxford: Oxford University Press, 2001.

Bauckham, Richard. *Jesus and the Eyewitnesses: The Gospels as Eyewitness Testimony*. Grand Rapids, MI: Eerdmans, 2006.

Brown, Raymond Edward. *An Introduction to the New Testament*. New York: Doubleday, 1997.

Coogan, Michael David. *A Brief Introduction to the Old Testament: The Hebrew Bible in Its Context*. 2nd edn. New York: Oxford University Press, 2012

Ehrman, Bart D. *A Brief Introduction to the New Testament*. 3rd edn. New York: Oxford University Press, 2013.

Johnson, Luke Timothy. *The Writings of the New Testament: An Interpretation*. 3rd edn. Minneapolis, MN: Fortress Press, 2010.

Murphy-O'Connor, Jerome. *Paul the Letter-Writer: His World, His Options, His Skills*. Collegeville, MN: Liturgical Press, 1995.

Perkins, Pheme. *Introduction to the Synoptic Gospels*. Grand Rapids, MI: Eerdmans, 2007.

Riches, John. *The Bible: A Very Short Introduction*. Oxford: Oxford University Press, 2000.

Schmid, Konrad. *The Old Testament: A Literary History*. Minneapolis, MN: Fortress Press, 2012.

기독교 신조와 신앙

Balthasar, Hans Urs von. *Credo: Meditations on the Apostles' Creed*. San Francisco, CA: Ignatius Press, 2000.

Harn, Roger van, ed. *Exploring and Proclaiming the Apostles' Creed*. Grand Rapids, MI: Eerdmans, 2004.

Johnson, Luke Timothy. *The Creed: What Christians Believe and Why It Matters*. New York: Doubleday, 2003.

Kelly, J. N. D. *Early Christian Creeds*. 3rd edn. New York: Continuum, 2006.

Lewis, C. S. *Mere Christianity*. London: Collins, 2002.

Lubac, Henri de. *The Christian Faith: An Essay on the Structure of the Apostles' Creed*. San Francisco, CA: Ignatius Press, 1986.

McGrath, Alister E. *Christian Theology: An Introduction*. 5th edn. Oxford and Malden, MA: Wiley Blackwell, 2010.

Williams, Rowan. *Tokens of Trust: An Introduction to Christian Belief*. Norwich: Canterbury Press, 2007.

Young, Frances. *The Making of the Creeds*. London: SCM, 2002.

기독교 역사 개관

Chidester, David. *Christianity: A Global History*. San Francisco, CA: HarperSanFrancisco, 2000.

Ferguson, Everett. *Church History*. Grand Rapids, MI: Zondervan, 2005.

González, Justo L. *The Story of Christianity*. 2 vols. San Francisco: HarperOne, 2010.

Hastings, Adrian. *A World History of Christianity*. Grand Rapids, MI: Eerdmans, 1999.

Hill, Jonathan. *Handbook to the History of Christianity*. Oxford: Lion Hudson, 2009.

MacCulloch, Diarmaid. *Christianity: The First Three Thousand Years*. New York: Viking, 2010.

McManners, John, ed. *The Oxford History of Christianity*. Oxford: Oxford University Press, 2002.

Noll, Mark A. *Turning Points: Decisive Moments in the History of Christianity*. Grand Rapids, MI: Baker Books, 2000.

Nystrom, Bradley P., and David P. Nystrom. *The History of Christianity: An Introduction*. Boston: McGraw-Hill, 2004.

Pelikan, Jaroslav. *The Christian Tradition: A History of the Development of Doctrine*. 5 vols. Chicago, IL: University of Chicago Press, 1989.

Shelley, Bruce L. *Church History in Plain Language*. Dallas, TX: Thomas Nelson, 2008.

Vidmar, John. *The Catholic Church through the Ages: A History*. New York: Paulist Press, 2005.

기독교 교파들 : 기독교의 형태들

Benedict, Philip. *Christ's Churches Purely Reformed: A Social History of Calvinism*. New Haven, CT: Yale University Press, 2002.

Chapman, Mark D. *Anglicanism: A Very Short Introduction*. Oxford: Oxford University Press, 2006.

Cracknell, Kenneth, and Susan J. White. *An Introduction to World Methodism*. Cambridge: Cambridge University Press, 2005.

Duffy, Eamon. *Saints and Sinners: A History of the Popes*. New Haven, CT: Yale University Press, 2002.

Gritsch, Eric W. *A History of Lutheranism*. Minneapolis, MN: Fortress Press, 2002.

Hollenweger, Walter J. *Pentecostalism: Origins and Developments Worldwide*. Peabody, MA: Hendrickson Publishers, 1997.

Johnson, Robert E. *A Global Introduction to Baptist Churches*. Cambridge: Cambridge University Press, 2010.

McGuckin, John Anthony (ed.). *The Encyclopedia of Eastern Orthodox Christianity*. Oxford: Wiley Blackwell, 2011.

O'Collins, Gerald. *Catholicism: A Very Short Introduction*. Oxford: Oxford University Press, 2008.

Rhodes, Ron. *The Complete Guide to Christian Denominations*. Eugene, OR: Harvest House Publishers, 2005.

Ware, Kallistos. *The Orthodox Church*. New York: Penguin Books, 1993.

신앙 생활 : 실제 삶으로서의 기독교

Bartholomew, Craig G., and Fred Hughes. *Explorations in a Christian Theology of Pilgrimage*. Aldershot: Ashgate, 2004.

Begbie, Jeremy S. *Voicing Creation's Praise: Towards a Theology of the Arts*. Edinburgh: T&T Clark, 1991.

Dawn, Marva J. *Reaching out without Dumbing Down: A Theology of Worship for the Turn-of-the-Century Culture*. Grand Rapids, MI: Eerdmans, 1995.

Just, Arthur A. *Heaven on Earth: The Gifts of Christ in the Divine Service*. St. Louis, MO: Concordia Publishing House, 2008.

LaVerdiere, Eugene. *The Breaking of the Bread: The Development of the Eucharist According to Acts*. Chicago, IL: Liturgy Training Publications, 1998.

Nolan, Mary Lee, and Sidney Nolan. *Christian Pilgrimage in Modern Western Europe*. Chapel Hill: University of North Carolina Press, 1989.

Rubin, Miri. *Corpus Christi. The Eucharist in Late Medieval Culture*. New York: Cambridge University Press, 1991.

Stookey, Laurence Hull. *Calendar: Christ's Time for the Church*. Nashville, TN: Abingdon Press, 1996.

Talley, Thomas J. *The Origins of the Liturgical Year*. New York: Pueblo Publishing, 1986.

Taylor, Richard. *How to Read a Church: A Guide to Symbols and Images in Churches and Cathedrals*. Mahwah, NJ: Hidden Spring, 2005.

Webber, Robert. *Ancient-Future Time: Forming Spirituality through the Christian Year*. Grand Rapids, MI: Baker Books, 2004.

기독교와 문화

Baggley, John. *Doors of Perception: Icons and Their Spiritual Significance*. Crestwood, New York: St. Vladimir's Seminary Press, 1995.

Beckett, Lucy. *In the Light of Christ: Writings in the Western Tradition*. San Francisco, CA: Ignatius Press, 2006.

Brooke, John Hedley. *Science and Religion: Some Historical Perspectives*. Cambridge: Cambridge University Press, 1991.

Hass, Andrew, David Jasper, and Elisabeth Jay, eds. *The Oxford Handbook of English Literature and Theology*. New York: Oxford University Press, 2007.

Jensen, Robin Margaret. *Understanding Early Christian Art*. London: Routledge, 2000.

Kemp, Wolfgang. *The Narratives of Gothic Stained Glass*. Cambridge: Cambridge University Press, 1997.

Ladner, Gerhart B. *God, Cosmos, and Humankind : The World of Early Christian Symbolism*. Berkeley: University of California Press, 1995.

Numbers, Ronald L., ed. *Galileo Goes to Jail: And Other Myths about Science and Religion*. Cambridge, MA: Harvard University Press, 2009.

Raguin, Virginia Chieffo, and Mary Clerkin Higgins. *The History of Stained Glass: The Art of Light Medieval to Contemporary*. London: Thames & Hudson, 2003.

Ryken, Leland, ed. *The Christian Imagination: The Practice of Faith in Literature and Writing*. Colorado Springs, CO: Shaw, 2002.

Schloeder, Steven J. *Architecture in Communion*. San Francisco, CA: Ignatius Press 1998.

Taylor, Richard. *How to Read a Church: An Illustrated Guide to Images, Symbols and Meanings in Churches and Cathedrals*. London: Rider, 2004.

Watts, Fraser. "Are Science and Religion in Conflict?" *Zygon* 32 (1997): 125–138.

White, James F. *A Brief History of Christian Worship*. Nashville, TN: Abingdon Press, 1993.

Wilson-Dickson, Andrew. *A Brief History of Christian Music: From Biblical Times to the Present*. Oxford: Lion, 1997.

사명선언문

너희가 흠이 없고 순전하여……세상에서 그들 가운데 빛들로
나타내며 생명의 말씀을 밝혀 _ 빌 2:15-16

1. 생명을 담겠습니다
만드는 책에 주님 주신 생명을 담겠습니다.
그 책으로 복음을 선포하겠습니다.

2. 말씀을 밝히겠습니다
생명의 근본은 말씀입니다.
말씀을 밝혀 성도와 교회의 성장을 돕겠습니다.

3. 빛이 되겠습니다
시대와 영혼의 어두움을 밝혀 주님 앞으로 이끄는
빛이 되는 책을 만들겠습니다.

4. 순전히 행하겠습니다
책을 만들고 전하는 일과 경영하는 일에 부끄러움이 없는
정직함으로 행하겠습니다.

5. 끝까지 전파하겠습니다
모든 사람에게, 땅 끝까지, 주님 오시는 그날까지
복음을 전하는 사명을 다하겠습니다.

서점 안내

광화문점 서울시 종로구 새문안로 69 구세군회관 1층
02)737-2288 / 02)737-4623(F)

강남점 서울시 서초구 신반포로 177 반포쇼핑타운 3동 2층
02)595-1211 / 02)595-3549(F)

구로점 서울시 동작구 시흥대로 602, 3층 302호
02)858-8744 / 02)838-0653(F)

노원점 서울시 노원구 동일로 1366 삼봉빌딩 지하 1층
02)938-7979 / 02)3391-6169(F)

일산점 경기도 고양시 일산서구 중앙로 1391 레이크타운 지하 1층
031)916-8787 / 031)916-8788(F)

의정부점 경기도 의정부시 청사로47번길 12 성산타워 3층
031)845-0600 / 031)852-6930(F)

인터넷서점 www.lifebook.co.kr